光厚厚的"咕咚咕咚"声。而波尔图最好的阳光，匀整地铺在杜罗河的两岸，路易一世大桥旁。阳光里掺着沙砾，有河水的幽蓝之色，以及两岸酒窖里的香味。

你去过了这些所在，从晨至午，直到日落黄昏，打开瓶瓶罐罐，把阳光灌满。回到家后，就能把这些瓶瓶罐罐排在架子上。等冬天深了，寒风萧瑟，就能请朋友来，一瓶瓶打开。你们可以慢慢享受清冽温柔的、浓烈醇甜的、透明的、花香四溢的、酒与沙砾并存的阳光。

你还可以感受到萨格雷斯的大西洋腥味、拉各斯的海鸟阴影。

有些朋友会投桃报李，带来他们在别处林间、山上、雪原处汲取的阳光，秉性调皮好奇的，还会愿意把阳光兑一兑，一不小心，一瓶阳光会倒出来。赶上窗户没关严，那些内陆出身的邻居就会望见，那年夏天海水的粼粼波光、啤酒杯中闪烁的光芒、海边沙子里孩子们遗落的玻璃挂坠以及一汪汪南方海岸的阳光，哗啦啦地，从我家窗口，一路倾泻出去。但葡萄牙的阳光一望而知：无论质地如何，南方阳光那种酒红色的温柔香甜，始终如一。

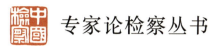

专家论检察丛书

Lun Jian Cha

论检察

傅宽芝 / 著

中国检察出版社

◇作者简介
◇傅宽芝，1940 年 7 月出生，吉林省长春市人
◇现为中国社会科学院法学研究所研究员
◇1964 年毕业于北京政法学院（现中国政法大学）政法系
◇1967 年中国科学院哲学社会科学部（现中国社会科学院）
　法学研究所刑事诉讼法专业研究生毕业
◇主要著作：《刑事诉讼主体公权与私权》等，在《法学研
　究》、《人民检察》、《国家行政学院学报》、《法学杂志》、
　《外国法译评》、《检察理论研究》、《政法论坛》、《群言》、
　《文汇报》、《检察日报》、《光明日报》、《中国青年报》等报
　刊发表学术文章百余篇

出版说明

到 2013 年，人民检察制度已经恢复重建 35 年了。从伴随着 1949 年中华人民共和国的诞生建立检察机关，到"十年浩劫"检察机关被撤销，再到中国共产党十一届三中全会之后检察机关恢复重建并被定位为国家法律监督机关、"护法机构"，我国的检察机关经历了诸多的峥嵘岁月、艰难困苦。它的历史是现代中国法治历程的缩影。

中国的人民检察制度与众不同，尤其是在苏联解体、东欧剧变之后，制度特色日益凸显。人民检察制度，是具有中国特色的：在政治特色方面，它坚持党的领导；在体制特色方面，它作为"一府两院"的组成部分，受人民代表大会及其常委会的监督并对其负责、向其报告工作；在职能特色方面，它与西方的"行政机关"、"公诉机构"不同，以"守护法律"、实施法律监督为其职能核心，是国家重要的司法机关之一；在制度内容方面，与时俱进，一直处在探索、改革和完善的过程中，它将随着中国特色社会主义制度的改革、完善而不断完善。

三十多年来，法学界包括宪法学者、法理学学者，特别是刑事诉讼法学学者，对检察制度进行了长期的研究和探讨；检察机关从王桂五先生开始，几代有志于理论研究和思考的同志也为中国特色检察制度的完善付出不懈的努力和辛劳。为了回顾和总结中国特色检察制度的研究情况和成果，也为关心、关注检察事业和检察理论发展的人们提供一套比较完整的参考书，我们用一年多的时间，完成了"专家论检察"丛书的编辑、出版工作。

呈现在读者面前的，是十几位长年研究检察理论的专家多年的成果荟萃，其从各不同的角度、专业或实践，比较系统地阐述了专家们关于检察，检察与法治，检察与国家政治、经济、公民权利的关系等方面的观点和见解，以及检察改革的方向、原则和路径。十几位专家的著作几乎涉及到了检察的各个方面。这对读者了解检察是十分有益的。当然，这其中，也有对同一问题的不同观点，有的甚至是完全相反的理解和主张。但我们认为，这正是学术的生命之所在。况且，正如前面所说，中国检察一直处于探索的过程中，它将随着社会进步、法治发展、中国特色社会主义制度的不断完善而完善。这样，不同观点的交流、不同见解的交融，是检察制度在不断走向科学的过程中必须经历的。

编者在此需要说明的是，十几位专家的观点，并不代表编者的立场，各位专家文责自负。为了尊重和保留不同时期作者的所思所想，书中保留了写作时原文的观点、翻译习惯、术语词汇、表达方式和援引的法律条文。

由于编者水平所限，在编辑出版方面的疏漏在所难免，欢迎广大读者批评指正，也请各位作者多多包涵。

中国检察出版社

二○一三年三月

目　录

第一部分
检察制度建设

一、中国特色检察制度在改革中日趋完善 *

　　新中国检察制度已经走过半个多世纪的里程，今年（2008年）喜逢检察机关恢复重建 30 周年。1949 年 9 月 27 日中国人民政治协商会议第一届全体会议通过的中华人民共和国中央人民政府组织法确定这项制度是我国一项不可或缺的司法制度。该法在总纲第 5 条明确规定："中央人民政府委员会组织政务院……组织最高人民法院及最高人民检察署，以为国家的最高审判机关及检察机关。"同时，在第 28 条至第 30 条规定了最高人民检察署的职责、职位设置、人员组成以及制定其组织条例等事宜。1954 年我国第一部宪法在第 81 条至第 84 条中，明确规定其特有的名称、职责和职权，其中首先明确："中华人民共和国最高人民检察院对于国务院所属各部门、地方各级国家机关、国家机关工作人员和公民是否遵守法律，行使检察权。地方各级人民检察院和专门人民检察院，依照法律规定的

　　* 本部分内容刊载于《检察日报》2008 年 5 月 16 日，收入本书时略有删改。

范围行使检察权。"由此，国家确定了我国检察机关具有维护国家法律统一实施的根本属性。此后，历经了发展、中断和重建繁荣三个阶段，虽然前行的道路并非一帆风顺，经历过风雨，但值得庆幸的是，其更多的时空是沐浴在国家改革开放后30年来阳光灿烂的日子之中。综观这段不短的时日，人民检察事业得到前所未有的稳步快速发展，检察人为国为民立下了不可磨灭的功绩。

（一）在法制沃土中茁壮成长

在中国共产党的领导下，在邓小平理论、"三个代表"重要思想和科学发展观的指导下，社会主义市场经济逐步走上轨道，建设社会主义法治国家和构建社会主义和谐社会，成为全党全国人民共同奋斗的目标，国家的法制建设获得空前的发展。由此，我国检察事业也得以植入国家法制建设的沃土之中得到全面发展。

1. 1978年宪法的颁布使我国检察制度在遭遇不正常中断以后获得新生。特别是1982年宪法，在第129条至第135条的规定中，不仅清清楚楚地揭示、确定中华人民共和国人民检察院的根本属性——国家的法律监督机关，而且还明确了其设置、职责、职权等。特别是第131条、第133条和第135条分别规定："人民检察院依法独立行使检察权，不受行政机关、社会团体和个人的干涉"；"最高人民检察院对全国人民代表大会和全国人民代表大会常务委员会负责。地方各级人民检察院对产生它的国家权力机关和上级人民检察院负责"；"人民法院、人民检察院和公安机关办理刑事案件，应当分工负责，互相配合，互相制约，以保证准确有效地执行法律"。这些内容是我国检察制度具有中国特色的重要表现，为我国检察事业的顺利发展奠定了坚实基础和提供了最有力的法律保障。

2. 国家先后在刑事诉讼法、民事诉讼法、行政诉讼法、监狱法以及相关部门的法律或者规定中，确立人民检察院发挥法律监督作用的途径和保障原则。例如，我国刑事诉讼法总则第8条规定，人民检察院依法对刑事诉讼实行法律监督；行政诉讼法总则第10条规定，人民检察院有权对行政诉讼实行法律监督；民事诉讼法总则第14条规定，人民检察院有权对民事审判活动实行法律监督；监狱法总则第6条规定，人民检察院对监狱执行刑罚的活动是否合法，依法实行监督。这些原则性的规定，为我国检察机关行使法律监督权和发挥维护国家法律统一实施的作用，开拓了必要的途径。

3. 国家为保障检察事业的发展，不仅及时多次完善中华人民共和国人民检察院组织法，而且制定和及时完善中华人民共和国检察官法。前者明确规定了人民检察院的设置、职权和行使职权的程序、内部机构和人员任免，等等。后者明确规定了检察官的职责、义务和权利、检察官任职条件、任职回避、检察官的等级、考核、培训、奖励、退休等必要事宜。这些直接关系人民检察院法定职权正确行使和人民检察院职能作用发挥的专门法律的制定和不断完善，全方位地保障了检察事业的健康发展。

4. 国家权力机关先后以不同的方式、不同程度地赋予最高人民检察院相应的权力，如赋予其对属于检察工作中具体应用法律、法令问题进行解释权；向全国人民代表大会提出法律案权；向全国人民代表大会常务委员会提出要求解释法律权；对属于检察工作中具体应用法律作出解释的先公布后备案权。这些公权的赋予，为人民检察院在维护国家法律统一实施中充分发挥主观能动作用，提供了不可或缺的保障。

（二）在奋进中成就日新月异

改革开放 30 年来，检察机关在前所未有的法制建设环境中奋进不止，取得的成就是多方面的、多层次的，有目共睹。概括地说，其在以下几个方面取得的成就尤为突出。

1. 为国家法律正确、顺利地实施和完善，不断提供切实可行的规范和经验。这主要体现在：最高人民检察院根据我国国情，及时依法单独或者与有关机关联合，开拓多种途径共同制定保障有关法律正确实施的规范。我国第一部刑事诉讼法颁布后，最高人民检察院及时制定了比刑事诉讼法法条数量高出一倍多的《人民检察院刑事诉讼规则》；我国第一部刑法颁布后，及时提出了《关于适用刑法分则规定的罪名的意见》；及时制定《人民检察院直接受理立案侦查案件立案标准的规定（试行）》、《人民检察院直接受理立案侦查的渎职侵权重特大案件标准（试行）》、《人民检察院民事抗诉规则》、《关于在检察工作中贯彻宽严相济刑事司法政策的若干意见》、《人民检察院办理未成年人刑事案件的规定》等众多的司法解释。与最高人民法院联合作出《关于执行〈中华人民共和国刑法〉确定罪名的补充规定》；与最高人民法院、公安部、国家安全部、司法部共同或者分别联合，采取以提出意见、作出决定和通知等形式，保障有关法律在这些机关得到正确、及时的执行。这些主动、积极的做法，不仅有力地保证了人民检察院及有关机关依法顺利地履行法律监督职责，而且大大丰富了法律规范的内容，在相当大的程度上，加快了我国有法可依、有法必依、执法必严、违法必究法治目标的实现，为实现司法公平、公正和人权的维护提供了切实保障，同时，也成为立法机关完善有关法律的最好源泉。

2. 为构建和谐社会和经济发展提供司法保障，创造良好的法治环境。这集中体现在以下几个方面：

（1）30年来各级人民检察院对各种刑事犯罪进行了有力的打击，维护了社会和谐稳定。仅2007年全国检察机关批准逮捕的各类犯罪嫌疑人达80余万，提起公诉近百万人。而从2003年至2007年人民检察院打击刑事犯罪情况看，比前5年批准逮捕和提起公诉的人数，分别上升20%以上和30%以上。这其中，特别及时、有力地依法严厉打击了故意杀人、放火、爆炸、强奸、绑架、抢劫等严重危害国家和人民生命财产安全的犯罪。尤其应当看到的是，这些年人民检察院在打击贪污贿赂等各种职务犯罪以及预防腐败方面取得接连不断的成绩。仅近5年，人民检察院立案侦查的贪污受贿在10万元以上、挪用公款百万元以上的案件超过35000件，涉嫌犯罪的县处级以上的国家工作人员超过万人，追回赃款2400多亿元，为国家挽回了巨大的经济损失。

（2）人民检察院对于刑事诉讼、民事诉讼、行政诉讼、刑罚执行和监管活动的法律监督力度越来越强，大大地促进了有关机关执法质量和效率，有力地维护了不同领域的司法公正，有力地维护了公民的合法权益。例如，就刑事诉讼而言，人民检察院始终能够恪尽职守，严格实行监督，及时督促侦查机关立案、撤案；及时对认为确有错误的刑事判决、裁定提出抗诉；依法监督纠正不当适用减刑、假释、暂予监外执行；积极化解矛盾纠纷，认真处理信访等。所有这些，工作量之大难以数计。

3. 检察文化建设成就显著。为了全面发展检察事业，使检察机关适应时代发展的需求，改革开放以来，检察机关不断地开展和推动检察文化建设。这方面的成就，反映在许多方面。如最高人民检察院创办了检察理论研究所和有关刊物，专门探讨研究检察理论以及相关学科的法学理论；各级人民检察院先后创办了自己的刊物。这些刊物不论是否公开发行，都具一个特点，即传递信息广泛、内容丰富，与检察工作联系紧密。特别是最高人民检察院主办的《检察日报》、《人民检察》、《方圆法治》、《人民监督员》等报刊，内容非常丰富，理论与实践结合紧密，作者广泛，有力地推动了检察理论的发展；促进了检察业务经验广泛交流；不同程度地指导了司法实践。此外，各级人民检察院经常结合检察工作举办各种专题研讨会，适时举办国际研讨会，拓宽了检察人员的视野，开阔了检察人员的思路，提高了检察队伍的思想境界，大大充实了检察人员的文化生活，使得各级人民检察院理论研究蔚然成风。检察文化建设今天这种生机勃勃、欣欣向荣的面貌，是 30 年前难以想象的。

尤其值得称道的成就，是 2007 年 9 月 12 日中国人民检察博物馆在革命圣地井冈山的落成。它全面、真实地展现了人民检察制度诞生后的曲折历程。这个博物馆的创立，是促进检察文化传承的最重要之举。

4. 检察队伍建设成就显著。要使检察机关出色完成国家赋予的任务，队伍素质的提高无疑是必要的保障。多年来，各级检察机关一直十分重视对检察队伍素质的提高。总的看，人民检察院重建以来，不仅检察队伍的人数在不断增加，达到前所未有的数量，而且成员的思想政治素质、业务素质、职业道德水平也达到前所未有的高度。就检察人员的文化程度看，也是在不断提高，具有学士、硕士、博士学位的检察官，已数不胜数。之所以出现这种可喜的现象，固然与 30 年来我国法学教育飞快发展，培养出众多的法学人才有关，同时也是与检察机关本身越来越重视人才培养，大力发展检察培训工作分不开的。改革开放后，最高人民检察院克服种种困难，不仅创建了我国第一所检察官学院，随着检察事业的发展，又先后建立了一些分院，而且地方检察院也陆续建立了相应的培训检察官的机构。特别是近些年，随着国家改革开放的不断深入，国际交往的不断扩大，检察人员越来越多地走出国门，从而不断扩大了必要的国际合作，使得我国检察机关的职能作用迈上一个一个新台阶。如最高人民检察院发起成立了国际反贪局联合会，主办欧亚总检察长会议等，在打击我国跨国犯罪方面，特别是在打击携款外逃的贪污贿赂犯罪和恐怖犯罪方面，发挥了重要作用。

（三）在改革中制度日趋完善

1. 这体现在最高人民检察院根据客观需要，不断完善检察机关不同职能部门的工作规范。例如，其制定《人民检察院检察委员会组织条例》、《最高人民检察院检察委员会议案标准（试行）》、《最高人民检察院检察委员会议事规则》、《人民检察院监察工作条例》、《人民检察院信访工作规定》、《关于加强律师执业权利保障工作的通知》、《检察官培训条例》，等等。特别应当提到的是，在检察改革过程中，检察机关制度建设、完善机构设置等方面不断创新，大大地推动了检察事业的发展。例如，最高人民检察院制定了《最高人民检察院检务督察工作暂行规定》，通过设立检务督察委员会，对人民检察院检务工作实行动态监督，有力地保障了检察机关及其工作人员严格依法履行职责，正确行使职权。与此同时，检察机关不因自己是国家法律监督机关，而忽视接受外界监督。尽管来自外部的对人民检察院执行法定职能进行监督的途径已有多种，如来自国家权力机关、媒体和群众的监督，但人民检察院为了确保直接受理侦查案件的办案质量，还创建了人民监督员制度。

虽然该项制度并非是刑事诉讼法确立的制度，但自其创立以来的司法实践证明，这项制度对于确保人民检察院在办理职务犯罪案件过程中正确执行刑事诉讼法具有重要意义。虽然现在这项制度尚在试行中，但我们已经看到了它的成绩。据统计，到目前为止，人民监督员实施监督的案件中，已经有500多件被人民检察院采纳。

2. 为适应违法犯罪的形式不断变化的局面，检察机关内部机构也作出必要的改革。多年来，最高人民检察院不断探索和完善内部机构的设置，适时增加或者调整有关部门，不断完善各个部门职能、职权、人员配置、领导关系、工作原则、程序等规范。如为了充分发挥预防犯罪的作用，各级人民检察院增设了预防犯罪部门。又如，为确保办案质量的同时，切实维护犯罪嫌疑人的合法权益，确立了讯问职务犯罪嫌疑人实行全程同步录音录像制度。而最引人注目的是在检察机关内设立了反贪污贿赂局，它为国家的廉政建设作出了重大贡献。这些举措的不断出台，使得检察机关能够更好地满足不断变化的客观形势的需要。

二、检察工作一体化机制是发挥检察职能不可或缺的保障 *

新中国半个多世纪不平坦的发展史，清楚地证明了人民检察院对于国家政权巩固、社会秩序安定、各项事业发展和公民合法权益维护，起着其他国家机关不能替代的作用。特别是国家实行改革开放政策以来，在查控犯罪、维护国家法律正确实施等方面，作出了前所未有的巨大贡献。当今，在全党和全国人民为着实现社会主义法治国家和构建社会主义

---

　　* 本部分内容摘自《整合检察资源　促进法律监督职能有效发挥》（合作撰写），刊载于《人民检察》2008 年第 22 期。

和谐社会目标而继续努力奋进之际，人民检察院怎样才能为这样的事业不断地作出新的、更大的贡献？这不仅是检察工作人员正在认真思考和努力寻找答案的问题，也是全国人民十分关心的问题。

从理论上或者从司法实践看，影响人民检察院发挥职能作用的主客观方面因素很多，如有关立法的完善程度、检察人员的职业道德和业务能力、办案需要的物质保障等。但是，笔者认为，在诸多因素中，检察工作机制是否科学，影响重大。从司法实践看，虽然关于保障人民检察院发挥职能作用的举措不断地涌现，但在这其中，应当说，检察工作一体化机制具有战略意义，是我国检察机关切实贯彻科学发展观取得的优异成果。

（一）检察工作一体化机制是发挥检察职能不可或缺的保障

从检察工作一体化机制的内容看，它明确的是：检察机关应当坚持在各级党委的领导和人大的监督下，依据宪法和法律的规定，按照检察工作整体性、统一性的要求，实行上下级统一、横向协作、内部整合、总体统筹。由此可见，这项工作机制实质，是从检察机关整体、检察工作全局需要出发，在明确检察机关履行职能必须遵照的大前提下，系统内遵循的纵横关系原则。那么，为什么说这项工作机制是不可或缺的，是科学发展观指导下的优异成果，具有重要的战略意义呢？这是因为它符合以下几项与保障检察机关整体职能作用直接相关因素的要求：

1. 它符合我国宪法和人民检察院组织法有关规定的要求。我国宪法第3条明确规定："国家行政机关、审判机关、检察机关都由人民代表大会产生，对它负责，受它监督。"同时，第130条明确规定：我国设立最高人民检察院、地方各级人民检察院和军事检察院等专门人民检察院。由此可见，检察机关同行政机关和审判机关一样，不仅是独立的、法定的公权机关，也是国家机器必要的组成部分。而事实上，任何机器的组成部分的作用发挥得好坏，都在一定程度上影响着整部机器的功效。人民检察院与国家整部机器这种息息相关的关系，决定了国家需要并且要求作为国家机器组成部分的检察机关充分发挥职能作用。宪法所指的检察机关并非是指某个人民检察院，而是指所有的人民检察院，它包括最高人民检察院、地方各级人民检察院和军事检察院等专门人民检察院。从人民检察院组织法总则的有关规定看，人民检察院虽然有级别区别，但其法定职能和职权、根本目的和任务都是相同的，都是要准确、及时地打击犯罪，维护社会秩序，维护社会主义制度，保障法律正确实施，实现司法公正和社会公平正义。因此，不同级的人民检察院在履行职能的过程中，纵向不同级检察机关之间的关系，应当遵循已有的法定关系原则，即最高人民检察院领导地方各级人民检察院和专门人民检察院的工作，上级人民检察院领导下级人民检察院的工作。而检察工作一体化机制，关于不同检察机关纵向关系原则要求的，是检察工作整体性和统一性。这不仅仅包含下级对上级决定的服从，而且包括上级对下级的支持。这无疑有助于实现不同级的检察机关之间必要的纵向关系协调，从而使作为国家机器重要组成部分的检察机关履行职能的纵向途径畅通，其整体充分发挥职能作用得以有力保障。

2. 它符合我国人民检察院设置体系为多级套塔式结构的要求。根据我国宪法和人民检察院组织法的有关规定，就我国检察机关设置的结构而言，采取的是多级套塔式的结构。从高向低依次是：最高人民检察院；省、自治区、直辖市人民检察院和军事检察院等专门人民检察院；省、自治区、直辖市人民检察院分院、自治州和省辖市人民检察院；县、市、自治县和市辖区人民检察院。我国检察机关设置体系是庞大的，据统计，2008年年初我国省、市、县三级检察机关已达3562个，而作为塔基的基层人民检察院就达3134个。这种套塔式的经纬紧密相交结构体系，使得不论纵向哪一级人民检察院或者横向哪一地、哪一类人民检察院履行职能渠道不畅、相互不协调、缺乏必要的配合，必然在一定程度上影响检察机关整体作用，从而影响国家机器整体的作用。检察机关之间这种复杂的纵横经纬关系是否协调统一，不仅关系着人民检察院的声誉，也关系着国家在人民中的威信，更影响着社会主义法治国家、和谐社会建设的进程。而检察工作一体化机制的实施，无疑有助于消除可能发生的这类弊端。

3. 它符合应对犯罪地域跨度越来越大、手段越来越现代化客观情况的要求。目前，犯罪手段科技化程度越来越高，涉案单位越来越多，犯罪地域越来越广，跨区、跨市、跨省极其普遍，跨国犯罪也不少见。这种情况，使得检察机关要查明犯罪案件的事实真相难度大大增加，往往需要不同检察机关相互及时有力的支持和配合，否则，不仅会大大增加查案的经济成本，而且容易延误对犯罪的及时打击，甚至会因此失掉查获犯罪的最佳机会。在当今情况下，可以肯定地说，任何人民检察院要想保证所办的每一件案件的质量和效率，完全依靠本院力量是难以实现的。检察机关面临这种客观情况，不同级别、不同地域、不同类别的检察机关，要想准确、及时地查明案情，收集到确实、充分的证据，充分发挥检察机关的职能作用，实行检察工作一体化机制，无疑是绝对必要之举。

4. 它符合人民检察院职能多元化特点的客观要求。依照我国宪法和有关法律的规定，人民检察院是国家法律监督机关，但其承担的职能范围并非单一。这如同人民法院一样，虽然宪法明确规定人民法院是国家审判机关，但其不仅仅具有依法审判职能，同时还具有依法执行发生法律效力的判决和裁定的职能，尽管其前种职能占主要地位，但就其职能而言，是多元的。人民检察院的法定职能不仅是多元的，而且更为复杂，既有诉讼中的职能，又有诉讼外的职能，而前者职能是主要的、根本的。在诉讼领域，人民检察院依法既承担对犯罪进行查控的职能，又承担对不同性质的诉讼活动实施法律监督的职能。就人民检察院对犯罪的查控职能，又包括两部分内容：（1）承担对职务犯罪案件的直接立案、侦查、起诉；（2）承担对其他法定国家机关（公安机关、国家安全机关、监狱）依法立案并侦查终结移送提请起诉的犯罪案件的审查、补充侦查、决定是否提起公诉和起诉等。而依法对诉讼活动是否合法进行监督也是多方面的，其包括对三种不同性质的诉讼活动实施法律监督。它们分别是：对刑事诉讼活动是否合法的监督；对民事审判活动是否合法的监督；对行政诉讼活动是否合法的监督。人民检察院在这三种不同性质的诉讼领域中，实施法律监督的法定范围大小、具体内容、方式、途径和程序等也并不完全相同。例如，在刑事诉讼中，人民检察院承担法律监督的范围是刑事诉讼全过程各个阶段的诉讼活动，这其中包括对人民检察院以外的法定机关的立案、侦查、审判、判决和裁定执行活动是否合法的监督。而在民事诉讼中，人民检察院实施法律监督的范围，仅是对人民法院的审判活动实施法律监督。在行政诉讼中，是对行政诉讼活动是否合法进行监督。与此同时，人民检察院还承担着对某些非诉讼机关的活动是否合法实行监督，如依法对监狱、看守所、劳动教养机关的法定活动是否合法的监督。

从上述人民检察院承担的法定职能内容可见,人民检察院履行职能不仅由于审判管辖的制约,不同级人民检察院随之对案件管辖范围的不同,涉及上下级移送配合等纵向不同级检察机关之间的协调,而且由于横向涉及案件地域管辖的制约,查明案情不可避免地需要同级不同地区、不同类别的检察机关之间协调,甚至需要检察机关同其他性质的国家专门机关在诉讼或者非诉讼活动中相互适当配合。这种状况,决定了人民检察院履行职能,还需要同相关的公安机关、国家安全机关、人民法院和监狱等国家专门机关之间进行必要的配合。尽管刑事诉讼法已经明确确立了人民检察院与公安机关、人民法院的诉讼关系原则,但人民检察院在民事审判和行政诉讼履行职能活动中,与人民法院之间也需要相应的配合。由于人民检察院履行职能不可避免地面临与性质不同国家专门机关间的配合问题,而内部纵向、横向关系协调,无疑影响着人民检察院与其他性质的国家专门机关的协调度。所以,检察工作实施一体化机制,实际上也是为检察机关处理好与其他性质的有关国家机关关系提供基础和前提的保障举措。

5. 它符合人们认识客观事物规律的要求。犯罪是社会现象,却是一种复杂的社会现象。由于犯罪往往是已经发生的客观事实,通常不仅犯罪分子为了逃避法律惩罚而采取破坏犯罪现场,毁灭证据,制造种种假象,甚至嫁祸于人;犯罪现场也往往会随着时间的推移,由于自然界的变化而受到破坏;提供案件情况的被害人或者证人由于其认识客观事物的能力,总是要受到某些主客观因素的影响和制约,其提供的情况并非任何时候都完全真实,有时可能完全虚假;而办案人员对案件事实的认识也同样受到某些主客观条件的制约,加之破案能力也受科技发展水平的限制，因此，不可避免地存在同一检察机关不同的办案人员、不同的部门、不同的同级检察机关对同一案件事实的认识发生分歧。虽然人民检察院组织法明确规定上级人民检察院领导下级人民检察院，下级人民检察院依法应当执行上级人民检察院所作处理决定；虽然依照最高人民检察院作出的有关解释，同一检察机关对案件处理产生分歧由检察长或者检察委员会决定，但只有下级人民检察院或者办案人员切实执行，才能保证发挥应有的作用。由于检察工作一体化机制确定的关系原则，能够将纵向视角的广阔性和横向力量运用的科学性紧密结合，使得检察机关对所办案件真相的认识，能够更好地遵循不断去伪存真的认识规律，从而有助于检察机关高质量、高效率地发挥职能作用。

6. 它符合检察机关履行职能活动规律的要求。从立法和司法实践看，检察机关实施任何一项查控职能，实施任何一项法律监督职能，都必须遵循法定的、若干渐进的、不可逾越的、密切相关的诉讼环节和阶段。因此，人民检察院履行职能通常需要相邻环节相互配合，特别是履行对职务犯罪案件的查控职能，相关诉讼环节的衔接尤其明显。这就决定了人民检察院内设部门之间，从检察机关整体作用的要求看，相互适当配合是必要的。

从上述六个方面的客观情况看，不难发现人民检察院作为国家机器的组成部分，其履行职能的途径保证是经纬相交网络的畅通，而检察工作一体化则是该网络畅通不可或缺的保障，这也是其具有战略意义和科学性之所在。

（二）实施检察工作一体化机制举措的思考

鉴于检察工作一体化机制具有上述优点，因此，其具有普遍适用的价值。那么，怎样才能保障这一机制得到切实的实施？怎样才能使其具有生命力呢？笔者认为，这特别需要在以下几个方面作出努力：

1. 在积极培养广大检察人员树立大局观念的同时，不断提高其职业道德和业务素质水平。主要包括两个方面：

（1）就大局观念而言，观念是人的思想意识，指导着人的行为。因此，广大检察人员是否树立了大局观念、具有整体意识，对于其在履行职能中处理各种诉讼关系时能否充分发挥主观能动作用息息相关。可以说，它是检察机关能否充分发挥职能作用的关键所在。在司法实践中，虽然通常检察人员能够认识到，不同部门、不同检察机关间的协调一致是必要的，但真正遇到上级机关交办的工作或者同级其他部门或者检察机关要求协助时，容易认为是额外负担，特别是在本部门或者本单位案件多、人员不足或者财力有限的情况下，往往不愿意予以协助，即使勉强接受，行动起来也缺乏积极性、主动性。这样，使得本来完全有力量及时解决的问题没有得到解决，甚至由于配合被动、消极，不应有的延误，丧失了重要时机，导致了难以挽回的不良后果。鉴于此，笔者认为，各级人民检察院有必要采用案例讨论等多种形式认真开展大局意识、全局观念的教育。

（2）就检察人员的素质而言，由于检察机关的职能作用是靠每一执行者付诸行动实现，执行者的职业道德、业务水平直接影响工作质量和效率。从我国检察队伍素质的发展状况看，总体上不能不说，不论是思想政治素质、职业道德，还是业务素质，都呈越来越高的走势，而同时，客观形势的发展变化对检察人员各方面素质的要求也越来越高。因此，检察机关需要不断加强对检察队伍素质的培养。这其中，尤其应当重视对广大基层检察人员素质的培养工作，应当积极为他们提供更多的学习、提高能力的机会和保障。他们是发挥检察机关职能作用最基本的队伍、最基础的力量。

这两个方面的问题解决得越好、越快,检察机关间各种情形的协调程度就越高、越广泛,整体或者局部打击犯罪、维护司法公正和社会公平正义的作用都就会越明显、越有力。

2. 积极探索落实、丰富检察工作一体化机制的途径,增强其生命力。无数事实证明,任何一项好的机制,都需要不断地完善、丰富内容,只有如此它才能符合不断变化的客观要求,才有生命力。检察工作一体化机制的核心是要实现检察工作的整体协调。协调的原意是指事物之间相互配合得适当,这不仅要求不同级的检察机关之间的关系要协调,同时也要求同一检察机关不同部门之间、人员之间的工作配合得恰当,符合完成检察机关所承担的任务的客观需要。如果这类配合不足或者是配合超过必要的度,结果不但不能达到目的,甚至可能导致事与愿违的后果。

从现行的有关法律规定看,难以找到有关不同检察机关在履行职能的过程中如何才能实现协调的规定,即使是人民检察院组织法也是如此。虽然最高人民检察院制定了《人民检察院刑事诉讼规则》,使得各级人民检察院执行刑事诉讼法有了比较具体的操作规范,但关于解决这方面问题的规范十分欠缺,甚至在相当范围内还处于空白。尽管以往最高人民检察院和湖北省人民检察院为这项机制的切实实施,已经作出了很大贡献,提供了许多有益的经验,在一定程度上对其有所弥补,但依然不能完全满足客观需要。这种状况为继续探索规律、开拓保障途径留有很大空间。因此,检察机关有必要也有可能在实施这项机制的过程中,深入探究更多落实该项机制作用的具体途径,并且能够为有关法律的进一步完善提供坚实的理论基础和实践依据。

确切地说，要做到相关事物间的关系协调并非易事，特别是检察机关要实现纵向多级协调和横向多部门、多方面的协调，就更加不易。因此，每个检察机关、每个检察人都有必要、有责任不断地总结实践经验，不断地丰富保障协调的规范内容和不断地提高其科学性。在这个过程中，笔者认为，宜从检察机关履行职能纵横涉及路径广、环节多、情形繁杂多变的客观实际出发，侧重于不同检察机关间纵向、横向和纵横相交环节配合的条件和程序的经验的总结，使得每一个环节应当配合的情形和操作程序得以明确，并且寻出保障协调的逆向弥补举措。这样，就纵向协调而言，一方面，有助于防止上级检察机关对下级检察机关只是硬性简单要求服从，而忽视要求服从理由的充分告知、执行的难度和对可能存在不足的补救；另一方面，也有助于下级检察机关发挥主观能动性，避免不负责任的盲目服从或者消极应付。就横向而言，一方面，有助于防止要求协助方偷懒或者简单从事，影响协助质量和效率；另一方面，有助于协助方积极主动地帮助要求方及时发现问题、解决问题。笔者坚信，该机制这些方面内容的不断丰富，其作用必定会越来越好，其生命力也必然会越来越强。

3. 制定科学、切实可行的经费保障制度。在我国，检察机关是代表国家行使公权力的机关，任何一级、任何地区、任何种类的检察机关都担负着同样的职能。特别应当看到，检察机关承担的职能中，相当部分是对职务犯罪的立案、侦查和起诉，而这类案件的犯罪分子往往都拥有一定的公权力，有些犯罪涉及相当大的公权，其具有的保护色厚、保护伞大、涉及范围广、隐蔽性强、犯罪手段技术水平高、控制力和影响力强，所以对国家、人民利益危害的程度远远超过一般人犯罪。检察机关面对这种情况，发现犯罪、查明犯罪、查获犯罪分子所需要花费的人力、物力必定大。因此，尽管我国地域广，不同地区经济发展水平不同，甚至差异很大，地方财政能力大小不一，国家也有责任保障每一个检察机关履行职能所需的人力和财力，但是，我国对地方各级检察机关所需经费实行的是地方财政保障，不同地区检察机关履行职能所需经费保障的充分程度不同。检察机关应当积极争取国家改革现行对检察机关实行的财政制度，应当实行中央财政直接保障，即国家财政直接向最高人民检察院拨款，再由最高人民检察院根据地方各级检察机关履行职能的实际需要，予以适时、适量的经费保障。这样不仅有助于确保检察机关整体作用的发挥，也有助于防止地方保护主义对检察工作的干扰。当然，根本解决这一问题，尚需相当时间。现今，虽然最高人民检察院根据客观情况，作出了解决此类问题的规定，但其规定还比较原则，不便于具体操作。因此，最高人民检察院有必要尽快将有关规定细化，明确补贴的适用条件、程序，这样才能确保该项机制真正发挥作用。

4. 建立省域网络信息平台和运用规则。在当今，社会已经进入信息化时代，检察机关提高履行职能的效率，是实施检察工作一体化的目的之一，这也是客观需要。如果检察系统能够充分地利用这一现代化手段，广泛建立局域网络信息平台，并且有严格、周密的使用规则，不仅能够节省诉讼经费，而且能够节省大量办案时间，特别是对于跨区的案件的协同作战，十分必要和有益。因此，各级人民检察院之间，应当尽快建立纵横畅通的网络信息平台，最高人民检察院和省级人民检察院宜联手先行落实这一措施，以便在一定程度上减少该项机制实施中的障碍。

三、现行检警关系是长期实践的结晶 *

近些年来，我国刑事司法实践中，侦查仍然存在一些不尽如人意的问题，影响准确、及时追诉犯罪，不应有地侵犯了当事人的合法权益。为此，理论界十分注意探讨解决这类问题的途径。这其中，有观点主张，我国刑事诉讼应以西方一些国家实行的检警一体化诉讼关系原则，取代法院、检察院、公安机关在诉讼中分工负责、互相配合、互相制约的关系原则。对此，笔者有不同的认识。

长期的实践经验告诉我们，寻找解决任何问题的途径，无疑都应当首先查明导致问题发生的真正原因，特别是要查明主要原因或者说关键原因。那么，影响我国刑事侦查质量的因素是什么？笔者认为，从以往的司法实践看，导致这类问题发生的原因是多方面的，其中既缘于立法的不完善，也缘于执法者业务素质和职业道德水平不高，还有刑事侦查科学技术手段跟不上客观需要等原因。因此，从根本上说，要保证侦查和起诉质量，无疑这三个方面的问题都需要解决。但是，笔者认为，现今之关键原因不是立法不完善，而是由于执法者的业务素质和职业道德水平不高，没有严格依法办案的结果。如果侦查人员、检察人员和审判人员能够比较好地掌握法律规定、正确理解法律规定的精神，并且能够不折不扣地依法办案，许多问题就能够避免。

不可否认，法律规范总是存在一定的滞后，其不完善之处会在一定程度上影响着办案质量，立法机关需要适时予以修改和补充。但是，笔者认为，我国刑事诉讼法确立的公、检、法三机关的诉讼关系原则，是正确的、成功的、科学的和应当坚

　＊　本部分内容刊载于《检察日报》2004 年 7 月 6 日。

持的。当今，重要的是如何使这一诉讼关系原则得到进一步落实，而不是考虑用检警一体诉讼原则取代。这种认识，主要是鉴于以下理由：

（一）检警一体非完美之举

尽管不同国家实施的检警一体的具体情况不尽相同，但概括起来，其基本特点主要是：凡是需要侦查的案件，虽然司法警察承担着侦查职能，但检察官也有权直接进行侦查；检察官在认为需要的时候，可以调动司法警察协助侦查，甚至可以指挥司法警察的侦查、向司法警察发出指令，司法警察须服从检察官的要求；司法警察认为需要对犯罪嫌疑人实施逮捕时，需要通过检察官报送管辖法院批准。不可否认，这种诉讼关系是世界诉讼制度史上的一大进步。这是因为从诉讼制度发展历史清楚可见，虽然最初检察官问世是为代理王权，但后来作为检察制度确立，实质上则是基于解决审判、起诉、侦查集于审判机关一家，诉讼过程中缺少必要制约，极易发生冤错案件的严重弊端的缘故。但是，此后由于对案件的侦查和起诉均由检察机关承担，其在侦查上要花费大量的人力和时间，为提高诉讼效率，警察制度诞生，一些国家相继建立警察机关，从而使得侦查刑事案件的任务主要转由警察机关承担，检警一体诉讼关系由此形成。这种变化，使得诉讼制度在法制文明进程中又前进了一步。

然而，我们也不能不看到检警一体化的不足。这就是从对刑事案件的侦查直到决定是否提起公诉的过程中，缺少发现和纠正差错的有力补救机制。这反映在司法警察的侦查必须接受检察官的决定，但司法警察却不具有纠正检察官差错的权能，其实施侦查在相当程度上是属于被动性的。正因如此，采取此类诉讼关系原则的许多国家，不得不在立法上不断制定一些补救制度。例如，在刑事诉讼法律规范上，一方面，不断扩大犯罪嫌疑人在审前阶段的诉讼权利和强化对其诉讼权利行使的保障；另一方面，在法律规范上不断加强对司法警察和检察官的侦诉行为制约举措的完善。可以说，此类国家将审前阶段能否对犯罪嫌疑人、被告人采用逮捕措施决定权交与法院，就是此类具体举措之一。但是，这一措施同样存在不容忽视的弊端，这就是使得法院承担的职责既有审判又涉及侦查，尽管这两项任务不由相同法官承担，但均来自同一审判机关，这样法院对于自己批准逮捕的案件的审判，其客观、公正难免打些折扣。这些国家刑事诉讼制度的变化走向，证明审前检警一体诉讼关系存在的不足，不可轻视，更不能忽视。

（二）我国公安机关与检察机关的诉讼关系原则是长期刑事司法实践经验的结晶

旧中国的检察制度建立较晚，主要是借鉴日本的检察制度，实行检警合署和检警一体体制。在中国新民主主义革命时期，由于历史条件所限，在民主革命根据地和解放战争时期的检察制度十分不完善，检察机关的设置一直实行"配置制"或称"审检合署"制度。新中国成立后，国家首先注意检察机关设置的科学性，改变了过去审检合一的设置体制，而是检察机关独立、自成体系。这也是许多国家设置检察机关的有益经验和发展趋势。从我国长期的刑事司法实践看，对于诉讼中侦查活动缺少必要的制约，就难以确保侦查、起诉质量和追诉效率，并且容易造成冤错案件，侵犯公民正当权益。

当然，笔者并不认为我国现行刑事诉讼法就这一诉讼关系原则的规定已经不需要完善，恰恰相反，笔者认为尚有许多需要完善之处，我们需要做的是如何更好地落实这项诉讼关系原则，使它能够更充分地发挥保证侦查和审查起诉质量和效率的作用。

（三）我国公安机关与检察机关的诉讼关系原则符合发现客观真实的规律

众所周知，人对客观事物的认识，通常是循序渐进的，即有一个由此及彼、由表及里、去粗取精和去伪存真的过程。因此，要查明犯罪这样的客观事实，无疑需经过多次的过滤和认识的升华过程。犯罪不仅是复杂的社会现象，而且随着社会的不断发展和科学技术的进步变得越来越难以对付。因此，侦查人员和检察人员要做到既准确、及时地揭露犯罪、证实犯罪，又确保当事人的人权免受不应有的损害，难度不断增大。依照我国刑事诉讼法的规定，公、检两机关在诉讼中的关系不是一体制，而是有分工、互相配合、互相制约，使得公安机关侦查的质量，必须经过检察机关的检验，这样公安机关对案件已经形成的认识一旦出现偏差，由于必须经过检察机关的审查，也就使得对案件的原有认识能够再次经过由此及彼、由表及里、去粗取精和去伪存真的检验过程得到纠正，从而使其更符合客观事实和法律的要求。如果这样得出的认识也有差错，法律还设置了复议、复核等机制，使公安机关得以反向再次进行由此及彼、由表及里、去粗取精和去伪存真的升华认识，从而提高认识的正确度。这种互相配合和互相制约的多次进行，无疑会有力地保障追诉的公正和效率，这也是我国的检警关系原则不宜由西方检警一体诉讼关系原则取代的关键所在。

（四）我国审前诉讼活动有检察机关的法律监督护航

在我国，不仅宪法明确规定人民检察院是国家法律监督机关，而且现行刑事诉讼法明确规定人民检察院依法对刑事诉讼实行法律监督。这使得刑事诉讼的审前诉讼活动是否公正、合法，能够得到人民检察院的监督，这使得侦查和审查起诉的质量得到来自三条途径的有力保障。这是检警一体机制下，因限于审前诉讼活动缺少有力制约而难以做到的。

四、从四方面对人民监督员进行法律指导[*]

人民监督员制度是人民检察院主动、自觉、积极开拓的一项强化外界对自己执法活动进行监督的有益途径。这项制度，从微观上看，虽然人民监督员不像人民陪审员在刑事诉讼中具有审判权那样拥有检察权，不过是对检察机关在办理直接管辖的案件中的某些诉讼决定是否正确，提出不具有强制性、只是参考性的意见而已。但是，从宏观上看，由于这项制度的实行，使得检察机关在办理自己直接管辖的案件过程中，能够将兼听则明的"兼听"范围从检察机关内部的其他部门扩展到检察机关以外的又一个前所未有的空间。这有利于检察机关更好地保障办案质量，有利于促进国家实现刑事司法公正和宪法关于尊重和保障人权原则的落实。

（一）为什么要给人民监督员以法律指导

1. 这是人民监督员监督的案件情形具有复杂性决定的。具体表现在两个方面：

（1）人民监督员监督的案件情况不单一。根据最高人民检察院的规定，人民监督员的监督范围是对人民检察院在办理直接受理的刑事案件过程中，作出的三种处理是否正确予以监督：犯罪嫌疑人不服检察机关逮捕决定的情形；检察机关对于已经立案的案件，拟予以撤销的情形；检察机关对于已经立案侦查的案件，拟作不起诉的情形。而刑事诉讼法不仅对于检察机关能否对犯罪嫌疑人适用逮捕有条件限制，而且对于检察机关直接管辖的案件是否应当撤销也是有条件规定的。至于检察

＊　本部分内容刊载于《检察日报》2004 年 10 月 13 日。

机关能否对犯罪嫌疑人作不起诉决定，则必须符合刑事诉讼法第 15 条、第 140 条和第 142 条的有关规定。人民检察院对于这三种情形的处理决定是否正确，既直接关系着能否及时打击犯罪，也直接关系着当事人的合法权益能否得到及时的维护。这些都是司法是否公正的具体体现。这种情况无疑需要人民监督员对于法律关于撤销案件、逮捕和不起诉的法定条件的规定和要求十分清楚，否则，其难以对检察机关决定的正确与否作出正确判断。

（2）人民监督员监督的上述三种情形中的任何一种，均涉及多类犯罪案件。根据刑事诉讼法规定，检察机关直接受理的刑事诉讼案件，不仅包括贪污贿赂犯罪、国家工作人员的渎职犯罪，而且还包括国家机关工作人员利用职权实施的侵犯公民人身权利和民主权利的犯罪。而每一类犯罪又都包括多种犯罪案件。例如，渎职犯罪案件，根据刑法第九章的规定，该类犯罪就有滥用职权案、玩忽职守案等 34 种案件，涉及刑法 34 个条款。又如，贪污贿赂犯罪案件有贪污案、挪用公款案等 12 种案件，共涉及刑法 20 个条款。而国家机关工作人员利用职权实施的侵犯公民人身权利和民主权利的犯罪，包括非法拘禁案、刑讯逼供案、报复陷害案和非法搜查案等 7 种案件，涉及刑法 7 个条款。与此同时，同一种罪名的不同案件，其具体情况也有这样或者那样的不同。每一种罪又都有自己的犯罪构成和一定的立案标准。因此，人民监督员要想对检察机关作出的上述三种处理决定是否正确作出判断，不是轻而易举的事情，需要具有必要的相关法律知识。

2. 这是刑法和刑事诉讼法的有关规定尚不完善决定的。这种不完善，主要反映在有些规定还比较原则，可操作性不强。从我国刑法规定看，它不完全同于许多实行罪刑法定主义原则的国家，规定中存在不少弹性条款，有些犯罪案件不时需要依靠司法解释解决。同样，我国刑事诉讼法也存在类似不足。它规定的一些诉讼原则和诉讼制度如何在诉讼过程中适用并不都十分具体明确，可操作性不能完全满足客观需要。这种情况，无疑增加了检察人员正确适用法律的难度，而对于承担监督检察机关适用法律是否正确的人民监督员来说，要想对检察院直接侦办的案件中所遇到的问题提出正确意见，难度就更大。

3. 这是人民检察院接受人民监督员的监督，依然必须遵守法定办案期限决定的。人民检察院实行人民监督员监督制度，刑事诉讼法既没有相关规定，也没有因此增加检察机关办理这类案件的时限。所以，检察机关接受这种监督要占用现有的法定办案期限。这就需要人民监督员的监督，不仅保证质量，而且要高效率，以使人民检察院在保证办案质量的同时，也符合法定办案时限的规定。这同样需要人民监督员有较多的法律知识才能做到。

4. 这是由人民监督员的个人情况决定的。从担任人民监督员的要求看，为了保证监督的公正性，不宜由法官、警察或者律师担任。就人民监督员的个人情况看，虽然他们思想好、有奉献精神、受到群众的信任，也具有一定的法律知识，其中有许多人大代表。但是，不能不看到，他们不是从事这种监督工作的专职人员，也往往不是专门从事法律工作的人员，并且各有自己的工作。实事求是地说，面对监督案件的上述复杂情况，他们大都迫切需要进一步了解和掌握有关法律规定。否则，人民监督员进行这种监督会感到十分困难，即使承担这项工作，主观上非常希望对检察机关的工作有所帮助，客观上也容易发生事与愿违的结果，不仅对检察机关遇到的上述问题起不到帮助作用，反而可能因此延误检察机关顺利完成任务。所以，检察机关要想尽可能减少和避免这种情况发生，完全有必要采取多种途径在增加人民监督员的法律知识方面，给予积极帮助和支持，以便弥补这种不足。

不可否认，每一名人民监督员都会自觉努力履行监督责任和义务，注意不断提高完成监督任务的能力。但是，鉴于人民监督员面临客观存在的上述种种难点，所以，检察机关在实行人民监督员制度的开始，就需要对帮助人民监督员掌握和提高法律知识水平的重要性予以充分的认识，并且需要落实具体帮助和支持的举措，使这种支持和帮助持之以恒，人民监督员制度才会有生命力，才能够真正符合设置这项制度的初衷。

（二）检察机关需要采取四项具体措施

1. 日常法律帮助。这是指检察机关平时要做到将有关法律规定、司法解释和有关决定，及时告知人民监督员，以便其事前了解和掌握必要法律规范。

2. 在司法实践中予以法律帮助。这是指在案件情况允许的情形下，主动邀请人民监督员旁听检察机关办案人员对疑难案件的讨论，以增加其必要的法律知识，从而提高其正确进行监督的能力。

3. 在实施监督中的法律帮助。这是指在人民监督员对三类案件中的任何案件具体实施监督时，检察机关的办案人员都应当做好三件事情：（1）要将案件情况介绍清楚；（2）应当告知有关法律规定和检察机关对本案作出处理的具体法律依据和理由是什么；（3）办案人员还应当明确需要人民监督员决定的问题是什么，以及提醒人民监督员在讨论本案中应当特别注意的问题。此外，在此过程中，检察机关的办案人员还应当主动解答人民监督员提出的问题，以便人民监督员顺利地对检察机关的决定得出正确认识，进而及时作出正确决定。

4. 事后的法律帮助。这是指人民监督员对予以监督的案件实施监督后，其提出的处理意见是否被检察机关接受和不被接受的理由的信息，应当及时反馈给人民监督员。与此同时，检察机关应当适时组织人民监督员从中总结监督经验教训，提高其监督能力。这其中，检察机关特别需要重视组织人民监督员对于与检察机关的最后处理决定有分歧的案件的研讨。这种研讨由于能够提高人民监督员正确理解和运用法律规定的能力，从而有助于不断提高这种监督的作用和效率。

第二部分
法律监督

一、论监督 *

（一）监督概述

监督，即监察督促。它适用于任何领域。对于一个国家，实行监督机制能够减少、防止公民，尤其是国家机关和国家机关工作人员的行为偏离、违反国家法律、法令和法规，便于及时发现、查明、制止和纠正有损于国家利益和社会利益的行为，保障国家稳定、经济发展。对于一个政党，实行监督机制能够减少、防止党员偏离、违反党规党纪，便于及时发现、查明、制止和纠正有损于政党利益的行为，维护政党的声誉、威信，更好地发挥政党的作用。它是国家实现廉政、端正党风党纪不可缺少的手段。

考察古今中外任何一个国家的兴衰史，不难发现，一个国家要想兴旺发达，就离不开对公民是否遵守国家法律的监督，尤其是离不开对国家机关和国家机关工作人员是否忠于职守，

---

* 本部分内容刊载于《明镜》1993 年第 1 期。

是否正确贯彻执行国家法律、法令和法规的监督。这是因为公民是否遵纪守法，直接关系着社会安定和国家经济发展。国家机关是国家实现统治阶级意志、巩固国家政权、维护社会秩序、发展经济建设等各项事业的工具。国家机关工作人员则是发挥这一工具作用的具体承担者。这就决定了公民是否遵守法纪，国家机关和国家机关工作人员是否正确行使职能、履行职责，是否严格执行国家法律、法令和法规，与国家的前途和命运息息相关。而公民能否遵纪守法，国家机关工作人员能否切实履行职责，往往在不同程度上受到某些主客观因素的干扰和影响，因而，容易产生这样或那样偏离正确轨道的差错，造成不良后果，甚至造成严重恶果。因此，实行监督机制十分必要。历史反复证明，对公民和国家机关工作人员实行有力的监督，就会使公民和国家机关工作人员像千千万万个机器零件组成一部庞大机器那样，形成一个统一的有机整体，互相配合、协调一致地运转，做到最大限度地发挥作用，产生最好的效益。反之，一个国家不实行有力的监督机制，就会造成国家动荡不安，社会秩序混乱不堪，甚至导致政府腐败，国家灭亡。一个政党的兴衰也是同样。所以，各国政府和许多国家的政党都很注意实行监督机制。

我国是以工人阶级为领导的，以工农联盟为基础的人民民主专政的社会主义国家。中国共产党是中国各族人民利益的忠实代表，是中国社会主义事业的领导核心。回顾中华人民共和国几十年的经历，看看一步步取得的成就，清楚可见这是与中国共产党、毛泽东同志领导全党和全国人民及时制定、颁布和实行各个领域的监督法规和制度分不开的。党的十一届三中全会以来，在邓小平同志建设有中国特色社会主义理论的指导下，我们党、国家和人民在努力改革、发展经济的过程中，充分注意端正党风和加强社会主义民主与法制，加强廉政建设和发挥各种监督机制的作用，从而及时防止和纠正了一些不正确的认识和做法，及时挖出一个个社会主义事业的蛀虫，保证了中国经济建设上了一个大台阶，人民生活有了很大提高，综合国力有了很大发展，使我们党和社会主义制度在世界风云急剧变幻中显示了强大的生命力。

当今，摆在全党、全国人民面前的任务，是在实现经济体制根本变革，建立、完善社会主义市场经济，把经济建设搞上去的同时，还要积极推动政治体制改革，建设有中国特色的社会主义民主，加强社会主义法制，把社会主义精神文明建设提高到新水平，夺取有中国特色的社会主义建设事业的更大胜利。这任务光荣而艰巨。我们不能不看到，社会上各种违法犯罪时有发生，少数国家机关工作人员，特别是有少数领导干部在工作中存在官僚主义、形式主义甚至严重失职、渎职，在经济方面违法乱纪，大肆侵吞国家和人民财富，道德败坏，腐化堕落。这些都是我们前进道路上必须及时扫除的障碍。因此，今后继续坚持和加强各个领域的监督，对于实现全党和全国所面临的任务具有重要的现实意义和深远的政治意义。每个党员、每个公民、每个国家机关和每个国家机关工作人员，都应当自觉接受这种监督。

比较不同国家和地区实行监督的内容，因各国和各地区的具体情况不同，也不尽相同。总结我国多年来实行监督的经验，监督内容主要有以下三个方面：对全体公民是否遵守国家宪法、法律、法令和法规的监督；对国家机关是否正确履行国家赋予的职能，是否正确贯彻执行国家宪法和其他有关法律、法令和法规的监督；对国家机关工作人员是否严格履行职责，正确贯彻执行国家法律、法令和法规的监督。

（二）我国采取的监督途径

在我国，采取的监督途径已初步形成体系，符合中国具体国情，行之有效。归纳起来，主要的监督途径有下列几种：

1. 中国共产党对所进行的社会主义建设事业和全体党员进行监督。我们党完全有能力实行这种监督。实践证明，这一监督是党的事业、人民的事业取得胜利的重要保证。70多年来，中国共产党领导全党团结和带领全国各族人民战胜了种种艰难险阻，从根本上改变了中国的地位、中国的历史、中国的社会面貌。党的十一届三中全会以来，又领导全国人民开创了改革开放和现代化建设的新局面，使国家欣欣向荣。这一切是与我们党一贯认真实施监督，及时发现、纠正各种阻碍社会主义事业发展的错误观点和做法分不开的。鉴于如今，党内外还存在某些妨害党的事业、人民的事业顺利发展的现象，因此，需要进一步加强党的监督。我们应当贯彻江泽民同志在党的十四次代表大会上的报告精神，在新时期各级党组织要继续坚持从严治党，加强对全体党员的教育和管理，特别是对于居于领导岗位的党员要加强监督，要充分发挥各级党组织和各级纪律检查委员会的监督作用，及时防止和克服各种腐败现象，不论什么人，只要腐败，危害党和国家利益，都必须绳之于党纪国法，坚决予以惩处。要使党员在党的带领下，在社会主义经济建设中更好地发挥模范作用，把共产党人的先进性、无私奉献精神，在社会主义物质文明和精神文明建设中充分显现出来。

2. 国家权力机关——人民代表大会及其常务委员会对其他国家机关的监督。在我国，人民是国家主人。宪法规定："中华人民共和国一切权力属于人民"；"人民行使权力的机关是全国人民代表大会和地方各级人民代表大会"。依照宪法的规定，它有权对由它组织、建立的其他国家机关，包括国家行政机关、人民法院和人民检察院实行领导和监督。由于全国人民代表大会是民主选举产生的，并且实行民主集中制原则，对人民负责，受人民监督。因此，它所实行的监督能够代表人民利益，能够对各种危害国家和人民利益的行为进行有力的监督。实践证明，人民代表大会及其常务委员会，多年来一直十分重视这一监督，认真履行这一监督权，通过立法，设立专门监督机关等措施积极开展监督，确保了国家政治、经济等各项事业能够沿着党指引的方向大步前进。从当前情况看，国家行政机关、人民法院、人民检察院的工作人员中，仍有少数人不能忠于职守，违法乱纪，严重地损害了国家廉政建设，因此，有必要进一步加强这种监督。遵照党的十四大精神的要求，要进一步完善人民代表大会制度，加强人民代表大会及其常务委员会的立法和监督职能。

3. 人民政协的民主监督。人民政协是在革命斗争中产生和发展起来的统一战线组织。多年来，由于我党坚持"长期共存、互相监督、肝胆相照、荣辱与共"的方针，人民政协在党的领导下，积极团结、动员全国各族人民和一切爱国力量，通过参政、议政对国家大政方针、各项重要事务、群众生活、统一战线内部关系等问题积极提出建议和批评，如担任人民法院院长、特邀审判员，担任人民检察院检察长、特邀检察员等职务，对所在国家机关工作实行监督，发挥了重要的民主监督作用，在促进党风端正、国家廉政，促进社会主义经济建设发展，促进祖国统一大业等方面作出了重要贡献。今后还要进一步注意积极发挥人民政协在政治协商和民主监督方面的作用。

4. 行政监督。它主要分为两类：

（1）国家行政机关内部自上而下对本系统的行政机关和工作人员实行监督。如中华人民共和国国务院，是我国最高国家行政机关，统一领导全国地方各级国家行政机关的工作，根据宪法和法律，规定行政措施，制定行政法规，发布决定和命令，监督各部、各委员会发布的命令、指示决定是否适当，监督地方各级国家行政机关作出的决定、命令是否适当等。各部、各委员会又对本部下级国家机关、国家机关工作人员工作实行监督。这种监督，可称为层级监督。

（2）专门行政机关的监督。这种监督，是指国务院设置专门监督机构对其他行政机关工作实行横向监督。如国务院设置审计机关，对国务院各部门和地方各级政府的财政收支、对国家的财政金融机构和企业事业组织的财务收支，进行审计监督。又如国家设置监察机关，对国家机关和国家机关工作人员是否遵纪守法实行横向监督。

上述行政监督，是我国最普遍、最直接、最广泛的对国家机关和国家机关工作人员的监督。今后，这种监督仍将是不可缺少的，对维护国家廉政仍具有重要作用。

5. 法律监督机关的监督。我国宪法第129条规定："中华人民共和国人民检察院是国家的法律监督机关。"依照宪法和人民检察院组织法等法律规定，人民检察院有广泛的法律监督权。它有权对一切触犯刑法并依法应当受刑事处罚的被告人提起公诉，将被告人提交管辖法院接受审判，要求人民法院对被告人定罪、处以刑罚；有权对公安机关的侦查活动是否合法实行监督；有权对人民法院实行的刑事审判活动、民事诉讼活动和行政诉讼活动是否合法实行监督；有权对刑事判决裁定的执行和监狱、看守所、劳动改造机关、劳动教养机关的活动是否合法实行监督。人民检察院还设置举报中心等机构，以此发现问题，对国家机关及其工作人员实行法律监督。这种监督与其他监督相比，是国家实行的最严厉的一种监督，也是其他种监督所不能取代的。多年来，人民检察院在行使宪法赋予的法律监督职责中，在巩固人民民主专政以及维护国家利益、社会利益和公民合法权益不受侵犯方面作出了重大贡献。近几年，通过对国家机关工作人员的职务犯罪监督，有力地惩治贪污贿赂犯罪，不仅为国家和人民挽回了巨大经济损失，而且使人民群众看到了党和国家反腐败的决心。今后，党和国家确定加快改革开放步伐，建立、完善社会主义市场经济体制，这就要求进一步加强人民民主专政，净化社会环境，保证改革开放的进行，为此，进一步加强人民检察院的法律监督变得更加必要。公安机关、人民法院以及其他执法机关应当自觉接受人民检察院的依法监督。人民检察院也要不断强化对自身监督的机制。只有这样，人民检察院的法律监督作用才能得到更好的发挥。

6. 人民群众的监督。正如江泽民同志在党的十四次代表大会上的报告指出的，人民群众是我们党、国家力量的源泉与胜利之本。国家赋予人民广泛的民主权利。宪法明确规定．公民对于任何国家机关和国家机关工作人员的违法失职行为，有权向有关国家机关提出申诉、控告、检举。国家还允许人民群众建立工会、妇联、共青团，成立职工代表大会、居民委员会、村民委员会等群众组织，实行举报制度，建立各种信访机构，确保人民群众充分行使监督权。实践证明，人民群众实行监督对于端正党风、国家实行廉政有重要促进作用。

人民群众的监督，是我们国家的性质决定的，是必不可少的，各级领导必须给予充分的保护和支持。

7. 传播媒介的舆论监督。传播媒介的舆论监督，是指报纸、广播、电视等各种舆论工具，在大力宣传党的方针政策，宣传英雄模范等先进人物的同时，还要毫不留情地对社会上存在的丑恶现象进行揭露，促使有关国家机关尽快查办，提高人民群众同各种违法犯罪行为斗争的自觉性，净化社会环境，促进社会主义事业向前发展。

综上所述，可以看到，我国现行的监督机制具有纵横结合、相互补充的特点，能较好地发挥监督作用。然而，我国现有的监督机制还不够完善，如公务员法、财产申报制度等在其他一些国家已证明对于防止国家机关工作人员贪赃枉法、徇私舞弊是行之有效的监督法规和制度，我国还没有制定、实行。因此，我们在进一步加强原有监督机制作用的同时，还要积极进行完善工作，使我国的监督机制成为完全适应不断发展变化的客观形势需要的、严密的、科学的、完整的、有效的监督网络，真正把国家机关和国家机关工作人员完全置于监督之下，使其能在充分行使职责的同时不偏离正确轨道。

二、人民检察院的检察与法律监督*

我国实行改革开放至今，已经整整 30 年，回顾这段历程，不能不令人欣喜。在这段岁月里，我国检察机关的职能、制度、职权、机构、队伍等方面，随着国家法制建设的不断发展，得到了前所未有的发展和完善。尤其是人民检察院的职能和职权的完善更为突出，使得我国人民检察院不仅依然肩负着检察职能，而且被宪法确立为肩负维护国家法律统一实施重任的国家法律监督机关。人民检察院在建设有中国特色社会主义国家中，发挥的作用越来越大，不可替代性越加明显。

（一）人民检察院的检察与法律监督的区别

对于人民检察院而言，检察和法律监督两者不能等同。检察是指人民检察院依法对认为可能发生的违法犯罪行为进行的详细查验，以发现犯罪并进而使犯罪受到追诉的刑事诉讼活

---

* 本部分内容刊载于《人民检察》2008 年第 17 期。

动。检察权是实施这种职能的所有权力的总称。而法律监督是指人民检察院依法对于特定国家机关执行法律行为是否违法进行察看，并进而督促违法者纠正违法行为所进行的活动。法律监督权，则是履行这类职能的所有权力的总称。具体地说，两者的根本区别表现在以下几个方面：

1. 人民检察院履行两种职能和权力的具体目的不同。人民检察院检察的目的在于通过人民检察院的法定活动，使犯罪被及时发现并能够受到应有的追诉，从而确保刑事诉讼法所承担的任务得到完成。而人民检察院法律监督的目的在于通过人民检察院的执法活动，确保特定国家机关的违法行为能够被及时发现并尽快得到纠正，从而最终达到保障国家法律得以统一正确实施的目的。

2. 人民检察院履行两种职能和权力的法定途径和手段不同。人民检察院实施检察，往往采取调查或者不公开的侦查途径和手段，并且这只是属于刑事诉讼范畴。而人民检察院实施法律监督，则通常是采取公开的途径和手段，这一点，从我国刑事诉讼法、民事诉讼法、行政诉讼法和监狱法等有关规定清楚可见。

3. 人民检察院履行两种职能和权力所针对的对象范围不同。从有关检察和法律监督的法律规定看，人民检察院依法检察的范围限于认为可能是犯罪的行为，同时，对于认为是犯罪的行为，则进行追诉，而认为属于违法的行为，则移送有关部门处理。这也就是说，检察职能和检察权的作用和适用范围，只限于刑事诉讼范畴。而法律监督针对的是法定执法机关的诉讼活动或者非诉讼活动是否违法的行为，而非犯罪行为。如人民检察院的检察只是存在于刑事诉讼法中的公诉前的诉讼阶段，而实施法律监督的范围，不限于刑事诉讼立案、侦查、审判、执行的各个诉讼阶段，而且还包括民事审判活动、行政诉讼活动和监狱等法定机关活动是否合法。

4. 人民检察院履行两种职能和权力的法律后果不同。检察的结果，认为是犯罪的，案件将被依法提起公诉。但是，人民检察院履行法律监督的结果，被监督对象的违法行为只能由违法主体自行纠正，人民检察院所能起的作用只是提出和督促其纠正违法。

5. 人民检察院的检察权和法律监督权，各自实际包含的保证实现职能作用的具体公权的多少和种类不同。从现行有关法律规定看，二者各自具有的权限如下：

（1）检察权包括人民检察院对法定管辖的刑事案件线索的接受权、调查权、是否立案的决定权、侦查权。检察的结果就是为了使犯罪受到应有的惩罚，维护国家和社会公众的合法权益，因此，发现犯罪、证实犯罪后，应当对认为依法应受刑罚处罚的犯罪提起公诉。

（2）法律监督权具有广泛的内容。在刑事诉讼中，包括人民检察院依法要求公安机关说明不立案的理由权和通知公安机关立案权；对公安机关侦查活动是否合法的监督权；依法出席人民法院庭审，认为人民法院审判违反法定诉讼程序提出纠正意见权；依法向人民法院提出抗诉权；依法对执行死刑临场监督权；认为批准暂予监外执行不当，提出书面意见权；依法获得人民法院作出的减刑、假释裁定副本权；认为人民法院减刑或者假释裁定不当，依法提出纠正意见权；依法对执行刑罚机关的执行活动是否合法的监督，发现有违法情况通知其纠正权。依照监狱法的规定，人民检察院对监狱执行刑罚活动是否合法的依法监督权，包括依法得到批准罪犯暂予监外执行机关所作决定的抄送件权和认为该决定不当依法提出书面意见权；

对罪犯向人民检察院提出申诉的及时处理权；依法将处理罪犯申诉的结果通知监狱权；认为人民法院对服刑罪犯裁定减刑、假释不当，依法提出抗诉权；获得监狱关于罪犯在服刑期间死亡的通知权；对监狱作出的死亡鉴定有异议的，进行重新鉴定权；对非正常死亡的罪犯，有立即检验权和对死亡原因作出鉴定权。在行政诉讼中，人民检察院拥有发现人民法院已经发生法律效力的判决、裁定违反法律、法规规定依法提出抗诉权，等等。

鉴于人民检察院的检察和法律监督存在上述区别，从严格意义上说，或者从立法宗旨上看，尽管人民检察院被宪法确立为国家法律监督机关，具有法律监督职能，但并不因此妨碍其在刑事诉讼中依然负有检察职能。"检察"与"法律监督"应该同为人民检察院的职能。而"权"或称"权力"是职责范围内不可或缺的支配力量。因此，国家在确定人民检察院的职能的同时，必定赋予人民检察院相应的职权。由于人民检察院具有的职能不同，其职责就不同，从而人民检察院拥有的相应公权力性质也不同。这也正是检察职能和法律监督职能、检察权和法律监督权之间不能等同，也不能相互取代的根本原因所在。笔者之如此认识，主要根据是：

1. 根据《辞源》对检察、监督的解释，两者含义不同。检察为稽查。据《后汉书·百官志五》记载："里魁掌一里百家。什主十家，伍主五家，以相检察。"据《晋书·曹摅传》："时天大雨雪，宫门夜失行马，群官检察，莫知所在。"而监督为监察督促。据《后汉书·荀彧传》记载："臣闻古之遣将，上设监督之重，下设副二之任，所以尊严国命而鲜过者也。"这里，稽查与监察督促显然有别。

2. 从革命根据地创建的检察制度看，尽管战争环境下不同时期不同根据地的客观情况不同，导致检察机构的设置、职权等规定有这样或者那样的区别，与新中国建立后乃至现行检察制度相比，差别很大。但是，革命根据地时期的检察机构的首要职能的性质是相同的。检察，是检察机构的检察员代表公益，采取包括预审甚至包括侦查在内的措施对违法犯罪行为进行检举。最为明显反映检察真实含义的是 1946 年 4 月 19 日陕甘宁边区政府主席林伯渠和副主席李鼎铭共同签署的《陕甘宁边区政府命令——健全检察制度的有关决定》。该决定的第 1 项明确指出："各级检察机关之职务：一、关于一切破坏民主政权，侵犯人民权利的违法行为的检举。二、关于各级公务人员触犯行政法规的检举。三、关于违反政策之事项（如违反租佃条例）的检举。"同时还明确指出："以上三项的检察结果，是属于违反法律的，即向各同级法庭提起公诉。属于行政处分的，即呈送边区政府核办。"这里不难看出，革命根据地时期的检察机构所进行的检察，即为调查和检举违法犯罪，其与监督绝非同义。

3. 从我国第一部人民检察院组织法的有关规定看，该法为落实宪法的有关规定，虽然借鉴了苏联国家权力机关赋予检察机关实行一般监督职能的做法，并且明确其负有的其他职责和职权。但是，该法在确定地方人民检察院职权之前，依然单独规定了最高人民检察院和地方各级人民检察院行使检察权范围的条款。在关于地方各级人民检察院职权的规定中，明确了监督权适用的范围。特别应当看到，该法关于人民检察院职权和履行职权程序的规定中，明确指出发现国家机关的决议、命令和措施违法，只有权提出抗议，无权直接撤销、改变或者停止执行。由此可见，行使法律监督权的途径和手段，只是提出抗议。而法定主体违法行为的纠正，则只能由有关国家机关依法定职权进行，人民检察院并不拥有直接纠正这类违法行为的权力。从检察机关的职权内容看，该法一一明确了监督的对象。人民检察院的检察与法律监督、检察权与法律监督权各有含义。

4. 从 1979 年 7 月 1 日第五届全国人民代表大会第二次会议通过的人民检察院组织法的规定看，其在第 1 条明确规定中华人民共和国人民检察院是国家的法律监督机关，同时在第 4 条和第 5 条分别规定了人民检察院行使检察权的对象范围和法律监督的对象范围。从这些规定的内容可见两者都是特定的。首先，检察的是叛国案、分裂国家案以及严重破坏国家政策、法律、法令、政令统一实施的重大犯罪案件，同时还包括直接受理的刑事案件。从人民检察院行使职权程序的规定看，检察无疑是指发现并对认为有犯罪行为的案件，依法进行的立案、侦查。虽然关于人民检察院的法律监督，只是在刑事诉讼中作出了对公安机关、人民法院的行为是否合法进行监督的规定，并且我国第一部刑事诉讼法并没有确立人民检察院依法对刑事诉讼实行法律监督这样的诉讼原则。但是，笔者认为，立法机关之所以在此时颁布的人民检察院组织法中，将人民检察院确定为国家法律监督机关，就在于我们国家经历了"文化大革命"，中国共产党和国家深刻地认识到加强社会主义法制的必要性，深刻地认识到在社会主义法制建设中，人民检察院对实现"有法可依、有法必依、执法必严、违法必究"的重要作用。由于其后随着我国法律空白不断得到填补，社会主义法律体系的建立，在有法可依的情况下，维护国家法律的统一实施成为实现社会主义法治国的头等大事。因此，尽管民事诉讼法、行政诉讼法和其他许多实体法还没有来得及制定，但 1982 年 12 月 4 日第五届全国人民代表大会第五次会议通过的宪法,以专门条款将维护国家法律的统一实施的法律监督职能赋予人民检察院。与此同时,宪法依然以专门的条款将查处犯罪的检察职能赋予人民检察院,明确指出:"人民检察院依照法律规定独立行使检察权,不受行政机关、社会团体和个人的干涉。"这里明确地将人民检察院的检察职能与法律监督作了区分。

总之,不论是从检察和法律监督的本来含义看,还是从不同历史时期有关法律规定的变化看,检察、检察权与法律监督、法律监督权都是不同的,相互不能替代,它们各是人民检察院的职能之一、各是人民检察院的职权之一。

(二) 检察和法律监督立法的完善

改革开放 30 年,我国有关检察制度的立法得到不断完善,司法实践也积累了丰富的经验,取得了前所未有的成绩,特别是在检察和法律监督方面,尽管检察的范围有所缩小,法律监督的范围在扩大,但它们的作用都在不断强化,更加鲜明地反映出其具有的中国特色。

就人民检察院的检察职能看,我国刑事诉讼法在 1996 年修改后,虽然有些犯罪案件改由公安机关和国家安全机关等机关管辖,履行检察职能的刑事案件范围集中在对职务犯罪案件的检察,但这绝不意味着人民检察院的检察任务轻了,作用小了。事实正相反。从 1996 年刑事诉讼法的规定可见,人民检察院检察的对象是国家公职人员利用职权实施的犯罪。而这些种类的犯罪主体都是不同程度掌握国家公权力的人,其中许多人位居领导岗位,甚至是担任国家重要部门的领导职务,拥有重要的权力,涉及的范围广,支配力强,影响大。他们一旦实施其中任何一种职务犯罪,给国家、社会和人民利益造成危害的严重程度和恶劣影响，往往会大大超过普通公民犯罪所造成的后果，甚至造成恶劣的国际影响。与此同时，由于这些犯罪往往有合法外衣，打着为公旗号，比其他犯罪的隐蔽性更大，手段更狡猾，更具有欺骗性，不仅难以发现，也难以查明。而对人民检察院检察范围的这种缩小，就能够使得人民检察院得以集中力量查办此类犯罪，使得人民检察院的检察职能作用发挥在最重要的环节。

人民检察院为更好地履行检察职能，在实践中积累了很多好的经验，并且也有许多创举，如在机构设置上，创立举报中心、创建反贪污贿赂局、设置反渎职侵权局等；在制度上，不断制定相应的规范，如制定举报工作规定、保护公民举报权利的规定、奖励举报有功人员的办法、办理行政执法机关移送涉嫌犯罪案件的规定等，这使得人民检察院能够不断强化检察职能的作用。然而，从现行的有关法律规定看，这些不过是赋予人民检察院与公安机关、人民法院同样的接受举报、控告和报案权、立案权。而人民检察院检察的对象实施犯罪具有的特点，使得人民检察院对其查办的难度更大，无疑查处所需要的方式方法有一定的特殊性。这其中，需要刑事诉讼法和其他有关的法律为人民检察院拓宽查处职务犯罪的路径，并且需要更充分的保障举措。而要解决这方面的问题，笔者认为，刑事诉讼法有必要为人民检察院提供立案前便于发现案件线索和进行调查的程序保障规定，有必要赋予其在立案前可使用某些特殊侦查手段权，并明确规定相应的保障程序和要求。

就人民检察院另外一项重要职能——法律监督而言，不能不看到，随着民事诉讼法和行政诉讼法的颁布，特别是随着刑事诉讼法和民事诉讼法的进一步完善，其法律监督的范围不断得到扩大。人民检察院的法律监督，不仅成为刑事诉讼的一项诉讼原则，也是行政诉讼和民事审判活动的一项重要原则。特别是 2007 年 10 月立法机关对民事诉讼法作了修改之后，人民检察院在审判活动中实施法律监督的范围被拓宽，不仅将人民检察院抗诉的范围与当事人申请再审适用的条件统一，而且规定了人民法院再审必须遵守的时限，避免人民法院不应有的拖延纠正违法行为，从而不仅使得人民检察院民事审判监督的效率和作用得到进一步提高，而且大大强化了维护民事司法公正的作用。

与此同时，人民检察院的法律监督职能作用随着我国法制的不断完善在逐步增强，司法实践也为此不断积累经验，总结出不少好的强化法律监督的举措，如在机构设置上，设置了相应的法律监督部门；在制度建设上，人民检察院适时制定了许多相应的规定，如《最高人民检察院关于刑事抗诉工作的若干意见》、《人民检察院复查刑事申诉案件规定》等，有力地保障了人民检察院法律监督职能作用的发挥。从刑事诉讼法、民事诉讼法和行政诉讼法有关落实人民检察院实施法律监督职能的权力和方式的规定看，法律监督的手段或者说具体权力包括：依法要求被监督对象说明理由权；提出建议权；发出纠正违法通知书权；依法提出抗诉权。从三大诉讼法确立人民检察院实施法律监督原则与实际落实的具体规定看，依然不同程度地存在规定比较原则、可操作性不强，甚至在有的方面还存在空白，这使得人民检察院依然难以充分发挥法律监督作用。笔者认为，刑事诉讼法、民事诉讼法、行政诉讼法以及其他有关法律法规，都有必要对人民检察院实施法律监督的途径和保障措施做进一步完善。

1. 进一步完善人民检察院实施法律监督的途径。对此，确立人民法院对申诉案件同步报送人民检察院备案制度为宜。从我国刑事诉讼法的规定看，当事人和其他法定人员对于已经发生法律效力的判决、裁定不服，既可以向人民法院提出申诉，也可以向人民检察院提出申诉。这样，客观上难免存在申诉人只向人民法院提出申诉，而没有向人民检察院提出申诉的情况。但是这种申诉不是启动人民法院再审程序的法定条件，因此，人民法院发生的错判就难以纠正。如果从法律上明确规定，人民法院收到申诉后，应当同时通报人民检察院，由于人民检察院能够及时了解，一旦人民法院应当纠正而不予纠正情况发生，就能够通过及时行使抗诉权启动审判监督程序，维护司法公正。

2. 行政诉讼法应当明确规定再审必须遵守的期限。这不仅有助于人民法院及时纠正错误判决、裁定，也便于人民检察院实施法律监督。

3. 在刑事诉讼法中，宜将上诉和申诉法定情形与人民检察院抗诉情形，分别作出统一规定。在行政诉讼中，对申诉法定情形和人民检察院抗诉情形作出统一规定。在司法实践中，影响人民检察院抗诉效率和作用的重要因素之一，是法律没有明确规定人民检察院提出抗诉的法定情形，因此导致人民法院和人民检察院对案件应否再审发生分歧，导致错误判决、裁定不能及时得到纠正，甚至得不到纠正。

4. 确立法庭设置法律监督席制度。实施法律监督首要的是发现被监督对象是否违法，尽管途径有很多，但对于人民法院审判活动是否合法，无疑出席法庭审判、进行现场监督是十分重要的途径之一。因此，不论是刑事诉讼、民事诉讼，还是行政诉讼，都有必要确立法庭设置法律监督席制度。与此同时，法律应当明确规定人民法院事先告知开庭审判的时间、地点、案由和事先告知必须遵守的时限、程序。为此，人民检察院应当在人员的配置上，实行实施法律监督的人员固定化、专业化。这样，人民检察院履行审判监督，才能从形式上和实质上真正得到落实。

5. 强化人民检察院实施法律监督的手段。从有关法律规定看，人民检察院实施法律监督的方式，除了采取抗诉以外，还有发出纠正违法通知和提出纠正违法意见的方式。但是，法律却没有规定被监督对象应当履行怎样的程序和遵照怎样的要求对待这种监督，从而使得这类法律监督成了被监督者的"耳旁风"，导致人民检察院代表国家实施的法律监督的严肃性受到不应有的损害，削弱了司法公正的保障力。

三、强化检察机关法律监督的思考*

我国宪法规定，人民检察院是国家法律监督机关。笔者认为，检察改革的重点之一是进一步强化检察机关的法律监督作用，并且应当加速由事后监督向事前、事中监督方面的转化。

从我国宪法的规定看，检察机关发挥法律监督作用具有广阔的空间。但是，在以往由于立法的不完善和实施方面的问题，其应有的作用受到不当的限制。总的来看，这方面最突出的反映在检察机关的法律监督基本处于被动状态，维护国家、社会和人民利益力度不强。因此，在推进国家社会主义法治进程中，完善和进一步落实检察机关法律监督职能具有重要意义。这方面的成效，无疑是司法改革成效的重要标志和体现。

（一）刑事诉讼中法律监督的不足和对策

1. 关于立案的法律监督。根据刑事诉讼法的规定，检察机关对公安机关应当立案侦查而不立案的情况，只限于在事后审查批捕或者审查起诉阶段，或者在被害人依法向检察机关提出要求后予以监督。而当检察机关认为公安机关不立案侦查的理由不能

---

* 本部分内容刊载于《检察日报》2002 年 4 月 16 日。

成立并通知公安机关立案，公安机关接到通知后仍然不立案的，法律没有对如何纠正公安机关的这种违法行为作出进一步规定。因此，应当法定在上述情况时：（1）凡是公安机关受理的案件，均应当将受理案件处理的结果及时告知检察机关；（2）人民检察院有权对公安机关不立案的案件进行必要的调查；（3）对于公安机关没有正当理由并在接到检察机关立案通知后仍然不立案的，检察机关有权将这一情况报上一级检察机关审查，经审查认为要求公安机关立案是正确的，有权通知同级公安机关责令原公安机关对该案件立案侦查；（4）人民检察院有权建议公安机关对不依法立案的责任人予以相应的惩处。公安机关应当及时将处理结果告知人民检察院。检察机关发现责任人有犯罪行为的，应当立案侦查并追究其刑事责任。这样，有利于提高公安机关立案的责任心和对犯罪的及时打击。

2. 对人民法院第一审审判的法律监督。根据刑事诉讼法的规定，人民检察院依法对于公诉案件第一审的法律监督，只是在其发现人民法院审理案件违反法律规定的诉讼程序时，有权向人民法院提出纠正意见。而人民检察院在何时行使这一职权，法律没有具体限定。这样，人民检察院在任何时候发现人民法院审理案件违反法律规定的诉讼程序，都可以提出纠正意见。但是，在司法实践中，人民法院关于实施刑事诉讼法的规定，对此却自行规定为：庭审后提出书面纠正意见的，人民法院认为正确的，应当采纳。这实际上是将人民检察院的这一法律监督权限定在第一审庭审之后，并且以提出书面意见为条件。而在人民法院的第一审中，人民检察院的检察官是以公诉人的身份出庭的。这反映在法庭上，检察官座位的名称是公诉人。身兼二职，作为公诉人既承担支持公诉任务，又承担法律监督职责，公诉人很难完成好这两个方面的任务。因此，这种运动员兼裁判员的问题心须解决。笔者认为，必要的对策是在检察机关内设置专门行使法律监督权的检察官。再者，由于检察机关没有及时行使法律监督权的保证，法庭审判即使违法也不能得到适时提醒和纠正。这种情况不改变，即使案件由于抗诉得到公正结果，也是迟到的公正。这必定在一定程度上造成不应有的损害。因此，刑事诉讼法有必要补充规定两点：（1）凡是人民检察院派员出庭的案件，法庭应当在设置公诉人席位的同时设置法律监督席，以便履行法律监督职能的检察官行使法律监督权。（2）履行法律监督职能的检察官，发现人民法院审理案件违反法律规定的诉讼程序且继续进行可能影响公正判决的，有权在其认为适当的时候提出休庭建议，并在休庭期间提出口头纠正意见。如果法庭拒绝纠正违法行为，人民检察院有权提出书面纠正意见，人民法院应当对此作出答复。

3. 对人民法院第二审不公开的法律监督。根据刑事诉讼法规定，地方各级人民检察院认为本级人民法院第一审的判决、裁定确有错误的时候，有权向上一级人民法院提出抗诉。人民检察院出席人民法院因其抗诉的第二审庭审的检察官，其出庭的名义不同于第一审，是以检察官身份，而不是以公诉人身份。这无疑是履行法律监督职能。但是，对于如何通过法律监督防止人民法院不正确地作出不开庭审理的决定，法律却没有作出相应规定。鉴于以这种审判方式审判，查明案件不是经过当事人和其他诉讼参与人当面核实的，在某种程度上缺乏透明度。因此，法律应当要求人民法院及时将不开庭审判的决定告知人民检察院，并且赋予人民检察院在其认为必要时，有权并提出是否不开庭的意见，以防当事人的合法诉讼权利受到不应有的侵害。

4. 对刑事裁判变更执行的法律监督。基于刑事裁判的执行和变更执行的本质是刑事诉讼范畴和刑事诉讼的延续，因此，刑事裁判变更执行也应当纳入检察机关法律监督范围。依照刑事诉讼法和监狱法的规定，适用暂予监外执行由罪犯服刑的监狱提出建议，报送有管辖权的监狱管理局审批。减刑、假释的适用由罪犯服刑的单位提出建议，报送管辖的人民法院审核裁定。人民检察院对这几类变更执行的适用是否正确、合法，只能在接到有关机关决定或者裁定书之后，才能对认为不正确的决定或者裁定提出书面意见。这种法律监督同样是事后的。为此，刑事诉讼法和监狱法有必要补充规定两点：（1）凡是执行刑罚机关认为依法应当适用上述任何一种变更执行的措施时，均应将建议书提交人民检察院审查，不论两者意见是否一致，必须同时将建议书和人民检察院的意见一并报送有权决定的机关。这样有助于建议机关及时撤回不当建议，并有利于提高有决定权的机关所作决定或者裁定的正确率，防止放纵犯罪，保证这些法定措施公正适用。（2）法律应当赋予检察机关随时了解各类刑罚的执行情况和向执行机关提出适当变更执行的建议权，从而加强执行机关及时维护罪犯的合法权益的力度。此外，对于非监禁刑和财产刑的执行，公安机关或者是人民法院执行是否合法，法律没有落实人民检察院如何实现法律监督。因此，刑事诉讼法有必要规定执行机关执行这类刑罚或者变更执行措施时，应当随时接受人民检察院的法律监督。人民法院有权根据申诉或者自行进行定期或者不定期的检查。这样，可以减少和防止执行中发生违法问题，确保裁判正确实施。

（二）民事诉讼和行政诉讼中法律监督的不足和对策

民事诉讼法确立了人民检察院有权对民事审判活动实行法律监督原则，但这项原则仅仅落实在人民检察院认为已经发生法律效力的判决、裁定具有法定违法情形之一的时候，才有权提起抗诉。至于行政诉讼中，人民检察院的监督同样只落实在检察机关发现人民法院已经发生法律效力的判决、裁定违反法律、法规时，才能按照审判监督程序提出抗诉。这种规定使检察机关对于诉讼过程中发生违反法律规定的行为无法及时了解，使其在实现司法公正和维护法律统一正确实施中的作用十分有限。而要改变这种状况，在这两大诉讼的审判中，需要进一步落实检察机关的法律监督。具体地说，有必要在两大诉讼法中补充这样的内容：凡是人民法院确定开庭审判的案件，应当在法定时限内通知人民检察院。人民检察院认为有必要出庭的，应当通知人民法院。人民检察院决定出庭的，人民法院审判庭应当设置法律监督席。人民检察院认为人民法院审判违反法律、法规并影响正确判决的，有权提出休庭建议并在休庭期间及时提出纠正意见。这样，不仅有助于及时保障人民法院审判程序的公正，也有利于提高人民法院判决的正确率。

总之，笔者认为，检察改革的重点之一是进一步强化检察机关的法律监督作用，并且应当加速由事后监督向事前、事中监督方面转化。事实将会证明，只有这样，检察机关才有望在推进实现社会主义法治国家的进程中发挥比较理想的作用。

四、强化法律监督需要立法双向保障*

人民检察院的法律监督职能是宪法与法律赋予的，然而在实践中经常面临法律监督缺乏刚性、被监督者不接受监督的监督"瓶颈"问题。笔者认为，切实可行的解决途径应是完善相关部门法中被监督者接受法律监督的义务与责任条款。

（一）检察机关法律监督的价值

国家要想使制定的法律得到正确实施，尽可能防止和减少

---

* 本部分内容刊载于《检察日报》2011 年 4 月 11 日。

执法者违法或者犯罪情况发生，就要尽早发现和纠正违法行为，将不良后果降到最低。这不仅需要执法机关内部建立科学工作机制，而且更需要来自外部的及时、有力的监督。特别是我国改革开放以来的司法实践，已充分证明对执法机关执法者执法行为的监督绝对必要。

不可否认，实施法律监督的途径应是多元的。但是，人民检察院的法律监督却有独特的优势。人民检察院是国家专门设置的国家法律监督机关，法定的重要职责是对法定范围内监督对象的执法是否合法实行监督。这充分弥补了其他监督举措的不足。事实上，人民检察院法律监督作用发挥得越及时、越有力、越充分，履行法律监督职责的作用就越大，刑事、民事、行政各个领域的违法行为被发现、被纠正得就越及时，司法公平公正就越有保障。

人民检察院的法律监督具有三大特点：（1）国家法律监督机关的性质和定位是国家先法确定的；（2）实施法律监督所需要的人力、物力等，有国家做后盾；（3）执法者为专门人才。因此，这种法律监督，是影响国家司法公正度、依法治国水平和构建中国特色社会主义和谐社会进程的关键因素，是其他任何法律监督途径和措施所无法取代的。

（二）制约法律监督作用的"瓶颈"

人民检察院在履行法律监督职责过程中的一些障碍，并没有从根本上解决，其作用仍难以充分发挥。这类障碍，有的是来自被监督机关执法人员对人民检察院履行法律监督缺乏正确认识，错误地认为是"找碴儿"、"挑刺"，不仅不配合，甚至采取不同方式予以抵制，导致有的检察人员怕影响与相关机关的关系，因而在一定程度上存在畏难情绪，甚至不愿实施法律监督。在更多的情况下，检察人员心有余而力不足。存在这种情况的主要的原因，是立法上存在制约人民检察院充分发挥监督作用的"瓶颈"。法律关于人民检察院法律监督的范围和程序作了一些规定，但有关实施法律监督的保障却还不够完善。这突出反映在法律关于被监督对象对于监督必须履行怎样的职责和程序，几乎没有作出规范，在相当大的程度上是空白，从而导致人民检察院发挥法律监督作用，几乎完全取决于被监督机关的态度。

在法律监督实践中，人民检察院依法对违法机关，不论是口头提出纠正违法建议或者是送交纠正违法通知，甚至依法提出抗诉，被监督的机关无故拖延或者不予理睬的情况，也不少见。基于法律规范是执法机关执法的刚性依据，这类情况的发生，正是刑事诉讼法、民事诉讼法和行政诉讼法等有关法律规定过于原则，法律监督程序缺少必要的法律保障所致。例如，刑事诉讼法第8条规定："人民检察院依法对刑事诉讼实行法律监督。"但是，该法对于被监督的机关应当如何接受和对待人民检察院的法律监督，只是作了原则要求，许多环节都没有作出具有可操作性的规定。

实际上，任何监督都不是单向行为所能实现的。这也就是说，监督的作用，法律不仅仅应当，也必须对监督者实施监督的职责、职权和履行的程序保障作出明确的、具有可操作性的规定，同时也应当并必须对被监督者接受监督的义务和程序保障作出明确的、具有可操作性的相应规定。否则，监督作用就会成为泡影。事实上，任何监督作用都取决于监督和被监督双方紧密衔接、共同科学的配合来实现。人民检察院能否切实发挥法律监督作用也不例外。当今，宪法和有关人民检察院实施法律监督的法律，恰恰在关于被监督机关如何接受监督方面，存在许多缺失。现行有关法律只是要求人民检察院实施法律监督，而没有对被监督对象必须如何正确接受监督提出相应的要求。由于法律规定是执法机关行为的刚性依据，立法上的这类缺失，已成为制约我国检察机关发挥法律监督作用的最大"瓶颈"。

（三）消除法律监督"瓶颈"的建议

消除人民检察院法律监督的"瓶颈"，笔者认为，最根本的途径是国家立法机关完善有关部门法，为人民检察院提供充分的双向和具有操作性的法律保障。

不论从理论上看或者从司法实践看，只有监督机关的监督与被监督机关的接受监督之间的相关环节，得到紧密、统一、协调、科学的衔接，监督才会真正有力度，切实可行的途径应是尽快分别完善相关部门法的相关规范。

具体而言，需要对以下几部部门法，进行全方位、多层次的双向完善：

1. 全面弥补刑事诉讼法关于保障人民检察院发挥法律监督作用的不足。这包括明确规定人民检察院在刑事诉讼全过程中的各个环节实施法律监督的情形、必须遵守的原则、必须履行的程序、必须遵守的时限、补救途径、职权，以及足以保证被监督对象及时、严肃认真对待监督的举措。与此同时，分别一一对应明确规定被监督对象必须接受人民检察院法律监督的职责、遵守的原则、程序、时限和补救途径，以及没有法定理由不遵守法定要求必须承担的法律责任。

2. 全面弥补民事诉讼法关于保障人民检察院发挥法律监督作用的不足。根据民事诉讼法第 14 条关于人民检察院有权对民事审判实施法律监督的规定，应当明确规定在民事审判各个环节人民检察院实施监督的具体情形、职权、遵守的原则、期限、程序、补救途径，以及足以保证被监督对象及时、严肃认真对待监督的举措。与此同时，分别一一对应明确规定人民法院必须接受人民检察院法律监督的职责、职权、必须遵守的原则、程序、时限和补救途径，以及没有法定理由不遵守法定要求必须承担的法律责任。

3. 全面弥补行政诉讼法关于保障人民检察院发挥法律监督作用的不足。根据该法第 10 条关于人民检察院有权对行政诉讼实行法律监督的规定，立法机关需要完善行政诉讼全过程各个诉讼环节人民检察院实施法律监督的情形、遵守的原则、程序、期限、补救途径、职权以及足以保证被监督对象及时、严肃认真对待监督的举措。与此同时，分别一一对应明确规定人民法院必须接受人民检察院法律监督的职责、职权、必须遵守的原则、程序、时限和补救途径，以及没有法定理由不遵守法定要求必须承担的法律责任。

此外，法律关于人民检察院如何实施法律监督、劳动教养机关如何接受和对待这种监督，完全是空白。关于劳动教养问题如何从立法上根本解决，到目前尚无答案。但是，从司法实践看，现今有的地区试行将余刑 1 年以下和拘役刑的罪犯交由劳动教养机关执行。对此，人民检察院如何发挥法律监督作用，劳动教养机关如何接受人民检察院的法律监督，还值得认真探讨。而要解决好人民检察院在这一领域的法律监督，立法机关必须尽快将其纳入立法完善日程，不宜仍然保持现状。

特别需要指出，完善人民检察院实施法律监督的各项双向保障规范，应当且必须具有刚性。这是确保人民检察院发挥法律监督作用不可或缺的重要因素。

笔者还认为，当处于全面完善相关法律规定的客观条件尚欠成熟的阶段，一旦出现妨碍人民检察院法律监督作用的情形，宜根据涉及的机关不同，采取通过与最高人民法院、最高人民检察院、公安部、国家安全部、司法部、全国人大常委会法制工作委员会等机关、部门共同作出解决问题的规定，或共同发出联合通知的途径来解决。这种做法是快速消除各种妨碍法律监督"瓶颈"的可行性应急举措。

五、强化我国检察机关法律监督体系的构想 *

斗转星移，中华人民共和国人民检察院已经迈入 21 世纪，回顾中华人民共和国人民检察院几十年风风雨雨的历程，清楚可见这样一个事实，即 1982 年的中华人民共和国宪法终于给我国检察机关的性质以明确的定位。该法第 129 条规定："中华人民共和国人民检察院是国家的法律监督机关。"并在第 131 条规定："人民检察院依照法律规定独立行使检察权，不受行政机关、社会团体和个人的干涉。"此后，虽然我国宪法又多次修订，但对于检察机关的这一清楚明确的定性和定位却没有再作任何改变。数十年来，人民检察院在打击犯罪、维护国家与人民利益以及确保国家法律统一实施方面作出了重大贡献，功不可没。但是，客观事实告诉我们其应有的作用在许多方面还没有得到发挥，而我国的实际状况又迫切需要其更有力地发挥它的法律监督作用。那么，人民检察院的法律监督作用是否需要与时俱进？又如何做才能实现与时俱进呢？可以肯定地说，只要国家宪法没有改变我国人民检察院的性质和任务，我们就有责任认真总结其存在的不足，探讨、研究并寻找出不断强化其法律监督职能作用的有效途径，况且到目前为止，还没有任何人能够找出更好的替代它的措施。

（一）阻碍检察机关发挥法律监督作用的根本原因及其表现

既然人民检察院是国家法律监督机关。那么，"国家法律监督机关"的本义是什么？实事求是地说，至今还没有一个权

---

* 本部分内容摘自张智辉主编：《中国检察》（第 3 卷），中国检察出版社 2003 年版。

威机关对其作出明晰的界定。因此，司法实践中检察机关落实其承担的法律监督职责受到种种制约，其应有的作用没有得到充分发挥也就不足为奇。

根据《辞海》的解释，"监督"即"监察督促"。就此词义看，监督无疑是察看发生问题的人或者事，并督促其予以纠正。具体到我国宪法所说的法律监督，笔者认为，其应当指人民检察院依法察看违法行为是否发生、及时向有关机关指出其违法行为并要求其予以纠正，确保国家法律得到统一实施。这里可以看到，宪法没有限制其实施法律监督的范围。但是，无论是从我国检察机关实施法律监督的经验看，或者是从我国实际情况看，人民检察院不可能对国家各个领域的所有方面都进行法律监督。因此，人民检察院的这一作用需要落实在最必要的领域。而在一些部门法中具体落实，无疑是最必要和最好的办法。我国近一二十年来，也正是走这样的路子。而从这些年检察机关发挥国家法律监督职能作用还不是令人非常满意的原因看，影响其作用的因素确实很多，但笔者认为，不能轻视的，甚至可以说是主要的、根本的原因有以下三个方面：

1. 部门法落实法律监督的范围小、途径少且不畅；监督方式被动、静态有余，主动、动态不足。从我国现行的部门法规定看，无论是在诉讼领域或者在非诉讼领域，都存在此类情况。

（1）从刑事诉讼领域看，尽管刑事诉讼法将"人民检察院依法对刑事诉讼实行法律监督"作为一项诉讼原则规定在总则中，但在分则中，人民检察院依法能够对刑事诉讼活动真正实行法律监督之处却极其有限，并且在程序上没有得到应有的保证。例如，对公安机关的立案与否、是否正确的监督，虽然规定人民检察院认为公安机关对应当立案侦查而不立案侦查的，或者被害人认为公安机关对应当立案侦查而不立案侦查而向人民检察院提出的，人民检察院有权要求公安机关说明不立案的理由。人民检察院认为公安机关不立案的理由不成立时，有权通知公安机关立案。但是，如果公安机关仍然不立案该如何解决，该法没有规定解决的程序和手段。与此同时，对于人民检察院能够通过什么途径发现公安机关对应当立案侦查而不立案侦查（除被害人向人民检察院提出的）的违法行为，法律也没有明确渠道。又如，对人民法院刑事审判活动的法律监督，该法关于第一审只规定在人民检察院发现人民法院审理案件违反法律规定的诉讼程序时，有权向人民法院提出纠正意见。但是，人民检察院能够在什么时候提出纠正意见？法律没有明确。这样导致这种监督在司法实践中成了这样的情况：对于人民法院第一审的法律监督，只能在该法院庭审结束，人民检察院才能对人民法院庭审中发生的违法行为提出要求其改正的意见。再如，在监督刑事判决裁定执行方面，虽然规定人民法院交付执行死刑判决前，同级人民检察院有权根据人民法院通知派员进行临场监督，但没有规定如何监督。对于变更执行方式是否正确的监督，则同样是事后监督。这反映在适用暂予监外执行是否正确，依法人民检察院只能在接到抄送的批准决定后认为其不当时，才能在规定的时间内提出书面意见。虽然批准暂予监外执行的机关接到该意见后要进行重新核查，但因此有些可以避免的错误就没有能够及时避免。至于人民法院适用减刑、假释是否正确，人民检察院也只能在收到裁定书副本后才能发现是否正确，然后才能在法定的时间内向人民法院提出书面意见。尽管人民法院收到纠正意见应当重新组成合议庭进行审理，作出最终裁定，但已经发生了本可以避免的差错。这种被动、消极的法律监督在我国监狱法中也有同样的表现。依法在监狱认为应当对罪犯减刑、假释或者采取暂予监外执行时，并非在向审批机关提交建议的同时报送人民检察院实施法律监督。人民检察院只是在减刑、假释建议被裁定后或者暂予监外执行得到批准后，才能接到抄送的通知。虽然司法部部长办公会议于 2003 年 1 月通过了《监狱提请减刑假释工作程序规定》，并于 5 月 1 日起施行。但是，其中有关接受这方面法律监督的规定，只是规定"监狱在向人民法院提请减刑、假释的同时，应当将提请减刑、假释的建议，书面通报派出人民检察院或者派驻检察室"。这种规定虽然比监狱法的有关规定进了一步，但由于这种建议是同时送交人民检察院和人民法院，因此，人民法院在审查监狱提交的材料时，不能同时看到人民检察院的意见，因此有些可以避免的错误没有避免。由此可见，检察机关的法律监督作用还是慢一步，同样是处于被动监督的境地。

（2）在民事诉讼和行政诉讼中，两种诉讼法尽管在总则中明确规定人民检察院对民事审判活动和行政诉讼活动是否合法实行法律监督，但在分则中都仅仅限于对人民法院已经发生法律效力的判决、裁定，在发现其有违反法律、法规规定的情形时，才有权提出抗诉。至于这两类诉讼中的活动，如立案、审判、采用民事或者行政强制措施等是否合法，均将法律监督排除在外。

（3）在非诉讼方面，落实人民检察院法律监督职能的规范只是劳动教养试行办法。在该办法中规定，劳动教养机关的活动接受人民检察院的监督。而在实际上，有权批准适用劳动教养的机关作出的批准劳动教养的决定以及变更劳动教养期限是否合法，人民检察院实施法律监督也只能是事后，即收到抄件后才可能进行审查。

综上清楚可见，人民检察院应当实施法律监督的许多重要环节是封锁着的或者必须绕道行进，通常是"马后炮"。造成这种状况的关键，笔者认为首先是立法极不完善所致。因此，要想更有力地发挥人民检察院的法律监督作用，推进我国社会主义法治国家目标尽快地实现，我国立法机关就需要尽快完善落实人民检察院法律监督职能的法律规范。完善法律规范的原则，需要切切实实地疏通已有的法律监督的渠道和开拓更多地必要渠道，变被动、消极的事后监督为主动的、积极的同步监督。

2. 对法律监督的认识存在误区。多年来在刑事理论和刑事司法实践中，笔者认为一直存在对法律监督认识的误区。这就是更多地看到了人民检察院在公诉方面的职能作用，而没有真正看到它是国家法律监督机关的根本属性。因此，在一些方面将刑事诉讼法确立的检察机关在刑事诉讼中落实其与公安机关、人民法院之间分工负责、互相配合、互相制约的关系原则中有关制约的一些规定，误认为也是检察机关在履行法律监督职责，从而不自觉地缩小了检察机关实施法律监督的范围和作用。笔者认为，不能否认监督和制约有某些共同点，但两者绝对不能用等号连接。前者应当是通过察看或者检查、发现问题、提出问题，并要求或者指令法定直接管辖机关纠正不正确或者不合法的行为，而不能直接取代法定直接管辖机关予以纠正。而"制约"一词，根据《现代汉语词典》的解释，其是指甲事物本身的存在和变化是以乙事物的存在和变化为条件，则甲事物为乙事物所制约。因此，在刑事诉讼中，人民检察院履行审查批捕、审查起诉、退回补充侦查、对第一审判决或者裁定的抗诉等行为，均是制约性质的行为，而不是真正的法律监督行为。这是因为对这些行为，侦查机关或者人民法院必须接受人民检察院的决定。例如，侦查机关提请批准逮捕，如果检察机关不批准，侦查机关就无权实施逮捕，否则，就违法。又如，侦查机关对案件侦查终结并提出起诉意见的案件能否提起公诉，取决于人民检察院审查后所作的决定，其中不起诉决定和退回补充侦查决定等都是法定的制约性质的行为，而不是真正宪法定位意义上的法律监督。总之，该法的其他类似规定，具有同样性质。如果这类认识不从根本上纠正，就会不应有地缩小检察机关法律监督的范围和削弱检察机关法律监督的作用。

3. 检察机关内部机构设置没有解决好既是"运动员"又是"裁判员"的矛盾。检察官在执法过程中，往往身兼二职，既行使某些案件的立案、侦查、起诉等公诉职责，又行使法律监督职责。这样，在许多情况下，由于公诉任务的迫切性往往显得大于法律监督的要求，使具体承担法律监督职责的检察官只能顾及公诉任务的要求，而难以顾及法律监督，甚至忽视或者轻视法律监督的必要。特别是检察官在出庭支持公诉的重要环节，支持公诉和实施法律监督难以两全其美。这一问题不解决好，同样会使原本就很有限的法律监督作用又受到削弱。

鉴于我国立法和司法实践存在上述问题，在相当程度上妨碍、限制了人民检察院充分发挥法律监督职能作用。因此，我们有必要尽快找出切实可行的对策。

（二）强化人民检察院法律监督职能作用的举措

为了加强人民检察院的法律监督作用，笔者认为我国需要尽快做好以下两个方面的工作：

1. 人民检察院自身构建独立的法律监督体系。具体地说，我国检察机关在内部机构设置上，需要进行改建。这就是人民检察院除了保留现有的为完成法律明确规定的立案、侦查、审查批捕、审查起诉、出庭支持公诉、对未发生法律效力的判决和裁定依法抗诉等公诉职能以外，应当在现有的基础之上组建自上而下的、独立的法律监督系统。这就是各级人民检察院分别设置相应级别的立案侦查督察、批捕起诉督察、刑事审判督察、刑事执行督察、民事诉讼督察和行政诉讼督察机构。

各个机构的督察范围，应当同相应的诉讼职能活动机构和非诉讼的职能活动机构相对应。例如，立案侦查督察机构，应当承担对依法享有刑事案件直接管辖权的机关的立案侦查活动是否合法的监督；批捕起诉督察机构，应当承担对人民检察院负责审查批捕机构进行这项工作是否合法的监督；刑事审判督察机构，应当承担对审查起诉活动是否合法、人民法院第一审审判活动和第二审审判活动是否合法以及申诉案件的审查监督；刑事执行督察机构，可以在监所检察机构设置的基础上进一步完善。至于民事和行政督察机构，应当分别设置，同时还应当根据各自的实际需要，在内部分组。例如，民事督察机构可以分为立案督察、审判督察和执行督察。

2. 完善立法以疏通和保障实施法律监督的渠道。各个监督机构对于相应机构的执法活动是否合法监督的成效，在很大程度上取决于其能否及时查明违法、可能违法的情况以及纠正违法意见提出后的纠正情况，因此，需要在立法上明确地、科学地规定具有可行性的途径和切实有效的保障措施，以防陷入法律监督原则有余、执行无着的境地。

（1）在诉讼领域，需要补充规定的内容应当包括：①依法有权直接立案的机关在接受控告、举报和报案后，应当将这一情况和此后审查确定的结果立即报送人民检察院相应的督察机构备查。②依法享有决定或者批准采取限制人身自由措施的机构，应当在作出采用决定的同时，将这一情况报送人民检察院的相应督察机构备查。③人民检察院的审查起诉部门对案件审查后，应当同时将所作决定及时报送人民检察院的相应督察部门备查。④各级人民法院开庭审判（包括第一审、第二审和再审），除了必须事先在法定时间通知同级人民检察院外，应当在法庭设置法律监督席，检察机关有权根据法律和实际需要出庭实施法律监督。⑤确立人民检察院出庭实施法律监督的检察官有权在发现审判活动严重违法，如果不及时纠正会影响公正的情形时，有权及时建议休庭。⑥依法有权建议、裁定变更刑罚执行的机构，必须在向人民法院提交建议之前，报送人民检察院相应的督察机构审查，并须将督察机构审查意见同时报送人民法院。⑦规定收到人民检察院纠正违法通知或者意见的机构，必须在法定时间作出有合法理由的答复的制度。⑧规定确保纠正违法行为得到纠正的后备措施，切实保证检察机关法律监督的严肃性。

（2）非诉讼领域，有关法规应当补充规定如下内容：有劳动教养审批权的机关在审查、决定是否对某人实行劳动教养时，应当请人民检察院派员监督；劳动教养机关建议变更被劳动教养人教养期限时，在报送审批机关之前，须将报批建议报送人民检察院相应的督察机构审查，并将其意见一并报送审批机关。

（3）在实现法律监督的手段上，监督机关和被监督机关可以逐步实行网上信息交流与实地监督相结合的方式，从而能够大大提高法律监督的效率。实际上，这也是今后国家机关履行职能的重要趋势。

需要特别重视的是，国家有关法律应当补充必要的保障这种监督真正发挥作用的具体措施。这种措施应当是也必须是有相当的"硬度"，确保检察机关实施法律监督作用的建议或者要求得到落实。否则，检察机关的法律监督作用就会变成徒有虚名的形式。

六、法律监督与控辩平等探析 *

(一) 法律监督与控辩平等的含义

在我国，宪法规定人民检察院是国家法律监督机关。由此，人民检察院成为维护国家法律统一实施的专门机关，依法实施法律监督是基本职责和职能。根据现行法律的有关规定，法律监督发挥作用的特点，是通过法定方式督促实施违法行为的法定主体自行纠正违法行为。人民检察院实施法律监督的范围，既包括刑事诉讼活动、民事审判活动和行政诉讼活动，也包括特定国家机关的非诉讼活动。

这里所说的法律监督，专指刑事诉讼中人民检察院依法对刑事审判活动是否合法所进行的监督。这项法律监督，是人民检察院法定职责之一，是对刑事诉讼活动是否合法进行监督的重要组成部分，是人民检察院履行宪法赋予的基本职责的必要途径。具体地说，人民检察院对刑事审判活动是否合法进行监督的范围，不仅包括对人民法院执行刑事程序法（刑事诉讼法）的全过程是否合法进行监督，而且也包括对人民法院适用刑事实体法（刑法）是否合法进行监督。而人民检察院对人民法院执行刑事诉讼法的全过程是否合法进行监督的范围，不仅包括人民法院对人民检察院提起公诉案件的受理、审查、审判和作出判决或者裁定的各个审判阶段执行该法的有关诉讼原则、诉讼制度的规定是否合法的监督，也包括对其运行每一审判环节的诉讼程序是否符合该法有关规定的监督。人民检察院对人民法院适用刑法是否合法进行监督的范围，不仅包括人民法院对于被告人是否有罪、犯有何种罪名的犯罪作出的判决或

---

* 本部分内容刊载于《法学杂志》2011 年第 2 期，收入本书时略有删改。

者裁定是否符合刑法的有关规定，而且也包括人民法院对被告人是否予以处罚和处以何种刑罚是否符合刑法的有关规定。在刑事诉讼中，人民检察院实施法律监督的方式，依法根据情况的不同而不同，可采取发出纠正违法通知书、提出检察意见、建议或者抗诉督促违法机关纠正违法行为等。虽然不论哪一种监督方式对于违法机关纠正违法行为均不具有强制力，督促纠正违法行为的力度有所不同，但这对于及时提醒、促进人民法院严格执法，提高司法公正和维护国家利益、社会公共利益及当事人的合法权益，具有不可或缺的作用。

关于控辩的认识，笔者认为，两者各有特定的含义。严格意义上说，刑事诉讼中所说的"控"是指控告犯罪的主体所进行的控告；"辩"是指被控告主体针对控告所进行的反驳和辩解，包括被控告主体的自行辩解和其辩护人所进行的辩护。这涉及刑事审判阶段控辩双方各自主体范围、公权和私权的配置、行使的程序以及相应的法律保障。

这里的"控"，指控告主体将认为实施了犯罪行为的主体提交管辖法院并请求对其进行审判和依法定罪、处以刑罚的活动。在世界范围内，对于公诉案件而言，不同国家控告主体不尽相同——有些国家法定控告主体是检察官，而我国是人民检察院——各自均拥有国家赋予的控告权，即公诉权。这种控告权，是国家权力，具有强制力，行使所需要的人力、物力等由国家给予充分的保障。通常，公诉案件是比较严重的犯罪，危害的不只是被害人的个人利益，更多涉及国家利益和社会公共利益，是被害人依靠自身能力难以追诉成功的案件。因此，对于公诉案件的控告，由国家设置的专门机关，即检察机关承担是必要的。但是，由于被害人是这类犯罪的直接受害人，因此，在有的国家，被害人在法定条件下，拥有直接向法院控告被告人的诉讼权利和行使程序上的法律保障。

这里的"辩"，指被控告主体在被提起公诉后，为了维护自身合法权益，针对指控的犯罪事实和证据所进行的反驳和辩解。辩护的主体，不仅指被告人，也包括被告人自行依法聘请的律师或者委托的其他法定辩护人，还包括法院依法为其指定的辩护律师。

关于控辩平等应有之义，笔者认为，应当指在刑事审判立法和司法中，为被控告方提供维护合法权益所需的机会和保障，与为控告方提供维护国家、社会和被害人合法利益所需的机会和保障，应一视同仁，不偏不倚。这包括为控方配置控告犯罪和予以证明的权力，以及为这些权力得到充分行使所需要的机会、场合、途径、条件、时间和提供相应的可操作的具体程序保障的力度。与为辩方配置的针对指控的犯罪事实和证据，进行陈述、反驳、证明无罪或者罪轻的辩解权利以及这些权利得到充分行使所需要的机会、场合、途径、条件、时间和提供相应的可操作的程序保障的力度相比，两者不相上下。与此同时，对于处于弱势的辩方，更要注意弥补控辩先天的失衡，保障审判公平公正，即以程序公正达到最大限度的实体公正的实现，而不是指控告方拥有的公权、保障与辩方拥有的私权、保障，在数量和措施上完全相同。

控辩两者的地位，在刑事审判阶段的平等，只能是相对的，而不可能是绝对的。两者的差距，只能是随着社会的不断进步，司法文明程度的不断提高和法制的不断完善而逐渐缩小。即便在西方法治发达的国家，刑事诉讼中作为控告主体的检察官与被告人同是诉讼当事人，他们的诉讼地位在法律上被认为是平等的，但由于检察官控告犯罪是代表国家，行使控告权所具有的强制力和保障是任何被告人所不可能具有的。控辩两者的这种差别，决定两者不平等是绝对的。正是基于此，在刑事诉讼法的制定、完善和执行中，应当并需要切实地贯彻控辩平等的理念，为辩方配置充分维护自己合法权益的诉讼权利，并且要最大限度地保障这些权利的行使。

从控辩的内在本质上看，可以说两者是对立的，但它们却是一对能够解决的矛盾。不论是从理论上说，还是从刑事司法实践看，对于公诉案件而言，由于控告主体的权力、保障和辩护主体的权利、保障存在天然的失衡，如果对这种公权、私权的配置和保障，以平等理念为统帅、原则进行适时调整，在审判阶段导致的弊端必定会不断减少，即使不能达到完美的理想境地，也能够在防止司法不公的最后防线上提高保障审判公正的系数。笔者认为，控辩平等的刑事诉讼主张、理念的提出，根本缘由在于刑事诉讼中辩方先天处于弱势。因此，控辩平等的理念符合人权保障的要求。从人类社会、法制纵横发展变化史看，可以说，控辩平等的刑事诉讼主张，是社会文明、进步的体现：微观上，是实现刑事审判公平公正的需要；宏观上，是实现刑事司法公平公正的客观要求，符合人类社会发展趋势。

在我国，虽然刑事诉讼法并没有将"控辩平等"规定为诉讼原则或者诉讼制度，但从我国刑事诉讼法关于审判阶段公权和私权的配置和保障的许多规定看，在相当程度上体现了"控辩平等"的立法理念。特别是随着我国社会主义法治建设的不断发展，维护被告人合法权益的保障力度不断得到强化，刑事审判公正水平也不断提高。就现行刑事诉讼法的规定看，该法关于控辩权力、权利及保障，虽然有这样或者那样的差距，但基本上是对等的。例如，公诉案件第一审采普通审判程序审理，人民法院依法公开开庭审判案件，人民检察院应当派员出席法庭支持公诉、宣读起诉书后，被告方可以就起诉书指控的犯罪事实进行陈述；证人作证后，当事人、辩护人和公诉人经审判长许可，同样可以对证人、鉴定人发问；辩护人和公诉人同样可以向法庭出示物证，让当事人辨认；对于公诉人、当事人和辩护人关于证言、鉴定结论、勘验笔录的意见，审判人员都应当听取；在法庭审理过程中，法定当事人和辩护人也有权申请通知新的证人出庭、调取新的物证、申请重新鉴定或者勘验。对于证据和案件情况，公诉人、当事人和辩护人都可以发表意见并且可以互相辩论。辩论终结，被告人有权最后陈述等。又如，以简易程序审判公诉案件，虽然人民检察院可以不派员出席法庭，但被告人可以就起诉指控的犯罪进行陈述和辩护。人民检察院派员出庭的，被告人和辩护人可以同公诉人相互辩论。再如，对于人民法院作出的判决、裁定，人民检察院认为有错误可以依法抗诉，被告人和他的法定代理人不服，可以上诉，被告人还可以委托辩护人为其提出上诉等。

与此同时，我们不能不看到，刑事诉讼法在体现控辩平等的理念方面，还存在某些不足，特别是对辩方权利和行使保障还缺乏应有的力度，急需补救。例如，依照刑事诉讼法的规定，被告人及其辩护人直到案件被提起公诉，还难以获知指控犯罪事实和指控证据的具体情况。又如，依照刑事诉讼法第174条第1项的规定，对于依法可能判处3年以下有期徒刑、拘役、管制、单处罚金的公诉案件，人民法院认为事实清楚、证据充分，只要人民检察院建议或者同意适用简易程序审判，人民法院就可以采用这种程序进行第一审，而不必征求被告人的意见。对于适用简易程序审判的公诉案件，人民检察院可以不派员出席法庭，而被告人不能缺席；在法庭上，虽然被告人对于人民检察院指控的犯罪可以陈述、辩护和作最后陈述，但法庭审理不受普通审判程序必须履行讯问被告人、询问证人、鉴定人、出示证据、法庭辩论程序规定的限制。这样，辩方在普通审判程序中享有的其他诉讼权利就无法行使。这种情况，实际上使得人民检察院公诉权与人民法院审判权集于人民法院一身。可以说，在相当程度上辩方的一些诉讼权利被剥夺了。这类情况明显地反映出控辩不平等。再如，第二审程序中，人民法院对于辩方依法上诉而人民检察院不抗诉的案件，只要合议庭经过阅卷、讯问被告人、听取其他当事人、辩护人、诉讼代理人的意见，认为事实清楚的，不论辩方是否同意，依法可以决定不开庭审理。这样，第二审变成了书面审，辩方的许多重要诉讼权利因此无法行使。人民法院对这类案件书面审理的结果，虽然不会给被告人加重刑罚，但往往是维持原判，显然不利于辩方维护合法权益。但是，人民法院对于人民检察院抗诉的案件，依法必须开庭审理。由此可见，人民法院第二审是否开庭审理，在相当大的程度上取决于人民检察院是否抗诉。这种审判程序适用上的不平等，容易导致实体的不公正。被告人在受到审判之前，他的行动自由往往已经受到一定的限制，因而，即使被起诉后其辩护律师可以查阅、摘抄、复制指控犯罪事实材料、会见被告人，但辩护的力度将由于时间、手段等方面在此前受到的制约而受到影响。如果辩方再失去在法庭上同控方进行辩论等机会，合法权益就更难以得到维护。立法上和司法中的这种状况，无疑需要在今后对刑事诉讼法的完善中和司法人员的执法中得到切实弥补。

从总体上看，笔者认为刑事审判的立法和司法，重视、强化辩方诉讼权利及其行使的保障非常重要，主要缘于以下几个方面：

（1）这是弥补控辩主体诉讼地位先天不平等的客观需要。如上所述，在我国，根据刑事诉讼法的规定，公诉案件的控告主体是检察机关。虽然检察机关的控告职权由检察官行使,但检察官不是诉讼当事人。因此,控辩双方在权力与权利的属性、特点和行使保障上存在的上述差别,再加上这一特点,与当事人主义的国家相比,双方诉讼地位存在的差距更大些。这在客观上使得被告方维护合法权益的能力处于弱势地位更加明显。因此,在立法和司法中,需要尽快弥补这种失衡,否则,将会继续影响刑事审判公平、公正。

(2)这是人民法院准确、及时地查明犯罪事实,正确应用刑法,提高审判效率和实现人权保障的需要。在刑事诉讼的全过程中,审判阶段是刑法能否得到正确适用的关键环节。人民法院要想做到正确、及时地适用刑法,无疑首先必须准确、及时地查明犯罪事实。依照刑事诉讼法的规定,人民法院要做到准确、及时地查明犯罪事实,只能或者说主要是在通过法庭审判对人民检察院指控犯罪事实、证据进行审查和核实之后。"兼听则明,偏听则暗",这是司法实践反复证明的真理。控告只是反映事物的一个方面。因此,法庭还应当知晓并查明事情的另一面,这同样需要一视同仁地听取被告人及其辩护人对指控的犯罪事实和证据的意见,保证他们有充分的时间、条件进行口头或者书面的陈述、举证、反驳和辩解。必须看到,犯罪是复杂的社会现象,往往是已经发生的事,而审判人员查明真相不可避免地会受到各种主客观因素的制约,因此,即使案件事实和证据经过立案、侦查和审查起诉三个诉讼阶段的多次由此及彼、由表及里、去粗取精和去伪存真的核查,仍然难以确保控告的犯罪事实和证据都是绝对真实可靠的。由于被告人最清楚自己是否实施了控告的犯罪,所以,审判人员只有充分听取和查证核实控辩双方提供的事实和证据,才可能明了案件事实真相,才可能对于控告事实是否是犯罪、犯罪是否是被告人所为、被告人实施了何种罪名的犯罪、应否处以刑罚和应当处以何种刑罚等问题作出正确判断，从而才有可能正确适用刑法。相反，如果控辩不平等，被告人及其辩护人没有充分的维护合法权益的诉讼权利和行使权利的保障，法庭只听信控告方的指控，或者限制被告方辩护权的充分行使，法庭就难以真正查明案件事实，甚至可能误入歧途，发生冤案。以往刑事司法实践的成功经验和惨痛教训已经反复证明了，只有立法和司法两个方面做到不偏不倚地、充分地为控辩双方提供必要的保障，要特别重视被告方的辩护，人民法院才有可能真正完成审判阶段的任务。从理论上和司法实践看，立法和司法中体现控辩平等越充分，审判质量和效率就越高，人权保障的效果也就越好。

（3）这是实现社会公平正义，构建社会主义和谐社会的需要。建设社会主义和谐社会是我国人民共同的奋斗目标。和谐社会最重要的体现，是实现社会公平正义。社会公平正义的最重要内容是司法公正。司法公正最重要的组成部分是刑事司法公正。实现刑事司法公正的关键环节、最集中和最鲜明的反映是刑事审判公平、公正。刑事诉讼中，审判的结果是人民法院对于被告人作出的最终判决和裁定，直接关系到犯罪分子是否受到应有的惩罚，无罪的人是否不受刑事追究，国家利益、社会公共利益和当事人的合法权益是否得到了应有的维护。虽然影响这一诉讼阶段实现公平、公正的因素多元，但其中立法和司法上控辩平等理念的有无和强弱程度，十分关键。因为这是执法者执法的依据。可以说，控辩平等理念，在相当程度上不仅决定法律规范的公平、公正程度，也决定了人民法院执行刑事诉讼法和刑法的公平、公正水平。人民法院审判公平、公正的程度，是我国社会公平正义和法治程度最明显的反映和最重要的体现。鉴于审判不公正不仅最容易导致人民丧失对人民法院的信任以及贬低法律的权威性，而且会大大降低国家应有的威信，从而严重影响社会安定，温家宝总理在第十一届全国人大三次会议记者招待会上指出："公平正义比太阳还要有光辉。"与此同时，他在指出现在社会上还存在许多不公平的现象时，明确指出存在司法不公，应该引起我们的重视。因此，刑事诉讼法关于审判的法律规范及其执行，尤其需要重视这一理念的贯彻，为社会公平正义添砖加瓦，使它的光辉无处不在，使它的光辉散发更多温暖。这里需要特别指出，要想实现审判公平、公正，在贯彻控辩双方平等理念的过程中，不仅执法机关需要对处于弱势的辩方权利的保障予以更多重视，而且需要在立法和执法中切实体现。

从根本上说，控辩平等在审判阶段能否最大限度地得到体现，不仅与本阶段法律赋予辩方的诉讼权利和行使的保障是否得到与控方一视同仁的对待息息相关，还与被告方在接受审判之前的各个诉讼阶段享有的诉讼权利和权利行使的保障是否充分息息相关。这是因为，人民检察院指控的犯罪事实和证据，是历经立案机关审查、侦查机关侦查和人民检察院审查、补充侦查核实后的结果。这些国家专门机关都拥有相应的公权和行使的充分保障，从而能够为提起公诉和支持公诉做充分准备。被告方要想在审判阶段真正能够通过行使该阶段法定权利充分维护其合法权益，仅仅依靠现行法律中被起诉后获知的指控材料、提供的时限等保障显然不够。这需要在立法上对于此前的立案、侦查和审查起诉各个诉讼阶段，为犯罪嫌疑人及其依法委托的律师或者其他辩护人配置充分诉讼权利和提供充分行使的保障。只有这样，在审判阶段被告人及其辩护人才可能针对指控犯罪事实和证据，进行比较充分、有力的反驳和辩护，人民法院才有可能通过认真听取正反不同方面的陈述和证明，查明案件真实情况，进而对指控犯罪事实、证据真伪和证明力作出正确判断。因此，刑事诉讼中，控辩平等的理念，不仅应当和需要充分体现在审判阶段，而且应当和需要充分体现在其他各诉讼阶段。

（二）法律监督与控辩平等的关系及实现的途径

1. 法律监督与控辩平等关系。法律监督和控辩平等之间有无关系？如果有关系，又会是怎样的关系？这是学界和实务部门关注的问题之一，并且也有人从某个角度做过探讨。对此问题，笔者认为，法律监督与控辩平等，它们各有自己的含义，是两个完全不同的概念。但是，在刑事诉讼中，两者不仅有关系，而且关系十分密切。可以说，两者之间是保障与被保障的关系。

这主要缘于刑事诉讼法总则和分则的有关规定。

（1）缘于刑事诉讼法总则第 8 条的明确规定：人民检察院依法对刑事诉讼实行法律监督。这是刑事诉讼法确立的一项诉讼原则。依照该规定，无疑人民法院对刑事案件的审判是否合法在人民检察院法律监督的范围之内。人民法院审判是否合法，也包括其是否正确执行体现控辩平等的有关法律规定。

（2）缘于刑事诉讼法分则规定，人民检察院对于人民法院第一审和第二审的判决、裁定是否合法实施监督。如该法第 169 条指出："人民检察院发现人民法院审理案件违反法律规定的诉讼程序，有权向人民法院提出纠正意见。"这样，人民法院对于公诉案件以普通程序审理是否合法必须接受人民检察院监督。与此同时，该法的第 151 条、第 155 条至第 157 条和第 160 条，这些体现控辩平等理念法条的执行情况，都是法定受人民检察院监督的内容。人民检察院一旦发现人民法院审判活动违反有关法律规定，有权提出纠正意见。这种直接监督人民法院严格依法审判和及时纠正违法行为的作用，对于体现控辩平等是最有力的法律保障。又如，该法第181条、第182条和第185条等条文中，分别明确地方各级人民检察院认为本级人民法院第一审判决、裁定确有错误的时候，应当向上一级人民法院提出抗诉；被害人及其法定代理人不服地方各级人民法院第一审判决的，在法定期限内有权请求人民检察院提出抗诉。人民检察院依法应当在法定期限内作出是否抗诉的决定并且答复请求人。第186条、第187条等条文明确规定了人民法院对于人民检察院抗诉案件进行审理应当履行的程序和应当遵守的要求。从这些规定不难看出，人民法院对公诉案件审判的全过程是否合法，人民检察院均承担监督职责。

2. 关于如何更好地实现控辩平等问题，笔者认为，需要做好以下几个方面的工作：

（1）需要认真查明有关法律规范中，特别是刑事诉讼法的规定中保障实现控辩平等的规定还存在的不足，并且在完善刑事诉讼法过程中予以全面弥补。在此前提下，再行完善其他有关的法律法规，有助于避免发生类似律师法先于刑事诉讼法完善有关控辩平等的保障但难以实施的尴尬情况的发生。

在刑事诉讼法中，关于人民检察院保障控辩平等的规定还存在不足，不同程度地影响了人民检察院这方面作用的切实发挥。如关于人民检察院对人民法院第一审以普通程序审判公诉案件进行法律监督的法律规定过于原则，没有任何实施保障的规定。在司法实践中，这种法律监督完全被人民法院置于庭审之后。被告方的诉讼权利即使被法庭违法剥夺，也难以及时得到纠正。要解决好这方面的不足，刑事诉讼法不仅应当赋予人民检察院对审判活动是否合法实行同步监督权，而且还需要具体规定人民法院接受人民检察院对刑事审判活动全过程是否合法实施监督的程序保障。

鉴于审判阶段控辩平等实施的好坏，与此前各诉讼阶段对犯罪嫌疑人合法权益的保障程度密切相关，因此，为了确保控辩平等的实现，还需要完善刑事诉讼法中案件被移送人民法院审判之前的各个诉讼阶段的有关规定，或者可以说，案件一经被纳入刑事诉讼，法律就应当并需要确立保障控辩平等的规范，其中要最大限度地实现各个诉讼阶段专门机关的职权、职责和保障程序，与犯罪嫌疑人和辩护人各自的诉讼权利、义务和保障之间公权和私权的平衡、控辩双方的平等，为审判阶段实现公平、公正奠定坚实基础和提供前提保障。

（2）大力提高侦查、检察和审判人员的素质。由于法律是执法者履行职责的依据，所以保障控辩平等的实现需要不断完善有关规范，但是，仅仅有完善、科学的法律规范是不够的。这是由于法律规范是纸上的东西，只有不折不扣地履行，才能使之发挥应有的作用。对于刑事司法公平、公正而言，侦查人员、检察人员和审判人员的思想政治、职业道德和业务素质，在相当大的程度上，决定着体现控辩平等法律规定实施的效果。就刑事审判阶段而言，人民法院是刑事审判全程的主宰，拥有主持、指挥庭审、决定审判进程、对案件作出最终处理的权力和保障。审判人员在执行法律的过程中，不可避免地会受到某些主客观因素的影响，特别是有些审判人员认为人民检察院起诉的犯罪事实和证据是经过此前多个诉讼阶段审查、核实的，人民检察院不是当事人，与作为当事人的被害人不同，与被告人没有切身的利害关系，是代表国家进行控告，因此，容易自觉不自觉地、或多或少地轻视甚至忽视被告人及其辩护人行使法定诉讼权利。审判实践中，还存在司法腐败问题。因此，在完善刑事诉讼法有关规定的同时，需要大力提高办案人员的素质，特别是检察人员和审判人员不仅要牢固地树立依法办案观念，充分地认识控辩平等与实现司法公正的关系，还要自觉严格地执行有关监督和被监督的规定。这样，审判阶段控辩平等的法律规范就能真正发挥作用。

由于任何诉讼阶段办案人员关于控辩平等重要意义、价值的认识和执行有关规定的程度，特别是人民检察院在这方面实施法律监督的力度，直接关系司法公平、公正实现的程度；由于法律规定人民检察院在刑事诉讼的全过程中负有这项专门职责，而这种保障作用的力度是其他任何举措所不及的，这就决定了人民检察院实施法律监督越充分、越具有可操作性，控辩平等的法律规范的实施就越有保障。

（3）完善人民检察院法律监督机制。有一种观点认为，在审判阶段，人民检察院既承担公诉职责，又承担法律监督职责，尽管不同于被害人与被告人的关系，但就起诉与被起诉而言，两者是对立的，处于相互博弈地位。法庭上，控辩双方针锋相对，对人民法院侵害被告方合法权益的行为难以关注，因此，人民检察院不宜承担法律监督职责。笔者认为，这里有两点不能忽视：①人民检察院不是诉讼当事人，本身既要承担维护国家利益、社会公共利益，也要维护包括被告人在内的当事人双方合法权益。司法实践中发生的某些不尽如人意的问题，往往是具体执行者本身的问题所导致。②在审判阶段，人民检察院实施法律监督的对象是人民法院，监督的范围是人民法院审判活动是否合法。人民法院是否确保被告人及其辩护人合法权利及其行使得到法定保障，正是监督的重要内容。因此，人民检察院承担这样的职责和拥有这种职权，不仅有助于促使人民法院提高依法审判和保障本阶段被告人及其辩护人的法定权利行使的自觉性，而且一旦人民法院实施了违法行为，人民检察院有权要求其纠正。但是，不可否认，人民检察院在人民法院第一审开庭审判过程中的这种双重职责和任务由同一公诉人承担，容易导致法律监督被忽视，或者难以顾及。尽管最高人民检察院在检察机关内部机构的设置、职责的分工等方面，都积极不断地进行完善，确实在一定程度上提高了这种监督作用，但是，刑事诉讼法对于庭审阶段如何实施法律监督没有规定相应的保障条款，从而影响了人民检察院在这一诉讼阶段保障控辩平等的作用。

要解决这方面的不足，笔者认为：①人民检察院有必要在机构设置、人员的配置方面进一步细化分工，使公诉和实施法律监督分别由专门人员承担；②在立法上应当对人民检察院实施法律监督和人民法院接受监督的途径、程序作出具有可操作性的规定。这样才能既便于人民检察院出庭支持公诉，而又能够充分发挥对人民法院审判活动的法律监督作用，从而使体现控辩平等的法律规定能够得到不折不扣的执行，被告人及其辩护人处于弱势的状况才会得到进一步改善，审判公平公正度才能进一步提高。

七、公诉制度与法律监督*

公诉制度是怎样的一种追诉制度？它与法律监督有无关系？如果两者有关系，又是何种关系？鉴于对这些问题的认识如何，不仅关系着我们能否对公诉制度作出正确评价，而且关系着公诉制度作用的发挥及其发展和完善。因此，有必要弄清这些问题。下文就上述问题作些阐述。

（一）公诉制度的概念、内容、特点和由来

1. 公诉制度的概念。需要指出，我们这里所谈的公诉制度

---

* 本部分内容刊载于《电大文科园地》1993 年第 4 期。

是泛指，不受地域、国别和时间限制。它既指我国实行的公诉制度，也指其他国家和地区实行的公诉制度；既指现行的公诉制度，也指已往实行的公诉制度。那么，涉及范围如此广泛的公诉制度是一种什么样的公诉制度呢？

考察古今中外不同国家和地区，虽然它们各自的政治制度、经济发展水平、文化传统和法律渊源等方面有这样或那样的差别，但是，实行公诉制度在实质上是相同的，即追诉犯罪权由国家直接行使。这就是，国家设置的检察机关、检察官，代表国家直接向法院指控犯罪，请求法院对被告人行使刑罚权。

2. 公诉制度的内容是多方面的，不仅是关于追诉犯罪权由国家直接行使的法律规定，而且还包括以下几项内容：

（1）关于国家追诉犯罪权限范围的法律规定。国家追诉犯罪权，亦称公诉权。它包括为实现国家对犯罪人正确进行追诉所必须具有的各项权限。具体地说，这包括防止作出错误的追诉决定，而对侦查终结的刑事案件的事实、证据等有关案件材料进行全面审查的审查起诉权；对那些依法确认实施了应当受到刑事处罚的刑事被告人，作出提起公诉决定和提起公诉的权利；为使已提起公诉的刑事被告人受到应有的法律制裁，出庭支持公诉权、抗诉权（在有些国家称上诉权）；及时终止不必要的追诉所需要的不起诉权（在我国包括免予起诉权）、撤销案件权以及其他派生权限。

（2）关于代表国家行使公诉权的检察机关、检察官，行使公诉权必须严格遵守的条件、程序和原则的法律规定。

（3）关于检察机关的设置、检察官资格、任职条件、程序和原则等法律规定。

基于不同国家和地区的公诉制度都包括上述内容，因此，可以将公诉制度概括为：关于国家直接行使公诉权所必须遵守的规程和准则的总称。

3. 公诉制度有自己的特点，归纳起来主要有下列几点：

（1）追诉犯罪的主体是代表国家的检察机关、检察官，体现和标志国家对犯罪实行国家追诉主义。

（2）是否追诉犯罪，只以国家利益和社会公众利益是否需要为准，不受犯罪行为的被害人或其他个人意愿制约。

（3）追诉犯罪所需要的人力、物力，由国家提供保障，不受被害人个人能力限制。

（4）追诉犯罪，拥有国家赋予的侦查手段和强制措施，具有国家强制力，便于查清案件真相和收集确实、充分的证据。

4. 公诉制度的由来。具有前述内容和特点的公诉制度，不是人类社会从来就有的。它比私诉制度产生得晚，是社会发展到一定历史阶段的产物。公诉制度的出现，在相当大的程度上，是因为私诉制度在追诉犯罪方面的弊端自身无法弥补和克服的结果。

回顾人类社会诉讼制度史，清楚可见，人类社会进入阶级社会以后，虽然有了犯罪，然而在相当长的时期，统治阶级并未认识到任何犯罪都是对国家政权、社会秩序的损害，因此，允许私人间自行解决，国家对犯罪不追诉、不惩罚。随着社会阶级斗争的发展和尖锐化，统治阶级不得不改变原来的看法和做法，开始设置审判机关或由行政机关担负惩治犯罪职责。但是，在很大程度上，仍实行私诉，把追诉犯罪权交与公民个人。国家对犯罪的惩处，实行"不告不理"原则，即无控告，无被告，就无诉讼。而有追诉犯罪权的公民在行使这一诉权时难免不受主客观种种因素的干扰和制约，很难实现对犯罪的追诉。通常，在主观方面，被害人受到被告方威胁、恐吓，因怕报复而不敢提出指控；被害人由于受被告方收买、利诱，可能因此放弃追诉；被害人也可能由于受与被告人之间的个人恩怨、情感的影响，对该追诉的不追诉，对不该追诉的提出指控，导致放纵犯罪，好人受诬陷。在客观方面，被害人不具有查明案件真相、收集确实充分证据的侦查手段、强制措施以及必要的物质条件。随着社会的发展，犯罪越加复杂化，因此，单凭被害人等个人实现对犯罪的追诉是很困难的，越来越显现出私诉制度软弱无力。这样，实行一种由国家直接追诉犯罪的制度——公诉制度被提到议事日程。公诉制度应运而生。

在西方，公诉制度最早见之于法典的是法国。此后，欧洲大陆各国效仿法国确立了公诉制度，接着又逐渐扩及其他地区的国家。1871年，德意志帝国建立，实行公诉制度。日本于明治维新后，仿效法国建立了公诉制度。美国于独立战争后，亦实行公诉制度。中国实行公诉制度较其他国家更迟些。清朝末年，清政府由于阶级斗争十分尖锐，为缓和阶级矛盾不得不进行司法改革，从而引进了公诉制度。中华人民共和国成立后，在彻底打碎伪法统的前提下，总结了民主主义革命时期实行公诉制度的经验，根据客观形势的需要，吸收了其他国家有益的经验，建立了崭新的社会主义性质的公诉制度。如今，公诉制度已成为世界各国普遍采用的追诉犯罪的制度。它在打击犯罪、维护国家利益和社会公众利益方面发挥着重要作用。

（二）公诉制度与法律监督的关系

公诉制度与法律监督有无关系？二者是什么样的关系呢？

我们知道，法律监督是指对国家机关、国家机关工作人员和公民是否统一遵守和执行宪法、法律、法令的监督。法律监督的主要对象是违法已达到刑法规定为应当追究刑事责任的犯罪人。实行这种法律监督的主要是由各国专设的各级检察机关承担。检察机关依照法律规定对被告人提起公诉。这也就是通过实行公诉制度来实现这种法律监督。由此可见，公诉制度与法律监督不仅有关系，而且关系极为密切。从实质上说，公诉制度具有法律监督性质，是国家对国家机关、国家机关工作人员和公民是否遵守法律的监督。因此，公诉制度与法律监督的关系是：前者是国家实现法律监督的重要途径和有力手段。

追溯公诉制度的历史，不难发现，公诉制度产生之时，就具有法律监督性质，就发挥着法律监督作用。这反映在，代表国家行使公诉权的检察机关、检察官，具有发现犯罪、揭露犯罪、证实犯罪，并将危害国家利益和社会公众利益的、应当受到刑事惩罚的被告人提交审判机关接受实体审判，使其受到应有的法律制裁的主要职责。由于被检察机关提起公诉的被告人，都是被认为实施了严重的违法行为，其严重程度达到构成应当受到刑事惩罚的犯罪。而提起公诉后，被告人可能因此被剥夺若干年或者是终身自由，甚至被剥夺生命。所以说，实行公诉制度这种法律监督，比其他任何法律监督都更有力、更严厉。这样，公诉制度一出现，就很快地被其他国家接受，并显示出强大生命力。

公诉制度从产生至今，已经过了漫长的岁月，无论社会有怎样的发展变化，法制有怎样的改革变迁，它始终受到各国重视，地位越加重要，内容越加完善。我们从公诉制度的实质说，许多国家的检察机关都是国家法律监督机关。这一实质已被许多国家所揭示，如我国、俄罗斯联邦、蒙古、阿富汗、也门、洪都拉斯等。

（三）公诉制度的发展和完善

综观公诉制度在不同国家的过去和现在，我们不能不承认，它在世界范围内，无论是从宏观上或是从微观上的变化说，都是在不断强化、不断发展和完善，其法律监督作用也因而更强了。

1. 从宏观上说，公诉制度法律监督的范围在不断扩大，以公诉制度适用的案件范围划分，大体有三种类型。

（1）公诉制度是唯一的追诉犯罪的制度。此类国家有法国、美国、日本、墨西哥、尼日利亚等。在这类国家中，对一切刑事犯罪的追诉都实行公诉，由检察机关进行。这一原则由各国刑事诉讼法典或其他相应法规明确规定。如法国刑事诉讼法典第 1 条规定：凡为适用刑罚而进行的刑事诉讼，应由法律授权的法官或官吏立案，提起公诉。日本刑事诉讼法第 247 条规定，实行国家追诉主义。

（2）追诉犯罪，以实行公诉制度为主、私诉制度为辅。此类国家中，除告诉才处理的刑事案件，以及少数罪行轻微，不需要采用侦查手段的刑事案件以外，都采用公诉制度追诉。与此同时，许多国家法律还规定了适用私诉制度追诉的案件。在涉及国家利益和社会公众利益时，或者被害人处于孤立无援、处于被告人从属地位而无法维护个人合法权益时，适用公诉制度追诉。如德国、俄罗斯联邦以及我国等都有此种法律规定。

在我国，根据刑法、刑事诉讼法等规定，在刑事诉讼中，除了人民法院直接受理的刑事案件以外，都适用公诉制度追诉。人民法院直接受理的刑事案件有以下两类：

①告诉才处理的犯罪，依照刑法规定，此类犯罪是：第一，刑法第 145 条规定的没有严重危害社会秩序和国家利益的侮辱、诽谤罪；第二，刑法第 179 条第 1 款规定的暴力干涉他人婚姻罪；第三，刑法第 182 条第 1 款规定的虐待罪。

②不需要侦查，原、被告清楚的轻微刑事案件。在司法实践中主要有以下几种：第一，轻微伤害罪；第二，刑法第 180

条规定的重婚罪；第三，刑法第 181 条规定的破坏军婚罪；第四，刑法第 183 条规定的遗弃罪；第五，刑法第 157 条规定的拒不执行发生法律效力的判决、裁定罪。

与此同时，对于重婚罪，当案件涉及国家利益时，即使被害人没有提出指控，而是其他群众组织控告的，人民检察院应当依法提起公诉。

（3）追诉犯罪，以公诉制度为辅、私诉制度为主。此类国家如澳大利亚等。在这一类国家，只有严重的刑事犯罪采用公诉制度，由检察机关依法起诉。

从发展情况看，这一类国家适用公诉制度的案件范围呈扩大趋势。以英国为例。英国是一个典型的以私诉为主的国家。通常，任何个人、地方机关等都可以追诉犯罪，只有严重的犯罪，如需要判处死刑的案件才适用公诉制度。但是，由于客观形势发展的需要，1985 年颁布了犯罪追诉法，以公诉制度实现法律监督的范围有了很大的变化。依照该法裁定，不仅严重的刑事犯罪采公诉制度追诉，而且当检察官认为案件涉及国家利益和社会公众利益时，有权实行公诉。

2. 从微观上说，不同国家和地区的公诉制度越加完善，法律监督作用也在不断加强。

众所周知，适用公诉制度追诉犯罪，如果对犯罪的追诉是正确、及时的，能够迅速、有力地打击犯罪，减少或防止国家利益、社会公众利益以及被害人利益受到损害。但是，如果这种追诉是错误的，就有可能伤害无辜，客观上放纵真正的犯罪，给国家造成不良影响。因此，各国无不重视对公诉制度的发展和完善。概括不同国家和地区发展和完善公诉制度的经验和趋势，大体情况如下：

（1）适用公诉制度以实现法律监督的检察机关的设置，从附设于法院逐步完全独立。从历史上看，在公诉制度产生之时，以及以后相当长的时期，检察机关附设于法院之中，不同程度地受到法院的制约。随着客观形势发展，要求检察机关更好地行使公诉权的迫切性不断加强，检察机关逐步脱离法院在各方面的制约，独立行使公诉权，其中，有些国家的检察机关完全脱离法院，从内容到形式自成完整的、独立的体系。如日本、俄罗斯联邦、蒙古、朝鲜、罗马尼亚以及我国等，检察机关完全独立设置。另外，还有些国家和地区的检察机关仍与法院设在一起，但行使公诉权已独立，如法国、奥地利、荷兰、卢森堡、芬兰、古巴以及我国台湾地区等。前一种检察机关的设置，大都是近现代从后一种情形发展而来的。如日本，在第二次世界大战之前，其检察机关附设在法院之中。战后，检察厅从法院中分离出来，建成自上而下，自成独立体系的检察机关。从充分保证检察机关行使公诉权，及时、有力地对严重违法构成犯罪行为的人进行法律监督的需要考虑，检察机关完全独立设置是成功的经验。今后，可能会被更多的国家和地区所采纳。

（2）检察官任职条件不断提高。检察机关行使公诉权，实现法律监督是由检察官具体承担。因此，检察官素质如何，直接关系着公诉权能否正确行使，关系着法律监督的效果。因此，各国历来重视对检察官任职的条件。检察官应有的素质，在近现代要求越来越高，这包括检察官应具有的专业素质、品德素质、经验等。许多国家颁布了检察官法，对检察官任职应具备的资格、条件、职责、职权、义务、任免程序和方式等作出了明确而严格的规定。我国政府一向十分重视对检察官任职条件的规定，随着国家政治、经济、法制的发展，对检察官提出了更高要求。现正在起草的检察官条例，对进一步完善公诉制度、进一步加强法律监督有重要意义。

（3）行使公诉权应具备的条件严格化。这在世界范围内已形成共识。通常，各国家和地区颁布的刑事法规对此作出了明确规定。归纳起来，行使公诉权必须同时具备下列条件：①依法确认被告人的行为已构成犯罪；②证明指控犯罪事实的证据确实、充分，能够排除合理怀疑；③被告人实施的犯罪行为依法应当受到刑事惩罚。

上述条件，也是我国各级人民检察院追诉犯罪必须遵守的法定条件。我国刑事诉讼法第 100 条规定，人民检察院认为被告人的犯罪事实已经查清，证据确实、充分，依法应当追究刑事责任的，应当作出提起公诉决定，按照审判管辖的规定，向人民法院提起公诉。

（4）追诉犯罪的程序严密化、制约性进一步加强。这主要表现在，各国和各地区在立法上，既注意充分发挥检察机关行使公诉权的主动性，防止受到不必要的干扰，又注意给以必要的制约，防止检察官滥用公诉权。总的来说，在程序上，如果从检察官审查起诉程序角度看，当今世界采取的程序分为两种类型：①完全由检察官独立审查侦查终结的案件事实和证据等案件材料、直接作出是否提起公诉决定，如日本、德国、我国等。②检察官对案件材料审查后，确认应当提起公诉的，还需提交法院特定组织机构审查、决定是否提起公诉。如美国联邦和部分州以大陪审团审查、决定是否对案件提起公诉；法国对重罪案件，检察官须提交上诉法院审查庭审查、决定是否按重罪提起公诉。

与其他国家相比，我国的公诉程序有成功的经验，也有尚待进一步完善之处。成功之处是对公安机关、国家安全机关承办侦查的案件的追诉程序，待完善的是检察机关对自行侦查终结的案件的追诉程序，这主要在于缺少对检察机关行使公诉权有力的制约程序。

鉴于公诉制度与法律监督的关系，各国发展完善公诉制度都应当从加强法律监督的需要出发。

八、落实庭审法律监督举措之管见 *

中华人民共和国宪法第 129 条明确规定："中华人民共和国人民检察院是国家的法律监督机关。"1996 年 3 月 17 日全国人民代表大会第四次会议对中华人民共和国刑事诉讼法作了重要修正，其中关于刑事诉讼基本原则的修正增加了"人民检察院依法对刑事诉讼实行法律监督"的专条规定。由此，人民检察院对刑事诉讼的法律监督被具体确定为刑事诉讼中必须遵守的一项基本原则。这也是落实宪法关于人民检察院是国家法律监督机关规定的具体体现和必要措施。这样，人民检察院在刑事诉讼的全过程中，对各项诉讼活动均承担着法律监督职责。因而，人民法院第一审审判活动应当无例外地接受人民检察院的法律监督。从根本上说，庭审中的各项诉讼活动是国家实现诉讼公正合法的集中体现，直接关系着刑事诉讼能否正确、及时地完成其承担的保障刑法实施的任务。因此，探讨研究人民检察院如何切实实现对人民法院庭审活动的法律监督，是一个不容忽视的重要问题。

（一）对人民检察院庭审法律监督进行改革的必要性

依照修正前的刑事诉讼法的有关规定，人民法院审判公诉案件的第一审，除罪行较轻经人民法院同意的以外，人民检察院应当派员出席法庭支持公诉。出庭的检察人员发现审判活动有违法情况，有权向法庭提出纠正意见。出庭支持公诉的检察

---

* 本部分内容刊载于《人民检察》1997 年第 2 期，收入本书时有删改。

官，在庭上称为公诉人，在行使支持公诉职能的同时，发现审判活动有违法的，以提出意见要求纠正来实现对审判活动是否合法的监督；在司法实践中，法庭上也随之设置公诉人席位，而不是检察员席位。这样，明显地将人民检察院对庭审是否合法实行法律监督置于附带地位。尽管从检察机关的性质看，出庭的检察官具有双重身份和双重职责，但是，从庭审中处的席位"形式"看，他只是代表国家追诉犯罪的公诉人而已，他执行的职责只是公诉职责。这还反映在，对于罪行较轻的第一审公诉案件，只要人民法院同意，人民检察院可以不派员出庭支持公诉。因此，对人民法院同意人民检察院不出席的轻微刑事案件的审判活动，也就谈不上人民检察院进行法律监督。从严格意义上说，这种情况下，人民检察院并未能真正担负起宪法赋予的法律监督职责。因此，实施修正后的刑事诉讼法关于公诉案件第一审审判活动的规定，如果仍保留修正前的人民检察院对庭审法律监督的方式和设置，这种法律监督就极易流于形式。这是由修正后的刑事审判制度一系列改革的新情况、新变化决定的。

1. 这是由人民法院对于公诉案件庭前的审查由实体审查改为程序审查的变化决定的。根据修正前的刑事诉讼法的规定，人民检察院对刑事被告人提起公诉时，不仅移送起诉书，而且移送一切证明指控事实的证据及有关材料。人民法院受案后，依法要对案件进行全面审查，即对指控事实是否真实、证据是否确实充分都要进行审查。人民法院认为事实不清、证据不足的，依法应当退回人民检察院进行补充侦查；认为不需要判处刑罚的，依法可以要求人民检察院撤回起诉。因此，人民法院决定开庭审判的案件，在开庭前，基本上已经可以确认是犯罪事实清楚、证据确实充分的案件。这也就是说，在通常情况下，法庭对开庭审判的案件该如何定罪、处刑的大局可初步确定，只是不下最后结论。这种情况下，公诉人在法庭上尽管应当履行指控、参加法庭调查和法庭辩论等支持公诉职责，但是其作为公诉人保证胜诉的任务已不很重，对庭审活动是否合法进行法律监督尚有余力可尽。修正后的刑事诉讼法第150条明确指出："人民法院对提起公诉的案件进行审查后，对于起诉书中有明确的指控犯罪事实并附有证据目录、证人名单和主要证据复印件或者照片的，应当开庭审判。"这样，人民法院对人民检察院提起公诉的案件进行审查所要完成的法定任务，较修正前刑事诉讼法关于审查起诉的要求有了很大的不同，可以说是发生了质的变化。人民法院对于提起公诉的案件进行审查的内容，只要求审查管辖是否符合法定要求，是否有起诉书，起诉书中是否有明确的指控犯罪事实和是否附有证据目录、证人名单和主要证据的复印件或者照片。只要上述几项符合要求，人民法院即有权决定开庭并对刑事被告人进行审判，起诉书中指控的犯罪事实是否真实；是否有遗漏罪行；是否有遗漏的应当追究刑事责任的被告人；证据是否确实、充分，则一概不问。而这些开庭前不问的问题却恰恰是刑事审判必须正确解决的问题，是直接关系被告人、被害人切身利益的关键问题，是决定判决是否公正的问题。这些问题一并留在庭审中进行审查和作出判断，这样，保障人民检察院提起公诉的案件质量，较以往少了一道重要的程序。开庭后，人民检察院要在法庭上一一举证，支持指控的每一犯罪事实真实存在；要密切关注被告人及其辩护人的反驳，关注对方提出的反驳证据是否真实，关注法庭对指控的每一证据是否确认，指控的每一犯罪事实是否得到法庭的确认。因而，作为国家公诉人的检察官在庭审中所要花费的精力，远远超过以往庭审中所付出的精力。在这种支持公诉任务大大增加的情况下，无论从哪一方面看，检察官要在履行出庭支持公诉职能的同时履行法律监督职能，将是困难的。人民检察院对法庭审判实行法律监督的力度，不能不因此受到影响。

2. 这是由辩护方辩护能力加强决定的。修正后的刑事诉讼法全面扩大了犯罪嫌疑人、被告人诉讼权利和辩护人的权利，全面强化了对犯罪嫌疑人、被告人合法权益的维护，这是我国刑事诉讼法更加民主化、科学化的体现。法律对人民检察院提起公诉的质量和庭审活动中的公诉人，无疑提出了更高的要求。

根据修正后的刑事诉讼法的规定，犯罪嫌疑人自人民检察院接到移送审查起诉的案件之日起，有权委托 1~2 名辩护人为其辩护。人民检察院收到移送审查起诉的案件 3 日内，应当告知犯罪嫌疑人有权委托辩护人为其辩护。辩护律师自人民检察院对案件审查之日起，有权查阅、摘抄和复制本案的诉讼文书、技术性鉴定材料；可以会见在押的犯罪嫌疑人以及与其通信；有权依法收集有利于犯罪嫌疑人的各种证据，为其在法庭上反驳人民检察院的指控。当案件被提起公诉后，辩护律师自人民法院受理案件之日起有权依法查阅、摘抄和复印指控的犯罪事实的材料，可以同在押被告人会见和通信。其他辩护人依法也可以进行上述诉讼活动。被告人是盲、聋、哑或者未成年人以及可能被判处死刑而没有委托辩护人的，人民法院应当指定承担法律援助义务的律师为其提供辩护；被告人经济困难没有委托辩护人的，人民法院也应当予以指定承担法律援助义务的律师为其辩护。此外，辩护律师有权依法向证人或者有关单位和个人收集证据，依法向被害人或其近亲属、被害人提供的证人收集证据，可以申请人民法院、人民检察院收集、调取证据，或者申请人民法院通知证人出庭作证。这样，辩护人较以往有更充分的时间和条件了解检察机关的指控和收集维护被告人合法权益的证据。在人民法院正式开庭前，可以说，被告方对人民检察院指控的了解，在有些时候超过了人民检察院对被告方反驳情况的了解。这种客观现实使出庭支持公诉的检察官所承担的支持公诉任务更重。在这种情况下，要求公诉人如同支持公诉一样做好对庭审活动的法律监督工作，无疑是不适当的。因此，如果不改变现状，人民检察院对庭审法律监督的力度，不可避免地会受到影响。

3. 这是由庭审中法庭调查和法庭辩论可以交融进行决定的。根据修正前的刑事诉讼法的规定，人民法院开庭审判中，法庭调查与法庭辩论有严格的法定界限，是庭审中两个各自独立的审判阶段。法庭必须先行法庭调查，待这一阶段结束后，才进行法庭辩论。但是，修正后的刑事诉讼法并未明确地、严格地将这两个审判阶段绝对分开。法庭调查的每一事实都可能伴随着公诉人与辩护人间的一定程度的辩论。这要求公诉人必须集中全部精力投入到这种调查与辩论中，不容有任何疏忽。只有如此，才能促进法庭对正确的指控予以肯定。

4. 这是由被害人在庭审中维护自身合法权益力度加强决定的。修正后的刑事诉讼法，大大扩大了被害人在刑事诉讼中维护自身合法权益的权利及其保障。在庭审中，被害人不再是一般的诉讼参与人，而是当事人。他有权自行或委托诉讼代理人参加法庭调查、法庭辩论，有权申请回避，有权申请调取新的物证，申请通知新的证人到庭，申请重新鉴定或者勘验。被害人这些诉讼权利的行使，对于法庭查明案件真相无疑是有益的。在通常情况下，公诉人的指控与被害人的要求往往是一致的。但是，并非在任何情况下，二者意见完全一致，某些情况下有分歧是不可避免的。这种分歧出现于法庭之上也是可能的。况且，人民检察院的指控所维护的利益，并非在任何情况下均能完全符合被害人的要求，这样，公诉人在庭审中还需要关注被害人提出的事实和证据，还必须关注被害人的要求，并且应当及时正确地作出判断或采取必要的诉讼行为。由此可见，公诉人在庭审中支持公诉的任务在这方面又有所增加。

综上所述，实施修正后的刑事诉讼法，检察官作为公诉人在第一审庭审中支持公诉的任务将大大增加，要求其支持公诉的质量是高水平的。在法庭上，公诉人支持公诉的时间和精力需要有充分的保证，如果庭审中仍将支持公诉与实行对庭审活动的法律监督集公诉人于一身，显然不能切实保证这两项任务都能很好地完成。无论从理论上还是实践上看，结果将会使人民检察院对审判活动的法律监督仅仅限于对判决、裁定是否正确合法的监督，即变成事后监督，因而也是一种被动监督。这是与我国宪法和修正后的刑事诉讼法第8条规定精神实质不相符合的，不利于刑法的正确实施。

（二）落实人民检察院庭审法律监督的举措设想

要解决好这一重要问题，笔者认为，有必要采取以下两项具体举措实现人民检察院对人民法院审判活动的法律监督。

1. 人民检察院有必要增设实施庭审法律监督的机构并配置专门的检察官，人民法院在法庭设置公诉人席的同时，设置法律监督席。这种举措绝不是形式问题，这是真正落实人民检察院在刑事诉讼活动中实行法律监督的重要组成部分和方式。不可否认，人民检察院是国家法律监督机关，但是该机关在法庭上行使支持公诉的职能并不能将其完全等同于实行法律监督。对于被告人指控，这是人民检察院对公民是否遵守刑法规定所实行的法律监督，而不是对人民法院审判活动是否合法所实施的法律监督。人民检察院在刑事诉讼中对人民法院庭审活动实行法律监督是有其特定的内容，并应当是主动的。这种法律监督的范围应当包括以下几项：（1）人民法院在决定开庭后，开庭审判之前是否履行了对人民检察院、当事人和其他诉讼参与人应当履行的法定义务和职责。（2）开庭后，是否依法履行了刑事诉讼法规定的有关条款，如不公开审判的，是否在开庭时宣布了不公开的理由；是否宣布了案由、合议庭组成人员以及其他法定应当宣布的人员名单；是否告知了当事人享有的申请回避权、被告人享有的辩护权；庭审中法庭是否保证了当事人及其他诉讼参与人诉讼权利的行使；法庭是否按法定程序进行审判，等等。当出庭行使法律监督权的检察官发现庭审中有影响公正审判的违法行为时，有权立即提出纠正意见。对于庭审中可能影响公正裁判的违法活动，检察官提出纠正违法行为的意见不被法庭接受的，有权向该人民法院审判委员会提出。如果仍不被接受，人民检察院有权向上一级人民法院提出抗诉，通过抗诉来纠正第一审因审判程序等违法导致的错误。

修正后的刑事诉讼法第 187 条规定：对人民检察院抗诉的案件，人民法院应当开庭审理。第二审人民法院的合议庭对上诉案件阅卷后，讯问被告人，听取其他当事人、辩护人、诉讼代理人的意见，只有认为事实清楚的可以不开庭审理。据此，今后人民法院第二审开庭审理的案件将会大大增加，而人民检察院需要出庭行使法律监督职责的任务也会随之增多。司法实践中，二审法庭设置的是检察员席而不是公诉人席。这体现了人民检察院在第二审庭审中的任务主要是实施法律监督。而与之相比，人民检察院在第一审的法律监督以公诉人席来兼容，显然是不适宜的。

2. 对公诉案件的第一审，人民检察院应分别派员出庭支持公诉和行使法律监督职能。为了全面落实人民检察院对刑事审判活动的法律监督，第一审公诉案件，即使是人民检察院建议采用简易程序审判的，也应当派员出庭履行法律监督职责。检察官在庭审中发现以简易程序审判不当的，有权建议人民法院依刑事诉讼法规定的普通程序进行审判。这对于保证人民法院严格依法审判，并作出公正裁判具有重要意义。

九、两种途径增强检察建议刚性*

检察建议，通常是检察机关由于履行法定职能，发现有关单位在管理制度等方面，存在导致犯罪或者其他违法行为发生的漏洞后，主动向该单位告知、提醒并且提出预防和进行补救的主张。在现实生活中，很多单位十分重视检察建议，能够认真对待，从而使这种建议对该单位避免以后发生类似问题起到积极的作用。但是，有一些单位对检察建议置之不理，误认为是找麻烦，和他们过不去，使检察建议失去了应有的作用。

之所以出现这种情况，虽然主客观原因是多方面的，但其中最主要的原因有两个：（1）检察建议的实施，缺乏应有的法律保障。"检察建议"一词，仅在《人民检察院刑事诉讼规则》第 239 条第 2 项中提到，至今还没有一部法律明确规定检察机关拥有检察建议权，也没有对其适用范围、程序和保障等相关问题作出法律规范。这不仅使得检察机关在适用上不规范，同时也使得一些即使是有问题的单位的领导，由于不了解其性质和法律要求而不予重视。（2）有的检察建议的质量还不够高，如建议针对性不强，或者建议理由阐述得不充分等，难以引起被建议单位的重视。

要想使检察建议真正得到被建议单位的重视、切实起到应

＊ 本部分内容摘自《如何使检察建议富有刚性》，刊载于《检察日报》2005 年 2 月 7 日。

有的作用，笔者认为，下面两种途径是不容忽视的。

（一）实施法律保障，确立检察建议的法律地位

国家立法机关应当尽快在人民检察院组织法中，将检察建议权纳入人民检察院的职权范围。同时，还应当界定检察建议权的概念，并明确履行该项职权的对象范围、适用程序和方式、建议书的内容、落实保障和补救措施等相关事宜。此外，在其他有关法律和法规中，也需要补充相对应的配套规定。这其中，应当规定被建议单位在接到检察建议后作出答复的时限、方式、答复的事项、异议的补救措施和无正当理由拒绝应当承担的责任等内容，以确保检察建议权行使适当，能够充分发挥预防犯罪和其他违法问题发生、保障经济健康发展和社会安定的作用。

（二）实施质量保障

人民检察院要做到以下两点：（1）严格依法适用检察建议；（2）确保检察建议内容的质量。人民检察院向有关单位发出的检察建议，虽然不具有纠正违法通知那样的强制力，但这种行为依然是一项十分严肃的国家行为。因为各级人民检察院都是国家的司法机关，其发出的检察建议是国家在履行法律监督权。因此，检察建议适用是否正确，特别是建议内容是否做到有的放矢、举措是否切实可行、具体理由是否充分，不仅影响被建议单位对检察建议的态度、接受程度和该单位工作的发展前景，同时也关系检察机关的形象和国家的威信。因此，即使国家法律明确赋予了检察机关检察建议权，如果检察建议的质量不高，同样会影响检察建议作用的力度。

现今，在立法机关尚没有完善相关法律规范的情况下，人民检察院有必要对相关问题作出相应的规范，以弥补立法上的欠缺。值得注意的是，无论在何种情况下，检察建议的质量对

于其作用的力度都有直接影响。因此，在目前状况下，检察机关应当严肃认真对待检察建议，要进行认真调查、科学分析和准确判断被建议单位的问题，只有做到对症下药，才有可能更多地受到被建议单位的欢迎和重视，才能真正发挥作用。

第三部分
刑事诉讼程序研究

一、公、检、法必须坚持分工负责、互相配合、互相制约[*]

最近一段时间，一些大中城市，刑事犯罪分子破坏社会秩序，危害人民安全的情况时有发生，广大群众非常气愤，强烈要求公、检、法机关对刑事犯罪分子给予坚决的打击。为了加强社会主义法制，同犯罪分子进行斗争，政法三机关必须坚持分工负责、互相配合、互相制约的原则。

我国刑事诉讼法第 5 条明确地规定："人民法院、人民检察院和公安机关进行刑事诉讼，应当分工负责，互相配合，互相制约，以保证准确有效地执行法律。"根据刑事诉讼法的规定，互相配合表现在：公安机关代表国家行使侦查权，负责对刑事案件的侦查、拘留、预审，认为需要逮捕的、起诉的或免予起诉的，一律报请人民检察院审查决定；人民检察院代表国家行使检察权，负责对案件进行侦查、批准或不批准逮捕、决定起诉或不起诉、决定起诉就要出庭支持公诉，人民检察院提

---

* 本部分内容刊载于《光明日报》1979 年 2 月 11 日。

起公诉的案件，由人民法院审查决定是否进行审判。人民法院对于人民检察院提起公诉的案件审查以后，对于犯罪事实清楚、证据充分的就要决定开庭审判。

公安机关、检察机关、人民法院在办案过程中的相互配合的关系，就像一个生产精密度很高的产品的工厂，每一件产品要经过三道不同的工序，前一道工序为后一道工序的前奏，后一道工序为前一道工序的继续，三道工序配合得好，生产效率就高，产品质量就符合要求、合乎规格。如果有一道工序发生毛病，生产就会卡壳，勉强生产，就会生产次品甚至废品。可见公、检、法三机关在办案过程中的互相配合是何等重要。特别是因为公、检、法三机关的工作是有关社会秩序、人民切身利益的大事，哪一个环节松了，配合得不及时，就会给刑事犯罪分子留下可乘之机，造成人民生命财产安全受损害的严重后果。比如，最近在流氓阿飞中流传着一种论调，说什么"公安机关松了，法院判得宽了，我们可以大干了"。这从反面向我们发出了警告：某些地方的公、检、法三机关在某些问题上配合得不紧凑，让扰乱社会治安、危害人民安全的流氓阿飞、刑事犯罪分子们钻了空子，影响了社会秩序、生产秩序、工作秩序、教学科研秩序和人民群众的生活秩序，这应该引起我们足够的重视。公、检、法三机关必须大胆工作，互相配合，紧密协作，为及时而又准确地打击刑事犯罪活动，搞好社会治安作出应有的贡献。

执法机关要想办好任何一个案件，除了三个机关的互相配合，还需要适当的制约。制约表现在公安机关与检察机关之间：一方面，检察机关对于公安机关报请的案件，可以要求公安机关补充侦查，或不批准逮捕，必要时，人民检察院可以自行侦查；另一方面，公安机关对人民检察院作出的错误决定，有权要求复议，当意见不被接受时，可以向上一级人民检察院提请复核。制约表现在人民检察院与人民法院的关系上：检察机关提起公诉的案件，如果主要犯罪事实不清、证据不足，人民法院可以把材料退回人民检察院补充侦查。对于不需要判刑的，可以要求人民检察院撤回起诉。但是，人民检察院认为人民法院的决定有错误，或者对人民法院的判决或裁定认为确有错误时，可以向上一级人民法院提出抗诉。此外，最高人民检察院对各级人民法院，以及上级人民检察院对下级人民法院作出的已发生法律效力的判决或裁定，在认为确有错误时，有权按照审判监督程序提出抗诉。制约还表现在各级人民检察院负责对公安机关的侦查活动和人民法院的审判活动是否合法进行法律监督。这种互相制约有助于各自更好地尽到职责，可以有效地防止某一机关滥用职权。

我国刑事诉讼法规定的公、检、法三机关互相配合与互相制约，不是两个对立的概念，而是相辅相成的。互相制约不是要三个机关在办案过程中相互牵制、相互挑刺，更不是相互拆台，而是要更好地互相配合，保证准确有效地执行法律。公、检、法机关是代表国家专门行使司法权的国家执法机关，它们直接同各种犯罪分子作斗争，共同担负着保护人民、打击敌人、惩办犯罪，巩固无产阶级专政的任务，它们的性质、任务相同，目的完全一致，相互间没有不可调和的对立的矛盾。

同犯罪活动作斗争是一件较为复杂的工作。犯罪总是已经发生了的事情，常常时过境迁，而且犯罪分子又大都比较狡猾，在准备犯罪、实施犯罪时，一般比较隐蔽，总要千方百计地制造一些假象转移人们的视线，犯罪后往往进行伪造现场、毁灭罪证，妄图逃避罪责。这样，就使我们在发现、收集证据，查明案情真相，找到真正犯罪分子等方面会遇到许多困难。与此同时，由于我们自己受到思想方法、政策水平、办案经验等方面的限制，对客观事物认识的准确性总不免存在一定偏差。这些主观、客观上的原因直接影响我们对案件的处理。如果执法的三个机关能够做到密切配合，又坚持互相制约，相互取长补短，一个案件经过三个关口反复查对核实，发挥三家共同的力量和智慧，尽管看起来似乎"手续多了一些"，"相互矛盾多了一些"，然而却能因此提高办案的质量。

实践是检验真理的唯一标准。回顾我国 30 年的司法实践，它无可辩驳地证明了这样一条真理：凡是三个机关坚持互相制约的时候，三家办案工作配合得就好，办案质量就高，打击犯罪、保护人民的效果就大；凡是忽视或者放弃坚持互相制约的时候，三家就不能有效地配合，办案质量就显著下降，打击犯罪、保护人民的作用就差。

我们广大执法的公安人员、检察人员和审判人员，从主观上是力图准确有效地打击各种犯罪分子、保护好人民利益的。但是，我们也不能不看到，林彪、"四人帮"在践踏社会主义法制方面的流毒和影响并未彻底肃清。我们必须加强法制观念，肃清"依法办事束缚手脚"、"互相制约是矛头对内"等错误思想影响，努力做到有法必依、执法必严、违法必究。

在办案过程中，公安机关、人民检察院和人民法院意见一致，可以更快地处理案件，如果发生意见分歧，有些矛盾，那也是正常现象，不是坏事。因为有矛盾，才便于我们找出矛盾产生的原因和解决的办法，使办案正确。当然在整个案件处理过程中，可能有个别的原机关意见正确、审查的机关意见不正确，该逮捕的未捕，不该捕的捕了，或者该起诉的未起诉，不该起诉的起诉了，该判重刑的判轻了，该判轻刑的判重了一类问题发生，但是，在互相配合又互相制约的情况下，是可以纠正的。我们绝不能因为在处理案件时意见有分歧而放松了对犯罪行为的认真追究，从而给坏人以可乘之机；更不能对社会治安和各种秩序遭到破坏放任不管，以致影响安定团结，危害四化建设。

为了更好地保护、调动广大人民群众从事四化建设的革命热情和干劲，必须坚决、及时、准确、有力地打击各种犯罪。公、检、法三机关要坚持分工负责、互相配合、互相制约的原则，努力在打击犯罪分子、保护国家和人民利益中作出更大的贡献。

二、论公、检、法三机关的互相配合*

我国刑事诉讼法第 5 条规定，人民法院、人民检察院和公安机关进行刑事诉讼，应当分工负责、互相配合、互相制约。这是我国公安司法机关同犯罪作斗争的一项行之有效的诉讼基本原则。但是近些年来，有些地方对配合与制约的关系在认识上有失偏颇，不适当地强调了互相制约而对互相配合却注意得不够，致使有的严重刑事犯罪分子没有得到迅速而有力的打击，使国家和人民利益受到危害。下文拟就司法实践中经常遇到的容易忽视互相配合的一些问题谈谈看法。

（一）刑事案件的管辖

刑事案件的管辖是个极为重要的问题。它直接关系着发生的刑事案件能否得到最及时的处理。这是打击刑事犯罪是否及时的第一个环节。在刑事案件的管辖上，存在同一辖区公、检、法三机关互相配合，以及不同辖区公、检、法三机关互相配合的问题。但是不论属于哪种情况，公、检、法三机关都应当严格根据我国刑事诉讼法第 13 条至第 23 条的规定及时受理

---

* 本部分内容刊载于《河北法学》1984 年第 1 期，收入本书时有删改。

刑事案件。

对于同一辖区的公、检、法三机关，在遇到控告、检举、犯罪人自首，以及自己直接发现刑事犯罪案件的时候，不论该案件是否属于自己管辖，依照刑事诉讼法第59条的规定，都应当先接受，不能互相推诿。对于不属于自己管辖的，应当移送主管机关处理，并且通知控告人、检举人。对于不属于自己管辖的而又必须采取紧急措施的，应当先采取紧急措施，然后移送主管机关。例如，抢劫杀人案，依法应当由公安机关直接受理。但是公民将杀人犯扭送到人民法院，人民法院应当立即接受；应当对被告人采取紧急措施，防止被告人逃跑、自杀或者继续行凶；并且应当迅速与主管的公安机关联系，依法移送。

不同辖区公、检、法三机关互相关系产生矛盾的一个重要问题，突出地反映在对流窜犯案件的管辖上。根据刑事诉讼法第19条和第20条的规定，我们认为尽管流窜犯作案地涉及面广，有的跨区县，甚至跨省市，犯罪发现地即使不是其居住地，也不是其主要犯罪地，犯罪发现地的人民法院也应当审判。在遇有几个同级人民法院都有管辖权时，应当由最初受理的人民法院审判。这是不同辖区公、检、法三机关对于刑事案件管辖的基本原则。在处理这类案件的互相配合上，犯罪发现地的公、检、法三机关，应当对被告人进行及时审查，对案件要迅速进行侦查，该起诉、审判的，要及时起诉、审判。其中任何一个机关都不能以犯罪人居住地或主要犯罪地不在本辖区为理由，片面强调法律中关于"如果由被告人居住地的人民法院审判更为适宜的，可以由被告人居住地人民法院管辖"或者以"在必要的时候，可以移送主要犯罪地的人民法院审判"的规定，坚持移送。刑事诉讼法只是规定这两种情况下"可以"移送，而没有规定"必须"移送。因此对于如何理解"可以"

二字是一个至关重要的问题。我们认为，移送与否是以能否有利于准确及时打击犯罪分子为原则，例如，如果案件的主要人证、物证均在主要犯罪地，或者在居住地的公安司法机关对罪犯的有关情况十分熟悉，那么，在这种情况下可以将案件移送主要犯罪地或犯罪人居住地审理。但是主要犯罪地或其居住地的司法机关在当时确实无力承担对案件的审理时，或者由于某种原因对案件审理不利于及时打击犯罪时，最初受理的司法机关要顾全大局，将案件的处理负责到底。当需要了解被告人某些情况而本身解决有困难或会延误办案时间时，可以积极同主要犯罪地或者被告人居住地公安机关联系，争取协助。与此同时，被告人居住地或主要犯罪地司法机关应当主动将有关被告人的情况迅速查清移送最初审理的司法机关。实践证明，在管辖上，这样互相配合就可以减少案件在受理时延误时机，避免影响及时打击犯罪。

（一）对案件事实和证据材料的审查

这种审查是指人民检察院依法对公安机关提请批捕、起诉或免予起诉案件的事实和证据材料的审查；人民法院对于人民检察院提起公诉的案件的事实和证据材料的审查。在司法实践中，由于公、检、法三机关对案件事实是否清楚，证据是否确凿、充分在认识上的不一致，常常发生矛盾，致使案件不能及时起诉、开庭审理。要解决这个问题，首先应当分清案件的主要犯罪事实或是基本犯罪事实不清，证明主要犯罪事实或是基本犯罪事实证据不足，还是次要犯罪事实或是次要犯罪细节不清，证明次要犯罪事实或次要的犯罪细节的证据不足。这是是否作出逮捕、起诉、审判决定的关键。

事实上，不同的刑事案件的具体情况各不相同。例如，犯罪人本身情况，犯罪的动机、目的、手段、时间、地点、条件等有不同的差异和变化。要弄清案件的每一细节，毫无遗漏地收集到所有的证明材料是很难的或是没有必要的。例如，犯罪分子在作案现场留下的脚印，因事后现场未能保护好，被人用拖布擦掉了，就无法取得犯罪分子在现场留下的脚印。但是仍然可以通过其他方面收集到能够证明被告人罪行的证据材料。因此，人民检察院和人民法院在各自职责范围内审查证据材料时，就不能不分情况一律要求查清全部犯罪事实，查获全部犯罪证据材料后，才决定是否批准逮捕、起诉或开庭审判。对于公安机关报捕的，只要符合刑事诉讼法第 40 条的规定，即主要犯罪事实已经查清，可能判处徒刑以上的犯罪嫌疑人，采取取保候审、监视居住等方法，尚不足以防止发生社会危险性的，人民检察院应当迅速批准逮捕。对于公安机关提请起诉，人民检察院提起公诉的案件，根据刑事诉讼法第 96 条和第 108 条的规定，如果犯罪事实清楚，证明这些犯罪事实的证据材料确实具备，依法应当追究刑事责任的，人民检察院应当及时决定起诉和提起公诉，人民法院应当迅速决定开庭审判。但是不能否认，在实践中往往会遇到被告人犯罪的某个个别情节难以查清或者根本无法查清的情况。然而，只要未查清的情节不影响对案件事实定性和量刑，就要迅速作出是否起诉或开庭审判的决定。根据第六届全国人民代表大会常务委员会第二次会议通过的《关于严惩严重危害社会治安的犯罪分子的决定》，对杀人、强奸、抢劫盗窃等罪该处死、民愤极大的严重刑事犯罪分子，只要其主要犯罪事实清楚，证明这些罪行的证据材料确实具备，就必须立即起诉、审判。由于这类案件大都是现行严重犯罪，主要犯罪事实较易查清，证据材料较易查获（如有的被告人就是在犯罪现场抓获的），尽管有某些次要犯罪事实不能一下查清，只要其不影响对案件定性和量刑，公、检、法三机关就要相互密切配合迅速结案，不要在枝节问题上纠缠不休。

（三）对案件事实和证据材料的补充

依照刑事诉讼法第47条、第99条、第108条的规定，人民检察院对公安机关报送的案件审查后，对于需要补充侦查的，可以自行侦查，也可以退回公安机关补充侦查。人民法院对提起公诉的案件进行审查后，对于主要犯罪事实不清、证据不足的，可以退回人民检察院补充侦查。这里应当如何理解和执行这几个"可以"呢？这个问题在司法实践中由于认识不同，在执行上经常发生分歧，妨碍了互相配合，拖延了办案时间。我们认为，任何一个机关，首先要将自己承办的案件竭力办好，为下一阶段的诉讼活动提供顺利办案的条件。公安机关或者人民检察院在移送案件之前，应当认真复查全卷，尽力消除各种疑点。移送后，当审查案件的机关发现有不符合要求的，特别是关于案件事实和证据材料有某些不清楚，还需要进一步查清或者补充时，就会遇到这样的情况：审查案件的机关可以自行侦查或者调查，也可以退回原移送机关进行补充侦查，这都是法律所允许的。然而只有力争案件不退回原移送机关，由审查机关自己解决才能减少案件往返延误的时间，使案件迅速审结。如果当审查机关自己解决确实有困难时，应尽速退回原移送机关，并告知需要进一步查清或补充的具体内容和要求。被退回案件的机关应当考虑接受机关的困难，切忌采取敷衍塞责的态度，更不能搁置一段时间后原样移送，而要认真考虑审查机关的意见和要求，积极认真尽速补充好案件事实和证据材料，保证案件的正确及时处理。

（四）办案时限

无论从理论上还是从实践上看，不同诉讼阶段办案时限的长短是否科学，都直接关系着办案的质量和速度。为了保证办案正确和及时，使刑法更迅速有力地发挥打击犯罪、保护人民的作用，我国刑事诉讼法对公、检、法三机关各自进行刑事诉讼活动中应当遵守的时限分别作了详细规定。刑事诉讼法第92条规定公安机关办案时限，一般不能超过2个月，遇有重大、复杂案件，2个月办案期限届满不能终结的，经上一级人民检察院批准可以延长1个月。如果人民检察院对公安机关报送审查的案件审查后，认为需要公安机关进行补充侦查的，依照刑事诉讼法第99条的规定，公安机关在接到退回的案件材料后，要在1个月内补充完毕。人民检察院依照刑事诉讼法第97条的规定，对公安机关提请决定起诉或免予起诉的，应当在1个月内作出决定，重大、复杂案件可以延长半个月。至于人民检察院认为需要自行侦查的，应当在1个月内补充侦查完毕。人民法院对于提起公诉的案件进行审查后，依照刑事诉讼法第125条的规定，"应当在受理后一个月内宣判，至迟不得超过一个半月"。如果被告人上诉或人民检察院抗诉的，第二审人民法院应当依照刑事诉讼法第142条的规定，在受理后1个月以内审结，至迟不得超过一个半月。这些时限规定都是不同诉讼阶段办案一般不能超过的（特别重大、复杂的案件，办案期限还要较之法律具体规定的长，则依法报全国人民代表大会常务委员会批准），而不是指每一诉讼阶段必须期满以后才能进入下一诉讼阶段。但是，如果每一机关办案都以不违法为限，每一案件不管具体情况多么简单，均以法定期满为界，那么一个最普通的案件从立案到最终判决作出，即使不需要补充侦查，被告人不上诉，人民检察院不抗诉，最少也要4个月时间。如果案件需要补充侦查，一案要用六七个月时间。至于被告人提出上诉或人民检察院提出抗诉的以及重大、复杂的案件，或者是判处死刑的案件，诉讼的全过程就需要更长的时间。很明显，这样势必难以做到迅速有力地打击犯罪。但是如果公、检、法三机关互相配合得好，在保证办案质量的前提下，各自尽量缩短办案时限，其结果就能保证那些需要而且应当依法受到刑事处罚的犯罪分子受到最迅速、最有力的打击。

综上所述，公、检、法三机关在司法实践中，如果能在这几个重要环节上切实做好互相配合，人民民主专政工具的刀把子作用必能发挥出巨大威力，任何严重危害社会秩序的刑事犯罪分子都会及时受到应有的法律制裁，我国社会治安情况也必将随之大大好转。

三、公权与私权的平衡是完善刑事诉讼法的关键*

（一）公权与私权的平衡是完善刑事诉讼法的关键

1. 从宏观上说，这是我国构建社会主义和谐社会的需要决定的。我国的发展目标是建设成社会主义和谐的小康社会，而和谐社会的最重要的标志之一，就是作为人民利益代表的国家所拥有的人民赋予的权力及其行使，在保障人民合法权益的方方面面实现公平、公正。而要保障国家机关正确行使公权，就不能不赋予人民对其不当行使予以必要制约的权利，做到公权与私权配置平衡。因为公权和私权配置失衡，一旦公权过大、私权过小，公民个人的正当权益就容易受到侵害；相反，一旦私权过大、公权过小，社会公众利益就容易受到损害。因此，就全社会而言，公权和私权的配置需要根据社会发展情况不断调整，使之尽可能达到平衡，从而不断增加社会和谐因素。因此，国家在赋予任何服务于人民利益的国家机关公权时，都应当尽可能做到与相应领域私权的配置达到平衡，减少和防止公权脱轨。这种平衡，无疑在刑事诉讼领域也不能例外。

---

* 本部分内容刊载于《检察日报》2007年7月23日。

2. 从微观上说，这是我国制定刑事诉讼法的目的和其承担的任务决定的，更是公权和私权配置平衡在刑事诉讼中的作用决定的。我国刑事诉讼法第 1 条、第 2 条规定，该法是为保证刑法正确实施、实现惩罚犯罪、保护人民、保障国家安全和社会公共安全、维护社会主义社会秩序服务的。而公安机关、人民检察院、人民法院和监狱，又专门承担保证刑法正确实施之职责，这就需要其做到准确、及时地发现犯罪，揭露犯罪，收集充分真实的证据，查明案件真相，使社会公众和犯罪嫌疑人、被告人、被判刑人和被害人的合法权益均得到最大限度的维护。但是，这对于专门机关的办案人员来说，并非易事。公安机关、人民检察院、人民法院和监狱面对的刑事案件，往往已是时过境迁；犯罪真相被犯罪分子千方百计掩盖；各种当事人和其他诉讼参与人，以及侦查人员、检察人员、审判人员、刑罚执行人员对案件事实的认识，不同程度地受到某些主客观因素的制约。因此，刑事诉讼全过程的每一诉讼阶段，乃至每一诉讼活动，都需要办案人员反复地通过由此及彼、由表及里、去粗取精、去伪存真的理性分析过滤后，才可能得出正确判断。而这一切，都是办案人员在一定的时限内，运用公权限制或者制约诉讼当事人和其他某些诉讼参与人的某些私权（人身自由或者其他某些法定民主权利）的举措实现的。而在此过程中，又存在犯罪嫌疑人、被告人千方百计逃避罪责的行为。因此，刑事诉讼的任何诉讼阶段，都充满着公权与私权激烈程度不同的博弈。鉴于公安机关、人民检察院、人民法院和监狱拥有的公权的行使，所需要的人力、物力等均有国家保障，而犯罪嫌疑人、被告人、被判刑人和被害人维护其合法权益基本依靠个人的力量。前者的力量无疑大大强于后者。因此，这种公权力一旦被其滥用，不适当地扩大或者缩小，该作为的不作为，不该作为的乱作为，而同时其相对人又不拥有足以制约和救济的权利、途径，刑事诉讼的结果必定会与刑事诉讼的目的和任务要求相悖。这就决定了该法必须赋予诉讼当事人足以防止公权不当行使的诉讼权利。

从司法实践经验看，私权对公权不当实施必要的制约，是有效防止产生司法不公不可或缺的途径。通常刑事案件的真相需要经过较长时间的反复查证核实后才能作出正确判断，所以，在不同的诉讼阶段都可能存在这样的情况，即犯罪嫌疑人、被告人中，还难以完全避免存在将个别违法而不构成犯罪甚至是无辜的人纳入追诉范围。而尽可能防止这种情况发生，做到一旦发生能得以尽快地纠正，无疑需要该法赋予其能够足以抵御公权不应有侵害的诉讼权利。与此同时，也要使真正的犯罪分子被及时地纳入刑事诉讼，使其受到应有的刑事追究和刑事惩罚。这样的刑事诉讼，才能最大限度地保证其完成所承担的任务和达到诉讼目的。所以，我们要想更好地发挥刑事诉讼法的作用，就必须不断地、切实地提高诉讼公权和私权配置的平衡度。这是需要立法机关永远将其作为完善该法关键的根本缘由所在。

3. 这是国际社会法制发展的趋势和要求。保护人权是对各国法治建设的基本要求，而我国也签订了一些有关保护人权的国际公约，这与我国刑事诉讼的目的和任务的要求是一致的。为此，刑事诉讼法的完善也有责任和义务更好地实现我国签订的国际公约的规定。而我国不断提高刑事诉讼法对于公权与私权配置的平衡度，则是落实此类国际公约最基本、最有力的举措。

（二）我国刑事诉讼公权与私权配置失衡

从我国现行刑事诉讼法的规范看，在诉讼公权和私权配置方面，尽管其较 1996 年修改前完善了许多，但这些年的实践证明，其依然还存在一些不够科学之处，尤其需要尽快弥补存在的两权失衡问题。总的来看，两权配置失衡问题，主要有以下三种情形：（1）在纵向不同诉讼阶段或者横向同一诉讼阶段，对不同职能的办案机关所配置的公权存在某些失衡。这主要反映在落实职能要求的机关具体拥有的职权不足。（2）在纵向不同诉讼阶段和横向同一诉讼阶段诉讼配置的公权和私权存在某些失衡。这主要反映在当事人及其他诉讼参与人拥有的诉讼权利不足。（3）在纵向不同诉讼阶段和横向同一诉讼阶段，不同的当事人和其他诉讼参与人配置的私权存在某些失衡。这主要反映在对犯罪嫌疑人、被告人和被害人拥有维护其合法权益的诉讼权利不足。

相比之下，在上述三种情形中，第二种情形较为突出。值得注意的是，上述不论哪一类失衡，基本上或者是公权、私权的根本缺失，或者是该法总则作出了诉讼原则、制度规定，但没有赋予充分保证其实施的公权或者私权。这些不同类型的失衡，虽然在不同诉讼阶段或者在同一诉讼阶段中程度有所不同，但都影响了某个诉讼阶段诉讼任务完成的质量和效率，从而或多或少地使该法实现刑事司法公平、公正和效率打折扣、或多或少地与制定该法的目的相悖，甚至发生伤害无辜或者放纵犯罪的不良后果。

就上述第一种情形而言，纵向不同诉讼阶段或者横向同一诉讼阶段，对不同办案机关所配置的公权存在某些失衡，往往导致该法确立的诉讼关系原则难以得到充分的贯彻。以人民检察院在刑事诉讼中的任务和配置的公权为例，该法在总则明确规定人民检察院依法对刑事诉讼实行法律监督。这种监督是以该法具体规定的范围和程序进行。但是，该法赋予人民检察院落实规范需要拥有的公权却十分有限，甚至存在某方面的空白。就立案阶段看，虽然人民检察院拥有对法定范围案件的立案权，同时也被赋予对公安机关应立案而不立案的监督权。然而，该法却没有赋予保证人民检察院对于公安机关不立案是否正确作出判断所需要的调查案件权。与此同时，该法规定人民检察院在认为公安机关不立案的理由不成立时，有通知其立案的职权，但对于公安机关接到应当立案的通知仍然不立案的情形，没有赋予人民检察院纠正公安机关这种行为的职权。这种状况显然是公安机关和人民检察院在立案阶段公权配置的失衡，不仅容易导致公安机关对于应当立案而不立案的问题不能及时纠正，而且难以保证人民检察院对公安机关不立案是否正确判断的准确度。这种状况，很可能导致在诉讼的开始阶段就埋下放纵犯罪或者伤害无辜的危险，不仅难以保证立案质量和效率，同时也可能因此使得此后刑事诉讼偏离正确轨道。

就上述第二种情形而言，刑事诉讼在纵向不同诉讼阶段和横向同一诉讼阶段诉讼公权和私权配置的某些失衡，危害尤其值得重视。从根本上看，在刑事诉讼中，诉讼当事人拥有的私权是否充分、与公权配置的平衡度如何，都是直接关系各类办案机关的办案质量和效率的关键因素。因此，为保障刑事诉讼目的的实现和任务的完成，不仅该法必须赋予办案机关拥有充分的公权，而且必须严格规定公权行使的范围和程序，与此同时，还必须赋予当事人和其他诉讼参与人充分的私权，尽可能防止两权配置的失衡。以审查起诉阶段为例。在该阶段，人民检察院有获得侦查机关移送提请起诉的案件材料的权利，并且有自行补充侦查或者退回移送案件机关进行补充侦查的权利。而犯罪嫌疑人在此阶段，虽然拥有自行辩护权和聘请辩护律师的权利，辩护律师有在审查起诉之日起，查阅、摘抄、复制本案的诉讼文书、技术性鉴定材料的权利，有同在押的犯罪嫌疑人会见和通信权和向人民检察院反映意见的权利。但是，这些私权却受到种种限制，其相对于人民检察院拥有的公权来说，很难发挥作用。例如，刑事诉讼法赋予辩护律师向证人或者其他有关单位和个人收集案件有关材料的权利，但其同时规定，需经被调查人同意。而辩护律师在此阶段依法能够从人民检察院获知的有关案件的情况，又仅限于诉讼文书和技术鉴定材料，这使得辩护律师很难向人民检察院提出充分、有力的维护犯罪嫌疑人的证明材料。这种私权配置的实际状况与公权配置相比，显然不足。对此，有学者主张在案件被起诉后、开庭审判前采用证据开示制度。不可否认，这在一定程度上可以弥补审查起诉阶段犯罪嫌疑人私权的某些欠缺。但是，笔者认为，如果在审查起诉阶段，刑事诉讼法赋予犯罪嫌疑人的辩护律师对人民检察院认定证据材料的获知权将更为有益。这不仅有助于加强犯罪嫌疑人维护自己合法权益的力度，而且有助于提高人民检察院作出是否起诉决定的准确性。

再者，就上述第三种情形而言，刑事诉讼中，在纵向不同诉讼阶段和横向同一诉讼阶段，对于不同的当事人和其他诉讼参与人配置的私权或多或少的失衡，也是不容忽视的问题。这是因为，这种私权的不平衡，必然会在一定程度上损害相对权利不足的一方。这不仅仅是形式上的不公平、不公正的表现，而且会导致诉讼结果发生实体上不公平、不公正。以人民法院对公诉案件开庭第一审为例，人民法院决定开庭审判后的准备阶段，法律明确规定被告人获得人民检察院的起诉书副本的时间。如果其没有委托辩护人，被告人有获得被告知可以委托辩护人或者依法获得人民法院指定承担法律援助义务的律师为其辩护的权利。但是，刑事诉讼法并没有赋予被害人在开庭前同样的时限内，获得人民检察院的起诉书副本的权利。这样，尽管在人民法院开庭后，被害人依法有如申请合议庭成员等人员回避等权利，但由于其在审前没有获得人民检察院起诉书副本的权利，因此，其庭审时很难真正维护自己的合法权益。司法实践已经证明，此类失衡如果不尽快解决，同样会成为实现刑事司法公正的绊脚石。

（三）实现公权与私权的平衡宜有侧重

笔者认为，立法机关本次完善刑事诉讼法，在对全法进行系统、全面、立体的审查过程中，特别需要关注各项诉讼原则、制度在不同诉讼阶段如何通过公权和私权的配置，最大限度地得到实施的问题；特别需要关注，如何通过每一诉讼阶段各个办案机关公权与私权的配置，最大限度地确保每一诉讼阶段任务得到优质、高效的完成；还需要关注，如何通过对不同诉讼当事人私权的配置，最大限度地使他们的合法权益得到维护。

为完善刑事诉讼法，在提高公权与私权配置的平衡度方面，宜作如下侧重：（1）在解决不同职能的办案机关公权配置的失衡问题上，宜在刑事诉讼全程中，强化落实人民检察院法律监督权的具体职权的配置和保障其行使的程序；（2）在解决一些诉讼阶段公权与私权存在的失衡问题上，宜在刑事诉讼全程中，强化私权的配置和保障其行使的程序；（3）在解决各个不同诉讼阶段和同一诉讼阶段当事人及其他诉讼参与人私权存在的失衡问题上，宜在刑事诉讼全程中，强化犯罪嫌疑人、被告人和被害人诉讼权利，其中特别要注意强化犯罪嫌疑人和被害人的权利以及保障其行使的程序。

四、无罪推定探究 *

无罪推定是指法院对刑事被告人作出有罪判决之前，侦查机关、检察机关和审判机关都推定他是无罪的人。这一思想最初见于1764年意大利法学家贝卡利亚的《论犯罪与刑罚》一书。贝卡利亚说，任何人，当他的罪行没有得到证明的时候，根据法律他应当被看作无罪的人；在没有作出有罪判决之前，任何人都不能被称为罪犯。这种观点后来被有些国家作为保护人权的一项司法原则写入有法律意义的文件中。1789年法国《人权宣言》第9条规定，"任何人在未被宣告为犯罪者以前，应当被推定为无罪"。此后，法国宪法将这一内容纳入。这种主张也被其他一些国家所接受，其中有的国家将"无罪推定"作为公民的一项合法权利规定在本国的宪法中，如意大利、加拿大等。与此同时，有些国家还由此引申出其他一些刑事诉讼原则，如刑事被告人有罪的证据由控告一方提出；刑事被告人自己没有义务在被指控后证明自己是无罪的；刑事被告人有权对司法机关的讯问保持沉默等。此外，联合国通过的一些国际性文件也将"无罪推定"纳入，作为在国际范围内保护人权的一项原则。此类文件，如1948年12月联合国大会通过的《世界人权宣言》。该宣言曾规定："凡被刑事控告者，在未被依法公开审判证实有罪之前，应视为无罪，审判时须予以答辩上所需之一切保障。"又如1989年联合国大会通过的《儿童权利公约》第40条规定，所有被指称或者被指控触犯刑法的儿童，至少应得到的保证之一是"在依法判定有罪之前应视为无罪"等。

---

* 本部分内容刊载于《检察理论研究》1995年第4期。

（一）无罪推定原则是否应当作为一项诉讼基本原则写入我国刑事诉讼法

早在 20 世纪 50 年代，我国法学界就对这个问题展开过热烈讨论。由于各种因素影响，这种争论几起几落，但一直未能取得共识。主要有三种对立的观点，第一种观点是肯定说。这种观点认为，将无罪推定作为刑事诉讼一项基本原则，有利于促使侦查人员、检察人员和审判人员主动积极地去收集能够证明刑事被告人有罪、无罪证据，防止"有罪推定"，不仅有助于保护被告人的合法权益，也有助于防止发生冤错案件，还有助于实现同国际接轨。第二种观点是否定说。这种观点认为，无罪推定是资产阶级的诉讼原则，不科学、不实事求是，在司法实践中有害。第三种观点是批判继承说。这种观点认为，无罪推定原则有合理内容，又有不科学的东西，应当批判地继承。

当前，正值我国刑事诉讼法修改之际，我们应当怎样进一步完善现行刑事诉讼法？是否需要将联合国通过的《世界人权宣言》中关于"无罪推定"的内容作为单独条款补充到刑事诉讼法总则中？笔者认为我国没有必要在刑事诉讼法的总则中作此特别补充。主要理由如下：

1. 无罪推定具有历史局限性。追溯"无罪推定"的来源，可以清楚地看到，这一主张的代表人切萨雷、贝卡利亚之所以产生这一思想，是由其所处的时代决定的。18 世纪的法国启蒙思想的影响使贝卡利亚等一些具有进步思想的意大利青年看到封建专制制度下的刑事诉讼制度的野蛮、残酷和荒谬。在这种状况下，他们针对以往一直实行的"有罪推定"原则，提出了意在改革和振兴意大利的"无罪推定"主张。这对于反对封建制度，促进资产阶级政权的建立和巩固起了重要作用。这在推动刑事诉讼制度的发展上是一大进步。但是，人类社会发展到今天，各国更加明确刑事诉讼法所担负的根本任务是既要保护被告人的合法权益，更要有力地打击犯罪，不使真正的犯罪分子得以逃脱制裁，从而维护社会大众和被害人的利益。而这种更多注意保护被告人利益的无罪推定已不完全适应今日客观形势的要求。

基于这种状况，有些国家和地区不得不制定有悖于无罪推定的条款。如新加坡的防止贿赂法就财力或财产的证据条款明确规定：法庭在审判或者调查违反该法和刑法的有关条款所规定的罪行时，被告人不能圆满地说明其拥有的财力或者财产与其已知财源相符，或者不能圆满地说明在或者大约在被控犯罪时其财力或者财产的增值，即可以被法庭作为有罪证据加以考虑。马来西亚及我国香港颁布的反腐败法规中，也有类似要求刑事被告人证明自己无罪的规定。

有些国家如美国为了提高诉讼的效率，也冲破了无罪推定原则，实行辩诉交易制度。该项刑事诉讼制度允许在法院宣判前，检察官和被告人的律师就被告人是否承认其指控的罪行进行"讨价还价"。即被告人承认检察官提出的某项指控，以便得到较轻的处罚，检察官也因此能够得以起诉成功，法院就此作出判决。还有的国家如日本采用起诉犹豫制度，依照刑事诉讼法的规定，检察官对于未经法院宣告有罪判决的刑事被告人，有权根据被告人的性格、年龄、境遇、犯罪的轻重情况及犯罪后的表现，认为没有必要追诉时，作出不起诉裁定。但是，这种不起诉裁定是以认为被告人的行为构成犯罪为前提的。它不同于一般不起诉裁定，在诉讼文书上属于起诉犹豫类的不起诉裁定。

2. 无罪推定具有片面性。刑事案件在被彻底查清之前，存在三种可能：（1）犯罪事实真实存在，犯罪分子被当场抓获，被告人是真正的犯罪者。（2）犯罪事实根本不存在，或者犯罪事实存在，但犯罪行为不是犯罪嫌疑人所为，此人无辜。（3）犯罪事实存在，由于案件早已发生，时过境迁，犯罪嫌疑人或被告人被指控的罪行比实施的罪行更轻些或更重些，但他是犯罪者。

在刑事诉讼中，基于存在上述不可否认的客观事实，如果不分青红皂白地推定其是犯罪者，固然不符合实际，是有害的。但是，不加区分地一律推定其是无罪的人，同样不符合实际，会放纵罪犯，也是有害的。从我国司法实践看，历年来侦查机关移送起诉的案件中，经人民检察院审查决定提起公诉的案件占多数；人民检察院提起公诉的案件中，被告人被判有罪并处以刑罚的仍是绝大多数。因此，在人民法院对刑事被告人作出有罪判决之前，一律推定犯罪嫌疑人或被告人是无罪的人，显然失当。

3. 无罪推定可能妨碍刑事诉讼的顺利进行。刑事诉讼实行无罪推定，通常会有两方面的不良后果：

（1）容易导致办案人员倾向于注意收集刑事被告人有罪、罪重的证据，忽视或放弃收集证明被告人无罪、罪轻的证据，以此证明其以往所进行的诉讼活动是正确的。办案人员有可能被引向有罪推定的歧路，以致发生冤错案件。这一点，主张我国采用无罪推定的同志曾明确指出："无罪推定的原则主要是从有利于侦查人员和审判人员积极地去寻找能证明被告人有罪的角度提出来的。"

（2）不同程度地削弱了办案人员调查、收集刑事被告人有罪、无罪证据的主动性和积极性。这在客观上容易助长犯罪分子的嚣张气焰，使真正的犯罪分子受到不应有的宽容，影响刑事诉讼的正常进行，妨碍及时、有力地打击犯罪。

4. 无罪推定与刑法相抵触。全国人大常委会《关于惩治贪污罪贿赂罪的补充规定》明确指出："国家工作人员的财产或者支出明显超过合法收入，差额巨大的，可以责令其说明来源。本人不能说明其来源是合法的，差额部分以非法所得论，处五年以下有期徒刑或者拘役，并处或单处没收其财产的差额部分。"这一规定是同贪污贿赂犯罪作斗争、切实维护国家和集体财产的必要措施，是根据许多国家的经验制定的。如果我国刑事诉讼法中列入"无罪推定"原则，则上述刑法规定将无法成立。

5. 无罪推定与免予起诉制度矛盾。免予起诉制度是我国一项重要的刑事诉讼制度。虽然它尚不够完善，但是其存在必要性，已被几十年来的司法实践所肯定。这一诉讼制度是以被告人行为被证明已构成犯罪为前提，只不过依刑法规定可免除刑罚而已。以无罪推定原则进行刑事诉讼，这种实施了犯罪行为者，也只能推定为无罪人。这是违反事实的，只会放纵罪犯。如果刑事诉讼法确立无罪推定原则，免予起诉这一诉讼制度就无法存在。

6. 无罪推定可能妨碍律师实事求是地为被告人辩护。从司法实践看，我国有的律师对承办的刑事案件，均不顾事实一律作无罪辩护。但诉讼证明，被告人被判无罪者甚微。实行无罪推定，容易助长律师辩护中的不良现象发生，影响刑事诉讼的顺利进行。

我国现行刑事诉讼法所确定的"以事实为根据、以法律为准绳"的原则，在防止放纵罪犯伤害无辜方面，克服了"无罪推定"存在的种种片面性，不仅可以有力地防止犯罪分子逃避法律制裁，也可以有力地防止冤错案件发生。这就在于刑事诉讼的全过程，特别是在人民法院对刑事被告人作出有罪判决之前的任何一个诉讼阶段，侦查机关、检察机关和审判机关对于犯罪嫌疑人或刑事被告人的处理，都是以事实作为根本依据的。这体现在我国现行刑事诉讼法的规定中。例如，刑事诉讼的第一个程序为立案，法律限定只有认为存在犯罪事实，依法应当追究刑事责任的案件才能立案，才能作为刑事案件纳入刑事诉讼程序，并进行侦查。在我国，公安机关与人民检察院的关系是前者必须接受后者的法律监督，后者无权指挥前者的侦查活动，二者各自独立。所以，人民检察院对于侦查机关提请起诉或免予起诉的案件，还要经过审查后，才能作出处理决定，对于事实不清、证据不足的，人民检察院有权退回，要求侦查机关补充侦查，或自己进行补充侦查。只有犯罪事实清楚、证据确实充分，达到起诉条件的，才能提起公诉。只有确认提起公诉的案件符合开庭审判条件时，人民法院方能开庭审判。在这样一个又一个的诉讼阶段中，被指控的人在法律上称为刑事被告人，并未定为犯罪人。这种法定称谓符合客观实际。因为他并非一定是有罪者，但也并非一定是无罪者。

（二）对现有规定的完善建言

为了进一步加强准确打击犯罪的力度和切实保护公民合法权益的强度，笔者认为在立法上除保留现有诉讼原则的规定外，有必要补充以下几点：

1. 将委托律师的时间提前至其被采取强制措施时，但律师为犯罪嫌疑人提供法律帮助，以不妨碍侦查活动顺利进行为限。

2. 犯罪嫌疑人和刑事被告人有如实回答侦查人员、检察人员和审判人员依法讯问的义务，故意作虚假陈述，造成严重后果的，要负法律责任。

3. 将经过充分调查、侦查之后，仍事实不清，无法获得足以证明犯罪嫌疑人、被告人有罪或无罪的证据的案件，列为刑事诉讼法第 11 条规定为不追究刑事责任的情形。立法上明确规定，公安机关、国家安全机关、人民检察院和人民法院在法定期限内，仍未获得犯罪嫌疑人、被告人实施犯罪行为的充分证据时，在侦查阶段，应当撤销案件；在审查起诉阶段，应当不起诉；在审判阶段，应当宣判无罪。

五、办案必须坚持实事求是，严禁逼供信 *

毛泽东同志的刑事司法思想，是马克思列宁主义的重要组成部分，是人类真理宝库中的一笔巨大财富。毛泽东同志关于办案必须坚持"实事求是，调查研究，重证据不轻信口供，证据口供都必须经过查对，反对逼供信，禁止肉刑"的思想，是其唯物主义世界观、方法论在刑事司法方面的具体体现。这一刑事司法思想，不仅告知办案机关、办案人员保证办案正确必须遵守的原则，而且具体指明了防止、减少发生冤假错案和纠正冤假错案的必要方法和途径。毛泽东同志的这一刑事司法思想，过去是我国司法机关、同刑事犯罪作斗争，准确有力地打击形形色色的犯罪，切实有效地保护国家和人民利益，完成刑事诉讼总任务所不可缺少的指导思想和根本保证。今天，它仍然是我国司法机关为实现改革开放、为社会主义经济建设服务的必要保障。

笔者认为，我国司法机关之所以必须继续坚持以毛泽东同志这一刑事司法思想为办案工作指南，是由以下几个方面决定的。

（一）这是由公安机关、国家安全机关、人民检察院和人民法院的性质和任务决定的

我国是工人阶级领导的、以工农联盟为基础的人民民主专

---

* 本部分内容载于中国检察学会编：《毛泽东法制思想论集》，中国检察出版社 1993 年版。

政的社会主义国家。人民是国家的主人。一切国家机关都必须为人民利益服务，为国家的巩固、繁荣服务。依照法律的规定，公安机关和国家安全机关是国家侦查机关；人民检察院是国家法律监督机关；人民法院是国家审判机关。在刑事诉讼中，虽然它们的职责不同，具体业务也有分工，但都是人民民主专政的工具，共同的任务是保证准确、及时地查明犯罪事实，正确适用法律，惩罚犯罪分子，保障无罪的人不受刑事追究，教育公民自觉遵守法律，积极同犯罪行为作斗争，以维护社会主义法制，保护公民的人身权利、民主权利和其他权利，保障社会主义革命和社会主义建设事业的顺利进行。在上述任务中，每一项任务必须在完成前一项任务的基础上才能得以实现。因而，准确地查明犯罪事实，是各办案机关首要的、关键的诉讼任务。

准确地查明犯罪事实，是指真正查清以下事实：（1）得知的案件是否是客观真实存在的犯罪事实；（2）犯罪行为是否为被告人所为；（3）被告人实施犯罪行为的真实目的、动机、手段、情节、经过和后果等。无论从理论上还是从司法实践中看，只有正确解决这几个基本问题，办案机关才有可能正确立案；侦查机关才有可能对犯罪嫌疑人、被告人正确适用拘留、逮捕等强制措施，才有可能作出正确的侦查结论；人民检察院才有可能在审查批捕、审查起诉阶段，作出正确的批准或不批准逮捕决定，才可能纠正侦查阶段发生的差错，对被告人作出正确的处理决定；人民法院在审判阶段，才有可能对被告人作出正确裁判，使无辜者不受冤屈；人民检察院和人民法院才有可能对申诉案件作出正确处理，维护正确的决定、判决，使受冤者得到昭雪。实践证明，各办案机关只有准确查明犯罪事实，正确适用法律，才能完成打击犯罪，保护无辜的任务；公民才能从中受到社会主义法制教育，增强遵纪守法观念，提高同犯罪行为作斗争的自觉性和积极性；法制的尊严、办案机关的威信才能得到维护；在国际上，我国的法制才能赢得更多赞誉。否则，不仅刑事诉讼总任务的完成将会落空，而且还会造成打击犯罪不利，伤害人民群众感情，增加社会消极因素的状况。

因而，公安机关、国家安全机关、人民检察院和人民法院要准确地查明犯罪事实。从认识论、法学理论和司法实践看，方法和途径只有一条，那就是办案人员在办案的全过程中，必须认真贯彻毛泽东同志的"实事求是，调查研究，重证据不轻信口供，证据口供都必须经过查对，反对刑讯逼供，禁止肉刑"的刑事司法思想。

在刑事诉讼中，实事求是是指办案人员站在唯物主义立场，用唯物主义世界观去观察、分析、研究和判断与案件有关的，关系着被告人有无犯罪、罪行轻重的情况。对查明的案件真实情况要敢于正视、承认，忠于事实真相，对案件事实不夸大、不缩小，不夹杂任何主观偏见和私心。准确地查明案件事实，必须依靠确实可靠、充分的证据，因此，对于证据的收集、判断和使用也必须坚持实事求是原则。

收集证据实事求是，应当是：（1）全面、客观地收集证据，既要收集对被告人不利的、有罪、罪重的证据，也要收集对被告人有利的，无罪、罪轻的证据。不能为了尽快结案，或者为了掩盖工作中的某些错误而只收集不利于被告人的证据；也不能从私人感情出发，或者为了某种利己的缘故，只收集有利于被告人的证据。（2）收集客观真实存在的证据材料，不能凭主观想象、推测，更不能捕风捉影，将道听途说的不确实的情况作为证据收集。（3）采用合法手段和程序收集证据。特别需要注意的是，对被告人供述和辩解、证人证言和被害人陈述的收集，绝对不能搞刑讯逼供，更不能施行肉刑，或者采用诱骗等非法手段。

众所周知，刑讯逼供是指办案人员对被讯问或者被询问的人，使用逼迫、威胁、恐吓等手段，使其在肉体上或者精神上遭受痛苦，不得不作出符合办案人员愿望和要求的陈述。这种做法是与毛泽东同志的刑事司法思想相悖的。实际上，这种非法取证手段，是奴隶社会、封建社会、法西斯主义分子惯用的取证手法，不仅野蛮、不人道，而且所取得的证据具有很大的虚假性，是导致冤假错案发生的重要原因之一。

判断和使用证据实事求是，应当是：（1）证据口供必须经过认真核实。这是判断证据、使用证据的基础和前提条件。由于每一个证据，包括口供都有其形成的具体条件，大都要受到某些主客观因素的制约或影响。因此，即使以合法手段收集的证据，也并不一定是完全真实的。为了保证用以证明案件事实真相的证据真实可靠，办案人员应当而且必须遵照毛泽东同志一贯主张和倡导的办案原则和方法，对证据口供进行查证核实。核实证据真实可靠，要查明收集证据的方法和程序是否正确合法，证据来源、证据形成的条件及对其有影响的因素、程度，不同种类的证据内容、同一类证据的内容是否有矛盾，被告人、证人和被害人各自陈述的内容有无矛盾，产生矛盾的原因等，才能对证据的真假作出正确的判断。（2）重证据、重调查研究，不轻信口供。这是指办案人员应当更多地依靠口供以外的其他证据定案。但是，即使口供以外的证据，不论哪一种，都要认真加以核实后才能使用。当除了被告人供述和辩解以外，没有其他证据能证明案件事实真相时，不能只凭被告人供述和辩解定案。其根本原因在于，一旦被告人推翻供述，便失去了证明案件存在的任何依据，也就不能保证指控犯罪事实确实存在。这是由此种证据材料较其他证据具有更多虚假性的特点决定的。相反，没有被告人供述，但有其他证据足以证实指控犯罪事实确实存在时，则可以依据这些证据确认犯罪成立，并依法对被告人作出应有的处理。（3）证人证言必须在法庭上验证。证人证言经过公诉人、被害人和被告人、辩护人双方讯问、质证，证明属实，才能作为定案的依据。对证人证言的这种验证，是一种实事求是调查研究的做法。对于不真实的证人证言，也是一次揭穿其虚假性的重要方法。实践证明，这样做有助于办案人员对证人证言的可靠程度作出正确判断，并为查明案件真相提供可靠的依据。

（二）这是由各种影响证据真实程度的因素决定的

查清案件事实真相是一个极其复杂的过程。办案人员得知的案件，通常是已经发生了的客观事实，往往时过境迁。即使是某些正在发生的刑事案件，办案人员也不可能亲眼目睹、亲耳所闻。因此，办案人员必须透过复杂迷离的现象，理清杂乱无章的头绪，找到真实、充分的证据，并使之形成一条有内在联系的、使确认的案件事实完全排除合理怀疑的有机环链。但是，弄清每个证明资料的真实程度，必须对影响其真实程度的因素加以分析、研究。一般，影响证据真实性的因素主要来自下述几个方面：

1. 客观条件对证据真实程度的影响。已发生的刑事案件，随着时间的推移，有些证据不可避免地受到自然条件等客观因素的影响而变形、变质，甚至毁坏，如天气冷热、日光照射、风雨等，犯罪现场和犯罪分子的脚印、指纹、汗渍、血渍容易被雨水冲洗掉，某些犯罪工具也可能散失等，从而使案件一时成为谜团。

此外，有些物证、痕迹等证据材料是否为可靠的证据，尚需用科学技术手段鉴定，如需要某种仪器检测、化验等。而仪器的灵敏度如何，直接影响鉴定结论的准确性。

2. 人的各种因素对证据真实程度的影响。这种影响，主要来自以下几个方面：

（1）被告人对供述和辩解的真实程度的影响和制约。被告人供述和辩解的内容不外三种情况：完全真实；部分真实、部分虚假；完全虚假。这是因为在刑事诉讼中，被告人是一个特殊的诉讼主体。一方面，他是案件当事人，对自己是否实施了被指控的犯罪行为以及具体情况最为清楚，如果能真实供述和辩解有利于办案人员查明案件事实真相。另一方面，他又是被追诉对象。在许多时候，他因办案机关对其采取了某种强制措施而部分失去或完全失去人身自由。每一诉讼阶段，办案机关对其作出的处理结果，都直接地关系着他的切身利益。这种特殊的诉讼地位，会使其产生复杂心理。这种复杂心理会直接影响其供述和辩解内容的真实程度。尽管一般情况下，被告人不会故意加害自己，但不能因此就完全断定一切有罪供述都是真实的。事实上，被告人认罪，在某些情况下可能完全是虚假的。司法实践中，无辜者因忍受不了刑讯逼供做认罪陈述；自愿代亲友受过而作有罪陈述；被收买作犯罪人的替罪羊作有罪陈述等，都是存在的。被告人否认有罪的陈述是否真实，同样需要查对核实。有的被告人为了逃避或减轻罪责，往往矢口否认犯罪或避重就轻，从而使得其陈述真真假假。不容忽视的是，有的被告人被指控纯属受诬陷或误会，在受到刑讯逼供、诱供时也不承认没有做过的事。所以，被告人否认有罪的陈述，也并非一定虚假。

此外，被告人的年龄、文化程度、职业、智力以及身体健康状况等，也会或多或少地对其供述的真伪产生影响。

与被告人供述相关的是被告人推翻原供述的辩解的真实程度问题，笔者认为，它同被告人的供述一样，会受主客观多种因素的影响而具有一定的复杂性。从司法实践看，被告人翻供否认原供述有罪的内容不外两种情况：一种情况是真实的，是被告人实事求是的行为；另一种情况是不完全真实或完全虚假的，是被告人抗拒追诉的行为。前者是无辜者对个人合法权益的维护，后者是对罪责的逃避。有的是受了外界影响，后悔认罪的反映；有的是完全出于对抗的心理；有的是想蒙混过关。对于推翻部分供述内容的，因其中也有被告人正当和非正当两种情形，所以也存在有真有假的内容。由此可见，对于被告人翻供，同对待被告人供述和辩解一样，不能一概而论，不能把翻供一律作为"不老实"、"负隅顽抗"对待，而应当实事求是地进行调查研究、认真分析、核实，这样才能真正掌握证据的真实可靠程度，不被表面现象所迷惑。

（2）证人对证言真实程度的影响。证人证言是知晓案件情况的人就其所知晓的有关案件情况所作的陈述。它是办案机关查明案件真相，对被告人作出正确处理的重要证据。在许多情况下，它对案件的处理结论起决定性作用。但是，证人证言并非在任何情况下都真实。就证人而言，有真、有假。假证人所作的证言，无疑是虚假的。真的证人，虽然其知晓案件情况，也不一定作真实陈述。因为证人陈述受主客观因素的影响是不可避免的，如证人目睹或耳闻有关案件发生情况的时间、环境、天气等对证人陈述内容的客观性、真实性会有一定影响。同时，证人的个人情况，如年龄、职业、视力、听力、记忆力等也对证人证言有影响，只是影响程度不一定相同而已。此外，证人与被告人、被害人的关系，证人对案件的情感，也会对证言产生影响。

综上所述，证人证言不能轻信，必须认真核实。这是办案人员少走弯路、防止发生冤假错案所不可缺少的。

（3）被害人对其陈述真实程度的影响。被害人陈述，是受犯罪行为侵害的人所作的有关案件情况的陈述。真实可靠的被害人陈述具有重要的证明作用，常常是查明案件事实真相和对案件被告人如何处理的重要依据。被害人陈述，同证人证言一样，有时真假共存。被害人对案件情况固然比其他人有更直接的了解，然而他所陈述的关于案件的情况是真是假，不会不受某些主客观因素的影响。被害人受害时的时间、环境，被害人的年龄、文化水平、职业，认识事物、分辨事物的能力等，都会反映在其陈述的内容上。此外，被害人与被告人关系、有无私人恩怨等，同样影响其陈述的真实程度。这就决定了对其陈述必须核查是不可缺少的办案原则和办案方法。

（4）办案人员对证据真实程度的影响。办案人员是收集证据、判断证据真实和运用证据查明案件真相，进而作出处理的唯一主体。一旦发生案件，其首要任务是千方百计地依法收集有助于查明案件事实真相的证据。由于办案人员收集运用证据必然在不同程度上有意、无意地受某些因素制约和影响，因而直接影响证据的真实程度。这种制约和影响，基本来自以下两个方面：

①办案人员收集证据的方法和程序是否正确。通常，办案人员依法收集证据，证据的真实可靠程度大些；相反，其真实可靠程度就小。如讯问被告人、询问证人、被害人是否严格按照法律规定进行，不论办案人主观动机如何、目的如何，客观上在收集到的证据材料上都会不同程度地反映出来。

②办案人员个人诸方面的素质。办案机关的办案质量，固

然与国家法律规定是否完善有关，但是，除此之外，在相当大的程度上与办案人员的诸方面素质如何也密切相关。鉴于案件事实真相要依靠办案人员收集真实可靠且充分的证据证明，而办案人员的法律专业知识是否丰富，办案经验和工作方法如何，认识问题、分析问题和判断问题的能力高低，以及其思想品德、世界观、个人身体健康状况等都不可避免地影响办案人员的办案行为。所以，办案人员收集的证据是否真实、真实程度如何，也需要认真核实，坚持实事求是原则。

从认识事物的客观规律看，办案人员对收集证据的真实可靠程度作出正确判断，是一项双向并趋的复杂运动过程。这就既需要采取正确的方法和程序收集证据，减少和杜绝这一渠道对证据真实性造成损害，同时，又要在此过程中，使自己对有关案件事实真相的主观认识，反复经历由此及彼、由表及里、去粗取精、去伪存真地筛滤，不断缩短主客观差距，达到完全符合案件客观实际的目的。这种并趋过程，时有交叉，时有并行，但都是实事求是、调查研究的过程，是核实证据、揭露和证实案件事实真相的必经过程。实践充分证明，这是查明案件事实真相，克服各种因素对证据的影响而必须遵守的客观规律。

（三）这是历史经验教训的告诫

翻开中外历史，不难发现从古到今，办案如果不实事求是，不调查研究，对证据不认真核实，采用刑讯逼供甚至肉刑，就会造成冤假错案，严重的会导致社会动荡不安，甚至国家灭亡。反之，才会国泰民安、社会繁荣。中国近现代史，也证明了同样的事实。在民主主义革命时期，革命根据地开展了"整风"等政治运动，凡是按照毛泽东同志这一刑事司法思想进行的，就有效地防止了"左"或右的错误，运动的发展也是健康的；反之，就给革命造成很大损失。新中国成立后，在不同历史时期，党和国家开展了不同侧重点的打击犯罪和一些政治运动，如"镇反"、"肃反"、"三反"、"五反"等。在此过程中，我们有因坚决认真贯彻毛泽东同志的实事求是、严禁刑讯逼供的唯物主义刑事司法思想而取得的巨大成绩，同时也有因没有坚决认真贯彻毛泽东同志的这一刑事司法思想而带来的教训。其中，给我们教训最大、最深的是"文化大革命"。在这段时期，毛泽东同志的刑事司法思想受到"四人帮"的严重破坏，极"左"思想占了上风，使许多为新中国建立出生入死、立下丰功伟绩的同志受到迫害，甚至含冤而死。粉碎"四人帮"以后，司法机关做了大量平反工作，虽然蒙冤人得到了昭雪，但给国家和人民造成的损失是巨大的、难以挽回的。这个教训，每个办案人员不能忘记。

（四）这是由改革开放、发展社会主义经济建设的需要决定的

现今，我们党和国家的工作中心，就是要把国民经济搞上去，使人民生活尽快达到小康水平。为此，国家实行改革开放政策，努力学习和引进其他国家的先进科学技术，扩大国际经济、文化等方面的交流，尽快将计划经济转变为社会主义市场经济，使我国在各方面更快地赶上世界发达国家水平。在这一重大变革的过程中，刑事犯罪出现了一些新情况、新特点。主要表现在一些新的犯罪产生，一些灭绝了的犯罪死灰复燃，犯罪手段更为狡猾，一些行为的罪与非罪界限更不易分清。因此，增加了办案人员准确查明犯罪事实的难度。由此，在办案工作中继续贯彻毛泽东同志的刑事司法思想原则和方法是十分必要的。近5年的司法实践也证明了这一点。5年来全国检察机关之所以能使20余万不应逮捕的人免受逮捕，不应追究刑

事责任的万余人免受刑事追究，追捕漏网的犯罪分子近 4 万人，对人民法院确有错误的判决、裁定提出抗诉万余件。全国法院之所以能对 200 余万被作出刑事判决的人中的近万名无辜者作出无罪判决，没有实事求是的精神、不采取唯物主义的科学方法是不可能做到的。

（五）这是由刑事司法制度在世界范围发展的总趋势决定的

人类社会不断发展，人类的文明也不断进步。今天，人类社会已进入电子时代，人类文明、法制也发展到一个新的阶段。奴隶社会、封建社会在司法制度方面的主观唯心主义的东西已被唾弃，同犯罪作斗争已逐渐被追求案件实体真实的制度和原则所取代。证明案件事实真相的证据，必须经过查证核实，禁止刑讯逼供、严禁肉刑，已成为近现代许多国家的刑事诉讼原则和制度，并被刑事诉讼法典或相应的刑事法规所确定。办案人员执行职务时，刑讯逼供，使用肉刑，已被很多国家作为犯罪列入刑法典。如日本刑事诉讼法典明确规定，认定事实应当根据证据。出于强制、拷问或胁迫的自白，在经过不适当的长期扣留或拘禁后的自白，或其他可以怀疑为非出于自由意志的自白，都不得作为证据；同时还规定，不论是否被告人在公审庭上的自白，当该自白是对自己不利的唯一证据时，不得认定被告人有罪，包括就所起诉的犯罪自认为有罪的情形。法院对于被告人以外的人所作的供述材料是否出于自由意志要进行调查，否则，其供述也不能作为证据。日本刑法典将执行或辅助执行审判、检察、警察职务的人员在执行职务时，对刑事被告人或其他人实行强暴凌辱行为均规定为犯罪，并处 7 年以下惩役或监禁；依法令看守或护送被拘禁人的人员，对被拘禁人实施强暴或凌辱行为，也要被定罪和处以刑罚。

与此同时，在世界上已成立了一些反酷刑的国际组织，并

通过了一些有关同刑事犯罪作斗争必须遵守的公约和规定。如
1948 年和 1966 年，联合国大会先后通过了《世界人权宣言》、
《公民权利和政治权利国际公约》。依其规定，任何人均不得加
以酷刑或施以残忍的、不人道的或侮辱性的待遇或刑罚。1975
年，联合国大会通过了《保护人人不受酷刑和其他残忍、不人
道或有辱人格待遇或处罚宣言》。1984 年 12 月 10 日，联合国
大会又通过了《禁止酷刑和其他残忍、不人道或有辱人格的待
遇或处罚公约》。这一公约，明确规定了酷刑的内涵和外延。
依其规定，酷刑是指为了取得情报或供状，蓄意使某人在肉体
上或精神上遭受剧烈疼痛或痛苦的任何行为，而这种疼痛或痛
苦是以官方身份行动的人所造成或在其唆使或默许下造成的。
只有纯因法律制裁而引起或法律制裁所固有的或附带的疼痛或
痛苦除外。该公约还规定，每一缔约国必须防止在其管辖范围
内施加酷刑，并应确保对酷刑行为依法予以惩处。同时，规定
在任何情况下，不论是战争威胁、国内政局动荡或其他紧急状
态，均不得援引为施行酷刑的理由。

　　鉴于上述国际公约规定，既符合中国人民的利益，又与体
现毛泽东同志的刑事司法思想、我国刑事诉讼法和刑法的精神
相一致。我国于 1986 年 12 月 12 日签署了 1984 年联合国通过
的《禁止酷刑和其他残忍、不人道或有辱人格的待遇或处罚公
约》。虽然我国对该公约中第 20 条和第 31 条第 1 款有保留，
但对其他条款均同意，包括对酷刑的定义。今后，为了同其他
国家更好地在刑事司法方面合作，进一步证明和反映社会主义
中国的刑事司法制度的文明、科学和进步，我们每一名办案人
员，无论行使侦查权、检察权，还是审判权，都应当认真贯彻
毛泽东同志的刑事司法思想，同时严格遵守我国作为缔约国参
加的有关国际公约，为其他国家的刑事司法工作树立良好的

榜样。

笔者确信，我国刑事司法工作在毛泽东同志的刑事司法思想指导下，办案质量一定会更上一层楼，社会主义经济建设的成就也一定会随之达到令人瞩目的目标。

六、影响刑事司法公正的原因分析 *

近些年来，司法公正问题成为法学理论界探讨和研究的热点、重点课题之一。而刑事司法公正是司法公正不可缺少的组成部分，其公正程度体现和标志着一个国家司法文明的水平。因此，探讨和研究刑事司法公正问题，具有重要的理论意义和实践意义。

（一）关于公正和刑事司法公正的思考

人类社会发展的历史证明，公正或者公平的社会标准不是固定不变的，同一国家在不同历史时期，或者在同一历史时期的不同国家，关于公正的标准存在这样或者那样的差别。对于刑事司法公正，我国存在不同的认识，归纳起来大体有如下几种观点：

1. 程序公正论。认为司法机关只要严格按照诉讼法律规范处理案件，就是实现了司法公正，不论实体结果是否公正。这是西方一些国家法学家通常持有的观点，并被付诸立法和司法实践。

2. 实体公正论。持这种观点者的着眼点，在于司法机关处理案件的最终结果公正，既使罪犯受到应有的法律制裁，又不使无辜者受到冤枉，而对程序公正缺乏应有的重视。

3. 程序公正和实体公正结合论。持这种观点者认为，司法公正由程序公正和实体公正两个方面组成，两者缺一不可。持这

＊　本部分内容刊载于《国家行政学院学报》2000 年第 6 期，收入本书时略有删改。

种观点者认为，程序公正和实体公正各有自己公正的标准。前者，指诉讼的过程公正，即司法主体不折不扣地履行诉讼法的规范。后者，即指司法主体不折不扣地落实实体法规范。

笔者持第三种观点。程序公正论实质上是将司法机关依照诉讼程序法律规范办案与司法公正完全等同起来。的确，诉讼程序是实现实体公正所不可缺少的。但是必须看到，实现实体公正是司法公正最重要、最鲜明、最集中、最本质的体现。而单纯做到诉讼程序公正，只是实现司法公正的一部分，是实现了形式公正。在有些情况下，诉讼程序公正并不能确保实体公正。如果只是确认程序公正就是司法公正，将实体法是否得到公正实施置于司法公正范畴之外，就会在一定程度上影响司法真正公正的实现。这是因为程序法律规范的公正程度，总是不可避免地会受到诸如立法者的素质、国家经济和科学技术发展水平、犯罪特点等许多主客观因素的制约和影响，因而也就不可能完美无缺。这样，如果司法机关仅仅只是注意了诉讼程序的公正，而忽视了实体公正，必然会导致人们对诉讼法律规范的蔑视，甚至对司法公正失去信心。

实体公正观点，实际上是将实体公正与司法公正完全等同起来。在刑事诉讼中，这是将依照刑法规范对被告人作出正确处理结论与刑事司法公正完全等同起来。任何人不能否认，被告人在诉讼中得到正确处理，这是实现刑事司法公正的体现和标志。但是，实体公正不是凭空产生的，是建立在正确认定案件事实的基础之上。而正确认定案件事实，没有公正的程序保证是很难实现的。刑事实体公正是孕育、产生于刑事诉讼的过程之中的，不可能脱离诉讼程序自行实现。通常情况下，国家现行的诉讼法律规范是该国最有助于实现实体公正的法律规范。这其中有些诉讼规范是用血的代价换来的。因此，一般说来，诉讼法律规范与实现实体公正是相一致的。如果我们只是考虑实体公正的结果，轻视或者忽视诉讼法律规范的严格实施，实现实体公正就容易落空。可以说，任何忽视或者轻视实现刑事诉讼程序公正的观点，也同样危险、有害。在这方面，我国曾有过严重的教训。

（二）刑事法律规范的公正标准

1. 刑法公正标准。刑法是刑事司法主体应当予以实现的法律规范，它的公正与否直接标志和体现司法文明和社会正义的程度。而刑法的公正，从理论和实践看，则取决于以下几个方面是否达到应有的水平：

（1）界定犯罪的明确度，达到客观需要的程度。这是指刑法关于犯罪的规范，使得司法人员能够据此区别违法与犯罪，避免混淆两者质的区别。

（2）界定罪名及其各种犯罪构成的明确度，达到客观可供准确判断的程度。这是指司法人员依据刑法具体规范，就能够明确每一种犯罪必须具备的构成要件并能准确判定相应罪名，避免发生此罪与彼罪罪名相混淆。

（3）刑罚的种类以及各自概念的明确度，达到客观可供准确判定的程度。这是指司法人员依据刑法在这方面的规范，就能够正确确定对被告人判定的刑罚种类，防止刑罚适用不当。

（4）各类犯罪适用刑罚的明确度，是否达到客观需要的程度。

（5）犯罪、罪类、罪名、刑种、刑罚的规范，是否符合人类社会发展趋势和国家、社会公众利益的需要。

2. 刑事诉讼法公正标准。刑事诉讼法是刑事司法主体落实刑法需具体遵守的操作原则、制度和程序，其公正取决于以下五个方面：

（1）刑事诉讼法律规范赋予刑事司法主体的职权、责任和手段，是否能够最大限度地保障准确、及时地发现犯罪、制止犯罪、惩罚犯罪和得以使犯罪所造成的损害降低到最小限度。

（2）刑事诉讼法律规范赋予刑事司法对象享有的诉讼权利，能否使他们各自维护自身合法权益达到最大限度。

（3）刑事诉讼法律规范关于刑事诉讼主体之间诉讼权利和义务的平衡度，是否达到国家或社会满意的程度。

（4）刑事诉讼法确立的诉讼原则、诉讼制度，刑事诉讼程序的结构、链接方式、相互关系对于发现实体真实和补救举措的完善程度，是否符合客观需要的最大限度。

（5）刑事诉讼法律规范的明确度和可操作性，是否符合客观实际需要。

综上所述，刑事法律规范达到上述标准，绝非一件容易的事情，而是我国立法机关一项长期的、艰巨的和具有综合性的任务。而这种标准，可以说是各国应有的、通用的标准，是国际社会刑事司法公正的基点。这种标准看起来是固定的，而实质是伴随社会发展的动态标准，是不断迈向更高层次的标准。

（三）关于现行刑法规范影响公正程度的原因剖析及对策建议

毋庸置疑，刑法规范完善的程度直接影响刑事司法公正程度，因此不断剖析、强化其现有规范对于实现刑事司法公正意义重大。

1. 我国现行刑法规范存在影响司法公正的问题。在我国，刑法规范的公正度既有基本保障，又有明显不足。在提高公正程度方面，刑法总则增加了提高公正度的必要原则，增强了可操作性，扩大了自首范围，增加了立功的规定，刑法分则强化了对总则规定的落实等。这些都为刑事实体公正的实现，提供了更多的保证。

但是，刑法规范依然存在影响实体公正的问题。这类不足主要表现在关于定罪和处刑的规范，还远没有达到可供法官明确判定罪和罚所需要的明确程度。这主要反映在：

（1）只定罪类，未确定罪名。这使得人民法院和人民检察院不得不各自作出罪名规定，以弥补该法律规范的这一不足。然而，这两家对罪名的认识并不完全相同。例如关于渎职罪类的规定，最高人民法院确定了 33 个罪名，而最高人民检察院确定了 34 个罪名。最高人民法院未规定国家机关工作人员徇私舞弊罪，而最高人民检察院规定了这一罪名。因此，司法实践中就会出现人民法院和人民检察院对同一犯罪事实，应当判处的罪名和适用的刑罚发生分歧。同时，人民法院司法解释确定的罪名并不完全，有的刑法条款没有规定相应的罪名。这些不足，影响了司法人员正确定罪。而判定的罪名不准，同样是司法不公正。

（2）刑法条款弹性规定较多。刑法分则对各类犯罪的规定中可以一一对照适用刑法关于罪与罚的规范条款，屈指可数。该法中存在大量直接影响定罪和量刑的"数额"、"情节"等弹性规范，使得不同司法机关的具体办案人员具有较大的自由裁量余地。如果法官不能正确把握必要的尺度，定罪和量刑就会发生这样或者那样的偏差，刑法作为实体法的公正就难以实现。不可否认，上述这些弹性法律条款，有些可以通过司法解释来限制其弹性的不当扩大或缩小，在相当程度上限制自由裁量的范围。然而，在有些时候，这类司法解释往往不够及时，甚至有些还没有明确限定，因而在一定程度上影响刑事诉讼公正的实现也是必然的。鉴于此，要想实现刑事司法公正，就必须努力减少刑法中的弹性条款，不断提高其可操作性。

2. 为了提高我国刑法的公正性，笔者认为在立法上有必要尽快采取以下对策：（1）严格限制司法解释权的使用。对此，我国应当缩小刑事法律解释权的使用范围。根据我国目前情况，应当在未收回"两高"司法解释权之前，确立"两高"司法解释报请全国人大审批生效制度，防止司法解释互相矛盾、司法人员无所适从的问题继续存在。（2）立法机关建立严格、有效的定期和不定期执法检查制度，及时了解、分析犯罪的客观情况和总结刑法实施的经验、问题，适时修改和补充刑法规范。

3. 国家立法机关有必要设立"对流式"刑法实施情况跟踪调查制度。国家最高立法机关要配置相当数量刑法理论水平高、司法实践经验丰富，并且思想、道德素质高的人员，专门负责收集、研究刑法在全国不同地区、不同领域实施的真实情况，定期对刑法实施中出现的问题进行分类归纳，找出发生问题的原因和解决的办法。收集刑法实施情况的途径有二：（1）走出去，即每年定期深入一定数量的市、县进行直接调查；（2）请进来，即建立刑法实施情况呈报制度。全国人大每半年召开一次全国性专业会议，专门研究讨论其中的某个或者某几个直接影响刑法规范公正的问题，及时找出解决问题的对策。

4. 在立法制度方面，可考虑实行三级刑法规范制：（1）国家制定法典式刑法，规范适用于长期存在的犯罪，以此维护刑法的稳定性；（2）制定特别刑法，根据变化了的客观情况，适用于解决某个时期出现的某类新犯罪，以此弥补法典式刑法不能满足及时打击某些具有时间性的犯罪的需要；（3）制定行政刑法。在行政性法律规范中，规定对严重违反行政法规并构成犯罪的行为进行惩治的条款。这样使刑法规范具体化，便于司法人员正确适用刑法。

（四）关于刑事诉讼法律规范存在公正失衡的原因分析及对策建议

关于防止刑事诉讼法律规范公正失衡问题，1996 年全国人大对刑事诉讼法做了全方位的修改和补充，大大地提高了它的公正性。这主要体现在：总则增加了统率诉讼公正的诉讼基本原则。在这方面，不仅保留了原有的保障诉讼公正的诉讼原则，还增加了新的诉讼原则，如增补了刑事诉讼依法定罪原则，确立了刑事诉讼全面法律监督原则；调整了刑事案件立案管辖；扩大了刑事证据种类；增强了适用强制措施的制约；确立了被害人作为当事人的诉讼主体地位；扩大了法律援助范围；诉讼程序结构、关系合理演进，提高了诉讼效率，等等。

1. 为什么现实中仍存在冤案、错案？笔者认为，立法上存在的以下不足是其重要原因：

（1）必要诉讼原则尚有空白。虽然我国刑事诉讼法已经确立了一系列的诉讼原则，但仍然不够完善。这其中，最值得关注的是我国刑事证据原则尚未确立明确的证据法律效力原则。在立法中，仅仅规定了应当如何收集证据，但对于违反法定规范取得的证据应当如何确定其证据效力问题，至今没有明确规定。可以肯定地说，这一直是影响我国刑事诉讼实现公正的重要原因之一。尽管刑事诉讼法规定审判人员、检察人员和侦查人员必须依照法定程序收集各种证据，严禁刑讯逼供和以威胁、引诱、欺骗以及其他非法的方法收集证据，还规定证据必须经过查证属实才能作为定案的根据，但却没有明确违反此类法律规定收集的、经过查证属实的证据是否也能够作为定案的根据。因此，在司法实践中，虽然最高人民法院规定了违法取得的言词证据不能作为定案的根据，但现行诉讼法没有解决这个问题。因此，司法实践中，非法取证情况时有发生，以致发生错案、冤案。

（2）刑事诉讼法的有些规范比较原则，可操作性不强。我国刑事诉讼法经过修订，由 164 条增至 225 条，从条款的数量和内容上看，其可操作性确实加强了。但是，这与人民法院、人民检察院和公安机关办理刑事案件的实践需要还相去甚远，其中大量条款需要作出解释。但是，我国立法机关并没有及时制订实施该法的细则。因而，最高人民法院、最高人民检察院、公安部以及司法部各自不得不作出具体执行规定。最高人民法院审判委员会 1996 年通过的《关于执行〈中华人民共和国刑事诉讼法〉若干问题的解释（试行）》，共计 342 条，1998 年将其修改为 362 条。最高人民检察院检察委员会于 1997 年通过的《人民检察院实施〈中华人民共和国刑事诉讼法〉规则（试行）》，共计 414 条。1998 年将该规则修订为《人民检察院刑事诉讼规则》，共计 466 条。公安部于 1998 年通过的《公安机关办理刑事案件程序规定》，共计 355 条。1996 年，公安部曾制定了《关于律师在侦查阶段参与刑事诉讼活动的规定》，共计 22 条。1997 年，公安部制定了《关于取保候审保证金的规定》，共计 28 条。此外，中华人民共和国司法部就律师参与刑事诉讼的有关问题，也作出了相应的规范。这样，刑事诉讼法律规范实际上已经是 1000 余条。从我国刑事诉讼法修订后实施的情况看，保障刑法实施的刑事诉讼法已经被各类司法解释、规则、规定所取代。而这些司法解释、规则和规定由于出自性质、职能不同的国家专门机关，各自对刑事诉讼法规定的理解和认识又有一些不同。因此，对于同一刑事诉讼法规定的解释有些并不一致，甚至存在矛盾。尽管为了解决存在的这类问题，最高人民法院、最高人民检察院、公安部、国家安全部、司法部、全国人大常委会法制工作委员会于 1998 年 1 月 19 日联合作出《关于刑事诉讼法实施中若干问题的规定》，共

48 条。然而，这只是统一了某些诉讼活动的规范，仍然没有解决司法实践实现诉讼公正的客观需要，依然没能杜绝刑事诉讼不公正的情况继续发生。

从理论和司法实践两个方面看，实现刑事诉讼公正的基本前提需要刑事诉讼法律规范统一。我国上述立法状况，无疑在相当程度上有碍实现刑事司法公正。不能否认，任何一部法律都不可能十全十美，客观情况总是在不断发展变化，而人们对客观事物的认识又总是会受到各种主客观因素的制约和影响。因此，要解决现存的这一妨碍实现刑事司法公正的问题，国家立法机关有必要不断地、及时地完善立法。

（3）刑事诉讼法的某些规范欠严谨、弹性大。例如：取保候审和监视居住适用的法定条件同一。但是，犯罪嫌疑人、被告人被采取两种强制措施后，各自所要遵守的法定要求却有很大差别。犯罪嫌疑人、被告人自由活动的范围、会见他人的限制、人身自由被限制的期限、执行的具体方式等方面，都有很大不同。这种弹性法律规范，使得有权决定的机关可能因受某种因素的影响，对应当取保候审的人却予以监视居住，对应当予以监视居住的却予以取保候审。这种不当或者错误地适用取保候审和监视居住，会因此给被害人或者社会公众造成不应有的损害，或者使犯罪嫌疑人、被告人的合法权益受到不应有的损害。实际上，这种适用范围的弹性规定，极容易使这两种强制措施的适用偏离正确的轨道。又如，对于执行死刑判决方法，刑事诉讼法第 212 条第 2 款规定："死刑采用枪决或者注射等方法执行。"这样的规定，按文字解释，除采取枪决的方式外，采取其他任何能够使被判处死刑的人结束性命的方法，都是合法的。这种规定，容易导致执行死刑背离这一规定的立法原意。为了避免不人道的执行死刑行为发生，刑事诉讼法有必要将"注射"修改为"注射毒液",并删去"等"字。这样做并不是文字游戏,而是确保执行死刑文明、公正的要求。

(4)刑事诉讼程序的法律规范,有些规定比较原则,不够明确。它直接影响诉讼主体的诉讼活动是否正当、合法和公正。例如,关于第二审审判程序,死刑判决复核、核准程序,刑事附带民事诉讼,简易审判程序等诉讼程序的规定,比较简单、笼统,自由回旋余地大,从而容易出现违背立法者本意的情况。

(5)刑事诉讼法对于诉讼对象的规范,有重大遗漏。在世界范围内,任何一个国家刑事诉讼的对象必须包容刑法惩罚的对象,即刑法确定的犯罪主体。但是,我国刑事诉讼法所确定的诉讼对象,仅仅限于自然人。而我国刑法确定的犯罪主体,既包括自然人,也包括法人和非法人单位。在司法实践中,公安机关、人民检察院和人民法院,不仅处理自然人犯罪案件,也要处理法人和非法人单位犯罪(统称单位犯罪)案件。然而,到目前为止,严格地说,我国司法机关处理单位犯罪案件在刑事诉讼法中还找不到依据。单位作为犯罪主体,早在1996年刑事诉讼法修改之前,已经被我国刑法确定。对这类犯罪应当采用怎样的诉讼原则、诉讼制度和诉讼程序,单位应当享有哪些诉讼权利和承担哪些诉讼义务等不可回避的诉讼问题,在现行刑事诉讼法中仍然是空白领域。单位的犯罪行为,或者给自然人造成损害,或者给其他法人或者非法人单位造成损害。这种损害往往比自然人犯罪造成的危害更严重,影响更大。司法机关对这类犯罪无疑必须予以惩处,同时对犯罪单位和受这种犯罪侵害的自然人和单位的正当权益,也必须予以维护。司法机关在对犯罪单位适用刑法的过程中,需要最大限度地维护诉讼双方的合法权益。而要做到这一点,我国司法机关对单位犯罪案件的诉讼应当力求公正。从我国经济发展的客观形势看，单位的数量呈上升趋势。据 1996 年年底普查的结果，法人和非法人单位已经达到 440.2 万个。现在，仍在继续增长。因此，今后仅有最高人民法院对此类案件诉讼的司法解释是不够的，在刑事诉讼法中对单位犯罪案件的诉讼程序作出全面规范已经迫在眉睫。

（6）某些诉讼制度落实不够。例如，法定某类案件第二审可以不开庭审理，其中的"可以"，导致实践中不应有地缩小了不开庭审理的范围。再如，死刑核准权和核准程序的规定，使得独立的复核重新被第二审取代，而对于行使核准权的司法解释，竟然违背刑事诉讼法的规定。

综上所述，我国要减少或者避免刑事司法天平倾斜，还必须进一步提高刑事立法质量。而完成好这一任务，不仅需要科学的立法程序，而且需不断地提高立法队伍的社会主义法律意识和保护人权的观念。换句话说，提高刑事法律公正水平，需要立法者在立法中对每一刑事诉讼法律规范内容的取舍，切实运用唯物辩证法立法，实现诉讼程序公正与诉讼实体公正的最佳结合。

2. 刑事司法实践早已充分证明，导致刑事司法不公的另一个重要原因是司法人员的素质问题。这主要反映在三个方面：（1）有些司法人员缺乏应有的法律知识，对一些比较原则的规定不能正确理解，导致执法走样。（2）有些司法人员对于打击犯罪和保护人民利益的关系认识不足。在有些情况下，执法者主观上只是关注对犯罪的打击，而忽视了打击犯罪和保护当事人及其他诉讼参与人的正当权益的一致性，因而执法有时脱轨，结果事倍功半或者事与愿违。（3）有些司法人员的职业道德水平不高。此类人员并非不知法、不懂法，有的还具有良好的业务素质。但是，由于缺乏司法人员应有的思想品质和应有的职业道德，将国家赋予的职权作为牟取私利的工具或者牟取小集体非法利益的工具，因而徇私舞弊、贪赃枉法，使司法天平严重倾斜。要解决这些方面的问题，不仅需要把好司法队伍的入口关，严格司法人员的任职条件和程序，而且必须实行严格的考核制度，坚持宁缺勿滥原则，保障队伍的纯洁。同时，为了保证司法人员的业务素质符合不断变化的客观形势的要求，还必须实行定期培训制度。另外，还应注意强化党委政治思想领导和监督，强化人大监督，具体落实人民检察院法律监督，大力开展适度的新闻监督和实行有力的公众监督。这些种类的监督，不仅要保障有畅通的渠道，而且要确保监督的实效。只有这样，刑事司法公正程度才会越来越高。

七、违法证据的排除与防范比较研究*

违法取得的刑事证据，是指在刑事诉讼中，司法警察、检察官和法官（在有的国家，法官没有收集证据的职责）违反国家宪法和刑事诉讼法关于收集证据应当遵守的原则和程序的规定所收集的证据。就这种刑事证据，司法警察、检察官能否作为追究犯罪嫌疑人刑事责任或者被告人刑事责任的根据，法官能否作为对被告人定罪、判处刑罚的根据？这个问题的答案如何，直接关系着刑事诉讼能否准确地、及时地惩罚犯罪分子，使国家利益、社会公众利益和被害人合法权益得到维护，并且不使无罪人受到刑事追究，不使犯罪嫌疑人、被告人的合法权益受到损害。这个问题也是长期困扰各国立法机关和司法机关的问题，更是刑事诉讼法学理论界不断探讨的一个重要课题。理论界对这一问题的研究在不断地深化，司法实践已经总结出不少好的经验，一些国家也作了不少新尝试。但是，至今，恐

---

* 本部分内容刊载于《外国法译评》1997年第1期，收入本书时略有删改。

怕还不能说已经圆满地解决了这一问题。

（一）关于违法证据排除的立法比较

从历史上看，为了解决好这个问题，许多国家较早地开始寻找适宜的办法，如美国。该国在排除违法取得的刑事证据方面所进行的尝试，在地域上，先后经历了先联邦、后各州适用的历程；在排除的内容方面，经历了从排除违法取得的自白到排除违法搜查、扣押取得的证据的历程；在适用的原则上，经历了从完全排除到一般适用排除违法取得的刑事证据并加例外的历程。早在1897年，美国联邦最高法院就曾认为用体罚或威胁方式获得的自白或陈述违反宪法第五修正案。各州并没有被要求一定遵守联邦最高法院的规定。但是，它们却规定了对强制所得的供述予以排除的规则。这与最高法院的规定相比，不很严格。1914年，美国最高法院曾下令对以非法搜查、逮捕途径取得的证据都予以排除。但是，许多州仍然实行传统的做法，不因证据是非法取得而一概排除。在理论上，出现了"银盘理论"。联邦法院对各州呈报的案件中违法取得的证据，可以酌情采用。1960年，"银盘理论"被推翻。1961年，各州开始采用排除违法取得的刑事证据原则。这样，在有些时候，使有高度证明力而违法取得的证据失去证据效力。同时，还出现了"毒树果实"理论。依照这一理论，违法收集的刑事证据均为"毒树"，从"毒树"中的线索获得的证据，被称为"毒树果实"，予以排除。[1] 这种理论曾引起很大争议。反对者认为，这样做是将保护被告人的权利高于对犯罪人追诉和惩治，不利于警察获得罪证，并且会削弱对罪犯的控制，甚至使国家

---

〔1〕　法治斌：《论违法搜索扣押证据之排除》，载《刑事诉讼法论文选辑》，五南图书出版公司1984年版。

在政治上遭到损失。他们主张废除这一原则，对于违法取证的官员，应当另行给予处理。赞成者认为，这一原则是一项保障宪法实施的重要措施，有利于制止警察的违法行为。他们主张保留这一原则，但是需要修改，增加例外不排除的法律规定，以便弥补实施这一原则可能导致罪犯逃脱法律制裁的不足。[1] 1984 年美国联邦最高法院根据众多提议，对于适用这一原则增加了两项例外：（1）"最终或必然发现的例外"，即当着政府官员不采用违反宪法途径收集证据，证明被告人有罪的这种证据最终或必然也能被发现，只要起诉方能够以优势证据证明这一点，法庭对这种证据不应当排除；（2）"善意的例外"，即当着政府官员合乎逻辑地依一位公正、中立的有签发权官员签发的搜查证进行搜查，最终发现搜查证是无效的，由此取得的证据被起诉方在法庭上提出后，由于这种搜查行为是"善意的"，作为例外不予排除。这两种例外不排除，使得排除违法取得的刑事证据的范围大大缩小了。

再如英国，也在不断地探索解决这一问题。该国法院曾在 1807 年的一案例中，对违法搜查、扣押取得的证据予以采用。而在 1955 年的一案例中，又对违法搜查、扣押取得的证据予以排除。1979 年对违法搜查、扣押的物证，改为只要与待证事实有关，原则上不予排除，而对违法的警察由被害人另行指控。从总的做法看，违法取得的刑事证据是否排除，是由法官权衡后自行裁量。[2]

不同国家对这一问题的立法，不尽相同。这种不同，首先是形式不同。在有些国家，由刑事诉讼法典正面明确规定排除

---

〔1〕 王以真：《外国刑事诉讼法学》，北京大学出版社 1990 年版，第 232 页。
〔2〕 法治斌：《论违法搜索扣押证据之排除》，载《刑事诉讼法论文选辑》，五南图书出版公司 1984 年版，第 253 页。

违法取得的证据的范围，而有些国家则是在证据规则或证据法典中作出相应规定。前类国家有德国、意大利、日本等，后者有美国、英国等。1975 年，美国国会批准了联邦证据规则，一些州则制定了实用性很强的证据法典。英国有 1984 年警察及刑事证据法等规范证据问题。

关于排除违法取得的刑事证据的方式和范围，不同国家不尽相同。有的国家将排除违法取得的刑事证据，作为一般证据原则，如意大利。该国刑事诉讼法典第 191 条规定："在违反法律禁令的情况下获得的证据，不得加以使用。"同时还规定："可以在诉讼的任何阶段和审级中指出上述证据的不可使用性。"有的国家将这一原则作为一般证据原则，但同时实行特定的例外，如美国。该国对于"最终或必然发现的例外"以及"善意的例外"，不排除违法取得的刑事证据。有的国家的刑事诉讼法典将这一原则适用于自白，如德国、日本。德国刑事诉讼法典第 136 条明确规定：对于被指控的人进行讯问，用虐待、疲劳战术、伤害身体、服用药物、折磨、欺诈或者催眠等方法予以侵犯，或者以刑事诉讼法不准许的措施相威胁、以法律没有规定的利益相许诺获得的陈述，即使被指控人同意，也不允许使用。日本刑事诉讼法第 319 条规定：出于强制、拷问或者胁迫的自白，经过不适当的长期扣留或者拘禁后的自白，或者其他可以怀疑并非出于自由意志的自白，都不得作为证据。有的国家，起诉证据是否作为定罪、处刑的根据，由法官自由裁量，如英国。该国传统的做法是，法官对起诉证据是否采用，经权衡后自行作出决定。在刑事诉讼中，取得的证据与争议事实有关，可以采用。在审判中，初审法官认为证据的不利作用超过了它提供的证明价值，法官有权不采用。在有的国家，法律没有明确规定是否采用这一原则，但是却从不同方面明确规定收集证据、判断证据和使用证据必须遵守的原则、方法和程序。以此，全面为执法人员获得真实、充分证据，不使犯罪人逃脱法律制裁，不使无罪人受到刑事追究，并使公民合法权益和国家利益得到维护提供保障，如中国等。

在国际范围内，有的国际公约也确立了这一原则的适用范围。如1986年12月12日联合国通过的《禁止酷刑和其他残忍不人道或有辱人格待遇或处罚公约》第15条明确规定：每一缔约国应确保在任何诉讼程序中，不得援引任何确属酷刑逼供作出的陈述为根据。但这类陈述可以引作对被控施用酷刑逼供者起诉的证据。该公约第1条就"酷刑"作了规定。它指出，"酷刑"系指为了向某人或者第三者取得情报或供状，为了他或者第三者所作或被怀疑所作的行为对他加以处罚，或为了恐吓或威胁他或第三者，或为了基于任何一种歧视的任何理由，蓄意使某人在肉体或精神上遭受剧烈疼痛或痛苦的任何行为，而这种疼痛或痛苦又是在公职人员或以官方身份行使职权的其他人所造成或在其唆使、同意或默许下造成的。该公约第2条还指出，任何意外情况，如战争状态、战争威胁、国内政局不稳定或者其他社会紧急状态，均不得作为施行酷刑之理由。

那么，一个国家该如何解决排除违法取得的证据与防止真正犯罪人有可能"名正言顺"地逃脱惩罚呢？笔者以为，不同的国家国情不同，不必采用同种办法。当然，不同国家之间，相互吸取有益于自己的经验是必要的。可以预料，随着各国同犯罪作斗争经验的不断丰富，都会找到越来越接近圆满的答案。

（二）确立违法证据排除的必要性

笔者认为，将排除违法取得的刑事证据作为一般证据原则是必要的，也是可行的。

1. 这是维护宪法尊严、保证其实施的需要。各国宪法无不赋予公民一定的民主权利。司法实践中，违法收集证据极易侵犯公民的人身自由，甚至使其遭到精神、肉体上的痛苦。轻者，常常是违反刑事诉讼法规定的程序。这些行为都是不同程度地违反宪法的行为。这是宪法与刑事诉讼法的固有关系决定的。前者是后者的立法根据，后者是保证前者有关规定得以实现的手段。因此，违反刑事诉讼法有关规定，使公民人身权利和其他民主权利受到损害，都与宪法规定相悖。任何一个国家对于违宪行为不严加禁止，不仅会使宪法在国民中失去应有的威望和尊严，导致社会秩序混乱，甚至造成政局动荡，而且将严重影响其国际地位。因此，警察机关、检察机关以及法院的任何违宪行为都不应得到允许。

2. 这是防止、减少冤案、错案的需要。各国刑事诉讼史无不充分证明，证据是否真实证明案件待证事实，决定着能否准确及时地惩罚犯罪，不使无罪人蒙受冤屈。这是人权能否切实得到保护的重要方面。如何收集证据，在人类社会发展的不同历史阶段有所不同，但教训有相同点，这就是依靠侵害嫌疑人的肉体和精神等不正当手段取得的陈述定案，极易造成错案，甚至铸成冤案。如今，人类社会已进入科学技术高度发展的电子时代，刑事诉讼法较以往更科学。即使如此，也不能说已完美无缺地可以保证依法收集的刑事证据都是准确无误的。这是由犯罪本身具有的复杂性和各种主客观因素所决定的。这包括侦查人员、检察人员和审判人员对证据的认识。依法收集的证据资料是否真实、可靠，需要办案人经过由此及彼、由表及里、去粗取精、去伪存真的复杂认识过程，需要认识的不断升华。正因为这样，各国审判制度不采用一审终审制，而是采用两审终审或者三审终审的制度，采用上诉制度和上诉不加刑原则，实行申诉制度、再审制度等，以维护正确裁判的同时，使错误的裁判有可能得到纠正。

众所周知，刑事诉讼法以及其他有关证据的法律规范都是长期同各种犯罪作斗争经验的总结。有关证据的规定是被证实了切实可行的取证原则、方法和程序，能够较好地保证及时取得真实的证据，准确打击犯罪并维护公民合法权益。如果将这样的经验置于脑后，无疑会带来严重的不良后果。特别是对于犯罪嫌疑人、被告人的口供的收集更是如此。对于真正的犯罪人来说，即使依法讯问，由于他总是企图逃避或减轻罪责，而使陈述具有虚假成分。对其采用非法手段时，又往往是侦查人员未能取得其他的充分的证据之时，并通常认为被讯问人隐瞒了更多、更重要的犯罪事实。这样，采用非法手段取得的证据资料无疑会进一步使其扩大虚伪性。犯罪人可能会编造更多谎言，甚至嫁祸于人，把案情搞乱，将侦查人员引入歧路。对于无辜者来说，在正常情况下，通常会如实陈述，尽管这种陈述由于多种因素的影响可能不完全准确。然而，如果采用非法手段，甚至予以压力和痛苦，其结果容易使其被迫作虚假陈述，以致完全失实。从根本上说，侦查人员破坏法制，违法取证与发生冤错案件易形成恶性循环。

3. 这是促进侦查人员、检察人员和审判人员严格执法，自觉提高办案能力的需要。在刑事诉讼中，排除违法取得的刑事证据，使侦查人员、检察人员和审判人员的违法取证变得毫无意义，并且自身将会受到处罚。这样，在客观上使他们不得不自觉依法取证，不得不努力提高自己的侦破能力，从而使打击犯罪与保护公民权益以及不断提高执法人员的素质之间形成良性循环。

将排除违法取得的刑事证据作为一般原则之所以可行，首先在于在现代各国，严重的犯罪，甚至一般犯罪已被纳入公诉范畴，实行国家追诉。在同这些犯罪作斗争中，所需人力、物力等都由国家给予保证，有国家强制力作后盾。国家设有必要的专门机关，配备经过专门训练的专门人员并有相应的科学技术手段和装备。在国际范围内，已经建立广泛的刑事司法协助，建立了国际刑警组织，等等。这些，不仅对于国内犯罪，而且对于跨国犯罪案件的证据的收集都提供了必要条件，而这种优势是犯罪分子所不可比拟的。

（三）各国防范违法取证的举措

我们不能不看到，不加区分地一概排除违法取得的刑事证据，在有的情况下，可能会使真正的犯罪分子大摇大摆地走出法网，被害人的合法权益和社会公众利益得不到维护。因此，各国都十分注重不断完善防止发生违法取证的立法。这正是主动提高排除违法取证力度的根本举措。比较不同国家的立法，这类共同举措主要有以下几个方面。

1. 保障证据来源，具体包括：

（1）明确规定证据的范围和可采的证据种类。此类国家，如中国、俄罗斯、蒙古等。中国刑事诉讼法第 42 条规定："证明案件真实情况的一切事实，都是证据。"俄罗斯刑事诉讼法典以及蒙古刑事诉讼法对此规定：调查机关、侦查员和法院依照法定程序据以判明危害社会行为是否存在和实施该项行为的人是否有罪的任何实际材料，以及对于正确解决案件具有意义的其他情况，都是刑事案件的证据。关于证据的种类，许多国家将其一一列明于刑事诉讼法典，如中国刑事诉讼法规定了物证、书证，证人证言，被害人陈述，犯罪嫌疑人、被告人供述和辩解，鉴定结论，勘验、检查笔录和视听资料。此外，俄罗斯、蒙古、日本、德国等国都以不同方式确立了与上述证据基本相同的种类。这样，刑事诉讼可以使有侦查权的机关、人员有明确的取证范围。

（2）赋予有侦查权、取证权的人员取得证据的必要权限。这也是各国共同采用的防止违法取证的基本举措。如意大利法律允许司法机关亲自进行搜查、扣押，在某些法定情形下，可以对谈话、电话和其他形式的电信进行窃听等。如果窃听是在法律允许的情况以外进行的或者未遵守法律有关规定，法官可以在任何诉讼阶段和审级中决定将其得到的材料销毁，除非该文件构成犯罪的物证。

（3）赋予侦查人员和其他法定有权取得证据的人员以必要的取证手段。通常，各国都明确地赋予侦查人员、检察人员采用询问被害人、证人，讯问嫌疑人、被告人，搜查、扣押、查封、冻结、窃听等手段。这在日本、德国、俄罗斯、中国等国家的刑事诉讼法中都有明确规定。与此同时，各国还规定了必要的强制措施或称强制处分以及适用它们的条件和程序。这对于防止真实证据丧失或遭到破坏具有重要保障作用。各国虽都采用逮捕强制措施，实行有证逮捕，而有的国家，在紧急情况下，法律赋予享有侦查权的官员以更大的、必要的灵活性，允许其实行无证逮捕，如英国和日本。日本刑事诉讼法规定了各类强制措施的同时，规定了允许检察官、检察事务官或司法警察职员，在有充分理由足以怀疑被疑人已犯过符合于死刑或无期徒刑或最高刑期为 3 年以上的惩役或监禁罪的，情况紧急来不及请求法官签发逮捕证时，可以在告知理由后将被疑人逮捕。

2. 对取证人员的取证行为作出原则要求，具体包括：

（1）严格规范侦查人员、检察人员和审判人员的取证行为。从这方面规定看，在不同的国家做法不同。在中国，对侦查人员、检察人员和审判人员的取证，不仅对每一种取证手段作了具体规定，而且对取证原则作了规定。意大利刑事诉讼法典在取证中的精神自由条款中明确要求，不得使用足以影响人的自由决定权或者足以改变对事实的记忆和评价能力的方法或技术，即使关系人表示同意。此外，还制定了其他许多必要的规范。

（2）以刑法等法律规定对执法人员的违法取证行为进行必要的惩处。如日本刑法典规定执行或辅助执行审判、检察、警察职务的人员，当执行职务时，对刑事被告人或其他人实施强暴凌虐行为的，构成渎职罪。这些同类规定是促使享有取证权的人员严格依法取证、防止违法取证造成证据失真的重要途径。

（3）排除影响证据资料真实的各种因素。通常，各国在刑事诉讼的各个阶段，在涉及证据的收集、判断问题上，都不同程度地考虑了排除影响证据资料可靠性的因素，并作出相应的法律要求。如意大利，仅就同一犯罪的共同被告人而言，根据刑事诉讼法典规定，有牵连关系的诉讼案件的被告人的陈述，即使对他们已经宣告不追诉判决、开释判决或者处罚判决，除非开释判决已经生效，否则该被告人不能作为证人，其证言也不能作为证据采用。此外，还有许多同类性质的规定。此类规定，对保证收取真实重要证据、排除违法虚假证据具有重要保障作用。

3. 确定明确的采证原则。在这方面，不同的国家所确定的采证原则有所不同。如在意大利，证据根据当事人的请求而获得采纳。法官应当以裁定方式排除法律所禁止的证据和明显多余或意义不大的证据。听取当事人的辩论后，可以撤销有关采纳证据的决定。如果需要获取的证据法律未规定，当该证据有助于确保对事实的核查并且不影响关系人的精神自由时，法官可以调取该证据。法官在听取当事人意见后决定采纳。违反法律禁令获取的证据不得使用。同时，还对若干情形下如何判断证据作出了规定。在美国，联邦证据规则对证据的采用也有具体规定。这类规定有助于审判机关对案件作出正确裁判。

（四）完善违法取证排除机制的措施建议

从各国司法实践看，尽管许多国家在立法上从不同方面力图防止发生违法取证，以便在保证人权的情况下又能正确、及时地作出裁判。但是，司法实践是复杂的，在某些情况下难以绝对避免发生违法取证问题。为了有效地惩治犯罪，弥补完全排除违法取证所带来的不足，笔者以为，尽管不同的国家具体国情有这样或那样的差别，但是，确立以下措施还是有益的。这些措施是：

1. 复取。对于违法取得的陈述或自白进行核查后，认为真实证明案件待证事实真相的，应当依法重新收集。对于原取证人，实行回避原则。依法重新收集的陈述或自白与原取得的事实相同，采用依法收集的证据。如果依法收集的陈述或自白与原收集的事实有出入，应当重新核实，确认真实的，予以采用。

2. 善意的轻微违反法定程序搜查、扣押取得的物证、书证，经查证属实、证明案件待证事实，并且是定案不可取代的证据时，应当采用。但对违法取证人员应予以相应处分。

3. 确立及时、适当制裁违法取证的执法人员的制度。违法行为构成刑法规定的犯罪的，依法追究刑事责任；违法行为不构成犯罪的，依照有关规定予以惩处。

4. 国家制定赔偿法，补偿无辜人因执法人员违法取证所遭受的人身、财产和名誉损害。法律赋予遭受此种侵害的被害人直接请求国家赔偿的权利。对于出于个人不正当目的违法取证给被害人造成损害的，由违法取证人员承担赔偿责任。

笔者认为，采取上述措施与各国刑事诉讼目的、任务的要求相符合。刑事诉讼法对于侦查人员、检察人员和审判人员收集证据行为进行约束，是为了保证取得充分、可靠的定案根据，并与此同时不使无罪人受到刑事追究，使被害人的合法权益得到维护。这也就是说，它是为了保证刑事诉讼求得实体真实，在实施刑法中做到不枉不纵。而做到不枉不纵的基础和前提条件，必须实现查明案件真相。因此，对于执法人员违法搜查、扣押的取证行为，应当加以区别。如果这种违法是轻微的、程序上的，出于正义，无损于搜查、扣押的物证和书证真实地、可靠地证明案件待证事实，并且一旦排除这种物证、书证就会造成犯罪人得以逃脱应受的法律制裁时，不宜排除这类物证、书证。当然，在程序上的违法，能弥补的必须弥补。否则，不加区分地将排除一切违法搜查、扣押的物证、书证作为制止执法人员违法搜查、扣押收集物证、书证的唯一手段，无疑会导致放纵犯罪，给社会造成更大危害。只有使真正的犯罪受到应有的法律制裁，被告人的合法权益、被害人的合法权益以及社会公众的利益才能得到应有的维护。这也就是说，只有将遏制执法人员违法搜查、扣押物证、书证与使被告人受到应有的惩处正确结合起来，刑事诉讼才是公正的，才符合人类社会发展的需要。

八、论排除违法取得的刑事证据的效力[*]

违法取得的刑事证据，不仅包括违法收集的被告人的供

---

[*] 本部分内容刊载于《政法论坛》1995年第1期，收入本书时略有删改。

述、被害人的陈述和证人证言，也包括违法收集的书证和物证。这类证据是否具有证据效力，不仅直接关系着公安机关（包括国家安全机关）能否以它作为侦查终结和对刑事被告人是否追诉的事实根据，也关系着人民检察院能否以它作为对被告人提起公诉的事实根据和人民法院能否以它作为对被提起公诉的被告人是否定罪、定何种罪以及是否判刑、判处何种刑罚的事实根据。这是公安机关、人民检察院和人民法院的办案人员在司法实践中经常碰到并必须作出抉择的问题。

从司法实践看，办案人员对这类问题的不同抉择会带来不同的后果。总的来说，这种不同主要反映在办案质量、维护宪法赋予公民的合法权益和维护法律严肃性的程度方面。如果赋予违法收集的证据以证据效力，那么，公安机关、检察机关追诉犯罪的案件范围、人民法院定罪和判罪案件范围必然会大大超过只采用合法收集的证据所确认的刑事犯罪。而这不仅直接关系到刑事被告人的切身利益，而且这一切又与我国社会主义法制和社会主义民主建设、国家改革开放和建立社会主义市场经济的顺利进行密切相关。

从世界范围看，不同的国家和地区对这一问题的认识和做法不尽相同，在有的国家刑事诉讼中是否排除这种证据的证据效力，以取得证据是否侵犯了宪法关于保护人权的规定为标准；而有的国家则以其是否损害了诉讼程序公正为标准；也有的国家将二者均纳入决定是否排除的标准之内。那么如何认识、如何对待这种刑事证据才于国于民有益呢？这不仅是一个十分需要探讨和深入研究的理论课题，也是我国当前需要很好解决的实践问题。为此，这里拟对违法取得的刑事证据的效力问题进行探讨，以求共识，并希望能对我国立法机关完善刑事诉讼法关于证据制度的规定起到参考作用。

（一）我国关于违法取得的刑事证据的效力的主张和做法

在我国，关于违法取得的刑事证据应否有证据效力问题的认识和做法，概括起来大致有以下三种：

1. 排除效力说。在刑事诉讼中，凡是违反刑事诉讼法规定所取得的证据不具有证据效力，其中即使经查证属实的也不能作为定案的事实根据。这就是说，不论是侦查人员、检察人员，还是审判人员，只有依照我国刑事诉讼法第一编第五章证据的规定和依照第二编第二章收集刑事证据的方法、程序和要求所取得的证据资料，经查证属实的，方具有证据效力并能够作为定案的事实根据。主要理由是这样才能有力地防止发生冤案、错案。

2. 不排除效力说。在刑事诉讼法中，凡是查明案件真相需要，而依法又确实收集不到足够定案的证据资料时，侦查人员、检察人员或审判人员以某种违反刑事诉讼法规定的手段取得的证据资料，经查证属实的具有证据效力，可以用作定案的事实根据。主要理由是这样有助于防止真正的犯罪分子因办案机关依法没有取得足够的证据，而"正大光明"地逃脱应有的法律制裁。

3. 例外不排除说。对于某些特定的刑事案件，如严重危害国家安全和严重危害社会利益的刑事案件，侦查人员、检察人员和审判人员依法不能取得证据足以证明被告人实施了此类犯罪行为时，用违反刑事诉讼法有关规定的方法和手段取得了认为有证据价值的证据资料，在查证后认为属实的，应当具有证据效力并可以作为定案的事实根据。主要理由是，这样既有利于防止某些严重犯罪分子因司法机关没有收集到足够的证明其犯罪的证据而"正大光明"地逃避法律制裁，又可以将侦查人员、检察人员和审判人员的违法行为控制在较小的范围内，不致发生较多的差错。

（二）完全排除违法取得的刑事证据的效力的必要性

笔者认为，上述三种不同的主张和做法，愿望都是良好的，但是，无论从理论上或从司法实践结果上说，第一种主张和做法较其他两种更符合文明发展以及民主与法制的发展要求，于国于民最为有益，最为可取。这是由以下几方面因素决定的：

1. 违法收集刑事证据是违反国家宪法的行为。违法收集证据资料的行为，常常表现为以非法限制当事人或其他诉讼参与人的人身自由，甚至予以精神上的折磨或肉体上痛苦，迫使其提供办案人员要求的情况，而这类情况并非一定是犯罪嫌疑人或刑事被告人真正知晓的或真实发生过的；或者以非法侵入其住宅进行搜查、剥夺其通信自由等合法民主权利的方法和手段收集想得到的证据；或者虽然对有关人员的人身权利未予严重非法侵害，但违反了刑事诉讼法关于收集证据的规定。这一切，都是与我国宪法有关规定相悖的。我国宪法第37、39、40条规定，公民的人身权利和其他民主权利受法律保护。任何公民非经人民检察院批准或者人民法院决定，并由公安机关执行，不受逮捕。禁止非法拘禁和以其他的方法非法剥夺或者限制公民人身自由、禁止非法搜查公民的人身。公民住宅不受侵犯。禁止非法搜查或非法侵入公民住宅。公民的通信自由和通信秘密受法律保护。除因国家安全或者追查刑事犯罪的需要，由公安机关依照法律规定程序对通信进行检查外，任何组织或个人不得以任何理由侵犯公民的通信自由和通信秘密。由此可见，即使同犯罪分子作斗争的需要，公安机关、检察机关和人民法院的办案人员也必须依照有关法律规定收集证据。我国宪法在这里所指的必须依照法律规定，是指刑事诉讼法及有关法规。

例如，如果需要逮捕、拘留被告人或犯罪嫌疑人，应当根据刑事诉讼法规定的适用条件和程序进行；需要搜查被告人住宅等也要依照我国刑事诉讼法规定进行，不能想怎样做就怎样做。

中华人民共和国宪法是我国根本大法，是中华人民共和国一切国家机关、企业事业单位、团体，一切国家机关工作人员和一切公民行为的基本准则。因此，不论是公安机关、国家安全机关，还是人民检察院、人民法院，不论侦查人员、检察人员还是审判人员都必须严格遵守。在刑事诉讼中的侦查人员、检察人员和审判人员进行各项刑事诉讼活动，其中包括收集查明案件真相的证实刑事被告人有罪或无罪，罪轻或罪重，实施了何种犯罪，应否处以刑罚以及处以何种刑罚的各种证据都必须依法进行，不得违反法律规定。而依照刑事诉讼法的规定，侦查人员、检察人员和审判人员收集证据时，则必须收集能够证明被告人有罪或者无罪、犯罪情节轻重的各种证据；严禁刑讯逼供和以威胁、引诱、欺骗以及其他非法的方法进行，必须切实保证一切与案件有关或了解案件情况的公民，有客观地、充分地提供证据的条件。同时，无论是讯问刑事被告人、询问被害人和证人，或者是勘验现场，进行人身检查，对于可能隐藏犯罪分子或者犯罪证据的人身、物品、住处和其他处所进行搜查，扣押物证、书证、鉴定等，都必须按照有关规定进行。这些规定则恰恰是我国宪法关于保障公民人身权利和其他民主权利的具体措施。因此，违反我国刑事诉讼法关于收集证据的制度和程序规定的行为，无疑是违反我国宪法的行为。

2. 违法取得的证据具有证据效力是造成冤错案件的直接祸根之一。证据是否真实可靠在刑事诉讼的全过程中始终主导着诉讼活动的进程，更是同犯罪作斗争能否做到不枉不纵的关键。如何取得证据，在人类社会发展的不同的历史阶段实行的证据制度不尽相同，但是却有共同的教训，那就是相信、依靠采取刑讯逼供等侵害人的肉体、精神等手段取得的证据资料定案，是铸成错案的直接原因之一。严禁刑讯逼供，早在民主主义革命时期就已成为中国共产党反帝反封建总纲领的重要组成部分之一。1922 年中央执行委员会就曾在发布的《中国共产党对于时局的主张》中明确规定："改良司法制度，实行废止肉刑。"此后不断重申这一主张。1943 年 8 月 15 日发布的《中共中央关于审查干部的决定》，总结了苏区肃反的经验教训，指出："审讯人对待特务分子及可疑分子，采取肉刑及其他威逼办法，然而被审讯人随意乱供、诬陷好人；然后审讯人及负责人不假思索地相信这种绝对不可靠的供词，乱捉、乱打、乱杀。这是完全主观主义的方针和方法。"中华人民共和国建立后，毛泽东同志曾多次指出，严禁逼供信，重证据不轻信口供。从我国司法实践看，尤其令人不能忘记的是在"文化大革命"期间，许多冤镨案件的发生都来自办案人员采取"刑讯逼供"违法取证、用证的恶果。历史的教训必须记取，绝不能为保护某些公民合法权益又伤害无辜。

当然即使严格依照较以往完善、进步的现代刑事诉讼法规定的证据制度和程序收集的证据材料的真实程度，也不免存在完全真实、部分真实和部分虚假、完全虚假三种情况。由于案件本身的复杂性以及各种主客观因素不同程度的制约和影响，有时难以依法收集到足以证实犯罪嫌疑人或刑事被告人是否实施了犯罪的证据，可能会放纵一部分真正的罪犯。但是，如果允许以违法手段收集证据，并赋予该证据以证据效力（这里的违法，排除个别办案人员因徇私舞弊、贪赃枉法的违法取证情形），从表面形式看，这类证据资料也不外有完全真实、部分真实或完全虚假三种情况，查证后有可能弄清其真实可靠程度。但是，如果将依法取得的证据资料的证据效力同违法取得的证据资料予以证据效力的不良后果同置于一个天平的两端，总的衡量，平衡指针是会向后者倾斜的。这种情况出现的根本原因就在于，依法收集取得的证据资料，是在当事人或其他诉讼参与人的人身权利和其他民主权利没有受到非法侵害，没有受到威胁利诱、欺骗甚至精神或肉体上的压力和痛苦的情况下提供的情况。对于真正的犯罪人来说，尽管其有编造谎言的极大可能，但是，当办案人员不相信其在正常情况下提供的证据资料的时候，以违法手段强迫其提供自己认为其知晓的有关资料的情况下，收集的资料的真实程度将会受到不同程度的不良影响。与依法情况下相比，前者往往会促使对方扩大编造谎言的范围，从而增加提供证据资料的虚伪程度，甚至使无辜者受到陷害，或者使侦破工作误入歧途。对于无辜者来说，办案人员依法收集证据资料，通常对方是能够如实提供有关情况的。尽管其提供的情况由于主客观条件的这样或那样的限制，如了解情况的客观环境、本人生理状况、表达能力、认识问题的能力、个人情感等因素的影响不一定完全准确无误，但是与其受外界压力被迫作出迎合办案人员兴趣的陈述相比，虚假成分要小得多。可以肯定，以违法手段取证时，办案人员往往喜欢、相信陈述人提供的有罪、罪重，以及涉及新的犯罪线索的资料，而听不进、不相信相反的情况。从大量的司法实践看，发生冤错案件与赋予违法取得的证据资料的证据效力有很大关系。有的被告人或证人等在侦查阶段受到非法对待，为了解脱不堪忍受的精神、皮肉之苦，或者有的因受到严重威胁为了防止受到更重的加害，而提供办案人员要求的却不存在的情况。因此，当案件被移送到检察机关后，常常会发生刑事被告人立即推翻在侦查机关所作的供述，多次言明原供述是被逼无奈的情况下的陈述，不是真实的情况。有的刑事被告人被提起公诉以后，在法庭审判时，推翻原供认的事实情况，要求说明事情真相。然而此时刑事被告人的陈述常常不能引起审判人员的足够重视，误认为案件经侦查、起诉两个诉讼阶段的调查、审核不会有差错，是刑事被告人不老实。这样，有的刑事被告人，一直蒙受冤屈，甚至有的被错杀。基于办案人员采用违法手段收集证据的时候，往往带着较多的个人推测，所以极易接受刑事被告人提供符合自己想法和判断的情况。当刑事被告人不得不这样做时，办案人员又常常容易忽略对这种情况下得到的材料进行认真核实，并以得到自己希望找到的材料而满足。如果让这种情况存在下去，并且在刑事诉讼中不规定排除这种证据的效力，是很难保证办案质量的。实现准确、及时惩罚犯罪，切实维护公民合法权益的良好愿望也会落空。

这里必须看到，在司法实践中也存在因某种情况下违法取得的证据资料是真实的，而认可这种证据资料的证据效力，用作定案的事实依据，并据此对刑事被告人作出了正确的判决的情况。但是，对于大多数刑事案件来说，违法取得的证据的正确、真实的保险系数是微乎其微的。办案人员的违法取证行为，可以说是一种碰"运气"的行为。因此，对违法收集的证据的证据效力予以认可，不论其认可的范围多么有限，主观动机多么良好，客观上就是为办案人员违法取证开了"后门"，为造成冤错案件提供了更多的机会和可能。这是十分有害的。

3. 认可违法取得的证据具有证据效力与我国实行社会主义民主与社会主义法制相悖。我国是人民民主专政的社会主义国家，现在正值进行社会主义现代化建设的重要历史时期。国家要实现社会主义现代化，必须实行两手抓，即一手抓建设，一手抓法制。任何国家欲发展经济、富国强民，不实行法制是没有希望的。我国实行社会主义法制是搞好国家社会主义建设的重要保证。法制不仅指国家要制定完备的法律，规范各个领域的行为，而且必须做到保证制定的法律得到真正的实行。这就是要有法必依、执法必严、违法必究。守法不只是中华人民共和国每个普通公民的义务，更是执法机关和执法人员的义务。侦查人员、检察人员和审判人员的守法，不仅要做到遵守一般公民应当遵守的各项法律，而且还要在同形形色色的犯罪分子作斗争的刑事诉讼活动中，遵守刑事诉讼法关于收集证据资料的制度、程序等规定。如果我们对违法取得的证据的效力不予排除，而是对其网开一面，或只在某一限度内网开一面，那么，刑事诉讼法应有的严肃性、权威性将完全丧失，将会由此带来一系列不良后果。

4. 排除违法取得的证据的效力是许多国家长期司法实践经验的总结。许多国家法律规定，违法取得的证据材料不能作为证据使用。如日本刑事诉讼法规定，出于强制、拷问或胁迫的自白，在经过不适当的长期扣留或拘禁后的自白，都不得作为证据。如美国，对于以违法手段取得的证据效力，实行排除法则。

许多国家确定对违法取得的证据效力采排除法则，都是经过长期的、反复的司法实践之后才得出的结论，而不是任何人随意所想、轻易确定的证据原则。以美国为例，关于违法取得的供述，不具有证据效力的原则早已确立。关于违法搜查、扣押取得的证据应否具有证据的效力的问题，也早已在注意解决，在1991年就曾实行了对违法搜查取证的行为从立法上注意采取救济措施。1914年美国最高法院曾明示违法搜查、扣押的证据，联邦法院应予排除，以保障公民的身体和居住自由。但是，这只适用于联邦，却长期不被各州所接受。这样，一度出现了"银盘理论"。所谓"银盘理论"是指州官将违法搜查、扣押的证据置于银盘之上，送交联邦法院酌情采纳，即各州所得违法证据可为联邦所用，理由在于联邦有关人员没有实行违法收集证据的这种行为。这种情况一直延续到1949年，最高法院的法官们也未能就是否将排除违法证据法则适用于各州问题取得共识。1960年，经实践的结果和经验的证明，才最终推翻了"银盘理论"，并于1961年各州开始适用排除法则。这样，对于有高度证明力的违法取得证据也同样不具有证据效力。与实行排除法则相关的是，美国还出现了"毒树果实"理论。该理论是凡是通过非法方式取得的证据，即为"毒树"，由其中获取的资料，进而获得的其他证据，为"果实"。这种果实应同原始证据一样，一并加以排除，即使改以合法方式取得的证据也同样排除。由于这种理论被认为有些过激因而在司法实践中却仍有若干例外情况。

笔者认为，虽然在不同的国家或者在同一国家的司法实践中，贯彻排除违法收集的证据的效力的原则在程度上有这种或那种差别，但是，作为证据制度的基本原则之一，已被许多国家所确认。可以说，采用排除违法收集的证据效力原则是必要的，这是许多国家用血的代价换来的。我国以往司法实践的经验教训，也再三告诫我们违法收集的证据的真实性很不可靠，特别是以侵犯人身权利的违法手段取得的证据更是如此。至于美国出现的"毒树果实"理论，笔者认为是有其科学性的。

5. 确立排除违法取得证据的效力原则，是证据制度在世界范围内发展的总趋势，符合国际公约的要求。随着时间的推移越来越多的国家确立了排除违法取得证据的效力原则，越来越多的国家通过签订国际公约来加强对公民人身权利和其他民主权利的保护。例如从1975年2月4日至1985年2月15日的一段时间里，就有英国、法国、德国、意大利、加拿大、匈牙利、罗马尼亚等 60 多个国家签署了《禁止酷刑和其他残忍、不人道或有辱人格的待遇或处罚公约》。我国在 1986 年 12 月 12 日签署该公约，除对第 20 条和第 30 条第 1 款予以保留外，其余条款均予赞同和接受。

该公约规定，为了向某人或者第三者取得情报或供状，蓄意使某人在肉体或精神上遭受剧烈疼痛或痛苦的任何行为，而这种疼痛或痛苦又是在公职人员或以官方身份行使职权的其他人所造成或在其唆使、同意或默许下造成的，除因法律制裁而引起或法律制裁所固有或者附带的疼痛或痛苦之外，均属酷刑。该公约明确要求每一缔约国采取各种必要的、有效的立法、行政、司法或其他措施，防止在其管辖的任何领土内出现酷刑的行为，包括任何特殊情况下，如战争状态、战争威胁、国内政局动荡或其他任何社会紧急状态，也不得将其作为施行酷刑的理由，同时还指出上级官员或政府当局的命令也不得援为施行酷刑的理由。对于有充分理由相信任何人在另一个国家将有遭到酷刑的危险时，任何缔约国不得将该人驱逐、遣返或引渡至该国。每一缔约国应当保证将一切酷刑行为定为刑事犯罪行为，并适用于施行酷刑的企图以及任何合谋或参与酷刑的行为。同时，还要求每一缔约国要根据其行为性质的严重程度加以惩处。该公约第 16 条明确规定，"酷刑"一词应代之以"其他形式的残忍、不人道或有辱人格的待遇或处罚"等字。特别需要指出，该公约第 5 条规定每一缔约国应确保在任何诉讼过程中，不得援引业经确定系以酷刑取得的口供为证据。但这类口供可以用来作为被控施用酷刑者刑讯逼供的证据。

基于该公约被我国所接受，侦查人员、检察人员以及审判人员在刑事诉讼中，不得采取侵犯他人身体的手段收取刑事证据。如果承认违反法律规定取得的证据具有效力并加以使用，则是对该公约的违背。这是国际社会所不允许的，并将会因此使我国的声誉和威望受到损害。

（三）完善违法证据排除原则的制度构建

对违法取得的经查证属实，并对定案起决定性作用的证据采排除原则，其结果是在某些情况下，确实有可能使真正的犯罪分子"光明正大"地逃避法律制裁，因而逍遥法外，甚至有时因此使其给国家和人民造成新的危害。这是与我国刑事诉讼法的立法目的和所要完成的任务相背离的。那么，一个国家在刑事诉讼法中确立了完全排除违法收集的证据的效力的同时，应当如何解决这一排除原则可能带来的不足呢？笔者认为，从我国目前情况出发要解决好这一问题，确实不是一件容易的事，存在诸方面的困难，但是，这一问题不是不可解决的。从根本上说，是要更好地提高以合法手段取得各种必要证据的能力，使刑事诉讼彻底摆脱对刑事被告人陈述内容的依赖性。这就在于案件一旦发生总会留有这样或那样的痕迹或情况。事实上往往不能只凭一证定案，而是需要多方面的证据加以揭露、证实，才能查明案件真相，并非离开被告人提供的情况就无法定案。确切地说，我国需要尽快建立一个科学的、周密的发现、收集刑事证据的系统工程网络。这个网络包括以下几项重点工程：

1. 立法工程，即在刑事诉讼法中确立科学的、完善的证据制度。我国全国人大常委会有必要对现行刑事诉讼法第五章进行修订，补充规定对违法收集的证据实行排除原则，并同时根据我国签署的国际公约规定的原则，规定以下两项补救措施：

（1）侦查人员、检察人员和审判人员在收集刑事证据过程中，违反中华人民共和国宪法赋予公民的人身权利和其他民主权利的规定，采取刑讯逼供和以威胁等其他非法方法收集的证据，不能用作定案的事实根据。对于侵犯刑事被告人及其他诉讼参与人的合法民主权利，使其受到肉体和精神痛苦而作的陈述，即使经查证能够反映案件真实情况，亦不得作为证据采纳。对于这种真实的陈述，公安机关、人民检察院和人民法院应当另行指派该案承办人员，并由新任案件承办人依法重新收集。重新收集的证据内容与原违法收集的证据内容相同，亦具有证据效力；与原违法收集的证据内容有出入，应将合法收集的证据纳入具有证据效力范围，其经查证属实的，可以用作定案事实根据。

（2）侦查人员、检察人员和审判人员在收集刑事证据的过程中，对刑事被告人及其他诉讼参与人未采取逼供信等侵犯其人身权利的行为，但违反了刑事诉讼法关于收集证据程序的规定收集的证据不具有证据效力。但是，经原办案人员依刑事诉讼法规定的程序予以弥补不足的，可以采证。如讯问刑事被告人的侦查人员、检察人员在询问结束，未向其宣读或未交其自行阅读，未告知其有修改、补充陈述的权利的，被讯问人未进行核对的，原讯问人应当依法履行法定的要求。对于符合法定程序要求的证据，经查证属实的，可以作为定案根据。

第一项措施中的回避制度有助于减少和防止被讯问或被询问人产生不利于提供真实情况的顾虑，有利于减少、防止办案人员先入为主，使不真实的情况得不到及时澄清。后一项措施同样不能忽视。法律规定的收集证据的程序是保证取得真实可靠证据的经验总结。补办法定程序似乎延长了办案时间，但是这不是形式，而是保证办案质量、维护法律严肃性的要求，并有助于培养办案人员依法办案的自觉性，确保收集到的证据具有证明力。

2. 完善公安机关、检察机关和审判机关发现、收集刑事证据的科学技术设备工程。随着科学技术的不断发展和进步，各种犯罪也随之出现了新特点，犯罪手段更加隐蔽，难以及时察觉。这必然会给侦查人员、检察人员和审判人员增加发现犯罪证据、及时收集和保全犯罪证据的难度。司法实践一再证明，司法机关和办案人员没有先进的通信、鉴定设备和先进的交通工具等现代科学技术手段和装备，很难优异地完成刑事诉讼法规定的任务。因此，国家有必要拿出适当的资金，配置先进的现代科学技术设施及手段，这样会大大提高收集合法证据的效率，为获得充分的、合法的定案根据提供良好的前提条件，以便在同犯罪作斗争中处于主动地位。

3. 大力提高取证软件质量工程。同复杂的刑事犯罪作斗争，要做到不枉不纵，固然需要有完善的法律为依据，同时也需要有必要的和先进的科学技术设备，但是，无论是发现犯罪还是收集、判断和使用证据的科学技术设备都离不开办案人员的诉讼活动。侦查人员、检察人员和审判人员只有具备很好的社会主义法律意识，真正掌握丰富的法律知识、先进的科技手段和同刑事犯罪作斗争的经验，才有可能较好地运用法律武器及时揭露犯罪、证实犯罪、打击犯罪，才能较好地防止犯罪分子逃脱法网。

必须看到，当前我国司法队伍的素质在有些地方、有些部门尚未真正达到应有的水准。为了保证办案人员的政治素质、思想品德素质、法律专业知识素质，国家机关在人事方面有两项工作需要考虑立即着手实行：（1）尽快制定侦查人员、检察人员和审判人员的任职资格、条件和考核办法等保证人员质量的专门法规；（2）要认真整顿现有的司法队伍，将不符合要求的人员一律调整到适宜其本人情况的岗位，以保证司法队伍的纯洁性和战斗力。

4. 强化社会预防，打击刑事犯罪的综合治理工程。大量的事实反复证明，犯罪分子虽然狡猾，但是他们毕竟生活在人民群众之中，他们各自情况不论有怎样的差别，只要社会各部门、各单位都建立严格的管理制度，编织成一张各行各业有机联系的联合防治网，一旦案件发生，就比较容易发现，有关部门和人员可以及时提供对查获犯罪有意义的刑事证据，有良好素质并掌握现代先进技术手段的侦查人员、检察人员和审判人员就有可能依法收集到必要的证据。在这项工程中，还包括公民法制观念的加强，增强公民同犯罪作斗争的积极性和自觉性，形成专门机关同群众及社会各界力量密切结合的、坏人怕好人、好人治坏人的良好社会环境和良性循环。目前，我国已在不断加强这方面的工作。可以确信，随着社会各项制度的确立，社会生活中许多新情况被逐步纳入正轨，不断减少漏洞，会为专门机关收集到充分的、有证明力的证据提供更好的条件。

5. 扩大和完善国际司法协助和区域司法协助工程。随着我国改革开放事业的不断发展，跨区域、跨国家的刑事犯罪会不断增多。这种犯罪大大增加了司法机关及时收集到充分的刑事犯罪证据的困难。因为犯罪人活动的领域比较广，有时不仅涉及数省、数市甚至涉及数个国家。因此，要依法取得足够用以定案的证据，需要不同区域间的刑事司法协助，需要其他国家刑事司法部门的支持和帮助。从我国现在情况看，虽然已和十多个国家签订了司法协助条约，但是，从形势发展前景看，同少数国家建立刑事司法协助远不能适应客观情况的要求。我国有必要在适当的时候，同有关国家签订新的司法协助条约。与此同时，要进一步扩大区域间司法协助的范围和力度。这样，即使对于涉外刑事案件，司法机关也能依法收集到必要的刑事证据，从而在确保刑事被告人及其他诉讼参与人的人身权利和其他民主权利不受不应有的侵害的情况下，对案件作出正确处理。

九、严禁刑讯逼供是我国刑事诉讼的重要原则 *

（一）刑讯逼供概述

在刑事诉讼中，刑讯逼供是指侦查人员、检察人员和审判人员对犯罪嫌疑人、被告人使用肉刑或者变相肉刑逼取口供的行为。就世界范围看，当今刑讯逼供的方法与封建专制年代、与法西斯统治时代有所不同，但依然是多种多样，归纳起来不外以下两大类：（1）文逼。最典型的做法是"车轮战"，使犯罪嫌疑人或者被告人得不到必要的休息和睡眠，在体力和精神极度疲惫而处于无法继续支撑的情况下，不得已作出令讯问或者询问人满意的陈述。（2）武逼，即对犯罪嫌疑人或者被告人采用各种不同程度地伤害其肉体的行为，使其由于忍受不住肉体或者精神上的摧残，而不得不按照讯问或者询问人的要求陈述。

上述两类刑讯逼供行为，是任何文明社会都唾弃和禁止的行为。近现代，各国通常将这种严重侵犯公民人身权利和民主权利的行为规定为犯罪，并予以必要的刑事处罚。联合国早就曾在《世界人权宣言》、《公民权利和政治权利国际公约》中明确规定，对任何人均不得加以酷刑或施以残忍的、不人道的或侮辱性的待遇或刑罚。1975 年，联合国大会又通过了《保护人人不受酷刑和其他残忍、不人道或有辱人格待遇或处罚宣言》。1984 年 12 月 10 日，联合国大会通过了《禁止酷刑和其他残忍、不人道或有辱人格的待遇或处罚公约》。该公约还明

---

* 本部分内容刊载于《法学杂志》2000 年第 3 期，收入本书时略有删改。

确要求每一个缔约国均应当采取有效的立法、行政或其他措施防止在其管辖的任何领土内出现酷刑的行为。由此可见，防止刑讯逼供是国际社会共同的任务。

在我国，早在民主主义革命时期，革命根据地实施的革命法制就十分明确地规定，在刑事诉讼中严禁刑讯逼供。毛泽东同志一贯要求办案人员必须坚持"实事求是，调查研究，重证据不轻信口供，证据口供都必须经过查对，反对逼供信，禁止肉刑"的原则。新中国成立后，制定的第一部刑法就将刑讯逼供纳入犯罪范畴。1996年修订后的刑法进一步强化了对刑讯逼供犯罪行为的打击。

（二）导致刑讯逼供的主要原因

当我们认真思考刑讯逼供的原因时，可以看到其中最主要的如下：

1. 主观唯心主义作怪。在现实社会生活中，由于种种条件的制约和影响，主观唯心主义不同程度地存在于人们的头脑中。在刑事诉讼中，具体办案的侦查人员、检察人员和审判人员也不例外。因而，对于有些案件情况的认识和推定在一定程度上违反科学、不合逻辑，甚至出现捕风捉影，产生先入为主问题，由此造成误断、错判。当办案人员在收集不到其他证据可供查明案件真相的时候，往往凭着个人的认识和判断要求犯罪嫌疑人或者被告人作出符合自己判断的供述。当其不能如愿以偿的时候，就会认为犯罪嫌疑人、被告人"不老实"，并容易不由自主地进行程度不同的刑讯逼供。

2. 办案急功近利思想作祟。在我国，刑事诉讼的任何阶段都有法定诉讼期限要求。如果承办的案件案情复杂，由于种种原因又难以收集到结案所必须具有的确实证据，甚至连破案的任何线索也难以找到的时候，办案人员为了打开僵局，就决定走"捷径",采取刑讯逼供这一非法手段。

3. 有罪推定残余思想作怪。有的司法人员并没有清楚地认识到打击犯罪本身是指打击真正的犯罪活动和惩治真正的犯罪分子,而不是使无辜者蒙受冤枉。他们总是在"无风不起浪"和"宁可信其有、不可信其无"的思想支配下进行刑事诉讼。这主要反映在对案件的调查和侦查过程中,往往将关注的重点放在对犯罪嫌疑人、被告人有罪的定盘星上,一旦犯罪嫌疑人或者被告人的陈述不符合司法人员的认识时,刑讯逼供随之而来。

4. 缺少应有的职业道德。有极少数司法人员的职业道德水平低下,他们在办案过程中,为了私利(如个人报复、取得非法经济利益等)往往需要制造假案、冤案,刑讯逼供则是其中重要的手段。

5. 业务素质没有完全达标。由于客观上我国需要大量法律人才,但高等法律院校培养法律人才的力量有限等多种原因的制约和限制,我国司法人员十分缺乏。非法律专业人员大量进入司法机关后,没有得到必要的业务培训。因此,司法队伍中有些人员缺少必要的法律知识,在依法破案或者结案遇到难以解决的问题时,容易采取刑讯逼供的方法摆脱困境。实际上,这是极少数司法人员办案无能的结果。

6. 现代侦查技术手段不够完备,在某种程度上,侦查中的刑讯逼供难以完全防止。

7. 刑事证据的立法不完善。到目前为止,我国关于刑事证据法则的规定,尚存在以下易导致刑讯逼供的两项重要空白:

(1)对于违法收集的言词证据,刑事诉讼法没有确立排除原则。虽然最高人民法院作出的《关于执行〈中华人民共和国刑事诉讼法〉若干问题的解释》明确规定,凡经查证确实属于采用刑讯逼供或者威胁、引诱、欺骗等非法的方法取得的证人证言、被害人的陈述、被告人供述，不能作为定案的根据。但是，它没有被作为一项采证原则规定于刑事诉讼法中。在客观上，无形中仍然为那些缺乏职业道德、业务素质差以及存在形形色色影响公正执法思想的人进行刑讯逼供开了一道门缝。因此，法律还不能杜绝刑讯逼供的发生。

（2）刑事诉讼法没有界定同案犯罪嫌疑人、被告人供述的属性。在共同犯罪案件中，不同的犯罪嫌疑人、被告人的供述能否相互作为证人证言并据此定案，这在我国刑事诉讼法中并没有明确规定，法学理论界对这一问题也一直存在不同的认识，在刑事司法实践中的做法也有不同。对共犯的供述性质不明确，使得刑讯逼供能够在刑事诉讼中得以滋生。

8. 刑事审判公开程度不够。这突出反映在案件的第二审是以不开庭方式审结，这在相当大的程度上，使被告人的辩护权不能得到充分的行使，庭审在一定程度上处于暗箱操作，削弱了第二审审判活动的法律监督。

（三）防止刑讯逼供可采取的措施

鉴于我国目前存在的上述导致刑讯逼供的原因，为此今后有必要采取以下防止刑讯逼供的措施：

1. 刑事立法补漏，即对刑事诉讼法作以下三点修改补充：（1）确立排除刑讯逼供获得的言词证据效力原则；（2）确立刑事案件的第二审，除了法定不宜公开审理的案件外，应当如同公诉案件的第一审，一律实行公开审判原则；（3）确立共同犯罪案件，仅有同案不同犯罪嫌疑人、被告人的供述，而没有其他证据的情况下，同案不同犯罪嫌疑人、被告人的供述和辩解，不能相互作为证人证言使用，不能认定被告人有罪和处以刑罚的原则。

2. 严把司法队伍的入口关,严格实行职业道德和业务考核制度,坚持宁缺勿滥的原则。

3. 进一步为司法人员提供查明犯罪所需要的物质条件和先进技术设备。这包括提供充足的办案经费、快捷的交通工具和通信工具以及中等偏高的生活条件。

4. 强化侦查监督和对刑讯逼供司法人员的惩罚。具体而言,我国刑事诉讼法有必要补充确立如下制度:

(1) 对于一般刑事案件,应当允许犯罪嫌疑人聘请律师参与刑事诉讼的立案阶段。对犯罪嫌疑人是未成年人和聋、哑、盲人的,侦查机关必须为其指派具有法律援助义务的律师提供法律帮助。侦查人员在讯问犯罪嫌疑人时,允许其律师在场。这样有利于促进司法人员依法讯问。

(2) 确立凡犯罪嫌疑人对讯问人提出刑讯逼供指控的案件,一律实行由人民检察院通知侦查机关负责人另行指派办案人员承办的制度。

(3) 我国刑事诉讼法应当适当扩大查处司法人员刑讯逼供的力度,对于指控刑讯逼供的案件确立先行查办的制度。

十、杜绝刑讯逼供必须具备三个要素 *

实践中,我国司法界,尤其是侦查机关的办案人员在刑事诉讼中时有刑讯逼供的现象发生。尽管这是少数人所为,但它在人民群众中产生了极大的负面影响。因此,学术界、司法界都在研究如何才能遏制刑讯逼供的问题。大多数学者都是从制度上来研究,期望用一种好的制度来阻止刑讯逼供。笔者认为,要杜绝刑讯逼供必须同时存在三个要素,即:办案人员必须达到一定素质要求,完善的诉讼制度,先进的硬件设备。

---

* 本部分内容刊载于《检察日报》2004 年 8 月 11 日。

（一）办案人员的素质决定一切

公、检、法三机关办案人员的基本素质的保证和不断提高，是实现司法公正和提高办案效率最重要的因素。

1. 职业道德素质。司法人员的职业道德，具体地说，就是要秉公执法。笔者认为，它的含义可以表现在以下三个方面：

（1）秉公执法的前提，就是办案人员自己守法。因此，办案人员必须严格按照法定诉讼程序要求办案，使当事人在诉讼中有一种公平的感觉和保障。

（2）办案人员在心中时刻装着人民的利益。同犯罪作斗争的特殊性就在于如何正确认识"依法治国"的问题，不能把法律同人民的利益对立起来。总的来说，已有的法律规定是体现人民利益的需要的，如果能够从立法精神和立法原意出发履行职责，就能够把法、情、理统一起来，对于犯罪嫌疑人、被告人是否有罪，就能够认真从其可能有罪和可能无罪两个方面努力求证，从而得出正确结论。

（3）有错必纠。"不纠"行为的危害性不亚于"错判"行为，实际上它是又一次"错判"。所以，衡量一个办案人员的职业道德素质，不仅要看他是否能公正地处理各种案件，还要看他如何正确对待办案过程中发生的错误。只有做到能够及时纠正发现的差错，才能证明其是真正尽职尽责。

2. 政治素质。政治是引导我们前进的方向，笔者所说的政治是马克思主义的政治，是建设中国特色社会主义的政治。这样的政治包括政治立场、政治观点、政治纪律、政治鉴别力、政治敏锐性。为了要达到这一点，办案人员在处理任何案件时，都必须坚持以马克思列宁主义、毛泽东思想、邓小平理论和"三个代表"重要思想为指针。

3. 业务素质。作为一名办案人员，尽管他的道德素质很高尚，政治素质也很强，但这些素质只是每个办案人员必须具备的基础素质。这些只是使每个办案人员在完成自己的工作时有了明确的方向，还不能涉及工作的实质。如果一个办案人员不具有能服务于人民的业务素质，不通晓应有的业务知识，其工作最终只能导致两种结果——或是束手无策，贻误工作；或是凭主观臆断，以致事与愿违——因此，职业道德素质和政治素质替代不了办案人员的业务素质。

准确地查明案件事实，必须依靠确实可靠、充分的证据。因此，对于证据的收集、判断和使用也必须坚持实事求是的原则。但是，无论是收集证据，还是判断和使用证据，都是一件极其复杂的工作。收集证据应当全面客观，既不能凭主观想象、推测，更不能捕风捉影，将道听途说不确实的情况作为证据收集。同时必须采用合法手段和程序收集证据。判断和使用证据更是一件复杂的工作，办案人员应当更多地依靠口供以外的其他证据定案，而且必须对证据资料进行核实，判断其真伪，确定其真实可靠后才能使用。

4. 心理素质。对于一个合格的办案人员来说，最重要的是使自己时刻保持客观的心态，这种素质是其角色所决定的。他们的一切行为乃至对是非的判断都牵涉国家、社会、人民的根本利益。在培养这种素质的过程中必须克服几个阻碍其成长的致命弱点：（1）先入为主；（2）急功近利；（3）官官相护。为了求得客观真实，还必须辅之以谦虚谨慎的思想品质，同时应当具备坚忍不拔的精神。如果我们的办案人员具备了上述应有的素质，我国刑事法律的实事求是的精神，有关重证据、不轻信口供、严禁刑讯逼供等法律条款就会彰显出巨大的法力和夺目光彩。这些法律就会真正成为人民利益的保护神。因此，笔者认为，办案人员的素质决定一切。

（二）完善的制度必不可少

在铲除刑讯逼供顽症方面，尽管办案人员的素质是决定因素，但不能说制度建设不重要。从我国刑事诉讼法确立的证据制度看，虽然规定了严禁刑讯逼供和以威胁、引诱、欺骗以及其他非法的方法收集证据，但却没有规定以非法方法取得的证据是否具有证据效力。虽然最高人民法院在《关于执行〈中华人民共和国刑事诉讼法〉若干问题的解释》中已经明确指出，凡经查证确实属于采用刑讯逼供或者威胁、引诱、欺骗等非法的方法取得的证人证言、被害人的陈述、被告人供述，不能作为定案的根据。但是，它尚未被作为一项采证原则规定于刑事诉讼法中，使其运用于刑事诉讼的各个阶段。况且，该解释对于非法取得的非言词证据是否具有证据效力也没有明确。

不可否认，对于非法收集的证据是否具有证据效力问题，至今在理论界和实务界都还有不同的认识，大致有三种观点：完全排除效力说、不排除效力说、例外不排除说。然而，笔者认同最高人民法院关于言词证据的解释，应采纳排除效力说。这种主张和做法更符合司法文明的发展以及民主与法制的发展要求，于国于民最为有益、最为可取，这是由以下几个方面因素决定的：违法收集刑事证据是违反国家宪法的行为；违法取得的证据被赋予证据效力是造成冤错案件的直接祸根之一；认可违法取得的证据具有证据效力与我国实行社会主义民主与社会主义法制相悖。但是，我们确实也看到，对违法取得的证据查证属实并对定案起决定性作用的证据采取排除原则，其结果是在某些情况下，确实有可能使真正的犯罪分子"光明正大"地逃脱法律的制裁，从而逍遥法外，甚至有时因此给国家造成新的危害。

那么，应当如何弥补这一排除原则可能带来的这种不足呢？笔者认为，可以在刑事诉讼法中规定以下补救措施，即对于侵犯刑事被告人及其他诉讼参与人的合法权利使其受到肉体和精神痛苦而作的有可能是真实的陈述，司法机关应当另行指派该案的承办人员，并由新任案件承办人依法重新收集证据，重新收集的证据的内容与原违法收集的证据内容相同，也具有证据效力；与原违法收集的证据内容有出入的，应将合法收集的证据纳入具有证据效力范围，其经查证属实的，作为定案事实根据。与此同时，办案人员在收集证据过程中，应当切忌将注意力只是放在收集言词证据，而轻视甚至忽视对其他证据的收集。需要立法机关特别重视的是，应当尽快对于非法收集的言词证据和非言词证据的证据效力问题作出规定，以便办案人员更好地把握收集证据的行为。

（三）必须强化硬件设备

随着科学技术的不断发展和进步，各种犯罪也随之出现了新的特点，犯罪手段更加难以及时察觉，这必然会给侦查人员、检察人员和审判人员增加发现犯罪证据、及时保全犯罪证据的难度。司法实践证明，司法机关和办案人员没有先进的通信、鉴定设备和先进的交通工具等现代科学技术手段和装备，很难优异地完成刑事诉讼法规定的任务。因此，国家有必要增加这方面的资金投入，使各办案机关提高及时收集证据的能力，以便在同犯罪斗争中处于主动地位。同时，国家也应当不断强化对侦查人员侦查技术的培训，不断提高其侦查水平。

十一、证人证言运用中的若干问题*

众所周知，在刑事诉讼活动中，证人证言是最常用的，也

---

* 本部分内容摘自姜伟主编：《刑事司法指南》（2005 年第 1 集），法律出版社 2005 年版。

是历史上最早使用的证据形式之一。在证据体系中，证人证言占有重要的地位。在司法实践中几乎没有一个刑事案件的查明可以撇开证人证言。它不仅是揭露犯罪、证实犯罪的重要手段，也是核实已经查明的其他证据并使之更加确切的有效手段。但是，并非任何人都具有证人资格，具有证人资格的人对待证案件事实所作的证明也并非都完全真实，并非都可以作为法院定案的证据使用，也还有不完全真实或者完全不真实甚至伪证的情况存在。实践证明，不真实的、虚假的证言危害很大，给案件的审理工作造成许多困难，甚至造成放纵犯罪或者冤枉好人的恶果。由于证人证言是证人提供的，因此，要想切实防止虚假证言造成危害，充分发挥真实证言的重要作用，无论是公安机关、检察机关或者是人民法院在办案过程中，均需要对证人证言的特点或者说其本质特性有充分的认识，必须进行慎重的、全面的审查，否则，极可能导致冤错案件发生。在刑事诉讼中，检察机关肩负着公诉职能，因此，把握好证人证言的收集和审查环节，对于保障诉讼的顺利进行，保障司法公正的实现，具有特别重要的意义。

（一）准确把握证人的范围

在刑事诉讼过程中，当证人证言成为检察机关决定对犯罪嫌疑人是否起诉的重要根据时，审查起诉阶段检察机关能否充分认识证人证言的特性和把握住其特性尤其重要。这就在于，证人同辩护人、翻译人员和鉴定人不同，其具有不可替代的特点，即他是了解案情的第三者，不能由司法机关随意指定或者更换。因此，证人有一定的范围。这个范围是由案件事实本身决定的，不能任意扩大或缩小。但是，实践中，侦查人员有时为了不遗漏证据，而不适当地扩大了证人范围，结果不仅增加了不必要的工作量，延误了办案时间，而且把案情搞乱了；有时单纯追求办案速度，又不适当地缩小了证人范围，致使应当收集的证人证言没有收集，结果造成因证据不足难以结案。实践证明，正确地确定证人范围，是及时、充分地取得真实证言的前提。我国刑事诉讼法第48条规定："凡是知道案件情况的人，都有作证的义务。""生理上、精神上有缺陷或者年幼，不能辨别是非、不能正确表达的人，不能作证人。"这就是说，只要能分辨是非、有正确表达能力，而且又是了解案件情况的人，不论他的性别、年龄、民族、职业、文化程度、财产状况如何，也不论他与案件当事人或者案件有无利害关系，都可以作为证人。即使在下列几种特殊情况下，检察机关也不能简单地一律否认他们的证言，而应当具体分析，以保证了解案件情况的人提供证言，从而保障诉讼的顺利进行。

1. 对于生理上或精神上有缺陷的人，需要把握一点：只有在其因为这种缺陷而不能正确理解和表达时，才不能作为证人。例如，聋人不能证明他听到什么，但可以证明他看到过什么。盲人不能证明他看到过什么，但能够证明他听到什么。又如患精神病的人，当他在精神病发作期间，因失去正常理智，当然不能作为证人，但当他在精神病间歇阶段，神志清醒，有正确表达能力时，是可以作为证人的。

2. 对于未成年人，虽然我国没有在刑事法律上规定可以作为证人的具体年龄，且未成年人对某些事物的理解能力和表达能力在很大程度上受到年龄、经历、文化水平以及个人特点等因素的影响，但只要他确实能够分辨是非，能够正确表达所了解的事实，就可以作为证人。未成年人所了解的某些简单的客观事实，有时对于查明案件真相却是很重要的。例如，他在某种情况下看见了什么。只要他们知情，不能一概认为未成年人提供的情况都不可靠，统统将他们排除在证人范围之外。事实上，在有些情况下，正是由于未成年人提供了真实证言，才使案件真相顺利查清。

3. 被告人能否作为证人？有一种意见认为，被告人与案件处理的最终结果有最直接的利害关系，他必然要为自己开脱罪责，不可能如实提供案件情况，因而被告人不能作证人。笔者认为，这个问题应当取决于被告人所了解的案件事实，是否与控告他的事实有关。如果被告人所了解的有关案件情况与控告他的案件事实无关，他完全可以作为其他案件的证人。因为被告人所提供的证明对象不是控告他的事实，他所证明的另一案件处理的结果同他没有直接利害关系。还有一种观点认为，在同一案件中共犯被告人对于同一事实可以互为证人。笔者认为，案件审理的结果，直接关系着每个被控告人的切身利益，各自提供的情况都与本人有关，因此，每个被告人所提供的事实，仍然只能称之为供述和辩解，而不能称为证人证言。

4. 在诉讼中承担诉讼职能的人，如侦查人员、检察人员、审判人员、书记员、鉴定人以及翻译人员等能否作为证人？关键要看他履行证人的义务时，是否与本身的诉讼职能发生矛盾。如果他们是由于履行本身诉讼职能而了解案件情况的，就不能作为证人。如果他了解的与案件有关的情况，是在与履行本身诉讼职能无关的情况下获得的，他是应当作证的，但不能同时承担本案的诉讼职能。这样做是保证案件得到正确处理所必须的。

（二）询问证人的方法和程序

在正确确定证人范围的前提下，确保收集证人证言的方法和适用的程序的正确合法，就成为非常重要的问题。这是因为收集证据的方法和程序是否正确合法，直接影响证人证言的真实可靠程度。

询问证人是取得证人证言的基本手段。在询问证人过程中，必须遵循法律规定的诉讼程序。在询问证人前，应当全面、客观、充分地研究案件的具体情况，确定询问的方法和策略，询问证人时，通常应当注意以下几点：

1. 询问证人应当单独进行。实践中，为了查清某一事实，常常需要几个，甚至几十个证人的证明。为了防止这些证人相互影响，并避免证人受到某些与案件有利害关系的人的压力和暗示，无疑应当在询问前、询问中，避免其相互接触，并根据案情需要确定询问次序，进行单独询问，不能采用开座谈会或集体询问的方式。否则，其可靠性就会大打折扣。

2. 询问地点应当适当。确定询问证人的地点，除法庭调查时外，应当尽可能考虑使证人的学习或工作不受影响。一般来说在侦查阶段，侦查人员、检察人员应当持司法机关的证明，到证人的住处或者学习、工作的单位进行询问。必要时，也可以用传票通知证人在指定的时间内到指定的司法机关接受询问。

3. 询问证人的时间应当适当。询问证人的时间，应当尽可能有助于给证人创造提供真实证言的良好环境和气氛，防止直接或间接地给证人造成不必要的精神压力。如果不是遇到拖延时间有可能失去重要证据，或者发生新的犯罪等紧急情况，不要在夜间进行询问。如果询问的时间不够适当，也会影响证言的真实程度。

4. 询问证人时应当确保证人享有法定诉讼权利。通常，证人并不知晓自己具有哪些诉讼权利和应当履行哪些法定诉讼义务，因此，询问人员应当首先告诉证人依法享有的诉讼权利和应当履行的义务，并严肃指出故意歪曲事实、作伪证要负法律责任，以使证人既能认真考虑，又能正确对待自己的陈述。

5. 对于证人出庭作证，在法庭调查阶段询问证人，仍要慎重地确定其出庭的次序和时间，不能因为之前询问过，而忽视证人有可能在法庭调查时受其他情况影响。因此，既不需要让证人在出庭作证之前出席法庭，也不应让几个未出庭作过证的证人同时出庭提供证言。

6. 询问证人的方式方法，应当从心理学方面予以必要的考虑。连续询问证人，应当考虑到有助于使受询问人更完善、客观地叙述所知道的一切的有关情况。例如，应当告诉被询问的证人为什么被传唤，应当建议证人从其自己了解的情况谈起。一般不要轻易打断证人的陈述，应当等他自由叙述后，再提出便于证人进一步详细、具体陈述的问题，以补充陈述、核实某些情况。

7. 询问证人，应当使用证人容易理解的语言文字和表达方法。这包括应当尽可能使用符合证人的文化水平的、证人容易理解的语言文字和表达方法，应当尽力避免证人因为没有听懂或者不理解询问的内容，而不能提供真实证言的情况。

8. 收集未成年人的证言，应当特别考虑到未成年人的特点。这包括使用其容易理解的语言文字和表达方式，以及尽可能地在其习惯的环境，如家里或学校，有家长或者老师在场的情况下进行询问。必要时，应当请家长或者老师询问。这样在客观上有利于避免或者减轻造成紧张气氛，妨碍其如实提供证言。

9. 询问证人的全过程，不能掺杂某种或者某些暗示的因素。询问证人的方法，要有助于证人回忆起过去的有关事实，而绝对不能带有某种暗示，更不能把证人受暗示后作出的回答，作为已查明的事实，否则证言真实程度会大大降低。

10. 用出示物证、照片或者到现场询问的积极联想方法，帮助证人回忆起忘记的或者记不清的事实，应当在适宜的情况下进行，即在当时证人视觉正常或者是比较好的情况下进行。否则，同样会降低证言的真实程度。

11. 制作询问笔录或录音。不容忽视的是，询问证人时，必须将有助于查明案件的证言材料保存下来。这是进一步核实证言，以及其他已查明的证据是否真实的重要手段。依法取证人员可以采取做笔录或者录音的方法，如实记录证人的陈述，也可以由证人亲笔书写证言。

制作询问笔录，是取得证人证言的重要途径和方法。记录人在记录时应当力求反映证人陈述的真实情况，如用第一人称，使用证人自己使用的语言和表达方式，不随便增加、删减或改变。当然不是说一切不必要的重复和废话也要记。询问结束，应当将笔录念给证人听或交他亲自阅读，并允许被询问人修改或补充他认为有差错或遗漏的事实。在发现这种修改或补充有问题时，应当作补充询问。最后，证人及参加询问的人应当依法共同签名或盖章，以证明记录真实正确。

在必要时，可以用录音录制证人陈述。这也是当今许多国家侦查机关收集证人证言的一种方式。这样不仅可以完整、可靠地记录询问实况，而且可以补充笔录中不准确和遗漏的地方，发现陈述的变化。值得注意的是，不能为了录音而让证人多次重复陈述，录制后要当场播放，查对是否正确，并要在笔录中注明录制的时间、地点、参加人等有关情况。由于录音可以剪辑或删减内容，不如笔录可靠，因此这种方法只能是笔录的辅助手段。

（三）证人证言的审查判断

在收集到证人证言后，对其进行鉴别和审查判断是一项十分重要的工作。只有真实可靠的证言才具有证据意义和作用。

真实可靠的证人证言，是指证言所提供的事实必须符合客观实际。然而，证人总是会受到主客观等多方面因素的影响，从而使得证人证言的真实可靠程度不可避免地受到相应的影响。这样，审查鉴别收集到的每一个证言所包含的案件情况，就成为最终取得真实可靠证言的关键。对每一个证言的审查判断，应当从以下几个方面进行：

1. 审查证言的收集是否符合法律规定的程序。实践证明，任何违反法律规定的做法，都会影响证言的真实性和证据能力。因此，必须审查对证人是否采取过逼迫、诱骗等违法手段。如果确有此类问题，证言应当依法重新收集。

2. 查清证人是否受到其他证人、诉讼当事人以及与案件有关的人的暗示、指使、收买或恫吓。凡有此类问题，应当认真分析，反复查对，并考虑是否重新询问。

3. 调查证人证言的来源。证言的来源与其真实可靠程度关系很大。一般来说，证人亲眼所见、亲耳所闻的事实，较间接听到的事实要真实、可靠些。间接来源的事实情况，有可能因为证人无意识地歪曲了他人所说的情况的真实意义，或者做了某些夸大或缩小等。对于间接得知的证言，可以采取重复询问证人，或者用检查证人所提供的情况的来源的方法解决。

4. 审查证人与诉讼当事人及案件有无利害关系。证人证言直接或间接地、或多或少地关系着当事人的切身利益，甚至在有些情况下起着决定性作用。这就使得证人有可能因为与被告人或者与被害人有亲属等关系而隐瞒罪行、包庇被告人，或者夸大犯罪事实。还有的证人因担心提供真实证言而影响其自身利益，从而使得证言的可靠程度受到影响。因此，应当查清证人同各方面与案件有关的人的关系。

5. 综合证人个人情况进行分析。每一个证言无不受到证人个人主客观因素的影响。就证人的主观方面看，他的年龄、感觉器官的状况、文化程度、对事物的理解、记忆、表达能力、职业和意志上的特点以及在某种情况下行为的动机等，都不同程度地影响着他对案件事实的认识和陈述。又如记忆力，不仅与年龄有关，还与该人的记忆类型有关。而在上述因素影响下，留在记忆中的形象和印象还需要经过一定的思维过程才能通过语言文字表达出来。证人的表达能力就与其文化水平有密切联系。一般来说，年轻的、记忆力好的、文化水平高的人提供案件事实情况要较年老的、记忆力差的、文化程度低的证人提供的情况真实、可靠。同时，还必须注意证人了解案件情况时所处的客观环境等因素对证人感知案件事实的影响。如案发时的天气好坏、证人距离现场远近、光线强弱等。在审查判断时，要对上述客观因素进行综合分析、比较。如果证人个人情况与提供的事实有矛盾，应当找出原因并设法消除，再进一步核实。

对于未成年人证言的审查，更要注意前面所述的各种情况。因为未成年人对外界事物的认识能力，是与其年龄相应的。一般年龄越小，理解力越差，记住的事越少。特别是儿童，经常会因为新鲜事物的出现而忘记过去的印象，甚至会歪曲真相，无意识地说了并不存在的事，同时也容易接受暗示。所以，在审查未成年人证言时，更要仔细分析他对案件的态度、个人情况，甚至要审查他对查明的案件情况是否理解等，看其陈述是否符合情理。

6. 审查同一证人证言是否一致。包括查明证人同一次证言本身，以及前后几次就同一事实提供的证言是否有矛盾。同时，应当考虑制作证言笔录时，有无遗漏和歪曲。如侦查人员及书记员是否存在不理解证人使用的专门术语、行话或者某些意思，或者成见、夸大某种说法等情况，使得笔录不能完全符合证人陈述的实际事实。如果有录音，可以播放，以核对笔录，找出产生矛盾的原因，并在排除矛盾后再行分析。

7. 比较不同证人就同一案件中的同一事实提供的证言是否一致。对于不同证人的证言，除了分析审查各自形成的具体情况外，还要对这些证言进行比较，看它们是否相互补充同一案件事实，如果是相互补充说明，其可靠程度就大些。否则，必须查明相互矛盾的原因，排除矛盾后，再进一步比较分析。

8. 证言必须同其他形式的证据相互印证。绝大多数案件发生后，总可以收集到不同种类的证据，除了证人证言外，还有物证、被告人供述和辩解等证据。所有的证据，都从不同方面反映着案件的事实情况，只有将它们进行综合分析，才能通过相互印证，确定其真实可靠性。特别是在法庭审理时，要使各种证据在法庭上公开（对于涉及国家机密的应当注意保密），使它们相互交锋，证人必须要经过公诉人、被害人和被告人、辩护人双方询问、质证，在听取各方面证人证言和认真核对后，真实证言才能作为定案的根据。同时，还应当考虑到证人由于早已参加诉讼，所了解的情况会大大超过自己最初所知的范围，因而有可能使他对被告人产生憎恨或同情，影响其证言。

综上所述，笔者认为，实践中存在不客观、不真实的证言，并不奇怪，也不可怕。虽然取得真实证言是一项十分复杂而细致的工作，但只要在诉讼过程中，特别是在审查起诉过程中，坚持严肃认真、实事求是的工作作风，运用多种方法，将前面所谈的环节有机地结合起来，并对证人证言进行由此及彼、由表及里、去粗取精、去伪存真的分析研究，就一定能取得真实可靠的、能够作为定案依据的证人证言。

十二、被害人刑事诉讼权利及其保障问题研究 *

考察当今世界不同国家，虽然政治制度、文化传统、经济发展水平以及法律渊源等许多方面不尽相同，但各国的刑事被害人都是指因犯罪行为而在精神上、身体上或财产上受到损害的人。

在刑事诉讼中，被害人具有怎样的诉讼权利及其保障才能切实维护其合法权益问题，是各国保护人权问题中的一个重要内容。在国际范围内，早在 20 世纪 40 年代，德国犯罪学家汉斯·封·亨蒂希就曾十分关注被害人的人权。根据他的观点，在刑事诉讼中不再只是涉及作案人的人权，而最根本最重要的是涉及被害人的人权。第二次世界大战结束后，由于这次世界大战引起的社会大变动和反人道主义的种种暴行，使西方许多学者、思想家以及政策的决策人十分关注被害人，并在不少国家先后开展了被害人学的研究。特别是近二三十年，一些国家在不断研究和完善被害人刑事诉讼权利及其保障的立法，增强对被害人合法权益保护的力度。如在国际上，就被害人问题的研究方面，先后于 1973 年、1975 年、1976 年、1979 年、1980 年、1984 年、1985 年，多次召开国际研讨会。1975 年在意大利的贝拉焦举行的"受害者心理学国际讨论会"上，讨论了犯罪行为的被害人在刑事审判中的地位及处置等问题。1984 年在日本的东京和京都两地召开的"第四届受害者心理学国际讨论会"，重点研究的是刑事诉讼中，由于强调了受害者的权利，原先很难对付的作案人的权利受到了相应的限制问题。在 1985 年"第五届受害者心理学国际讨论会"上，对老人、外国人、旅游者的受害以及被害者在刑法和刑事诉讼中的法律问题进行

---

* 本部分内容刊载于《广西检察》1996 年第 1 期。

了讨论。在保护被害人利益方面，一些国家采取颁布被害人赔偿法，以及采取其他相应措施解决被害人损失赔偿问题。如早在1963年新西兰就颁布了这种法律。此后，英国、美国、加拿大、德国、奥地利、法国等许多国家颁布了有关法律，使犯罪行为的被害者所受到的损害在一定程度上得到赔偿。在加强对被害人合法权益的维护上，许多国家在不断地具体修改、补充着刑事诉讼法。可以说，这已成为一种世界趋势。

那么，我国是否有必要在现有的基础上，通过进一步完善被害人刑事诉讼权利及其保障来加强对被害人的保护呢？如果有必要，该如何加强这种保护？下文拟对这两个问题作些探讨。

（一）加强被害人刑事诉讼权利及其保障的必要性

被害人是犯罪行为的受害者。要维护被害人的合法权益，无疑需要有效地打击犯罪，同犯罪作斗争。国家同犯罪作斗争的重要手段之一是追诉犯罪。因此，一个国家采取怎样的追诉原则是一个十分重要的问题。在世界范围内，追诉犯罪有两种追诉原则：（1）国家追诉主义原则，由检察机关代表国家行使起诉权，代表国家和社会公众利益追诉犯罪；（2）私人追诉主义原则，由被害人及其他法定个人追诉犯罪，仅代表被害人利益。有些国家单独采用国家追诉主义原则追诉犯罪，如法国、美国、日本、韩国等；又有些国家既采用国家追诉主义原则，又采用私人追诉主义原则，如英国、德国、俄罗斯、蒙古等国家。我国属于后一种类型。

我国在保护被害人人权方面，对于刑事犯罪案件兼采国家追诉主义原则和私人追诉主义原则。这于1949年10月1日中华人民共和国成立后就开始了。经过多年的司法实践，在总结原有经验的基础上参考了其他国家的经验，这种追诉犯罪原则于 1979 年颁布的中华人民共和国刑事诉讼法中确立。根据该法及其他有关法律规定，对于刑法规定告诉才处理的以及其他轻微的、不需要采用侦查手段的犯罪，实行私人追诉主义原则。对于危害社会公众利益、国家利益，需要采用侦查手段的犯罪案件，实行国家追诉主义原则。在采用私人追诉主义原则追诉犯罪的刑事诉讼中，被害人是自诉人、刑事诉讼的启动者、一方当事人，与被告人居于对等的诉讼地位，享有同等的刑事诉讼权利。这种刑事诉讼，能够实现被害人与被告人在维护各自合法权益上的平衡。而在采用国家追诉主义原则的刑事诉讼中，对被告人的起诉权由检察机关独享，被害人具有当事人的某些特征，但不是一方当事人，而是诉讼参与人。从我国现行刑事法律规定看，虽然被告人的刑事诉讼权利及其保障尚有待进一步完善，但被害人享有的诉讼权利及其保障与被告人相比，仍显不足。我国在完善被告人刑事诉讼权利及其保障的同时，进一步完善被害人刑事诉讼权利及其保障，应当提到国家议事日程。主要理由有以下几点：

1. 这是维护国家宪法尊严和权威的需要。我国的宪法是体现广大人民意志、代表广大人民利益的社会主义性质的国家根本法。它赋予公民人身权利、财产权以及其他各项民主权利，不允许任何非法行为的侵害。因此，任何犯罪行为对被害人的侵害都是对宪法的破坏。刑事诉讼法是宪法用以实现保护公民合法权益不受犯罪行为侵犯的重要手段。所以，它必须赋予被害人充分的刑事诉讼权利并给以必要保障。否则，宪法赋予公民权利和保护公民合法权益就会变成一纸空文。不仅会使宪法应有的尊严和权威受到很大损害，而且会使政府在民众心目中应有的地位和威信下降。因此，从根本上看，被害人的刑事诉讼权利及其保障如何，与对宪法尊严和权威维护得如何直接相关。

2. 这是保证实现刑事诉讼公正的需要。刑事诉讼公正，是指在刑事诉讼从始至终的运作中，被害人与被告人在维护各自合法权益上都有充分的诉讼权利和行使这些权利的必要保障；诉讼的结果使真正的犯罪分子受到应有的法律制裁，无辜者不受刑事追究，被害人因犯罪行为而受到的损害得到应得的赔偿。

在我国，国家同严重的犯罪作斗争实行由检察机关代表国家追诉。这种专门追诉，可以有力地克服私人追诉犯罪在人力、物力等方面遇到的许多难以解决的困难，可以较好地防止被害人因个人情感受恩怨、威胁或恐吓等诸种主客观因素制约而妨碍对犯罪追诉的弊端。但是，在刑事诉讼过程中，检察机关追诉犯罪的出发点和归宿点是国家利益和社会利益的需要，而不是被害人个人具体利益的需要。人民检察院对审判活动所实行的法律监督，则是根据维护国家法律统一、正确实施的需要，而不是只考虑被害人个人利益和要求。由于被告人在刑事诉讼中处于被动地位，特别是已被限制人身自由的被告人的处境不利，国家为防止冤错案件发生，而在立法上较多地注意赋予被告人维护其合法权益的诉讼权利及保障，没有同时注意给被害人以足够的维护其合法利益需要的诉讼权利和保障。在实际上，被害人是社会受到犯罪行为危害的具体承担者，不同的受害人所承担的这种损害也不完全相同。因此，尽管检察机关在刑事诉讼中对犯罪的追诉和对国家、社会利益的维护方面，在总体上包括了对被害人合法权益的维护，但却难以做到在任何情况下都完全反映并代表每个被害人的具体要求和具体利益。刑事诉讼中，被害人因直接了解部分或全部案件真实情况，其陈述经查证属实可以作为证据，但他并不同于任何证人。案件的处理结果，不仅与被告人切身利益直接相关，也与被害人的切身利益直接相关，这就决定了检察机关在刑事诉讼中，不应当完全取代被害人的刑事诉讼活动。如果国家在不断完善和强化被告人的刑事诉讼权利及其保障的同时，忽视或轻视了不断完善和强化被害人的刑事诉讼权利及其保障，就会导致刑事诉讼偏离正确轨道，难以实行诉讼公平，甚至与刑事诉讼的宗旨相悖。

3. 这是国内外客观形势发展的需要。在我国，关于被害人刑事诉讼权利及其保障的法律，已颁布、实施了 15 年之久。立法之际，正值"文化大革命"结束不久。以往的立法中，法学理论界和立法机关更多关注的是被告人刑事诉讼权利及其保障问题。

（1）这是肃清旧刑事司法思想残余影响的要求。旧中国有 2000 多年的封建专制制度统治史，在其末期又处于半封建半殖民地社会，广大劳动人民和革命者始终是反动统治阶级镇压的对象。每当阶级矛盾尖锐时，统治阶级更广泛、更猖獗地推行"有罪推定"原则，被告人完全处于被动地位，致使许多人蒙冤。新中国成立后，推翻了压在中国人民头上的"三座大山"，彻底废除了伪法统治，实行社会主义性质的法制。但是，封建司法思想残余不可能一下子根除，需要不断注意消除其在司法中的影响。另外，党内"左"的思想影响也需要警惕。为了防止司法实践中伤害无辜，党和国家以及理论界比较重视被告人刑事诉讼权利及其保障。

（2）这是"文化大革命"的沉痛教训。为时 10 年之久的"文化大革命"期间，"左"的思想极大地膨胀，"有罪推定"泛滥，使原本还很不健全的法制受到严重破坏，许多革命干部和群众蒙受不白之冤。"文化大革命"之后，国家为了纠正冤假错案，花费了大量的人力和物力。这一沉痛的教训，使得对被告人刑事诉讼权利及其保障问题摆到了国家的重要议事日程，从而使得我国在制定刑事诉讼法时，对被告人的刑事诉讼权利及其保障问题给予了更多的关注。

十几年来，法学理论界对于如何完善被告人刑事诉讼权利及其保障问题，进行了广泛深入的研究，并提出了不少完善这方面问题的建议。立法机关和司法机关也在努力加强对被告人合法权益的保护。如 1993 年 8 月最高人民检察院作出决定，对于贪污、受贿案件免予起诉时，各级人民检察院执行刑事诉讼法第 26 条的规定。这样，被告人此前只能在被提起公诉后行使的辩护权，也可以在免予起诉阶段行使，从而大大加强了被告人自我保护的力度。又如，1994 年 5 月 12 日第八届全国人大常委会通过的国家赔偿法规定，因没有犯罪事实或没有事实证明有犯罪重大嫌疑的人被错误拘留的或者没有犯罪事实而被错误逮捕的等法定情形的人，都享有取得赔偿的权利。

但是，关于被害人诉讼权利及其保障问题却没有引起理论界及有关部门的足够重视。随着改革开放的深入，刑事犯罪也有了新的变化。这表现在犯罪数量有所增加，犯罪造成的危害比以往更严重了，被害人受到的损害很难得到赔偿。这种情况的出现，原因是多方面的，其中一个重要原因是被害人的诉讼权利不够充分和缺乏有力的保障。例如，依照刑事诉讼法的规定，被害人由于被告人的犯罪行为而遭受物质损失的，在刑事诉讼过程中有权提起附带民事诉讼。但是，如果被害人因犯罪行为的损害而死亡的，该如何解决，法律未作出规定。又如，人民法院决定对人民检察院提起公诉的案件开庭审判，关于开庭的时间、地点和应当通知的人员范围，却不包括被害人；被害人可以参加法庭辩论，却无权得到判决书副本；第一审判决发生错误，被害人却无权上诉，等等。这种状况不改变，在刑事诉讼中，就会导致被害人及其亲属甚至社会公众的心理不平衡，司法机关不仅难以调动被害人及其他人与其合作的积极性和主动性，而且即使司法机关作出的决定、判决、裁定是公正的，也会被怀疑。上述种种不足，不符合国家加强社会主义民主和社会主义法制的要求，不符合维护现代化建设发展的要求。

在国际上，我国是国际大家庭中的重要成员之一。为了推动我国经济、文化、科学技术等方面的不断发展，推动人类社会不断向新的文明进步的方向发展，我国有必要加强国际友好合作，进行各方面的沟通，根据我国发展的实际需要，去学习、吸收其他国家有益的经验。在这方面，我国已经取得了很好的成效。在通过加强被害人刑事诉讼权利及其保障更好地实现被害人权利保护方面，也不例外。需要根据我国实际需要实现必要的国际接轨。这是因为 20 世纪中叶以来，特别是 70 年代以来，越来越多的国家已在保护被害人权利方面取得了许多有益的经验。

综上所述，被害人具有的刑事诉讼权利及其保障如何，不仅是国家刑事诉讼法完善程度的体现，也是国家宪法保护人民利益能力的体现。客观事实说明，任何一个国家的法，只有不断完善才能适应客观形势发展的需要。所以，我国在不断完善被告人刑事诉讼权利及其保障的同时，也必须进一步完善被害人刑事诉讼权利及其保障的法律。

（二）完善被害人权利及其保障的原则和内容

完善被害人刑事诉讼权利及其保障，是完善社会主义民主和社会主义法制的一个重要方面，要做好这项工作，需要做到几个"明了"：明了我国刑事诉讼法对被害人诉讼权利及其保障情况；明了客观发展形势实际需要；明了国际范围内在这方面的立法和司法发展情况。在此基础上，对此问题进行全方位的中外比较、分析之后，才能正确确定进行这项工作需要坚持的基本原则和需要完善的内容。

根据我国实际情况，要做到切实保护被害人的权利，须做好以下三个方面的工作：（1）完善现行刑事诉讼法，使被害人刑事诉讼权利及其保障完善的程度，体现在刑事诉讼的每一诉讼阶段中，并形成一个相互补充、密切联系的科学网络；（2）制定并颁布保障被害人因犯罪行为所受到的损害得到必要赔偿的法律；（3）建立专门从事被害人问题研究的机构。

1. 笔者认为，实现刑事诉讼中被害人诉讼权利的完善化和科学化，需要坚持以下几项原则：

（1）赋予并保证被害人在刑事诉讼中得以提出应有的诉讼请求权。这是国家保障被害人的合法权益有可能得到维护的基本条件和首要保证。

（2）赋予并保证被害人在刑事诉讼中得以弥补检察机关维护其正当权益不足的权利。这是国家保障被害人合法权益得到应有维护的辅助条件。

（3）赋予并保证被害人得以防御司法人员办案不公正的权利。这是国家保障被害人得以排除诉讼障碍的必要条件。

（4）赋予并保证被害人得以知晓诉讼结果的信息权。这是国家保障被害人得以及时参与必要的诉讼，促使司法机关公正处理的先决条件。

（5）赋予并保证被害人在刑事诉讼中因犯罪行为而遭受的损害得到赔偿的权利。这是国家保障被害人具体合法权益有可能得到弥补的决定性条件。

2. 根据上述原则，我国关于被害人刑事诉讼权利及其保障的立法，需要包括以下相应的具体内容，主要有10项：

（1）对被害人这一专门的法律术语，作出明确的法律解释，以与自诉人相区别。

（2）明确限定享有被害人法定诉讼权利的人员范围，以便当被害人因犯罪行为的损害而死亡，或者是被害人为未成年人、无行为能力或限制行为能力者，也能确保其合法权利得到行使和维护。

对此，我国可确定：被害人由于犯罪行为的损害而死亡的，其近亲属（夫、妻、父、母、子、女、同胞兄弟姐妹）有权行使法律赋予被害人的一切诉讼权利。被害人是未成年人、无行为能力或限制行为能力者，其法定代理人（被代理人的父母、养父母、监护人和负有保护责任的机关、团体的代表）有权行使法律赋予被害人的一切诉讼权利。

（3）控告权。被害人因犯罪行为在精神上、身体上或财产上遭受损害，有权以口头或书面方式向公安机关、国家安全机关、人民检察院或人民法院提出控告。

可采取的法定保障措施包括：

①在情况允许的条件下，告知控告人到有管辖权的司法机关控告。

②在情况紧急的时候，即当被害人的人身安全面临严重威胁而请求给以保护时，不论案件是否属于自己的管辖范围，公安机关、国家安全机关、人民检察院或人民法院必须采取相应措施，然后再将控告移送有管辖权的机关。

（4）对不立案决定申请复议权。被害人提出控告后，认为管辖机关作出的不予立案决定有错误，有权以口头或书面方式请求作出决定的司法机关进行复议。

可采取的法定保障措施包括：

①接受控告的机关，对有关材料审查后，在规定的期限

内，将不予立案的原因告知被害人。

②司法机关必须在规定期限内作出复议决定，并在规定期限内将复议结果告知申请人。

③司法机关在规定的期限内，将不予立案决定、驳回复议请求的决定，报告上级机关和同级人民检察院备案。这有助于促使受案机关慎重对待被害人的控告和复议请求，防止犯罪人逃避追诉。

（5）对免予起诉决定、不起诉决定的申诉权。对刑事案件作出不起诉决定、免予起诉决定，是人民检察院对侦查机关移送提请提起公诉或免予起诉案件终止刑事诉讼的决定。根据现行刑事诉讼法的规定，被告人被检察机关作出这种决定，就不被提交人民法院审判，也不再受到刑事处罚。如果他被羁押，也可因此获得自由。如果人民检察院作出的免予起诉决定或不起诉决定不应有的扩大了范围，将依法应当提起公诉的刑事被告人予以免予起诉或不起诉，必然会造成真正的犯罪分子逃避了法律制裁的不良后果。这样，很可能给被害人或国家带来新的危害。为了防止这种情况发生，法律有必要规定：被害人认为人民检察院作出的免予起诉决定、不起诉决定有错误，有权在法定期限内得到该决定的副本，并有权在规定的期限内向作出该决定的人民检察院提出申诉，要求纠正。申诉不被接受的，在收到驳回申诉通知后，有权依法向同级人民法院申诉。

可采取的法定保障措施包括：

①被害人向作出免予起诉决定、不起诉决定的人民检察院提出不服该决定的，由人民检察院检察委员会讨论决定。这样有助于纠正原决定存在的差错。

②限定人民检察院复查申诉案件的期限，并告知申诉人，以防无正当理由地延误结案时间。

③限定复查案件的人民检察院在作出驳回复查决定后，应当在法定的期限内，将驳回申诉的理由告知被害人。

④人民法院接到被害人不服人民检察院作出的不起诉决定、免予起诉决定而要求起诉的申请后，应当认真审查。确认有理由的，应在规定的期限内建议人民检察院提起公诉，并同时告知提出该项申请的被害人。认为无理由的，人民法院在法定期限内予以驳回，并告知人民检察院和被害人。

⑤被害人有权直接请求人民法院审判的案件，限于国家公务员侵害被害人人身权利、民主权利和财产权案件。

（6）提起刑事附带民事诉讼权。根据我国刑事诉讼法规定，被害人由于被告人的犯罪行为而遭受物质损失的，在刑事诉讼过程中，有权提起附带民事诉讼，以便得到赔偿。这一诉讼权利是我国被害人因犯罪行为而使自己遭受的物质损失有可能得到赔偿的决定性的诉讼权，也是我国公诉案件的被害人遭受犯罪行为侵害求得赔偿的唯一途径。我国的这种法定制度，是世界范围内使被害人受到犯罪行为侵害所遭到的损失可以得到赔偿的途径之一。它与另一种途径相比，即与完全采用以民事诉讼途径解决赔偿损失相比，更有利于顺利解决被害人赔偿问题。因为被害人所受到的损害是犯罪行为造成的，与刑事诉讼一并进行便于人民法院对损害的赔偿作出公正裁决。

关于赔偿的范围，我国法律仅限于对被害人遭受的物质损失的赔偿，但从其他国家的规定看早已突破了这一范围。许多国家的法律规定，被害人在精神上受到犯罪行为损害的，同样赋予被害人请求赔偿损失权。

从我国现行法律规定及世界有关损害赔偿规定的发展趋势看，对这一诉讼权利可采取以下保障措施：

①扩大法定赔偿损失的范围。在立法上明确被害人因犯罪

行为而在精神上、身体上或财产上遭受损害，有权依法提起刑事附带民事诉讼。在现实生活中，被害人受到犯罪行为的侵害，通常首先是在精神上受到损害。这种损害在许多情况下会导致其他严重的后果。如果从法律上赋予被害人对受到的这种损害取得一定赔偿的权利，不仅是国家维护被害人利益的责任的要求，也可以使被害人得到一定的慰藉。这在我国民法通则中是已确立的制度。该通则第 120 条规定："公民的姓名权、肖像权、名誉权、荣誉权受到侵犯的，有权要求停止侵害，恢复名誉，消除影响，赔礼道歉，并可以要求赔偿损失。"由犯罪行为给被害人造成的损害，往往不低于民事行为给公民造成的损害。而对犯罪行为造成的损害的赔偿，是按民事法律有关规定进行。因此，应当使刑事诉讼中要解决的附带民事诉讼问题，与民事立法中的同一性质的问题的解决相统一，确保公民合法权益真正得到维护。

②受案机关要及时告知被害人享有提起附带民事诉讼权。在现实生活中，许多被害人不懂法，不了解自己享有的刑事诉讼权利。因此，在刑事诉讼的全过程中的任何一个诉讼阶段，办案机关查明被害人在前一诉讼阶段未被告知这一权利时，都必须告知被害人，并记录在案。以此确保被害人请求赔偿损害权得以行使，并有可能使损害得到应有的赔偿。

③确立被害人享有申请先行对被告人财产进行预防扣押权。这一权利的享有和行使，有助于促进办案机关及时防止被告人应赔偿被害人的财产被转移，从而使被害人应得到的赔偿不会落空。

（7）确立被害人享有出席法庭、参与法庭调查和法庭辩论等庭审活动权。我国现行刑事诉讼法关于审判的有关规定，被害人享有的诉讼权利极其有限，对其保障无力。如被害人可以参加法庭辩论，但在辩论终结时无权表明自己的要求，被告人却有最后陈述权；审判结束，被害人无权获得判决书副本，等等。这样，被害人参加审判活动容易流于形式，难以同被告人一样获得维护自身合法权益的机会。而庭审的结果，与被害人的切身利益也有直接关系。因此，法律有必要明确规定，被害人有权参加法庭审判活动，并享有与被告人同等的诉讼权利。

为保障被害人这一诉讼权利，有必要确定下列法律规范：

①人民法院决定开庭审判，必须在法定期限内将开庭的时间、地点通知被害人。

②在法庭调查阶段，经审判长允许，被害人有权举证，支持公诉。

③在法庭辩论阶段，被害人有权依法参加辩论，并在辩论终结时，被告人作最后陈述前，有权提出最后请求。

④法院作出判决、裁定后，在送交被告人的同时，应当将判决、裁定书的副本送交被害人。

（8）不服未生效判决、裁定的上诉权。依照我国刑事诉讼法的规定，被害人对于人民法院作出的第一审未生效判决、裁定无上诉权。这样，即使这种判决、裁定确有错误，没有反映被害人合理合法的要求，如果人民检察院不提出抗诉，该判决、裁定也不会及时得到纠正，被害人只能等到判决、裁定发生法律效力后，才有可能通过申诉请求人民法院纠正。退一步说，即使人民检察院提出抗诉，但由于其抗诉与否及抗诉的内容，都是根据维护国家利益和社会公众利益的需要，所以，不可能完全反映被害人的正当权益。因此，被害人享有上诉权，无论从维护其自身合法权益或是从切实维护国家和社会利益的需要看，都是十分必要的。这也是促使人民法院作出正确裁判，保证办案质量的重要措施。

为了保证被害人得以充分行使上诉权，需要给予以下法律保障：

①人民法院对第一审刑事案件作出判决、裁定后，在法定期限内将判决书、裁定书副本送交被害人，并以书面方式告知不服判决、裁定的上诉期限和上诉人民法院。

②被害人提出上诉的案件，对被告人的第二审，不适用上诉不加刑原则。

（9）申请回避权。刑事诉讼法确立回避的目的，在于保证案件得到客观、公正的处理。在整个刑事诉讼中，如果办案人员与案件有某种利害关系，不论是直接的或是间接的关系都可能导致不能完全公正地处理案件。况且，即使审理公正地进行，也容易引起被害人及有关人对处理结论的公正性产生怀疑。因此，法律在赋予被告人申请回避权的同时，亦应赋予被害人同样的诉讼权利。只有如此，被害人才能同被告人一样在这一方面得以维护自己的合法权益，也才符合实现诉讼公正的要求。这在其他有些国家的刑事诉讼法典中已经确立，如俄罗斯、蒙古等国家。

这一诉讼权利的保障措施包括：

①在诉讼的开始阶段以及以后进入任何一个新的诉讼阶段，办案机关应当告知被害人享有申请回避的权利及可以申请回避的情形，并记录在案。

②受理申请回避的机关应当在接受回避申请后的法定期限内，作出是否接受的决定。驳回申请的，应当告知被害人驳回的理由。

（10）委托律师代理诉讼权。在现实生活中许多公民缺少应有的法律知识，加之被害人因犯罪行为受到伤害等原因不便出庭提出诉讼请求的情形时有发生，所以，要使被害人的合法要求得到及时反映，其合法权益得到及时维护，法律有必要允许被害人依法委托律师代为进行某些诉讼，以便被害人在维护自己的合法权益中，在法律上及时得到律师的帮助。

这项诉讼权利的法律保障包括：

①在刑事诉讼的开始阶段，办案机关必须告知被害人或其他法定人员享有委托律师代为诉讼的权利。

②人民检察院决定对刑事被告人免予起诉、不起诉的，以及提起公诉的，应当在作出决定前告知被害人及其律师，并允许律师参与诉讼。

（三）实行国家赔偿被害人损害制度

自古以来，同犯罪作斗争的重要手段有两类：（1）使犯罪人受到准确、及时的法律惩罚；（2）令犯罪人赔偿其给被害人造成的损失。

一个国家惩罚犯罪人是否准确、及时，反映其维护被害人利益的法律制度完善的程度和水平，而被害人受到的损害能否得到必要的赔偿，是衡量这个国家保护被害人合法权利的法律制度完善程度和水平的尺度。综观中外各国刑事诉讼制度发展史，不难发现，随着人类社会的不断进步和文明程度的不断提高，不仅对被告人合法权益的保护在不断完善和加强，而且对被害人合法权益的保护也在不断完善。在许多国家，在被害人合法权益的保护上，赔偿被害人损害范围趋向合理，被害人可以取得赔偿的途径也在增多。虽然各国具体国情不同，但是许多国家在保护被害人切身利益方面，均注意采取多渠道的保障制度和措施。在世界范围内，被害人取得损害赔偿的途径主要有以下几种：（1）提起刑事附带民事诉讼，由犯罪人或其他法定责任人承担赔偿；（2）提起民事诉讼，由犯罪人或其他法定责任人赔偿；（3）社会保险赔偿；（4）社会救济金；（5）国家赔偿。

就我国而言，国家为了维护被害人的合法权益，使其已受到的损害得到应有赔偿，在刑事诉讼法中以专章规定了被害人由于被告人的犯罪行为而遭受物质损失的，在刑事诉讼中有权提起附带民事诉讼。但是，从司法实践看，特别是在近些年的司法实践中，由于许多犯罪分子在非法获得财物后大肆挥霍，当将其捕获时，即使排除其他种种妨碍被害人得到赔偿因素的干扰，也已丧失赔偿被害人损失的能力。所以，被害人提起刑事附带民事诉讼，很难得到赔偿或根本得不到赔偿。这样，有些被告人的亲属以及得到被告人好处的，常常愿意以赔偿一定损害为条件提出"私了"，要求被害人不予控告。被害人在无奈的情况下，为了使受到的损失有所补偿，尽管在有些时候所得到的赔偿与受到的损失相比是微不足道的，也愿意接受。这样，使得某些犯罪分子得以逃脱法律制裁。再者，我国的各类社会保险尚未普遍开展起来，加之公民参加社会保险意识不强，或由于其他种种原因，很多人没有投人身保险、财产保险和医疗保险等。而同犯罪作斗争的各种见义勇为者，在因犯罪行为而遭到严重的人身等伤害时，在建立了见义勇为基金的地区还可以得到某些补偿，但目前在全国范围内尚未普遍设置这种基金。国家民政部门在某些情况下虽也给予被害人一些救济，但各地区财力不同，因此，有些被害人所受到的损害仍难以得到必要的赔偿。特别是被害人因犯罪行为导致死亡的，其生前扶养、赡养的人可能因此失去经济来源而陷入极其恶劣的状况。为了维护此类被害人的切身利益，我国有必要加强保障被害人损害赔偿的措施。

在解决被害人损害赔偿问题上，国际上存在不同观点。主要有：

（1）"国家说"。持这种主张者认为，国家是统治者和被统治者的联合体。国家将权力授予统治者，旨在追求最大限度地实现被统治者个人的和社会的福利。国家通过制定和颁布法律达到自己的目的，通过行使权力强迫人们服从法律达到预期的效果。如果不能达到预期效果，国家须因为个别不守法的公民破坏法律使遵守法律的公民受到损失、痛苦而承担责任，因为国家权力意味着自动剥夺了公民私人复仇和个人惩罚的权利。所以，如果国家不能履行保护被害人的职责就是违约，就应当承担赔偿被害人损失的责任。

（2）"福利说"。持这种观点者认为，国家有责任赔偿被害人因受犯罪行为侵害而遭到的损失。这正如国家对穷人、病人、失业者、残废军人等有人道责任一样。这建立在国家统治者和公正的社会良知上。

（3）"政府思想说"。持这种观点者认为，国家应当通过立法对犯罪行为侵害的人所受到的损失给予赔偿。

此外，关于赔偿被害人因犯罪行为侵害而受到损失的理论依据，还有"分担危险说"等理论。但是，不论各国接受怎样的观点，都在积极努力解决这种赔偿问题。有的国家因此对刑事诉讼法不断完善，如法国。该国在刑事诉讼法中，以专编规定了人身遭受伤害的被害人请求补偿金的内容。法律明确规定：凡是具有一种犯罪的具体性质的故意行为或过失行为，使人遭受伤害，并具备一定条件时，被害人可以向国家申请并取得补偿金。其中包括犯罪行为致使被害人身体遭受伤害并引起或是死亡，或是永远的无资格，或是个人工作完全无资格在一个月以上；这种伤害包含丧失或减少收益，增加开支或不适宜执行一种职业活动；在不能以任何名义获得有效的和足够的补偿或赔偿金，因此处于极端恶劣的物质情况下，被害人有权要求并取得赔偿金。有的国家制定专门赔偿被害人损失的法律，如英国。该国在欧洲最早制定了刑事损害赔偿方案并在此后多次修改。再如德国，于1976年颁布了暴力犯罪被害人的赔偿法规。又如在美国，佐治亚州、加利福尼亚州、特拉华州、阿拉斯加州、佛罗里达州等几十个州，在20世纪六七十年代先后颁布了赔偿被害人法律。

我国是人民民主专政的社会主义国家，中央人民政府的领导人是广大人民群众经过层层选举产生的，享有的权力是人民赋予的，是人民的公仆。政府的重要职责之一是制定、颁布各类法律，采取必要措施保障公民的合法权益不受损害，得以安居乐业。守法公民受到犯罪分子的犯罪行为的侵害，其原因多种多样，从严格意义上说，政府应当负一定责任。因此，当犯罪者无力赔偿其所造成的损失，被害人又没有其他途径使自己受到的损害得到应有的赔偿而陷入困境时，国家有义务给予一定的赔偿。

关于国家应当承担多少赔偿，笔者认为，我国应当从实际情况出发，根据其承受力大小而定。我国现在正处于社会主义初级阶段，较过去经济有了很大发展，一部分地区和一些人先富起来了，但是仍有一些地区、一些人生活很困难。总的来看，我国还是发展中国家的一员。如果被害人由于犯罪行为而遭到的各种损害一律完全赔偿，并由国家承担，这是国力所承受不了的，也是不合理的。面对这种客观实际情况，我国可采用"国家说"，但必须将承担的赔偿限制在某些特定范围。只有如此，国家赔偿才有可能实现。

从我国客观情况及其他国家的经验看，我国赔偿被害人损失的渠道可采取以下几种：

（1）充分发挥刑事附带民事诉讼程序的作用，使被害人因犯罪行为受到的损害得到尽可能多的赔偿。

（2）大力发展各种社会保险，如人身保险、医疗保险、财产保险，等等。

（3）在全国范围内，普遍设立见义勇为基金会，发挥社会基金保护被害人合法权益的作用。

（4）建立国家赔偿被害人损失制度，制定并颁布相应的专门法规。

为了不过多地增加国家经济负担，又能使需要帮助的被害人得到必要的帮助，国家在立法中，不仅要对适用国家赔偿的条件、申请期限、程序作出严格规定，而且需要明确规定赔偿的最高限额。

关于适用国家赔偿被害人损害的条件，笔者认为，以同时具有下列条件方可取得赔偿为宜：

（1）犯罪人的犯罪行为致使被害人的身体遭受伤害并引起或是死亡，或是永久或在一定期限内完全丧失工作能力。

（2）受害人及其扶养的子女、赡养的老人不能以任何其他途径获得足够的补偿，不能维持基本生活水准。

（3）被告人的犯罪行为不是因被害人的过错引起。

（4）被害人因犯罪行为所遭受的损失不低于一定数额。

上述赔偿不适用于家庭内部犯罪行为的被害人。原因在于此种案件事实不易查清，而且容易造成被告人占国家便宜，不利于打击犯罪、防止犯罪。在中国的外国人，由于受到犯罪分子的侵害而受到损失的，根据两国互惠原则处理。对于因执行公务而受到犯罪行为侵害的司法人员、同犯罪分子作斗争的见义勇为者受到犯罪行为侵害的，法律应明确规定给予从优的赔偿。

国家赔偿被害人损失的资金来源，各国情况不一。我国有必要从没收犯罪分子赃款、赃物和罚金中提取。

上述所谈均为国家在立法和司法上如何保障被害人的合法权益的要求，对我国公民来说还不够，还需要大力提高被害人利用法律自我保护的意识。这是使被害人的合法权益得以保护的重要方面。从我国目前情况看，广大人民群众的法律意识较以往有了很大的提高，但是，有些人还十分缺乏自觉运用法律维护个人合法权益的意识，其中有些人认为审判机关对犯罪分子判了刑罚就够了，有的司法人员也错误地认为打了不罚是对的，因此，使某些犯罪分子占了不该占的便宜，某些被害人受了不该受的损失。这种状况决定了我国对全民必须加强法制宣传，使公民学会以法律手段使自己的合法权益得到最好的维护。这里不容忽视，赔偿被害人因犯罪行为而受到的损失，不论这种赔偿多么及时和多么有保障，这都是被动的、消极的维护，积极的、主动的维护应当是尽可能减少和防止犯罪发生。任何一个国家更应当注重防止犯罪发生。而要做到有效地防止犯罪发生，国家立法机关、执法机关必须及时了解、准确掌握犯罪的特点、规律、导致犯罪发生的原因和条件等，而要做到这些，对被害人作及时、详细的调查是不可缺少的。这项工作做好了，立法机关可以制定出符合客观实际的法律，可以采取各类有力的防范措施，从而有效地维护国家的安定，使公民的合法权益得到更有力的保护。在这方面，美国早在20世纪70年代就开始了对犯罪受害人的调查工作。20年来，"美国国家犯罪受害者调查"发挥了重要作用，准确反映了犯罪的趋势，提供了有关未向警方报告的犯罪情况，反映出犯罪被害者的特点，揭示被害者与犯罪之间的关系等，从而便于有关部门采取有效的预防犯罪和打击犯罪的措施，使打击犯罪和保护公民的措施变被动为主动，并使该调查与美国联邦调查局的调查形成一个完整的犯罪调查体系。这方面的经验，我国是可以借鉴的。我国各级公安机关以及担负侦查职能的人民检察院、国家安全机关，可以设置专门调查被害人情况的机构，定期将情况报送地方人民代表大会常务委员会的有关部门和全国人大法制委员会，以便及时作出正确决策。

十三、完善被害人诉讼权利和损害赔偿规范的思考[*]

（一）被害人诉讼权利的完善

在刑事诉讼中，被害人是重要的诉讼主体，其享有的诉讼权利是否充分是维护人权的重要内容。它不仅直接反映一个国家诉讼的公正程度，也反映了一个国家的法治文明水平。

从世界范围看，各国刑事诉讼法都赋予了被害人以诉讼权利，这是实现对被害人权益保护的重要手段。

在如何实现最大可能减少被害人受到的损害，特别是如何保证赔偿被害人受到的损害方面，世界上越来越多的国家和地区形成了共识。联合国在保护被害人人权方面也作出了努力，如通过了《为罪行和滥用权力行为受害者取得公理的基本原则宣言》，明确地界定了"受害人"的主体和损害的范围，确定了保护被害人人权的根本原则和主导性程序，确立了对被害人遭受损害的赔偿、补偿和援助制度及程序。这些规定是国际社会维护被害人人权的基本标准和要求，也是各国应当努力实行的。今日各国保护被害人人权事业的发展变化，可以说已经出现一种逐步强化的态势。但是需要做的事情还很多，进一步完善被害人诉讼权利的问题就是其中的一个重要方面。

进入21世纪的我国，鉴于社会主义的国家制度和实现刑事诉讼公正的需要，只注意对犯罪嫌疑人、被告人诉讼权利的

---

* 本部分内容刊载于《法学杂志》2004年第3期，收入本书时略有删改。

不断完善和保障是绝对不够的，如何完善被害人的诉讼权利是不容忽视的。我们必须看到，随着科学技术的飞速发展，我国各种侵害公民合法权益的犯罪变得更加隐蔽，手段也更加多样。因此，更加需要与时俱进地完善关于被害人诉讼权利的法律规范。同时，这也是弥补公诉并非在任何情况下都能够完全代表和反映被害人的利益、弥补自诉被害人的自身举证条件与能力不足的需要。此外，刑事案件的被害人受到犯罪行为侵害的赔偿问题依然缺乏应有的保障。而解决这种诉讼不公平的必要途径，是适当扩大被害人诉讼权利和强化保障措施。从国际社会保护人权趋势的要求看，我国是联合国人权委员会的成员国，这就给我国保护人权事业提出了更高的要求。

不可否认，我国于 1996 年修改后的刑事诉讼法对被害人的诉讼权利也做了一定程度的完善，确立了被害人在刑事诉讼中的当事人地位，为其开拓了更多维护自身权益的渠道，获得了申请回避权、委托代理人权、启动诉讼权以及某些知情权等，从而使得过去立法上存在的被害人与被告人诉讼权利的失衡现象，在相当大的程度上得到了调整，扩大了被害人维护自身权益的空间。此外，被害人的合法财产，有了及时得到返还的保证。但是，在有些方面这类诉讼权利仍然不足。这主要反映在两个方面：（1）有的法律规定还比较原则，不便于司法机关操作，规定流于形式，不能很好地发挥保护被害人的作用；（2）有些保护被害人权益需要的诉讼程序规范，尚处于完全空白或者半空白状态。此外，我国还没有制定专门规范赔偿或者补偿被害人损害的法律，也没有设置足以救助被害人的专门机构。因此，笔者认为，当今尚需要做好三个方面的工作：（1）补充被害人需要的诉讼权利和保障权利行使的法律规定；（2）制定被害人刑事损害赔偿法；（3）建立相应的救济被害人机构。三者并举最为有益。

从刑事诉讼法关于被害人诉讼权利的规定看，具体需要增加被害人对人民法院第一审未发生法律效力的不当判决的制约权。对第一审判决不服时，刑事被告人及其法定代理人，或者其辩护人、近亲属经被告人同意，有权提出上诉。但是，被害人却至今没有得到这项权利，只能向人民检察院请求抗诉。相比之下，对被害人来说，立法尚欠公平。这一不足亟须弥补。

关于是否赋予被害人上诉权的问题，在理论界存在肯定说、否定说两种观点。

笔者认为，从被害人的诉讼地位和刑事诉讼的目的和任务看，无疑应当赋予被害人上诉权。这是因为查明案件真相是一项复杂的工作，人民法院对案件的判断尽管经过了审判过程审查，但不一定在任何情况下都能够保证准确无误。在理论上或者在司法实践中，刑事被告人并非一定是真正的犯罪分子。为了避免无辜的人受到不应有的伤害，固然应当赋予被告人上诉权、赋予人民检察院抗诉权，而通常情况下，被害人不仅仅是国家公民，而且是守法公民，所以国家有责任、有义务首先维护好他们的正当权益。虽然从总体上看，人民检察院对被告人的追诉、代表被害人的抗诉能够代表国家利益、社会利益和被害人的利益。但是，在有些情况下并不能完全地反映被害人的利益和合理要求。这正是有的国家赋予被害人上诉权的根本原因，也是我国赋予被害人请求抗诉权的原因所在。客观事实证明，一个国家对被害人合法权益保护的力度越小，这个国家的犯罪就越严重、越猖獗，社会秩序就越混乱。从这一实践出发，笔者认为，我国刑事诉讼法关于被害人不服第一审判决所享有的诉讼权利的现行规定，显然不利于对被害人合法权益的保护。

然而，将上诉权赋予被害人确实可能会出现一些人所担心的问题：发生被害人无理上诉、增加当事人和其他诉讼参与人不必要的讼累、上诉不加刑原则的适用范围不应有的缩小等。诚然，我国公民的法制观念有了很大的提高，但对于刑法关于犯罪与刑罚的法律知识，往往知之甚少。因此，被害人对于第一审判决的认识，可能不完全正确，甚至是错误的。实践中，被害人判断判决正确与否，往往从自身的利益考虑较多，有时不够实事求是。不当上诉增多，必然会增加人民法院不必要的人力、物力和时间的浪费，降低诉讼效率，同时还可能削弱检察机关维护国家和社会利益的力度。如果将上诉权赋予被害人，当保护国家和社会利益与保护被害人的利益存在冲突时（尽管这种冲突不会是根本性的），因保护某个人的个人、局部利益而影响国家利益，也并不可取。况且，人民检察院是否抗诉，是由具有专门法律知识和有丰富的追诉犯罪经验的检察官决定的。所以，在有些情况下人民检察院拒绝某些被害人的抗诉请求是正确的。再者，赋予被害人上诉权，确实会影响上诉不加刑原则的执行。不能否认，在保留上诉不加刑原则的前提下，如果将上诉权赋予被害人，人民检察院对人民法院的第一审未发生法律效力的判决不予抗诉而被害人提出上诉，其结果就会不再适用这一诉讼原则。所以，不加任何条件地将上诉权赋予刑事被害人，同样存在一定弊端。笔者认为，应在保留刑事诉讼法现行规定的同时，增加补救措施，明确规定人民检察院必须接受刑事被害人请求抗诉的范围和基本条件。具体地说，在刑事诉讼法第 182 条增加第 2 款：人民检察院对于刑事被害人及其法定代理人的抗诉请求经审查后，依法认为人民法院应当改判罪名、刑罚种类，或者同一罪名同一刑种量刑可能改判的刑期幅度在 1 年以上（包括 1 年）的，应当接受抗诉请求，依法提出抗诉。同时，赋予被害人对人民检察院拒绝该请求不服时，在规定的时间内有向上一级人民检察院提出申诉的权利。这样，既可以防止目前请求抗诉权的规定流于形式，也可以更好地体现人民检察院维护国家、社会利益和维护刑事被害人利益的一致性。

为了确保被害人合法权益得到维护，我国刑事诉讼法对于某些犯罪的被害人，有必要补充规定其他一些必要的诉权。这包括赋予受性犯罪侵害的女被害人、未成年的被害人、老年被害人和某些残疾被害人更加充分的诉讼权利。例如，对于受性犯罪侵害的女被害人的询问，应当赋予其要求性别相同的侦查人员、检察人员进行询问的权利和直接见面权等。这样，有利于某些特殊情况下的刑事被害人的人格得到尊重，防止其心理受到新的伤害。

在诉讼程序方面，我国刑事诉讼法有必要完善被害人及时获得被告知相应诉讼权利的规定。

刑事诉讼法有一些赋予刑事被害人诉讼权利的规定，但表述的形式是"有权"如何如何，或者办案机关"应当"如何如何。至于需要刑事被害人先行明了的诉讼权利，以及如何防止和补救办案机关应当做而不做的事宜却很少规定或者处于规定空白。因此，这种告知程序应当具体落实在刑事案件进入每一诉讼阶段的开始。对于告知程序，刑事诉讼法还必须明确规定公安机关、人民检察院和人民法院不依法履行，由此造成不良后果的纠正程序和必须承担的责任。

（二）被害人损害赔偿制度的完善

我国对被害人受到犯罪行为侵害的损害赔偿，与许多国家一样，也采取通过提起刑事附带民事诉讼或者民事诉讼途径解决。然而，在多数情况下，因被告人没有赔偿能力，被害人受到的损害无法得到赔偿。

从许多国家的司法经验看，减轻犯罪行为给被害人造成的损害正在逐步走向多元化，赔偿的途径也逐步拓宽。通常，首先在采取不断强化刑事附带民事诉讼或者民事诉讼赔偿令的情况下，优先保证赔偿令的实行，如英国1982年的刑事司法法案作出了此类规定。有的还采取了其他有益于实现赔偿的措施。例如，在刑事诉讼中，有些国家实行赔偿令方法保障被害人所受损害的赔偿，如希腊、土耳其等国。在许多情况下，犯罪人本身以及其他责任人在犯罪后，已经没有赔偿能力或者是原本就没有任何赔偿能力。如果一个国家对被害人遭受损害的赔偿，只局限于犯罪人或者其他责任人这一范围，被害人所得赔偿在许多情况下就会落空。所以，有些国家还采取国家赔偿、保障赔偿、发放社会救济金制度等多种补救措施，从而使被害人在获得经济赔偿方面的实际人权保护，有了比较可靠的保障。

我国应当如何解决刑事损害赔偿呢？笔者认为，必须明确解决对刑事损害赔偿看法的问题。我国是社会主义国家，政府的根本职能是为人民服务。它有责任和义务制定法律保护公民的合法权益。造成被害人损害的原因很多，从根本上说，犯罪人员有主要责任，但政府也对此负有不可推卸的责任。因此，当被害人受到犯罪行为侵害而陷入困境，犯罪人又没有能力减轻其所造成的损害时，国家应当承担赔偿责任。

关于国家应当承担多大的刑事赔偿责任，笔者认为，国家首要的任务是尽最大力量实现犯罪人对刑事损害的赔偿，如果犯罪人本人没有任何赔偿能力，国家应当尽可能使有赔偿能力的与犯罪人有某种关系的人，合理地承担部分或者全部赔偿。对于不具有前述两类赔偿能力的犯罪人所造成的损害，国家应当承担赔偿责任。赔偿费用的来源，可以确定两条途径：（1）来自国家司法机关对犯罪人判处的罚金和变卖罚没物品所得的钱款；（2）按一定比例提取来自海关、行政机关、工商管理机关收取的罚款、没收的非法钱款和变卖没收的非法物品所得的钱款。另外，对于没有赔偿被害人损害的正在服刑的罪犯，可由执行刑罚的机关按照国家统一制定的比例，每月从其劳动报酬中扣除一定数额的钱款纳入国家刑事损害赔偿费用范围。

国家具体承担被害人的损害赔偿，应当根据经济实力和被害人的实际情况而定。我国经济比过去有了很大发展，但仍属于发展中国家，因此，在犯罪人没有任何赔偿能力的情况下，将赔偿负担全部转至国家，在目前的国力情况下是很难办到的。笔者认为，国家赔偿的前提，必须限于在被害人所受到的损害足以使其本人及其家人陷入难以维持基本生活的困难境地时。

关于刑事损害赔偿的范围问题，在近现代国家，由于对人权保护的不断加强，对被害人所受损害的赔偿范围有所扩大，或者补偿能够逐渐达到最低限度的合理范围。在有些国家，不仅在身体、财产方面受到犯罪行为侵害的被害人可以得到刑事赔偿，精神受到的损害也可以得到刑事赔偿。在我国，刑事赔偿还只限于被害人直接遭受的物质损害范围。

我国也有必要将刑事赔偿范围扩及对精神的严重损害。这种扩大的情形，可限于犯罪导致被害人及其亲属发生严重后果的情况。严重的精神障碍，可限于直接或间接造成被害人或者其亲属精神分裂的情形。国家需要尽快制定刑事被害人损害赔偿法，落实国家赔偿义务。同时，国家应当大力发展社会保险制度，建立被害人援助基金等，实现多渠道赔偿或者补偿被害人所受损害。

另外，我国有必要设立被害人人权问题研究机构和被害人保护机构。有些国家，如美国等早已成立了"国家犯罪受害者调查"机构。瑞士在 1991 年颁布了刑事犯罪受害人援助法。自 1993 年该法生效以来，普遍设立了犯罪受害者援助机构——咨询处。在我国，虽然对此问题近些年也有些研究，但非常有限。根据我国的实际情况，现在宜在省级以上（包括省级）的司法机关和立法机关建立受害人情况调查机构。在司法系统，可设于研究室内，并配备一定数量的司法人员专门负责。在立法机关，可设于人大的内务司法委员会内，并配备专门人员。

固然，国家普遍建立这类机构需要相当的经费，这对于财力还不够强的我国来说有许多困难。然而，我国被害人人权亟须加强保护，建立此类机构是非常必要的。我国已设立法律援助中心，但刑事诉讼中的援助对象通常是犯罪嫌疑人和刑事被告人，被害人很难得到免费法律咨询，无偿得到其他援助就更加困难。因此，我们不能再等待，国家各级司法机关、立法机关以及监察机关设置的信访机构，可以增开窗口，承担对被害人免费法律咨询援助。在遇到紧急情况时，被害人的人身安全受到严重威胁有生命危险的，给予挽救其生命的援助。所需要的经费，可采用先行由国家支付，而后依法向犯罪人追讨的方法，不足部分，依法由其他负有赔偿责任的机构予以支付。

十四、完善诉讼权利义务告知程序的思考[*]

犯罪嫌疑人和被告人在刑事诉讼的过程中处于被动地位，对他们诉讼权利的告知，以及对警察、公诉人和法官对于这一告知职责的严格规范，具有重要的意义。

---

[*]　本部分内容刊载于《法学杂志》1999 年第 4 期，收入本书时略有删改。

考察当今世界各国刑事诉讼法律在这方面的规范，发现有许多国家对这一问题有较好的经验。例如美国，刑事诉讼中实行米兰达警告制度。依照该项制度的要求，警察一旦认为某人是犯罪嫌疑人而予以拘留，在对其进行讯问之前，警察必须告知其以下事项：（1）你有权保持沉默；（2）你所说的任何话都可以用来作为不利于你的证据；（3）你有权请律师；（4）如果你无钱聘请律师，政府将为你提供一个免费的律师。与此同时，还规定任何违反米兰达警告规定而获得的供认排除于可采证据之外的证据制度。

笔者认为，立法上确立此类权利和应履行的义务的告知，具有第一步实现刑事诉讼公正的价值。值得注意的是，这种告知不宜仅仅限于对犯罪嫌疑人和被告人的范围，还应当扩及所有的诉讼参与人。此类告知不仅只限于刑事诉讼的开始阶段，这是因为在刑事诉讼中，不仅犯罪嫌疑人或者被告人不知晓自己在各个刑事诉讼阶段法律赋予了他们的权利，也不知晓刑事诉讼的进程和要求，而且其他诉讼参与人也往往处于类似的情形，只有当他们一进入刑事诉讼，就能够明了自己所处的诉讼地位、面临的境况和享有的权利以及应当履行的义务，才有可能在一定程度上从消极、被动甚至不利的境地中，主动、积极地运用这些诉讼权利尽快地将刑事诉讼进程推入公正的轨道，进而使他们各自的合法利益得到必要的维护和实现刑事诉讼公正。刑事诉讼法应当在规定犯罪嫌疑人、被告人以及其他诉讼参与人，在各个诉讼阶段享有的诉讼权利和应履行的义务的同时，规定被适时告知这些权利义务的制度和程序，以及规定警察、检察官和法官必须履行此种告知职责的制度和程序。司法实践已经证明，并还在继续证明，确立和实施这样的刑事诉讼制度和程序，能够大大提高实现刑事司法公正度。

从我国刑事诉讼法的规定看，妨碍实现刑事诉讼公正的重要因素之一，就是确立的告知程序还不完善。这其中突出表现在法律没有规定比较完备的告知诉讼权利和义务的程序。对于单位犯罪案件的诉讼，此项规定还是空白。依照我国刑事诉讼法的规定，此类告知仅仅有四处：（1）第85条第2款规定的"应当向控告人、举报人说明诬告应负的法律责任"；（2）第33条第2款规定的"人民检察院自收到移送审查起诉的案件材料之日起三日以内，应当告知犯罪嫌疑人有权委托辩护人。人民法院自受理自诉案件之日起三日以内，应当告知被告人有权委托辩护人"；（3）第154条规定的"开庭的时候，审判长……告知当事人有权对合议庭组成人员、书记员、公诉人、鉴定人和翻译人员申请回避；告知被告人享有辩护权"；（4）第156条规定的"证人作证，审判人员应当告知他要如实地提供证言和有意作伪证或者隐匿罪证要负的法律责任"。而上述告知规定远远不能使当事人和其他诉讼参与人明了自己的诉讼地位、诉讼权利和义务。这正是我国现行刑事诉讼法民主、公正水平还不够高的反映和表现。这也就是过去、现在发生某些错案，当事人的合法权益并不能得到充分维护的重要原因之一。

笔者认为，我国刑事诉讼不仅有必要学习其他国家在诉讼开始阶段实行告知制度，而且要比其他国家实行更完备的告知制度，即建立全方位的诉讼权利和义务告知制度和程序。具体地说，我国现行刑事诉讼法有必要从以下两个方面完善告知制度和程序。

（一）确立刑事诉讼权利义务"先告知"、"后查补"制度和程序

1. 实行"先告知"制度。这里所说的"先告知"，是指在刑事诉讼中的立案、侦查、审查起诉、审判和执行的各个诉讼

阶段的开始，受理案件机关的具体案件承办人，在第一次讯问或者询问当事人或者其他诉讼参与人的时候，必须首先告知其在本诉讼阶段所处的诉讼地位、进入本诉讼阶段的原因，以及在本诉讼阶段享有的法定诉讼权利和承担的法定诉讼义务。从诉讼程序上说，每一诉讼阶段开始实施的告知，办案人员必须将告知记录在案，并且应当有被告知者的确认。鉴于刑事诉讼中犯罪嫌疑人、被告人、辩护人、被害人、证人、鉴定人、翻译人，各自刑事诉讼中的诉讼地位不同，所以其诉讼权利和义务不同，办案机关和人员必须一一告知，但是，如果辩护人是律师，这项告知除外。为了确保刑事诉讼公正、顺利进行，这种告知应当实行双向方式，即将各类诉讼参与人在各个诉讼阶段享有的诉讼权利和承担的义务分别印成相应的书面材料。在刑事诉讼的各诉讼阶段，受案机关的办案人员必须在该阶段开始即向相应的犯罪嫌疑人和其他有关的诉讼参与人交付这一书面材料，并同时予以宣读。否则，这种告知将难以真正实施，以此途径维护刑事司法公正也将成为泡影。

2. 实行"后查补"制度和程序。这里所说的"后查补"，是指在刑事诉讼中的各个诉讼阶段，每后一诉讼阶段的办案机关的办案人员，在接受移送来的案件后，首先必须查明前一诉讼阶段的案件材料是否记载了上一诉讼阶段办案机关履行了告知的职责。如果前一诉讼阶段办案机关没有履行这项诉讼告知职责，新的受案机关有责任依照前一诉讼阶段的法定要求履行告知程序，并且还要依照本诉讼阶段的法定要求履行告知程序。前一诉讼阶段的询问或者讯问笔录是否可取，必须由被询问人或者被讯问人重新确认，对其是否具有证据价值必须慎重审视和重新判断。如果前一诉讼阶段办案机关履行了这一法定职责，办案人员只需将本诉讼阶段被询问或者被讯问人法定诉讼权利和义务予以告知。这种告知仍然采取宣读和交予诉讼参与人书面文书的举措，同时还必须记录在案和使被告知者予以确认。

（二）完善告知刑事诉讼权利义务的范围和程序

1. 共享的诉讼权利。在刑事诉讼的全过程中，不同的诉讼阶段，各自的诉讼任务并不完全相同。所以，当事人和其他诉讼参与人，一方面，都不可避免地享有某些共同的诉讼权利和承担某些同样的义务；另一方面，又必须有各自独享的诉讼权利和独自应当履行的诉讼义务。这样，我国刑事诉讼法在规定告知当事人和其他诉讼参与人共有的诉讼权利和义务的程序时，首先要保留各个诉讼阶段必须告知当事人和其他诉讼参与人共享的诉讼权利，具体包括：（1）在适用法律上一律平等权；（2）使用本民族语言文字进行刑事诉讼权；（3）对侦查人员、检察人员和审判人员侵犯公民诉讼权利和人身侮辱行为的控告权；（4）对被讯问或者被询问笔录进行修改、补充权；（5）依法要求侦查人员、检察人员、审判人员、鉴定人、翻译人员和司法警察回避以及被驳回进行申请复议权；（6）对于犯罪嫌疑人、被告人，保留告知他们在刑事诉讼的全过程中，除享有上述诉讼权利之外，还享有自行辩护权和委托辩护权。

2. 在立法上需要将犯罪嫌疑人、被告人和证人应当如实回答的规定，修改为有权如实回答讯问或询问。这是因为我国刑事诉讼法一直将犯罪嫌疑人、被告人和证人应当如实回答仅仅作为他们应当承担的一项诉讼义务。这种规定是对如实回答的认识不全面的结果。从理论上或者从实质上说，这种如实回答，既是他们的权利，也是他们的义务。而对于犯罪嫌疑人、被告人来说，这更多的应当是他们的诉讼权利。因为当事人和证人只有如实回答，才能够有助于司法机关提高查明案件真相的效率，才有助于及时维护自身的合法权益，从而推进刑事实体公正的实现。确切地说，这样规定是维护当事人、证人正当权益的需要，是维护人权的需要，是实现人类社会民主、正义的要求。如果只是将如实回答作为他们的诉讼义务，势必导致刑讯逼供等违法取证行为的发生。因此，将这一内容纳入告知诉讼权利的范围，十分必要且具有重要意义。

3. 确立各个不同诉讼阶段告知当事人和其他诉讼参与人特有的诉讼权利和义务的具体制度和程序。这样，刑事诉讼法律规范才能从告知这一途径促进刑事诉讼公正的实现。

我国刑事诉讼中，各个诉讼阶段必须告知的各个主体各自特有的诉讼权利义务的范围和程序内容，笔者认为，可作如下考虑：

（1）立案阶段诉讼权利义务的告知范围。此阶段的公诉案件的告知重点，是必须告知控告人、举报人享有知晓是否立案的结果权、不立案的原因权、不服不立案决定申请复议权、不服不立案决定向人民检察院提出立案要求权以及要求在法定期限得到答复权；告知报案人、控告人和举报人享有被告知要求，获得对报案、控告、举报行为保密权，以及被告知诬告应当负法律责任权。这些告知内容，必须以交付书面告知和口头宣读方式完成，并必须有被告知者的确认。这样做有利于刑事诉讼在一开始，就不会偏离刑事诉讼公正的轨道。

（2）侦查阶段权利义务的告知范围。此阶段，确立公诉案件中当事人和其他诉讼参与人诉讼权利和义务的告知，着重点应当是在告知他们共有的诉讼权利和义务的同时，分别告知各个诉讼主体各自独具的诉讼权利和独有的诉讼义务。

对于公诉案件的侦查，公安机关、国家安全机关和人民检察院，对于犯罪嫌疑人必须告知其享有下述权利：①要求侦查机关告知追诉理由权；②除了法定有碍侦查的，在法定时间内获得家属得知本人下落的证明材料权；③未成年的犯罪嫌疑人接受讯问，要求其法定代理人到场权；④认为自己属于法定不追究刑事责任的情形之一时，请求侦查机关撤销案件权；⑤享有外交特权和豁免权犯罪的外国人，要求通过外交途径解决权；⑥第一次被讯问或者被采取强制措施之日起，聘请律师为其提供法律咨询、代理申诉、控告权；⑦被逮捕时，要求执行人出示逮捕证权；⑧被传唤或者被拘传的持续时间超过 12 小时，拒绝继续接受讯问权；⑨接受讯问时，拒绝回答与本案无关问题权；⑩以书面或者口头陈述权；⑪依法会见律师或者其他辩护人权；⑫被逮捕后，聘请律师为自己申请取保候审权；⑬女性当事人接受身体检查，要求女工作人员进行检查权；⑭拒绝接受有侮辱人格或者造成危险，或者有伤风化的侦查实验权；⑮被释放时，取得释放证明权；⑯被超期羁押时，要求释放权；⑰对鉴定结果有异议，要求重新鉴定、补充鉴定权；⑱要求搜查人员出示搜查证明文件权；⑲核对扣押物品清单权；⑳要求退回被扣押或者被冻结的与案件无关的物品、钱款权；㉑要求扣押机关赔偿因扣押不当使被扣押的与案件无关物品损坏权。

必须告知犯罪嫌疑人应当履行诉讼义务的范围是：①依法接受侦查人员的讯问；②如实回答侦查人员的讯问；③依法接受侦查机关的传唤；④依法接受侦查机关搜查；⑤依法接受人身检查；⑥依法接受侦查机关对与案件有关证据的查封、扣押；⑦依法承担赔偿给被害人造成的物质和精神上的损害。

对于被害人和证人，确立告知其在侦查阶段享有的诉讼权利，除了应当告知前述共有的权利之外，还必须着重告知证人享有：①要求侦查机关为其作证保密权；②请求侦查机关保护其本人、近亲属的人身和财产安全权；③要求补偿因作证增加的经济支出权。

在此阶段，应当告知被害人的诉讼权利可同于证人诉讼权利的第二项内容。不同的是，在立法上需要规定被害人享有申请并先行获得必要限度的赔偿损害权。因犯罪嫌疑人的行为而直接使被害人遭受物质损害的，只有将其纳入告知诉讼权利范畴，才有可能及时减轻被害人受到的严重损害。这应当是维护刑事公正的基本内容，也是实现刑事公正的需要。

虽然证人在刑事诉讼中不是当事人，却是诉讼的重要参与人。他提供的真实证言，对于实现刑事诉讼公正具有极其重要的价值。因此，最大限度地保证证人作证和提高证言的准确度，是刑事诉讼的一项重要任务。而在保证证人享有必要诉讼权利的同时及时履行必要的义务，则是不可缺少的举措。它应包括：①依照侦查机关要求接受询问或者书写证言；②如实提供证言，不作伪证；③及时保全和提供证物；④拒绝作证应当承担一定的经济责任。只有这样才有可能较快地提高公民自觉作证的意识和发挥这一告知保障刑事诉讼公正的作用。

（3）审查起诉阶段权利义务告知的范围。在此阶段，确立人民检察院分别告知犯罪嫌疑人和其他诉讼参与人的诉讼权利，除了包括告知前述各个诉讼阶段均具有的权利义务之外，还须包括：要求检察机关听取自己的意见权；要求检察机关依法不起诉权；对检察机关依据刑事诉讼法第 142 条规定作出的不起诉决定不服，依法申诉权；对驳回申诉仍然不服，在法定期限向管辖法院申诉权。这最后一项诉权的增补，就在于该项决定的依据是以被决定主体被认为有罪。这与刑事诉讼法的第 12 条规定相矛盾。如果是错误的决定，被决定人实际上是蒙受了冤枉。这是与实现诉讼公正的宗旨相背离的。

犯罪嫌疑人是刑事诉讼的当事人，最清楚自己是否实施了被指控的犯罪。因此，其不仅应当享有维护自身合法权益的诉讼权利，同时也应当有义务和检察机关共同尽快地将事实真相查明。这种诉讼义务，实际上也具有当事人维护自己合法权益的价值。检察机关告知犯罪嫌疑人履行的义务范围，应当同于其在侦查阶段承担的诉讼义务的内容。这里不容忽视的是，在侦查终结后的审查起诉阶段，对于已给被害人造成损害的案件，立法上应当明确规定不论被害人是否及时提出赔偿要求，都应当将人民检察院告知犯罪嫌疑人有赔偿被害人的义务纳入告知范围。

对被害人应当确立在案件处于审查起诉阶段时告知其的诉讼权利，笔者认为，除了其在侦查阶段应当被告知的诉讼权利外，还应当告知要求并获得被检察机关听取意见权；不服检察机关对犯罪嫌疑人作出的不起诉决定，向上一级人民检察院提出申诉权或者直接向有管辖权的人民法院提起诉讼权。被害人在本诉讼阶段的义务，同于其在侦查阶段应当被告知的诉讼义务。

在这一诉讼阶段，告知证人的诉讼权利和义务的，应当同于其在侦查阶段的告知范围。

（4）刑事审判阶段诉讼权利义务告知的范围。刑事审判的不同审级作出的判决或者裁定，一旦发生法律效力，就决定了当事人的命运。错误的裁判，即使在以后得到纠正，不论是对哪一方当事人都会造成不应有的损害，甚至会造成无法弥补的严重后果。在人民法院对案件作出确定判决之前，尽可能提高人民法院、当事人和其他诉讼参与人之间诉讼权利义务衡平，就变得最为关键。那么，第一审、上诉审、死刑复核审和审判监督审阶段又该确立怎样的告知当事人和证人的诉讼权利义务范围呢？笔者以为，除了现行刑事诉讼法已经明确的诉讼权利义务之外,我国刑事诉讼法尚需对当事人增补下列可告知的诉讼权利：①被害人与被告人同时取得判决、裁定法律文书权；②被害人提出对判决有影响的新证据而检察机关拒绝抗诉时,对第一审裁判享有上诉权；③被告人拒绝以简易程序审判权；④被判处死刑的被告人申请由最高人民法院核准死刑判决权。

综上所述,我国刑事诉讼实现公正方面面临的迫切任务是尽快在立法上进一步完善诉讼主体诉讼权利义务的衡平的内容和告知程序。

十五、侦查程序比较研究[*]

考察中外不同国家不同历史时期同刑事犯罪作斗争的刑事诉讼程序,不难看出,尽管不同国家的政治制度、经济发展状况、文化传统和法制完善程度等方面有这样或那样的差异。但是,在对犯罪实行国家追诉主义的各个国家里,无不将对公诉案件的侦查程序作为刑事诉讼程序的一个重要组成部分。特别是近现代各国,已将侦查程序全面地纳入刑事诉讼法,使其成为同犯罪作斗争的一个有机环节。

无论在什么样的国度里,侦查程序都是指具有特定职能的法定机关通过侦查人员去发现、收集、保存、审查和判断证据资料,并根据认为真实且充分的证据去揭露案件真相,查获犯罪嫌疑人,证实其犯罪,由法定公诉机关对该人作出提起公诉的决定,以便管辖的法院对其作出正确裁判的准备程序。这就从根本上决定了侦查程序在刑事诉讼的全过程中,居于诉讼的要害位置,必须予以足够的重视。从颁布了刑事诉讼法典的国家看,通常将侦查程序作为一个独立的诉讼阶段,并被明确而

---

[*] 本部分内容摘自张玏主编：《刑事侦查程序研究》,中国人民大学出版社 2000 年版,第九章,收入本书时略有删改。

详细地摆在对公诉案件提起刑事诉讼之后，这一诉讼程序在法院对刑事被告人作出确定判决之前，因必须查明要指控的犯罪事实是否真实存在，确定被告人是否负有刑事责任，其责任大小等直接关系着刑事被告人切身利益的问题的需要，许多国家法律允许多次履行侦查程序，如意大利、法国、俄罗斯和中国等国家。这种在第一次侦查终结之后，案件已进入其他诉讼阶段所进行的侦查，为补充侦查。

关于侦查程序的具体法律规范，由于每个国家都有自己的国情，所以不同国家采用侦查程序的主体种类，适用的案件范围，应遵守的要求和具体程序等法律规定，无论在宏观上或在微观上都是同与异并存，只是同与异的量有大小之分。为了从其他国家借鉴有益的经验，下文拟对不同国家和地区的侦查程序以及一些直接相关的重大问题，予以比较、分析，并探讨当今各国侦查程序的异同和变化规律，找出完善此种诉讼程序的举措，从而推动中国侦查程序进一步完善和科学化。

（一）适用侦查程序主体的种类

侦查程序在刑事诉讼中担负着特定的诉讼任务。通常，各国侦查程序既担负发现、收集足以查明刑事案件真相的证据材料，证实犯罪，查获真正的犯罪人的任务；又担负着防止新的犯罪发生，使国家和社会公众的利益不再受犯罪行为损害的任务。这样的诉讼任务，决定适用侦查程序的主体不是任意机关或个人。各国法律对此均作出了明确而严格的限制。

鉴于不同国家之间经济、文化等许多方面不可避免、不同程度上的交往，相互影响与借鉴，导致刑事诉讼中适用侦查程序的主体种类虽有差别，却也存在某些相同之处。比较现代不同国家刑事诉讼法关于适用侦查程序主体的种类，归纳起来大体情况如下：

1. 警察机关。在不同的国家，就警察机关的性质而言，一般其为国家行政机关。但是，在同刑事犯罪作斗争的刑事诉讼中，往往被纳入刑事诉讼主体范畴，被法律确定为侦查机关，享有适用侦查程序权，并必须依照法定侦查程序为法定起诉机关做好提起诉讼的案件事实和指控刑事被告人犯有罪行的证据准备。在世界范围内，这类国家较为普遍，不限于大陆法系国家、英美法系国家，还包括具有这两大法系刑事诉讼某些特征的国家，以及社会主义法系国家。在适用侦查程序的各类主体中，警察机关居首位。例如，在近代最早出现警察机关的英国，警察机关的重要职责之一是对刑事案件进行侦查，伦敦警察局在内政部直接领导下，地方上也有数十个警察局有权适用侦查程序。又如美国，其仿效英国建立了警察机关，虽然全国没有统一的警察制度，但是联邦、州和地方均有警察局。在意大利、日本、法国等国设有警察局。中国的公安机关有权采用侦查程序与刑事犯罪作斗争。

2. 检察机关。关于检察机关的性质，在不同的国家有所不同。例如，在中国，宪法明确规定其为国家法律监督机关，依法有权适用侦查程序进行刑事诉讼活动。此外，也有许多国家将其作为国家公诉机关，与此同时，就它的性质而言，有些国家将检察机关法定为行政机关，但还有些国家将其纳入司法机关范畴。尽管有上述种种情况，然而都享有对刑事案件适用侦查程序的权力。例如，美国、日本、法国、俄罗斯以及中国等国家的检察机关均有权依法履行侦查程序。其中，有些国家的检察官不仅对刑事案件有侦查权，还有指挥、监督警察机关的侦查活动权，如法国、日本等。而中国的检察机关只能依法适用侦查程序和监督公安机关适用侦查程序是否合法，却无权指挥公安机关的侦查活动。

3. 审判机关。各国的审判机关即法院，依法都享有对刑事案件的审判权。它对被指控的刑事被告人有权依法作出是否有罪，应否处以刑罚以及处以何种刑罚的裁判。但是，在有的国家，法院并非只享有审判权，在有些时候还享有适用侦查程序权。如法国法院中设有预审法官。预审法官同司法警官、检察官都享有对现行重罪、轻罪的初步侦查权。该国预审法官有权根据案情需要签发传票、拘票、逮捕证和拘留证，审批羁押被告人。但是，法律还明确规定，预审法官有权依法进行一切认为需要查明案件事实真相的侦查活动。

4. 其他法定机关和人员。在刑事诉讼中，享有侦查权，可采用侦查程序的国家机关，在许多国家并不限于上述的几类主体，其他法定主体的种类多少，不同国家不尽相同，但都有符合本国国情需要的机构。例如，美国有对犯罪采用侦查程序的联邦调查局和中央情报局，中国有具有公安机关性质的国家安全局以及由司法部管辖的监狱。而在刑事诉讼中享有侦查权的人员，也不仅是司法警察、检察官等司法官员。有的国家，此种人员还包括依有关法律规定的其他人员，如在日本，不仅检察官、一般司法警察职员有侦查权，特别司法警察职员、监狱长或监狱的其他职员、森林管理局署的职员、皇宫卫官、邮政监察官、铁道公安职员、船员劳务官等法定人员也有侦查权。

从不同国家法定采用侦查程序的主体类别看，警察机关和检察机关在世界范围内占主要地位，是主流。这是各国长期同形形色色刑事犯罪作斗争经验的科学总结。其根本在于侦查的结果是检察机关决定是否对被告人提起公诉的基础和前提，而法院的任务是对被告人行使审判权。侦查程序由警察机关及有这一性质的其他法定机关、检察机关适用，可以有力地防止侦查与审判不分，法院先入为主，妨碍公正审判的弊端发生。为此，我们认为，在增强刑事诉讼公正需要的必然趋势下，法院不宜成为适用侦查程序的主体。

（二）适用侦查程序案件范围的类型

不同国家刑事诉讼中，侦查程序并非适用于一切刑事案件。由于当今世界上追诉犯罪的诉讼基本原则有国家追诉主义、国家追诉主义与私人追诉主义结合两种类型，从而决定了侦查程序适用的案件范围基本上分为以下两个类型：

1. 完全适用型，即指一切刑事案件被纳入刑事诉讼，认为应当追究犯罪嫌疑人、被告人刑事责任时，必须适用侦查程序，查明案件真相，收集充分、确实的证据，既要防止放纵犯罪，遗漏犯罪事实和犯罪人，又要防止误伤无辜。这限于追诉犯罪只实行国家追诉主义的国家。此类国家如美国、法国、日本、韩国、荷兰等。在这些国家中，刑事诉讼程序中的侦查程序适用的范围十分广泛。例如，在日本，即使属于告诉才处理的刑事案件，只要认为有追究被告人刑事责任的必要，均同其他刑事案件一样，当其被提起刑事诉讼后，都要适用侦查程序。

2. 不完全适用型，即指刑事诉讼中，一部分刑事案件的诉讼须适用侦查程序，而另一部分刑事案件不适用侦查程序。这在不同的国家适用侦查程序进行诉讼的案件范围不尽相同。如德国、俄罗斯和中国，不适用侦查程序的犯罪种类及其多寡有所不同。有的国家在刑事诉讼法规中，具体明确地规定了不适用侦查程序的案件种类和范围。在俄罗斯，法律明确规定了只有当法院或检察长认为必要才进行侦查。否则，不适用侦查程序。同时，未成年人或由于生理上或精神上有缺陷不能行使自己的辩护权的人所实施的一切犯罪案件，都必须进行侦查。另外，还规定了检察机关和内务机关侦查员，以及对某些案件有侦查管辖权的人各自可实行侦查的具体犯罪种类。此外，有的国家刑事诉讼法没有严格限定这类案件种类和范围。在中国，根据刑事诉讼法的规定，自诉案件不适用侦查程序。自诉案件包括三类：（1）告诉才处理的案件；（2）被害人有证据证明的轻微刑事案件；（3）被害人有证据证明对被告人侵犯自己人身、财产权利的行为应当依法追究刑事责任，而公安机关或者人民检察院不予追究被告人刑事责任的案件。

审视国际、国内社会发展趋势，不容置疑的是，犯罪变得越来越难以对付。因此，追诉犯罪实行国家追诉主义和私人追诉主义相结合的国家，有必要适当扩大国家追诉主义的适用范围。这也就是说，此类国家要根据客观需要扩大侦查程序的适用范围。只有如此，才有利于准确、及时地查清犯罪事实、查获犯罪人，有效地维护国家和社会公众以及被害人的利益。

（三）侦查程序的类型

综观近现代各国刑事诉讼法，关于各个侦查主体适用侦查程序所要完成的任务，无不是要迅速、及时地制止犯罪活动，并在法定的期限内，依照法定程序和要求寻找、收集和保存查明案件真相的证据，查清犯罪事实和查获犯罪人，为检察机关对刑事被告人提起公诉提供犯罪事实和确凿、充分的证据。这一共同特征，决定了不同国家的刑事诉讼法对于侦查程序的规定在宏观上不能不具有某些共同点。同时，由于不同国家国情总会有不可避免的差别，这又决定了不同国家确立的侦查程序在微观上有某些差异。

我们以侦查主体有权开始对案件适用侦查程序为角度划分

侦查程序的类型，虽然各国侦查程序在宏观上无不是始于侦查主体得知有关犯罪线索并认为可排除法定不提起刑事诉讼的情形，但在微观上，可分为以下三种不同类型：

1. 即时正式侦查型。这种类型的侦查，是指侦查主体一旦得到公民的告发、告诉、自首或在履行职务中发现犯罪线索，认为有可能发生犯罪时，立即进行侦查。属于此种类型的国家，不仅有英美法系的英国、美国等国家，也有大陆法系的德国等国家，还有具有两大法系某些特征的日本等。

在英美法系的英国，依照 1964 年警察法的规定，凡是从公民的告发中发现了犯罪，或者执勤警察或警方侦探发现了犯罪，就可以开始侦查。在美国，对于一般刑事案件，警察机关获知犯罪、目睹实施犯罪或接到犯罪行为的被害人控告时，开始侦查。

在大陆法系的德国，警察机关及其官员在得知犯罪后，要立即进行侦查。法律要求侦查机关立即采取一切可行的措施防止案件被掩盖起来，并要其将揭露犯罪的证据收集起来。检察机关在发现犯罪或犯罪嫌疑人时，也要立即进行侦查。

在具有英美法系和大陆法系某些刑事诉讼特征的日本，司法警察职员和检察官在接到知道有犯罪的人的告发、自首，或者接到被害人或其法定代理人的告诉得知有犯罪，或者履行职务发现犯罪嫌疑人时，依法立即开始进行侦查犯罪人和收集证据。

2. 初步侦查与正式侦查结合型。在有的国家，侦查刑事案件往往是分层次的，对许多刑事案件的侦查往往包括初步侦查和正式侦查两个部分。此类国家如法国、俄罗斯等。

在法国，根据刑事诉讼法规定，只要正式侦查尚未开始，司法警察官和司法警察对于触犯刑事法律的重罪、轻罪和违警罪，依职权或者根据共和国检察官的指令，应当进行搜查证据、追查犯罪人的初步侦查。对于重罪案件，在对其经过初步侦查之后，还要由法院的预审法官进行正式侦查（亦称预审）。对于某些犯罪和违警罪也要由预审法官进行正式侦查。凡是预审法官不能亲自进行预审的，可以委托司法警察官依照法律规定的条件和限制采用自己认为必要的方式侦查。对于经过初步侦查认为是轻罪或违警罪的案件，检察官认为有预审必要的，须交预审法官进行预审。这种预审是在对案件进行初步侦查的基础上进行的，是用以查明案情，认定犯罪事实，查明被控的嫌疑人的行为是否违反刑法的程序。此外，有的刑事案件还要由上诉法院起诉庭进行预审（正式侦查），以解决对被告人的指控是否有充分理由的问题。

在俄罗斯，对于有些必须要侦查的案件，调查机关在刻不容缓的情况下，可以采用包括勘验、搜查、提取、检验、拘留和询问证人、被害人的侦查行为，而后，将案件移交侦查机关侦查员进行进一步侦查。侦查员收到调查机关移送的案件后，还可以采取调查机关有权采取和无权采取的其他侦查行为，以便查明犯罪事实和收集到必要的、真实的、可供对案件作出正确处理的证据。但是，侦查员对于必须侦查的案件，有权在任何时候开始侦查，而不必等调查机关完成调查任务后进行。

3. 立案后侦查型。侦查程序始于侦查机关对案件作出立案决定之后，即侦查机关在获知有可能存在犯罪情况后，须以独立的刑事诉讼阶段对案件材料进行认真审查，在认为存在犯罪事实并应当追究犯罪嫌疑人刑事责任时，作出立案决定，对于已立案的刑事案件方可以开始侦查，这时刑事诉讼才进入法定侦查阶段。此种类型的国家，如中国。根据中国刑事诉讼法规定，人民检察院和公安机关对于举报、报案、控告和自首的材料，按管辖范围迅速审查，认为有犯罪事实需要追究刑事责任的时候，予以立案，立案后的案件方可进行侦查。

比较上述三种不同类型的侦查程序，可以说各有千秋，但是第一、第三种类型又有某些不足。基于今日之世界已进入电子时代，人类社会发展的趋势是科学技术的不断进步，这固然给人类社会带来巨大的益处。但是，不能不看到这样的客观事实，即犯罪手段越来越具有利用现代科学技术的特点，更加难以查清。因而它一旦发生，给国家和社会公众造成的危害往往比较严重。这就要求侦查机关及时采取侦查手段，否则，势必会因为措施不及时和不适当，削弱查明犯罪、查获犯罪人和犯罪证据的力度。因此，侦查主体在获知有可能存在犯罪的线索之后，立即进行侦查而不能只限于调查的迫切性已明显地摆在我们面前。同时，我们还必须看到，侦查主体获知可能存在犯罪的线索之后，如果全力进行正式侦查，难以完全排除在某些情况下的盲目性。司法实践证明，侦查主体获知的某些线索可能并不真实。不考虑这种因素的存在，不仅有可能不应有地侵害了公民、法人的合法权益，而且会浪费不必要的人力、物力和时间，因此削弱对真正犯罪的打击力度。

笔者认为，比较适当的侦查程序是，侦查主体在得知可能存在犯罪线索或信息之后，应当立即采取初步侦查活动。但是，进行初步侦查可采取的侦查行为应当限制在一定范围。由于对案件进行了初步侦查，犯罪是否存在比较清楚，能够在相当大的程度上排除各类法定不追诉的情形。在此前提下，对认为发生的犯罪作正式侦查。概括起来，即初步侦查与正式侦查相结合的侦查程序。对于中国来说，立法上有必要在立案前，允许侦查机关在接到告诉、告发、自首或履行职务发现犯罪线索后，可采取一定限度的侦查行为，以此提高立案质量和侦破

犯罪、打击犯罪的力度，增强保护公民、法人合法权益的
强度。

（四）侦查程序中对人身和对物的主要防范措施

同刑事犯罪作斗争，特别是同危害国家和社会公众利益的
犯罪作斗争，是一项十分复杂的工作。侦查主体在侦查阶段既
要防止犯罪人逃跑、自杀，又要有效地防止其毁灭罪证、继续
犯罪；既要尽速查明犯罪事实，又要尽速收集到确实、充分的
证据；既要有效地制止犯罪，又要竭力将受害人受到的危害减
小到最小程度，并力争得到应有的补偿。为此，各国法律都在
不同程度上赋予侦查主体在侦查犯罪嫌疑人或刑事被告人的过
程中，采取一定种类的对犯罪嫌疑人或被告人的人身防范措施
和对与案件有关的物的防范措施。

不容忽视的是，采取对人身的防范措施和对物的防范措
施，有可能使犯罪嫌疑人或刑事被告人的合法权益在侦查阶段
受到不应有的损害。因此，各国普遍对适用人身防范措施和对
物防范措施的前提条件作了具体规定。如意大利刑事诉讼法典
对人身防范措施和对物的防范措施的适用分别作了专章规定。

比较不同国家刑事诉讼法关于人身防范措施和对物的防范
措施的规定，可见相应措施的种类、范围和名称以及适用的条
件和程序不尽相同。这里仅就最严厉的人身防范措施和最严厉
的对物的防范措施予以比较研究，并分析采用这类防范措施应
当解决好的问题。

1. 最严厉的人身防范措施的比较。总的来看，各国刑事诉
讼的侦查阶段，法律确定的对犯罪嫌疑人或刑事被告人可采取
的人身防范措施是多种多样的。如意大利法定的人身防范措施
有禁止出国、被告人按法官要求在规定的日期和时间向司法机
关报到、限定被告人居住地、住地逮捕被告人、预防性羁押

等。在俄罗斯，法定对被告人实行包括逮捕、拘留在内的羁押，对现役军职人员的刑事被告人由指挥机关监督。在中国，依据刑事诉讼法规定对人身防范措施有拘传、取保候审、监视居住、拘留和逮捕。

各国对于侦查中对犯罪嫌疑人和刑事被告人采用人身防范措施都是有条件限制的。如现行意大利刑事诉讼法典对此作了专门规定。作为对人身自由的限制，一般适用的条件是：（1）只有当存在重大的犯罪嫌疑时适用人身防范措施。（2）如果查明有关行为是基于正当原因而实施的或具有不可处罚性，或者如果查明存在使犯罪消灭的原因或使可能被科处的刑罚消灭的原因，不得适用任何防范措施。依法需要采用人身防范措施的情况限于以下几类：①必须进行有关的侦查活动，同时又存在可能妨碍调取证据或者有损于证据的真实性的具体危险；②被告人曾试图逃跑或者存在逃跑的危险，同时法官认为他可能被判处两年以上有期徒刑；③根据犯罪的具体方式和情节以及被告人的人格，有理由认为被告人将使用武器及其他施加人身暴力的手段或者旨在侵犯宪制秩序的手段实施严重的犯罪，或者实施有组织犯罪或与被追究的犯罪相同的犯罪。

至于选用哪种人身防范措施更适当，各国法律既作了原则规定又分别作了具体规定。这里从最严厉的人身防范措施的适用看，各国共有的一种是逮捕，在有的国家称为羁押。这种在一定期限内完全限制犯罪嫌疑人或刑事被告人人身自由的措施，以其在侦查过程中侦查主体采用这种措施的权限、方式的具体情况相区分，大致分为两类：

（1）相对严格型，即侦查主体在对刑事案件进行侦查的过程中，对犯罪嫌疑人或刑事被告人予以逮捕，并非必须持逮捕证。通常对犯罪嫌疑人或刑事被告人实施逮捕有两种法定情形，即无证逮捕和有证逮捕。属于此种类型的国家如英国、德国、日本、法国、美国等国家。在这类国家中，一般实行有证逮捕，并对批准逮捕作了限制，以便公民人身权利受到不应有的损害。如美国宪法第四修正案，对于逮捕权限制为：保证人民享有人身、住房、书信和财产，不得无理抓捕和搜查的权利不受侵犯。除非经过口头宣誓或书面声明证实的，尤其是有描述的要搜查的地点、要搜捕的人或要扣押的财物的大致确实的诉因，否则就不应当签发逮捕状。在许多州的宪法中也包含了这类限制。在这些国家中，通常是当侦查机关认为在侦查过程中需要逮捕犯罪嫌疑人或刑事被告人时，必须向有管辖权的法院提出请求，经法官审查批准后，才能执行逮捕。但是，在某些紧急情况下，警察或检察官可先对犯罪嫌疑人或刑事被告人进行逮捕，然后补办批准逮捕的法律手续。这种情况的逮捕称为无证逮捕。这类国家实行有证逮捕，都由法院批准后进行。如英国，根据治安法院法的规定，签发逮捕证由治安法院法官负责。警察在侦查犯罪过程中，认为需要逮捕犯罪嫌疑人或刑事被告人时，必须请治安法院法官签发逮捕证。在日本，刑事诉讼法明确规定，检察官、检察事务官或司法警察员在有充分理由足以怀疑被疑人曾经犯罪需要逮捕他时，应当向有管辖权的法院提出请求。审判官在认为有充分理由足以怀疑被疑人曾经犯过罪时，应当签发逮捕票。但是，在认为显然没有逮捕必要时，审判官有权不予签发。这里所指的司法警察员只限于由国家公安委员会或都道府县公安委员会所指定的警部以上的人员。

在采取有证逮捕和无证逮捕的国家，无证逮捕通常限于对现行犯适用，并在法律上有具体范围规定。如意大利刑事诉讼法典第 380 条，规定了三大类必须当场逮捕的情况。它包括当某人被当场发现实施应判处无期徒刑、5 年以上有期徒刑的既遂或未遂的非过失犯罪；刑法典规定的蹂躏罪和劫掠罪；依法应判处 3 年以上有期徒刑的侵犯公共安全罪；奴役罪；依法应判处 5 年以上有期徒刑的，以恐怖主义或颠覆宪法制度为目的而实施的犯罪；以及属于告诉才追诉的犯罪，当提出告诉等特定情形。与此同时，该国法律还规定了可当场逮捕的各类情况，如某人被当场发现实施依法应判处 3 年以上有期徒刑的既遂或未遂的非过失犯罪或者实施了依法应判处 5 年以上有期徒刑的过失犯罪及刑法典规定的腐蚀未成年人罪、人身伤害罪、盗窃罪、非法侵吞罪等，有制止犯罪活动必要的，并且要以行为人的行为的严重性、危险性或者有关行为的情节有合法依据时，才能够当场逮捕。又如日本，该国刑事诉讼法规定，检察官、检察事务官或司法警察职员，在有充分理由足以怀疑被疑人已犯过符合于死刑或无期徒刑或最高刑期为 3 年以上的惩役或监禁罪的，当情况紧急来不及请求审判官签发逮捕票时，可以在告知理由后将被疑人逮捕。然后，立即请求审判官签发逮捕证。如果审判官不签发逮捕证，应当立即释放被疑人。该法还规定，任何人都可以没有逮捕证逮捕现行犯。关于现行犯法律限制的范围是：正在实施犯罪，或者刚实行完犯罪的；被追呼为犯罪人的；持有赃物或持有可以认为是曾经供犯罪使用的凶器或其他物件的，身体或服装上有犯罪的显著痕迹的，受盘问而准备逃跑的。此外，对于适用罚金 500 元以下、拘留或罚款罪的现行犯，当其住所或姓名不明，或犯罪人有逃亡可能的，也可予以无证逮捕。这种无证逮捕，事后亦应由有权的侦查主体报请法官审批。检察官、检察事务官或司法警察员在紧急情况下的无证逮捕，该国称为"紧急逮捕"。在美国，许多州的法令中通常允许警官或者公民对于重罪，在目睹重罪犯时，实行无证逮捕。这种无证逮捕已扩及对轻罪或违反公益的犯罪。但法律限定实行无证逮捕必须根据大概确实的诉因和有合理可信的根据，如加利福尼亚的刑法典对此就有具体规定。

（2）绝对严格型，即在侦查过程中，无论是在怎样的情况下，侦查主体要完全限制犯罪嫌疑人或刑事被告人的人身自由，必须依照法定程序请求法定机关审查批准后，持证实施。如中国。依照中国刑事诉讼法的规定，在侦查阶段侦查机关逮捕犯罪嫌疑人必须经过人民检察院的审查批准。这包括公安机关和国家安全机关认为对犯罪嫌疑人需要逮捕时，以及人民检察院侦查部门在侦查过程中认为需要采取逮捕措施时，都要经人民检察院审查批准。与此同时，即使在紧急情况下，侦查机关也要持经批准的拘留证才能限制犯罪嫌疑人的人身自由。中国对于实行逮捕和紧急情况下采取的刑事拘留措施，都有严格的法定适用条件和程序。

比较上述两种最严厉的人身防范措施，笔者认为，中国的做法更符合中国国情，更有利。这是因为，中国公安机关和人民检察院二者之间的关系不同于日本等一些国家。这二者在刑事诉讼中是平等的，公安机关只接受后者对自己的侦查活动是否合法进行监督，但侦查活动不受其指挥。这样有助于充分发挥侦查机关或侦查部门侦查犯罪的积极性和主动性。同时，公安机关、国家安全机关采取逮捕犯罪嫌疑人措施又必须经过人民检察院批准，这样有助于防止发生不应有的侵犯犯罪嫌疑人的人身权利。而采取不严格型的人身防范措施的国家，警察机关的侦查活动要受检察机关的指挥或制约。因此，它只有把批准逮捕权赋予法院，才能纠正侦查活动中不正确的对犯罪嫌疑人或刑事被告人的人身自由的限制。

对于严重的现行犯、有可能继续犯罪的人，如果均采有证防范措施，就有可能失去战机，甚至因制止犯罪不及时而造成严重后果。笔者认为，对中国刑事诉讼法关于法定属于拘留的情形，在立法上应当改为侦查机关在侦查中可以采取无证拘留措施。拘留犯罪嫌疑人后，要立即上报有权签发拘留证的机关审批。如果法定审批机关在一定的时间内不批准拘留犯罪嫌疑人，侦查人员应当立即释放。这里所说的一定时间，不宜长。

值得注意的是，一些国家在采用最严厉人身防范措施时，能够较好地照顾到被疑人或刑事被告人的某些特殊情况。如意大利刑事诉讼法典专门规定了选择防范措施的标准，对于被告人是正在怀孕的妇女、正在哺乳子女的母亲、处于特别严重的健康状况的人或者超过 65 岁的老人，一般不适用预防性的羁押措施，除非存在非常严重的防范需要。此外，对于正在接受戒瘾治疗的吸毒或酗酒的被告人，如果中断治疗计划有可能影响被告人脱瘾时，不是出于非常严重的防范需要，也不适用预防性羁押措施。在中国，对于应当逮捕的犯罪嫌疑人，如果其患有严重疾病，或者是正在怀孕的妇女，哺乳自己婴儿的妇女，可以不予逮捕，采取取保候审或者监视居住的防范措施。在有的国家，虽然没有在刑事诉讼法典中对此作具体规定，但是对此仍有原则规定。如蒙古，其法律要求侦查员、检察长除法律规定的情形外，还应当考虑提出的控诉的严重性，嫌疑人或被告人的身份及职业特征、年龄、健康状况、家庭状况和其他情况。

同时，为了防止不应有的侵害犯罪嫌疑人或刑事被告人的合法权益，各国法律对于在侦查阶段对被羁押人可以羁押的最长期限，羁押后侦查人员必须进行的诉讼行为应当遵守的时间，以及对于侦查程序中羁押的原因消灭或有违背法律规定的情况，必须要改变或撤销羁押等重要问题都作了具体的规定。例如，在意大利，对于开始执行羁押到未作出提交审判的决定的合法期限，因依法应判处的被告人刑罚的轻重不同而不同。对依法应判处 6 年以下有期徒刑、20 年以下有期徒刑、无期徒刑或 20 年以上有期徒刑的，预防性羁押最长的期限分别为 3 个月、6 个月和 1 年。同时，还要求在初期侦查过程中，法官应当立即对处于预防性羁押状态的人进行讯问，除非执行中遇到严重障碍，否则在任何情况下应当在羁押开始执行时起的 5 日之内。如果在规定的期限内法官没有进行讯问，那么，在初期侦查期间决定的预防性羁押立即丧失其效力。释放被羁押人后，在预先进行询问并查明符合采取羁押条件的，法官才能根据公诉人的要求重新决定适用预防性羁押措施。此外，对于超过法定羁押期限的，已采取的羁押也丧失其效力。又如在日本，司法警察员根据逮捕证实施逮捕后，认为有拘禁必要的，应当在被疑人人身受拘束后的 48 小时以内，办理将被疑人连同文书及物证一并移送检察官的手续，否则应释放被疑人。关于起诉前的羁押期间及其延长的问题，法律明确规定对于依法羁押被疑人的案件，从请求羁押之日起 10 日以内没有提起公诉时，检察官应当立即释放被疑人。即使因为不得已的原因，审判官可以根据检察官延长这一期限的请求延长期限，但是总计不得超过 10 日。如果属于法定的某种情况下，可再行延长这一期限，总计不得超过 5 日。这种在逮捕被疑人之后，侦查人员应采取的诉讼行为受时间和限制的做法，对于防止不应有的侵害被疑人的合法权益，促进侦查人员依法办案是有益的。与此相比，中国在这方面的立法尚需要进一步完善。例如，应补充规定侦查机关逮捕犯罪嫌疑人后，在法定讯问期限内未予讯问的，如果没有正当理由，逮捕的效力丧失等。这样，会大大地促进侦查人员严格执法，更好地保证侦查质量和提高办案效率。

需要看到，在有些国家的法定侦查程序中，对嫌疑人或刑事被告人采取逮捕这一严厉的人身防范措施的同时，还实行保释制度，如美国、英国等。在这些国家中实行这种制度是有一定条件限制的。如美国，如果所犯罪的罪属于死罪，而且罪证确实和可供推断的证据是大量的，通常法官有权拒绝保释。这种在一定情形下允许刑事被告人缴纳一定数量的保释金就可以获得释放的制度，在有些情况下不仅不会妨碍刑事诉讼活动的正常进行，而且还会减轻羁押场所的负担，解决被告人的某些困难，因此适当地运用是有一定积极意义的。

2. 最严厉的对物的防范措施的比较。比较不同国家刑事诉讼法关于侦查机关在侦查刑事犯罪过程中采用对物的防范措施的种类，较严厉的措施包括查封、扣押和冻结财产。概括各国采用这类防范措施的主要特点，有以下几个方面：

（1）以对物的防范目的和范围划分扣押物的类型，有预防型和预防与保全结合型两类。

①预防扣押型，即防止证据丧失型。这类国家很多。通常，这些国家将其作为保全证据的一种手段规定在刑事诉讼法典中，如法国、日本、俄罗斯、蒙古和中国等。在法国，刑事诉讼法对于侦查现行重罪和轻罪明确规定：司法警察官知悉有现行重罪案件时，应当立即通知共和国检察官并亲自前往重罪现场勘查，采取一切有效措施，务必保持即将消失的可疑的罪迹和一切有利于表现真相的东西。凡供犯重罪使用的或者准备实施重罪使用的武器和工具，以及一切看来是来源于犯罪的产物都应予扣押。如日本，该国刑事诉讼法典对扣押及搜查作了

专章规定，它要求法院在认为必要时，可以将证物或认为应当没收的物品查封。检察官、检察事务官和司法警察员认为侦查犯罪有必要时，可以根据审判官签发的命令文件实行查封。再如蒙古，法律规定侦查员或调查员有充分理由认为在某些地点或者在某些人身边存放有对案件有意义的物品或文件时，应当要求他交出这些物品或文件，并予以扣押。如果该人拒不交出，应当强制扣押。还规定，侦查员或调查员在有充分理由认为在某处房舍或其他处所或在某人身边，隐藏着正在被搜查的人或犯罪工具，犯罪品和犯罪所得的贵重物品，以及可能对案件有意义的其他物品时，应当进行搜查并予以提取。

②预防扣押与保全扣押结合型，即扣押与犯罪有关的物证与扣押赔偿损害物相结合型。此类国家的侦查机关在侦查犯罪中，扣押物有双重目的和任务，一方面要防止能够用来查明案件真相的证据丧失，另一方面要保证受害方的损失得到最大限度的补偿。如意大利，刑事诉讼法典既将扣押作为收集证据的方法加以规定，同时又以专章规定了对与犯罪有关的物的预防性扣押和保全性扣押。前者是为保全证据。依照法律，当对与犯罪有关的物品的自由支配有可能加重或延续犯罪的结果或者有可能便利其他犯罪的实施时，法官根据公诉人的请求，可以作出扣押上述物品的决定。后者是指如果确有理由认为缺乏或者将丧失支付财产刑、诉讼费用或者其他应当向国库缴纳的款项的保障，公诉人可以要求对被告人的动产或不动产或者归属于他的钱财实行保全扣押；如果确有理由认为缺乏或者将丧失对产生于犯罪的民事责任的担保，民事当事人可以依法要求对被告人或民事责任人的财产实行保全性扣押，根据公诉人的要求而决定的扣押也可使民事当事人受益。如蒙古，为了保证附带民事诉讼或者可能没收财产，侦查员或调查员依法应当冻结

被告人、嫌疑人或者对被告人或嫌疑人的行为依法有物质责任的人的财产。

根据修正前的立法规定，中国属于第一种类型的国家。中国对于侦查阶段对物可采取的措施只限于对发现的可用以证明被告人有罪或者无罪的各种物品和文件进行扣押，而没有对保护民事当事人的利益作出明确的规定。但是，在司法实践中需要给被害人以赔偿而得不到赔偿的情况较多，重要原因之一是对可用以补偿的对象没有及时控制。因此，中国刑事诉讼在完善对物的防范措施上，有必要既规定预防扣押又规定保全扣押。修正后的刑事诉讼法有了进一步的完善。依照修正后的刑事诉讼法第117条的规定，人民检察院、公安机关根据侦查犯罪的需要，可以依照规定查询、冻结犯罪嫌疑人的存款、汇款。但是，犯罪嫌疑人的存款、汇款已被冻结的，不得重复冻结。

（2）各国对侦查阶段采用查封、扣押或冻结财产的防范措施的权限有严格限制。通常除遇有特别紧急的情况外，侦查人员必须依法提出请求并经法定机关批准之后方可进行。

这一特点在不同国家具体做法不完全相同。如在日本，根据该国刑事诉讼法规定，检察官、检察事务官或司法警察职员，在认为侦查犯罪有必要时，可以根据审判官签发的命令文件，实施查封、搜索或勘验。这种命令文件的内容有法定项目。它要求应当记载被疑人或被告人的姓名、罪名、应查封的物件、发出的日期及其他事项，并由审判官在上面签名、盖章。又如意大利，根据刑事诉讼法典的规定，当对与犯罪有关的物品的自由支配有可能加重或延续犯罪的结果或者有可能便利其他犯罪实施时，当确认有理由认为缺乏或者将丧失支付财产刑、诉讼费或其他应向国家缴纳的款项的保障时，当可使民事当事人受益而需要扣押时，公诉人的要求或民事当事人的要求，只有经法官裁定并作出附有理由的查封扣押命令后方可进行。再如蒙古，其刑事诉讼法明确规定，当侦查员在有充分理由认为在某些地点或某些人身边存放对案件有意义的物品时，应当要求他交出来并予以扣押；拒不交出的，强制扣押。但是，这种扣押，侦查员、调查员必须提出理由并经检察长批准后，方可进行。

各国为了保证侦查机关顺利地完成承担的侦查任务，其法律允许在紧急情况下，可先行采取搜查、扣押的措施对有关物予以防范。例如，在日本，刑事诉讼法规定当检察官、检察事务官或司法警察职员依法逮捕被疑人或逮捕现行犯时，认为有必要，可以在现场查封有关的物。又如蒙古，其法律允许在紧急情况下，侦查人员搜查并扣押有关的物，可以不经检察长批准，但必须在 24 小时内，将此情况报告检察长。

此外，有些国家对特定的人的居住处所进行搜查或扣押，要由特定的人同意才能进行。如蒙古，其法律规定在外交代表占用的房舍和外交代表成员及其家属居住的房舍搜查、扣押，非经外交代表请求或同意，不得进行。

（3）法律对侦查机关实行扣押的时间和具体程序有较严格的要求。各国侦查机关对与犯罪有关的物实行扣押，大都在搜查、勘验现场的过程中实现。由于对物的扣押直接关系着持有被扣押物人的切身利益，并有可能妨碍其周围人的合法权益，因此关于扣押在一定场所的物的时间和具体程序应当有严格的法律规定。

从对一定场所搜查并在此过程中对有关的物进行扣押的时间上划分，大体有两类情形，即限制型与无限制型。前者主要是指对住宅等处的有关物的扣押有时间限制，后者是指对住宅等处的有关物的扣押无时间限制。前者如法国,依照法国刑事诉讼法典规定,除法律另有规定外,搜查住宅不得在 6 时前和 21 时后进行。因此扣押住宅中有关的物,也必须在允许的期间内进行。对于刑法典中的某几类犯罪,法律允许侦查机关在白天或夜间的任何时候进行搜查和扣押有关的物。这种场所是指旅馆、公寓、寄宿舍、酒馆、俱乐部、舞厅、演出场所及这些地点的附属部分及任何向公众公开的或成为公众使用的场所甚至妓院。再如日本,根据该国刑事诉讼法典的规定,在命令文件上没有记载在夜间也可以执行查封票或搜查票时,不得为了执行查封或搜查,在日出前或日落后进入有人居住或有人看守的宅邸、建筑物或船舶内。只有认为是常用于赌博、彩票或妨害风化行为的场所、旅馆、饮食店或其他在夜间公众也可以出入的场所,执行查封票或搜查票才不受前述时间限制。又如蒙古,其法律规定扣押和搜查应当在白天进行。但是,对白天从几时到几时未作具体要求。在意大利,要通过搜查住宅或者靠近住宅的封闭地点扣押有关的物,依法应当在 7 时之后至 20 时之前。遇有紧急情况,可依司法机关决定进行,不受前述时间限制。后者无限制型的如中国。中国刑事诉讼法规定侦查机关可以对与犯罪有关的场所进行搜查,扣押有关的物。但没有对搜查认为可能藏有犯罪物品的住宅等场所的时间作出限制。

比较上述两种类型的立法,笔者认为,侦查机关在侦查阶段采取扣押与犯罪有关的物的侦查行为,虽然一方面应当注意防止不应有的侵害公民的合法权益,另一方面应当注意防止对查明案件真相有意义的证据丧失。但是,以国家和社会公众利益的需要来衡量这两方面的重要性,后一方面更为重要。因此,侦查机关在侦查阶段要想完成好所担负的任务,扣押与犯罪有关的物的时间,确立除特殊情况的扣押必须由有决定扣押的机关予以限制外，一般采用可以在任何时间依法扣押的原则较为适当。

关于扣押与犯罪有关的物，各国法律都规定了实施扣押的具体程序。但不同的国家对此规定的具体程序不尽相同。各国关于扣押有共同的做法，如对扣押物开列详细的清单，并交物品的持有人或其他有权获得的人；对不易搬动的扣押物品进行原地封存；扣押时，要有见证人在场，等等。从不同国家的立法上看，有些国家对于实行扣押的程序规定得比较全面，如意大利，不仅规定了扣押的一般程序，而且规定了对扣押令的复查程序和返还被扣押物的程序，以及有关刑事扣押的费用的支付程序。这种全方位的对扣押程序的规定，有助于侦查机关正确执行扣押，在有力地减少和防止造成不应有的保全证据和其他有关财物的同时，又能不损害被告人的合法权益。

（五）侦查中止、补充侦查和侦查终结

刑事犯罪是一种十分复杂的社会现象，发现时，往往时过境迁，加之犯罪人大都在犯罪后千方百计毁灭罪证、制造假象，力图逃避法律制裁。因此，侦查机关在侦查阶段查明犯罪真相、查获犯罪人会遇到种种困难。在侦查犯罪案件过程中，在某些情况下侦查不得不中止；在某些情况下，即使侦查已结束却还要进行补充侦查。无论从理论上或从侦查实践看，在某些情况下侦查中止和补充侦查是不可避免的。而侦查终结则是侦查程序开始后不可缺少的诉讼阶段。从不同国家的立法情况看，有些国家对侦查中止、补充侦查和侦查终结分别作了明确规定；但有些国家却没有规定侦查中止，而只对补充侦查和侦查终结作了规定。

1. 侦查中止，亦即中止侦查。它不同于侦查终结，是指在对刑事案件进行侦查的过程中，遇有某些情况不得不暂时停止侦查，一旦使侦查停止的原因消灭或产生补充侦查的必要，即恢复侦查。从现有资料看，西方一些国家的刑事诉讼法一般对此没有作出专门规定。但是，在俄罗斯、蒙古等一些国家的刑事诉讼法典中作了专门规定，对中止侦查的条件都有严格的限制。如在俄罗斯，只有属于下列情况之一的情形，侦查员才能中止侦查：刑事被告人隐匿起来而逃避侦查或审判，或者由于其他原因没有判明他的所在地点时；在刑事被告人患有精神病或者其他重病时；在没有查明应当确定为刑事被告人时。这种中止侦查是以在中止侦查之前，侦查员实施了刑事被告人不在场也可以实行的一切行为，采取必要的措施努力去发现刑事被告人而仍没有查获或没有确定刑事被告人为前提的；是以医疗机关的医师证实刑事被告人精神失常或者处于其他重病的情况下，或者难以判明刑事被告人患病的性质而将其安置在医疗机关进行观察为需要的场合下。而查找刑事被告人的行为，也可以在侦查中止的同时进行。从诉讼程序上看，法律要求中止侦查或恢复侦查都要由侦查员提出理由，并由其作出附有理由的决定。如果一案有数名被告人，中止侦查的理由不是关系到所有被告人，侦查员可以中止对个别刑事被告人的侦查，也可以酌情中止对全案的侦查。中止侦查后再行恢复侦查，必须在法定的时效范围之内，如果刑法规定的时效期限届满，应当终止诉讼。此外，蒙古刑事诉讼法典也作了此类规定。

在刑事诉讼的侦查阶段，中止侦查就是停止采用侦查手段追查犯罪，如果适用不当，在客观上容易造成证据丧失或犯罪人给社会造成新的危害。因此，中止侦查的条件必须十分严格，需要将其限制在竭尽全力也暂时无法将诉讼程序进行下去的范围之内。法律应当明确规定在中止侦查的同时，侦查机关依法应当委托有调查权的机关对该案继续进行调查，并努力消灭造成中止侦查的原因，尽速恢复侦查。从俄罗斯、蒙古两国关于中止侦查适用的条件和要求看，是比较完善的，既有利于防止中止侦查发生放纵犯罪的问题，又有助于促进侦查人员发挥消灭中止侦查原因、积极开展侦查活动的主动性。

2. 补充侦查。发现犯罪、揭露犯罪和证实犯罪是一个复杂的过程，由于各种主客观因素的干扰，侦查人员在法定的期限内绝对完成好这一任务是很难完全做到的。侦查人员对案件事实的认识也是逐步深入的。在有些时候，即使认为可以终结侦查并终结侦查之后，有可能事后自行发现或由审查部门审查后发现不足，尚有需要进行补充侦查的必要，或者由于客观情况的变化，也出现了需要补充侦查的情形。因此，补充侦查作为侦查程序的一个组成部分是必要的。

从不同国家刑事诉讼法对于采用补充侦查的规定看，详细程序有差别，其中有的国家规定得比较简单。但是有的国家不仅一一列举了可适用补充侦查的各类情形，而且对于适用的具体程序也分别作了明确的规定。前一种国家如意大利。该国法律允许公诉人在法院发出审判令之后，对于自己向法院提出的要求可以补充侦查。但是，需要有刑事被告人或辩护人参加的侦查活动除外。后一种国家如俄罗斯。在该国刑事案件被侦查终结，刑事被告人或其辩护人依法了解全部案件材料后，可以请求补充侦查。当刑事案件在检察长提起公诉前经法院处理庭对案件审查后，如果认为原调查或侦查不充分，而且不能在法庭上弥补，或者进行调查或者侦查的时候，有严重违反刑事诉讼法律的行为，或者有理由向刑事被告人提出与以前的控诉有关的另一控诉，或者变更为更重要的控诉，或者按实际情况将起诉书中的控诉变更为与之有重大差别的控诉，或者案件不可分开，有理由追究本案其他人的刑事责任，或者将案件不正确地合并或分开时，法院应把案件发还检察长。检察长要按照管辖把案件移送给侦查员或调查员进行补充侦查。法院将案件发还检察长，须作出附有退回补充侦查理由的裁定。蒙古等国家也有类似做法。

与俄罗斯等国家相比，中国法律虽然允许人民检察院在审查公安机关移送的案件后，认为事实不清或证据不足时可以将案件退回公安机关予以补充侦查，但法律没有具体、全面地规定应当补充侦查的程序。只是规定，侦查机关对于人民检察院审查的移送案件被要求补充侦查时，应当补充侦查，这种补充侦查可进行两次，每次须在一个月内补充侦查完毕。

3. 侦查终结。侦查终结是侦查程序中一个不可缺少的组成部分，是侦查程序的最后一个阶段，也是各国法律要求侦查机关对犯罪嫌疑人或刑事被告人作出是否追究他的刑事责任的时刻。有些国家对侦查终结作出了专门规定，如意大利、蒙古和中国等；有的国家虽然没有以专章或专项规定侦查终结，但在侦查程序中有某些相应的内容，如德国、法国等国家。不论哪种情形的国家，刑事案件经侦查后，都是侦查机关认为已查明案件情况，并认为根据获取的证据能够对案件作出处理决定时，终止侦查。

关于侦查机关对刑事案件决定侦查终结应当遵守的要求，不同国家的法律规定的明确度、周密度有所差别。以此作标准来划分类型，基本上有以下两类：

（1）法律明确地将侦查终结规定为侦查阶段的一个独立的诉讼环节，确立了侦查终结必须遵守的条件和程序。此种类型的国家，如俄罗斯、蒙古和中国。但是，在不同国家，法律对此规定的完善程度不同。

在俄罗斯，刑事诉讼法对侦查终结作出了较详尽的专门规定。依照法律规定，侦查员对刑事被告人能够并作出提起公诉决定；或者作出将案件移送法院考虑采用医疗强制方法的问题的决定；或者作出终止刑事诉讼的决定；或者作出终止刑事诉讼而将材料移送法院以便采用行政处分办法的决定时，宣告侦查终结。依照法律要求，侦查员认为侦查已经终结，所收集到的证据已经足够作成起诉书的时候，必须通知被害人及其代理人、民事原告人、民事被告人或者他们的代理人，并应当同时向他们说明，他们有权利了解案件材料。当上述人用口头或书面方式提出这种申请时，侦查员应当使被害人及其代理人、民事原告人或者他的代理人了解案件材料，使民事被告人或者他的代理人了解有关民事诉讼的案件材料。如果在侦查中采用过录像或录音，被害人申请了解时，应当为他们播放。对于上述各类人员了解案件有关情况事项，应当制作笔录，写明被了解的案件材料及他们申请的内容。如果是书面申请，必须将其附入案卷。如果侦查员拒绝上述人的有关申请，也应当作出说明理由的决定，并向提出申请的人宣告。对于刑事被告人，侦查人员决定侦查终结的，要向他宣告并告知其有权亲自或由辩护人帮助了解案件全部材料，以及可以申请补充侦查。侦查员应根据刑事被告人的要求将全部案件材料提供给他和他的辩护人。案件材料包括侦查中所作的录音和录像。经刑事被告人或他的辩护人请求，侦查员可以准许他们各自单独了解案件材料。如果一案有数名刑事被告人，侦查员应当向每一个刑事被告人提供全部案件材料。刑事被告人和他的辩护人了解案件所需要的时间不受限制。但是，侦查员认为刑事被告人及其辩护人显然在拖延了解案件材料的时间时，有权作出说明自己理由的决定，经检察长批准，限制他们了解案件材料的时间。刑事被告人在了解案件材料的过程中，有权摘录必要的资料，当刑事被告人及其辩护人了解案件材料后，侦查员必须问明他们是否申请补充侦查以及要求侦查什么。侦查人员认为应当就此终止刑事诉讼的，应当作出说明理由的决定。决定的内容，法律要求要有诉讼的要点和终止诉讼的理由，并解决关于物证、撤销强制处分和扣押财产问题。作为诉讼法律文书的这一决定，侦查员应当签名，并记明制作决定书的地点和时间。与此同时，不仅要书面通知刑事被告人、被害人和曾经申请提起诉讼的个人或机关，告知声明不服的有效期间和程序，还要将决定副本报送检察长。对于侦查终结认为应当采用社会制裁、纪律制裁或者行政处分的，侦查员在终止刑事诉讼的同时，应当通知有关的组织或行政当局，以便采取相应的制裁措施。侦查员关于终止刑事诉讼的决定被检察长认为不当时，可以撤销原决定，作出恢复刑事诉讼的决定。此外，在某些法定情况下，刑事被告人反对终止刑事诉讼的，侦查员应作出恢复诉讼的决定。

与俄罗斯相比，蒙古关于侦查终结的立法与其相似。而中国则与其不同，如关于侦查终结的条件等问题尚需进一步完善。

（2）法律没有明确地将侦查终结规定为侦查阶段的一个独立的诉讼环节。此种类型的国家为数不少。如法国、德国等国家都是如此。但是，在司法实践中却不能不进行属于侦查终结范畴的诉讼行为。如日本，对于司法警察员对刑事犯罪的侦查，法律要求在其对犯罪侦查终结后，除法律特别规定外，应当迅速地将案件连同文书和证物一并移送检察官。但经检察官指定的案件，不在此限。再如法国，法律要求预审法官在正式侦查一结束，立即将案卷转报共和国检察官。预审法官认为不构成重罪也不构成轻罪或违警罪，或者犯罪人尚未被察觉出来的，或者尚不存在足以控诉被告人的罪行时，应当作出裁定宣布诉讼停止进行。预审法官还应当同时作出决定，归还扣押物品，并结算诉讼费用。预审法官认为事实构成轻罪的，应将该案件转至轻罪法庭。当案件移送违警罪法庭或轻罪法庭时，预审法官应当将案卷连同自己作的裁定一并送交共和国检察官。

上述两种类型的立法和司法情况相比，笔者认为，不论是否将侦查终结作为侦查程序的一个独立的诉讼阶段加以规定，客观上侦查机关对于进入侦查程序的任何刑事案件都必须履行相应的程序，在一定的时间内结束这项诉讼活动，并要根据不同情况对刑事案件作出处理结论。因此，以立法形式明确地对此作出规定，全方位地考虑案件情况，严格规定侦查终结应当遵守的条件和程序，更有助于侦查机关保证侦查质量和推动刑事诉讼活动的顺利进行。俄罗斯等国家的做法，对于刑事诉讼目的的实现有积极意义。

综上所述，笔者认为，一个国家的刑事诉讼法是否将侦查终结确立为侦查程序中的一个独立阶段，并且对其规定是否完善、科学，是这个国家刑事诉讼法发展水平的重要体现，各国在立法时，都应当给以足够的关注。

十六、关于提前介入的思考*

在我国刑事诉讼中，提前介入这种做法最早产生于 1983 年的"严打"斗争中，后来逐渐被一些地方的人民检察院和人民法院作为贯彻"依法从重从快"办案方针的一个重要方法加以采用。近几年，许多人民检察院和人民法院在办案中仍采用这种方法，同时有的同志提出要把提前介入作为人民检察院改革办案制度的突破口。这就不仅使它有被充分肯定、普遍推广

---

　* 本部分内容系与张仲麟合作撰写，刊载于《法学研究》1991 年第 3 期。

之势，而且要以此来改革人民检察院的办案制度，因而引起了刑事诉讼法学界的关注。鉴于任何一项刑事诉讼制度的改革，都直接关系着司法机关的办案质量，关系着公民的合法权益，并与国家的长治久安息息相关。因此，我们认为对于提前介入这种做法，有必要予以认真思考。

从当前的司法实践看，人民检察院所实行的提前介入，大体上是指人民检察院的刑事检察部门，在依照我国刑事诉讼法的规定正式受理公安机关移送的刑事案件之前，派员参与公安机关对刑事案件的侦查、预审活动。这包括参与公安机关对刑事案件进行的现场勘查、侦查实验、复验、复查、尸体检验，参与现场勘查中的临场讨论；参与预审中对案件的性质、证据以及其他重大问题的专门讨论，发表意见，对公安机关的违法行为提出纠正意见和建议等。这种做法早已取得公安机关的同意。但是无论是公安机关还是人民检察院对提前介入的范围、方式、程序、原则，以及介入机关的诉讼地位等重要问题，并没有作出统一规定。因而，不同地区的人民检察院，同一地区的不同人民检察院，甚至同一人民检察院对不同的刑事案件，提前介入的具体做法也不尽相同。

对于提前介入这种做法，有些同志认为，它有助于落实"从重从快"办案方针中的"快"字，有助于人民检察院加强对公安机关侦查活动的法律监督，应当肯定并加以推广。笔者对此不敢笼统地苟同。

笔者认为，如果把提前介入作为人民检察院加强对侦查活动进行法律监督的一种措施和手段，有必要在司法实践中加以探索，并要在不断总结实践经验的基础上，逐步使之完善。这是由人民检察院是我们国家法律监督机关的性质决定的。人民检察院依法有权对公安机关的侦查活动是否合法实行监督。这种法律监督的目的和作用是为确保公安机关对刑事案件的侦查质量，以便做到正确、及时、合法地追究犯罪，保护无辜者及被告人的合法权益不受损害。司法实践中，人民检察院所实行的提前介入，如果是以对公安机关的侦查活动是否合法而进行法律监督为出发点和目的，并以此为归宿，似乎可称为"同步监督"。在确定它为这种性质的前提下，人民检察院派员参与公安机关的侦查、预审活动，则只能以法律监督者的身份参与，处于法律监督的地位，行使法律监督职责和职权，不能超越这一范围。它不能妨碍公安机关依法履行职责和行使职权，也不能公、检两家不分，形成共同办案，更不能越俎代庖。具体地说，人民检察院的派员，在提前介入期间，只能依法了解公安机关侦查活动是否合法，发现有违法行为时，依法及时提出并加以纠正。以保证公安机关对刑事案件进行的侦查活动和作出的处理结论正确、及时、合法，为人民检察院能够对这部分刑事案件是否批准逮捕、提起公诉、免予起诉作出正确、及时的处理决定打下良好的基础。

至于人民检察院对于自己直接受理的刑事案件的侦查活动，同样需要加强法律监督。如果人民检察院也采用这种提前介入做法，笔者认为必须切实注意防止过去那种"一竿子插到底"做法中的某些弊端的再现。

值得注意的是，在司法实践中有些人民检察院采用提前介入做法，不是注重加强对公安机关侦查活动执法情况的法律监督，而更多地甚至完全是为了节省办案时间，从而使得这种介入形成了公、检两机关共同办案。对于这种做法，笔者认为很值得商榷。

笔者认为，在同刑事犯罪作斗争中，对那些严重危害社会治安的犯罪分子"依法从重从快"打击是正确的。而这一办案方针中无论是"从重"还是"从快",都是为了正确、及时、合法地打击犯罪。"正确"与"及时"相比,前者占首位,后者服从前者。这就是说,"从快"必须保证办案质量。"快"和"慢"是相对的。这一方针中的"从快",是要求司法机关对严重危害社会治安的犯罪案件的处理,应当使用更多的力量,在法定时间内抓紧时间,工作安排上要摆在重要位置。办案人员尽职尽责地办案,所花的办案时间又是保证办案质量所必需的时间,不论这个必需的时间有多长,只要在法定时间内完成某项诉讼活动,都符合"从快"办案方针的要求。笔者不否认,实行提前介入可以使检察人员直接地、及时地了解案情,能够较快地形成对案件事实、证据的看法,作出处理决定所用的时间会少于以往。然而我们也必须看到,这种既能够节省办案时间又能够保证办案质量的情况往往只体现在少数案件甚至个别案件的处理上。因为从确保办案质量这一根本点去衡量,只有某些具有丰富的法律知识、司法实践经验、有很强的社会主义法律意识以及其他良好素质的办案人员,才有可能在这种情况下对案件作出正确处理结论。而要所有刑事案件在这种情况下都能迅速作出正确处理,那么仅凭办案人员个人的素质是不够的,还需要有切实可靠的防漏、防错的诉讼程序和诉讼制度作保证。况且我国的检察人员的素质还不能完全达到应有高度。如果我们对当前司法实践中这种实际上公、检联合办案的做法进行全方位的分析,不难看出这种提前介入存在至关重要的欠妥之处,主要反映在以下几个方面:

1. 共同办案式的提前介入,不符合我国法律对于公、检、法三机关在刑事诉讼中的相互关系的规定,它将会削弱公安机关同检察机关在刑事诉讼中应有的制约作用。与其他国家不同,依照我国宪法和刑事诉讼法的规定,在刑事诉讼中公安机关、人民检察院和人民法院都是独立的诉讼机关，这三个机关之间相互无从属关系，而是实行分工负责、互相配合、互相制约原则。这三个机关各有自己的职责和职权，在相互关系中分工负责是基础、是前提，占第一位，起决定性作用，互相配合、互相制约是分工负责的派生物。如没有分工负责，配合和制约就无从谈起。在刑事诉讼中，公、检、法三机关之间上述三种关系准则的建立，是为了正确、及时、合法地完成刑事诉讼总任务。根据我国刑事诉讼法的规定，对刑事案件的侦查、对被告人拘留、预审，由公安机关负责。批准逮捕和检察（包括侦查）、提起公诉，由人民检察院负责。这里所指的侦查，是指人民检察院对自己直接受理的刑事案件进行侦查，以及对公安机关移送的案件进行审查后的补充侦查，而不是在正式受理公安机关移送的刑事案件之前同公安机关一同侦查。审判由人民法院负责。由此可见，公安机关对于属于自己直接受理的案件进行侦查、预审应当是独立进行，不受人民检察院的指挥。人民检察院只能依法对公安机关的侦查活动是否合法进行监督。这种监督主要体现在正式受理公安机关移送请求批准逮捕、提起公诉或免予起诉的案件后，通过审查批捕、审查起诉环节作出处理决定，实现与公安机关的互相配合、互相制约，即支持公安机关的正确意见，纠正公安机关的违法行为和错误决定。司法实践充分证明了只要公、检、法三机关严格按照法定分工履行职责、行使职权，就能形成三条有效地防漏防错的防护线，确保办案质量。但是，目前司法实践中有些人民检察院实行的提前介入做法，往往是侧重于节省办案时间。这样做极易发生公、检二机关在侦查中职责混淆不清，不仅破坏了分工负责的原则，而且会大大削弱甚至取消相互制约的作用。

2. 这种做法有碍于公安机关充分发挥办案的主动性、积极性和责任感，导致公、检两家之间产生新的矛盾，使人民检察院在对公安机关移送案件的是否批准逮捕、起诉或免诉问题上陷入被动局面。这是因为，一方面，人民检察院实行这种提前介入，会使公安机关侦查人员误认为人民检察院对自己不够信任，由此产生消极情绪，甚至抵触情绪，从而很可能使案件的正确处理不必要地花费更多的时间；另一方面，由于公安机关对刑事案件的处理意见，特别是对被告人逮捕、提起公诉或免予起诉的意见能否成立，最终取决于人民检察院。这样势必使公安机关在进行侦查、预审活动中，在对案件事实和证据的认定等重要问题上更多地受人民检察院"介入"人员看法的影响，从而会使公安机关侦查人员减弱办案的责任感，增加对人民检察院的依赖性。对于人民检察院来说，这种超过必要限度的提前介入，不仅会侵犯公安机关的侦查权，妨碍公安机关充分履行职责，而且一旦人民检察院对公安机关移送的案件经过认真审查，认为需要退回补充侦查或者作出否定决定时，公安机关将不易接受，导致人民检察院的批捕、起诉工作陷入被动局面。此外，这种"介入"还会形成公、检两方面人员责任不清，从而在侦查过程中发生互相推诿的现象，影响案件正确、及时地处理。

3. 检察人员容易产生先入为主，使审查批捕、审查起诉工作流于形式。由于检察人员提前介入，即同公安机关侦查人员共同经历了对刑事案件进行侦查的过程，因此在该过程中检察人员必定会形成对案件的看法，即有了成见。这样，当该检察人员正式受理这一刑事案件进行审查和作出处理决定时，已形成的看法不可避免地会发生作用，甚至起主导作用。如果原看法正确，固然有助于案件得到正确、及时处理；但是如果原看法不正确，由于有了成见，往往很难听取不同意见，致使审查批捕、审查起诉这一防错防漏的关键环节流于形式，结果会导致对案件作出错误决定。

也许有的同志会提出，为什么其他许多国家检察机关对警察机关的侦查活动"介入"程度那么大却能行得通？笔者认为，我国情况不能与外国简单地类比。的确，有许多国家，甚至可以说多数国家检察机关参与警察机关的侦查活动的深度和广度均大大超过我国检察机关。具体地说，那些国家的检察官依法不仅有权参与警察机关的侦查活动，而且有权监督、指挥司法警察的侦查活动，如美国、法国、日本等。然而这类国家却注意采取其他环节来补救这种"介入"的不足，通常主要由法院来实现。就批准逮捕权而言，当检察官确认对刑事被告人应当逮捕时，须请管辖法院批准，自己无权决定对刑事被告人逮捕。关于对被告人提起公诉，这类国家的检察官往往无最后决定权，却由法院的特定机构审查决定。例如在美国联邦及其半数的州，检察官认为需要提起公诉的，必须提交大陪审团审查决定。如果大陪审团审查后认为不符合起诉条件，检察官无权提起公诉。又如法国，对于重罪案件的起诉，检察官须报请上诉法院起诉庭审查决定。在苏联，对于应当由国家安全机关和内务部门侦查的案件，苏联的检察机关可以对他们的侦查活动实行法律监督，而对应由检察机关自行侦查的案件，则可以通过包括侦查员独立进行侦查的原则等项内部机制加以制约。此外，即使有些国家没有设置特定的制约检察官提起公诉中的偏差的机构，也因实行律师及时参与刑事诉讼制度，而得到一定弥补。一旦公民被作为犯罪嫌疑人、被告人被讯问，被告人可请律师维护自身合法权益。这样，由于律师的及时介入，可以相对地减少和防止警察机关和检察机关在刑事诉讼中的侦查、起诉阶段的某些错误，有助于保证检察官的办案质量。还应指出，在这些国家的刑事诉讼中一般都实行法官、检察官独立行使自己的职权的制度。这种制度本身，就在刑事诉讼中形成了强有力的制约作用。与此相适应，这些国家法律规定对检察官的任职条件要求比较高。相比之下，我国情况与那些国家有很大不同。如果仍采现在这种提前介入的做法，却又没有相应的有力机构和制度予以弥补，就不可能真正确保办案质量。

还需要指出的是，有些人民法院也实行提前介入的做法，用以解决加快办案速度问题。这大体表现在以下两个方面：（1）当某一刑事案件发生后，一接到公安机关的通知，就不待公安机关侦查终结和人民检察院提起公诉，便派出审判人员同公安机关的侦查人员和人民检察院的检察人员一起赶赴现场，了解第一手材料，熟悉案情，增加感性认识。案件一旦被侦破，人民法院便立即组成合议庭。合议庭成员则到公安机关了解现场勘查、取证情况，查证案情；审阅被告人交代材料和旁证；在发现问题时，提出建议等，为开庭审判做准备，以便案件一经人民检察院提起公诉，便可立即开庭审判，作出判决。（2）第二审人民法院不等当事人提出上诉，便派审判人员旁听一审人民法院对刑事案件审判的全过程。当被告人提出上诉后，可迅速开庭作出二审裁判。

笔者认为，人民法院的这种提前介入在极个别的情况下可能对刑事被告人的裁判也是正确的。但是，如果将这种做法推而广之，作为一般程序适用，是不可能普遍确保案件质量的，对于正确实施刑法、完成刑事诉讼任务十分有害。它将导致审判人员先入为主，使第一审、第二审的审判走过场，使防止错诉、漏诉、错判的一道道不可缺少的防护线失去应有的作用。从实质上说，这种提前介入不仅完全违反了刑事诉讼法关于公、检、法三机关在刑事诉讼中应当遵守的关系原则的规定，而且破坏了法定刑事诉讼活动必须遵循的诉讼程序要求。笔者认为这种做法是不妥当的。

综上关于提前介入的思考，笔者认为，司法机关改革办案制度是必要的，也应当积极探索，但是为了确保办案质量，防止事与愿违的情况发生，须更加慎重。当前首要的是司法机关要切实依法办案，真正尽职尽责。司法实践将会继续证明，公、检、法三机关严格依法把住各自关口，就能较好地保证办案质量，也会较好地做到及时审结案件。与此密切相关的是，须进一步做好司法人员的政治、思想、业务水平的提高工作。执法人员的素质好，再加上科学的诉讼制度，司法机关在维护国家长治久安中，必定会显示出巨大作用。

十七、提高侦诉质量途径的思考[*]

现今，犯罪的复杂性使侦查机关完成好侦查任务的难度大大增加了。同时，由于有些侦查人员的业务素质不高或者职业道德水平没有达到应有的要求，从而造成一些案件的侦查质量低，达不到提起公诉的条件和法庭所要求的证据标准。例如，由于侦查人员正确判断能力不强，没有及时地将应当获得和能够取得的重要证据纳入视野，使其永远丧失；或者由于侦查人员破案求快、省力，而采取刑讯逼供等违法手段收集证据资料，造成证据不充分、不真实，导致错捕或者降低起诉效率。出现此类问题，不仅影响及时有力地打击犯罪，而且影响了对当事人合法权益的维护。

（一）我国不适宜实行侦查、起诉一体化

如何才能更好提高侦查质量，是理论界和司法业务部门都

---

[*] 本部分内容刊载于《国家检察官学院学报》2002 年第 1 期，收入本书时略有删改。

十分关心的问题。对此，有的人主张采取有些国家的做法，实行侦查、起诉一体化，警察机关的侦查活动要接受检察官的指挥，检察官可以随时取代司法警察的侦查而自行进行侦查，并且将批准逮捕权赋予法院。从我国具体国情看，笔者认为这种做法对于我国是不适宜的。其主要原因在于：

1. 我国检察机关与实行侦查、起诉一体化的国家的检察机关性质不同。我国宪法规定，人民检察院是国家法律监督机关。而在实行侦查、起诉一体化的国家，检察机关只是国家的公诉机关。如果我国也采取侦查、起诉一体化，并且不改变检察机关现在的性质，那么，对侦查活动的监督无疑完全是自行监督。事实上，任何自行监督的作用都是极其有限的，并且往往会流于形式。至于对公安机关的侦查活动是否合法进行法律监督，也就会成为空话。这不仅与我国检察机关现在的性质不相符，而且实际上是对及时发现、纠正公安机关侦查中发生的问题和切实维护人权的一道有力保障的毁灭。所以，将检察机关确定为公诉机关的国家，由于实行侦查、起诉一体化，而不得不将批准逮捕权赋予法院，以此弥补起诉前的诉讼缺乏防错屏障的弊端。

2. 我国公、检、法机关的刑事诉讼关系原则是分工负责、互相配合、互相制约。在刑事诉讼中的公安机关（包括国家安全机关）与人民检察院是各自独立的国家专门机关，有各自的案件管辖范围和职权分工。在诉讼程序上，侦查和审查起诉是两个不同的、各自独立的阶段，案件侦查终结和提起公诉有法定条件。公安机关对受理的案件是否立案侦查，对犯罪嫌疑人是否逮捕或者提请起诉能否被认可，必须移送人民检察院审查决定。但是，这种制约并不是单向的，而是相互的，即承担侦查的机关有权对检察机关的有关决定提出异议，维护自己认为正确的做法。这就使得除了人民检察院自己直接受理之外的公诉案件，在人民法院对其开庭审判之前，已经经过了独立的、严格的核实程序的专门审查。由于公、检两家是两个独立的诉讼机关，因此通过执行刑事诉讼法第 87 条、第 66 条至第 72 条、第 136 条、第 137 条、第 140 条和第 144 条的规定，基本可以保证侦查质量、适用逮捕措施的正确性和对当事人的人权保护。人民检察院直接受理的案件的立案侦查，由人民检察院内部设立不同的专门机构，分别依照分工负责、互相配合、互相制约原则承担相应的任务。因此，总体上看，只要公安机关和人民检察院能够认真按照诉讼关系原则办案，就能够较好地保证侦查质量和起诉效率。

如果我国采取某些国家的上述做法，实行侦查、起诉一体化和法院决定逮捕，实际上在相当大的程度上会将保证侦查质量和起诉效率的工作纳入人民法院，导致审判前防止侦查和起诉差错的保障十分薄弱。与此同时，尽管人民法院承担侦查或者审查批准逮捕的法官不参加对该案件的审判，但仍难避免有审判不公之嫌。

3. 严格执行现行有关法律规范可以保证侦查质量和公诉效率。尽管现行刑事诉讼法已有的某些规定还比较原则、不够明确，可操作性不够强，但是这些规定是侦查质量和公诉效率的基本保证，并且长期的司法实践已经证明它们是可行的、成功的规范。例如，刑事诉讼法关于审查批捕、关于审查起诉和公安机关提请复议、复核等规定。刑事诉讼法存在的某些不足，不是必须改变我国检察机关性质才能解决的问题，而是可以通过进一步完善立法解决的问题。

（二）当前提高侦查质量的途径

鉴于上述实际情况，今后要提高我国刑事侦查质量和起诉的效率，当务之急是需要努力做好两件事：

1. 在有关法律得到完善之前，承担侦查任务的公安机关和人民检察院要切实履行现行法律规定。

2. 进一步强化检察机关对承担侦查任务机关的侦查监督。这就是说，立法机关要尽快弥补立法上存在的影响人民检察院充分发挥法律监督作用的不足。例如，对于刑事诉讼法第66条关于"必要的时候，人民检察院可以派人参加公安机关对于重大案件的讨论"的规定，立法上需要明确这里的"必要"所指的正确含义；认为有必要的主体以及检察人员参加讨论的性质、任务、职责和职权。从保证侦查质量和效率的需要看，有时人民检察院派人参加公安机关对于重大案件的讨论上是有益的，但以公安机关认为有必要而向人民检察院提出请求，并且人民检察院也认为必要的时候适用此项规定比较适宜。再者，对于检察人员参加这种讨论的规范，应当明确规定检察人员必须认真听取侦查机关有关案件事实和证据情况的全面介绍和充分听取他们的意见之后，发表意见和建议。这样有利于防止先入为主，发生误导，及时帮助侦查机关发现和弥补不足。又如，对于刑事诉讼法第140条的立法，需要明确在人民检察院决定退回补充侦查时，必须说明具体理由和需要补充的内容。这样有利于侦查机关及时正确地完成补充侦查任务。此外，还需要在立法上赋予检察机关更有力的法律监督权和进一步明确侦查机关必须完成任务的具体要求。这样，有利于侦查机关达到侦查终结的要求和提高审查起诉效率。

现在，值得注意的是，有的检察机关为了保证侦查质量和提高审查起诉的速度，推行"侦诉协同"制度，实行提前确定案件公诉人，公诉人提前介入侦查活动，对案件的侦查内容和方向、认定事实及证据等方面提出意见和建议等。这样的结果，实际上是将提前介入侦查活动的检察人员与审查起诉者合二为一，审查起诉这道法定防错屏障也就随之被拆除。从确保起诉质量看，这种提前确定案件公诉人并由其提前介入侦查活动的做法是不可取的。适宜的举措是提前介入侦查活动的检察人员，不得承担审查起诉，否则就背离了刑事诉讼法的立法原意。

如前所述，执法人员的业务素质和职业道德对于保证侦查质量和诉讼效率也是非常重要的因素。在解决侦查质量问题上，解决人的素质方面的问题，虽然我国已经作了许多努力，并且已见成效，但仍需继续努力。

总之，我国现行有关保证侦查质量和起诉效率的法律规范，虽然需要进一步完善，但基本上是科学的、成功的、可行的。实践证明，实现刑事司法公正，绝不是靠简单的国家扩大法院职权、缩小检察机关或者警察机关的职权所能奏效的。

十八、关于检察机关错捕赔偿程序的设想 *

国家赔偿法是我国公民、法人和其他组织在合法权益受到国家机关和国家机关工作人员违法行使职权的损害后，得以要求和取得国家赔偿的重要法律依据和保障，是国家用以减轻和挽回国家机关和国家机关工作人员违法行使职权造成的损害所不可缺少的补救措施。根据该法第 15 条和第 19 条的规定，没有犯罪事实而被错误逮捕的受害人，有权请求并取得作出错误逮捕决定的国家机关赔偿给其造成的损害，作出错误逮捕决定的国家机关是赔偿义务机关，依法必须对其错误行为所造成的损害予以赔偿。依照我国刑事诉讼法规定，逮捕某公民必须经

＊　本部分内容刊载于《检察理论研究》1995 年第 1 期。

过人民检察院批准或人民法院决定。因此，对于没有犯罪事实而作出错误逮捕决定的，如果是人民检察院所为，由作出该错误决定的人民检察院承担赔偿给受害人造成损失的义务；如果是人民法院所为，作出该错误决定的人民法院有义务依法赔偿给受害人造成的损失。

但是，对于赔偿错误批准逮捕的程序问题，国家赔偿法只作了较原则的规定，至于赔偿义务机关如何进行这项工作，并未作出相应的程序规定。而这一问题又直接关系着国家赔偿法能否真正落到实处，关系着受害人能否及时得到应有的赔偿。因此，解决人民检察院关于赔偿错捕程序问题已迫在眉睫，人民检察院必须在国家赔偿法正式实施之前，制定出一套完善的错捕赔偿程序规定。

（一）人民检察院办理错捕赔偿案件的基本制度

1. 人民检察院建立错捕赔偿程序，需要坚持两个前提：有利于准确判定请求事实，理由是否确实、可靠、正当、合法；有利于迅速作出正确处理决定。

2. 基于上述前提，人民检察院在办理请求错捕赔偿案件中，需要坚持以下几项办案制度：

（1）实行回避制度。凡是具有刑事诉讼法第 23 条规定应当回避的情形，案件承办人应当自行提出回避请求；请求赔偿人有权要求承办人回避；办案机构领导人有权决定承办人回避。这是保证请求赔偿得到正确处理的必要措施之一。

（2）实行三级查定制度。办理请求赔偿案件是一项十分严肃而又比较复杂的工作，需要有一定的配合与制约，因此，对请求赔偿案件实行三级查定制度较为适宜。它依次分为：①收案人初查定；②承办人实查定；③主管部门领导人终查定。

（3）实行承办人对请求事实查定责任制度。

（4）实行主管部门领导人对请求事实适用法律查定责任制度。

（5）重大、疑难案件，实行检察委员会审批责任制度。

上述制度，便于分清岗位责任，加强办案人员责任心，为考核检察人员工作业绩提供便利。

（二）人民检察院具体承办请求赔偿错捕案件的机构

笔者认为，鉴于请求赔偿错捕案件性质实为控告申诉部门承担查纠申诉案件的任务，且该部门有助于防止对该案先入为主，因此，由控告申诉部门承担办理赔偿错捕任务比较合适。

（三）人民检察院承办请求赔偿错捕案件的程序

笔者设想可采取以下步骤：

1. 接受、初查。对于口头或书面提出赔偿错捕损失请求的，一律接受。对于没有书写能力的，应告知其可委托他人代写；对于口头请求的，接待的检察人员应当制作笔录，并当即向请求人宣读，待请求人确认无误后，由请求人签字或盖章，注明日期。

接受请求案件的检察人员，必须查明：（1）请求是否属于本院管辖。对于不属本院管辖的，应当及时移送有管辖权的国家机关，并及时通知请求人。对于口头请求的，如果不属本院管辖，必须将有管辖权的国家机关当即告知请求人。（2）请求是否符合法定要求，即查明书面请求是否记明国家赔偿法第12条规定所列事项。对不符合要求，必须记明的事项而没有记明的，必须及时通知请求人补充。（3）请求是否具有法定时效。对于超过国家赔偿法第32条规定的国家赔偿时效的，应当及时通知请求人，并备案待查。

上述工作，应当在接到请求后 5 日内完成，并将符合法律规定请求条件的及时移交部门负责人。

初查的任务是正确确定依法应当承办的请求，使请求及时得到办理，并为承办人减少不必要的工作量，以便集中审查实体问题。

2. 实体审查，认定请求事实、理由，提出处理意见。部门负责人应及时将收到的请求分交承办人具体审查，提出处理意见。承办人必须查明：（1）请求事实是否真实，是否属于国家赔偿法规定的刑事赔偿范围，请求人是否没有犯罪事实。（2）请求理由是否正当、合法。（3）请求人受损失而应当予以赔偿的实际情况。

办案人员在进行上述审查中，有权通知请求人到场，接受询问；有权到有关部门进行调查、取证。被调查的机关、公民必须如实提供情况。

办案人员对请求进行全面实体审查后，对请求事实、理由作出认定，并提出赔偿损失方案。从接案之日起，应在一个半月之内，写出《审查、处理报告》，连同有关材料一并报送部门负责人审批。

3. 主管部门负责人终查，作出处理决定。主管部门负责人收到承办人移送的请求材料和《审查、处理报告》后，在7日内对该案作出处理决定。如发现请求人所提事实不清，应当交承办人迅速查实。在终查中，尤其应当审查承办人处理意见是否正确、合法。

4. 制作、送达赔偿损失决定书。请求赔偿错捕损失案件经上述程序，作出处理决定后，承办人应当制作赔偿决定书，写明处理的理由和法律依据、赔偿数额、领取赔偿费的机构和时间等。与此同时，还应当写明请求人如对该决定有异议，有权申请复议的法定时间和接受复议的机关名称。在法定期限内将该决定书送达请求人。

5. 制作、送达驳回请求决定书。对于请求赔偿错捕损失案件进行上述程序审查后，对于不符合国家赔偿法规定的，作出驳回请求决定书。在该决定书中，应当写明驳回请求的理由和法律依据，并注明可申诉的时间和复议机关的名称。

6. 善后工作。请求赔偿的公民对人民检察院作出的赔偿决定无异议的，根据国家赔偿法第 30 条规定的精神和要求，人民检察院须主动同受害人原所在单位、居住地基层组织进行联系，拟定宣布赔偿受害人损失决定的时间、地点和参加的人员。宣布赔偿决定时，受害人或其委托人、原单位领导及群众代表应当出席，为其恢复名誉，赔礼道歉，消除错捕造成的不良影响。对于因被错捕而丧失党籍、工作的，人民检察院应当协助解决。

承担复议责任的人民检察院，复议程序可参照上述程序确定。不同的是，作出处理决定，应当写明不服复议决定请求人有权申请赔偿的时间和办理此类案件的人民法院名称，以便保证请求人具有的合法请求权得到充分行使，所受损失得到应有的赔偿。

（四）分清错捕责任，合理追偿赔偿费

人民检察院的性质决定检察人员必须向人民负责。为了增强办案人员的工作责任感和提高社会主义法律意识，对造成错捕的原因应当查明并分清责任。根据国家赔偿法第 24 条的规定，笔者认为，承办请求赔偿机构在办案过程中，应当查明错捕原因，并根据实际情况，确定责任人应付的赔偿费，以便减少国家不应有的损失和教育责任人。鉴于造成错捕原因是多方面的，为了使请求人及时得到赔偿，人民检察院和人民法院应当共同制定追偿错捕赔偿费的规定，以便使追偿做到公平。

追偿赔偿费，可分为下列三种情况：

1. 检察人员具有国家赔偿法第 24 条第 2 项规定的情形，构成犯罪的，依法送交有关部门追究刑事责任，并追偿全部赔偿费。对于尚未构成犯罪的，应当酌情予以行政处分，并追偿全部赔偿费。

2. 对由于工作极端不负责任，明显可以避免错捕而没有避免的，应当予以行政处分，调离检察业务岗位，追偿 2/3 的赔偿费。

3. 由于案情复杂，并非出于办案人员工作不负责任导致错捕的，办案人员应当从中吸取深刻教训，不予追偿赔偿费。

追偿赔偿费，应当由承办请求赔偿案件的机构与有关部门密切联系，认真听取出现错捕部门的意见，在全面地、实事求是地研究后提出追偿意见，报院检察委员会审批。

特别应当注意的是，为了更好地办理请求赔偿案件，做到合理地追偿赔偿费，人民检察院各个部门均应实行岗位责任制度，制定岗位责任条例，使每个办案人员明确所任职务必须达到的要求，以及违反规定应负怎样的具体的责任和承担怎样的后果。这是保证人民检察院实施法律监督质量所不可缺少的。

十九、公诉制度研究 *

经验告诉我们，要正确认识事物并促使其发展，必须首先揭示其实质并找出它的发展变化规律。对于公诉制度，也是如此。为了把我国公诉制度发展成为完善的、具有中国特色的、符合客观发展变化规律的公诉制度，我们有必要研究和揭示世界不同国家公诉制度的共性和发展变化的普遍规律，找出应当

---

* 本部分内容刊载于《检察理论研究》1992 年第 2 期，收入本书时略有删改。

借鉴的好经验。鉴于公诉制度所包含的内容十分丰富，笔者仅就公诉制度中的几个基本问题，即公诉制度的概念、性质和内容，公诉制度与检察制度的关系，公诉制度发展变化规律和趋势，我国公诉制度所具特色及其发展完善问题，作初步探讨和研究。

（一）公诉制度的概念、性质和内容

这里所谈公诉制度是泛指，无地域、国别和时间限制，既指中国的公诉制度，也指外国的公诉制度；既指以往的公诉制度，也指当今现行的公诉制度。

众所周知，概念是思维的基本形式之一，反映客观事物的一般特征、本质特征，是人们在认识事物过程中，把所感觉到的事物的共同点抽出来，加以归纳概括的结果。要得出公诉制度的概念，同样必须经历这一思维升华的过程。

1. 追诉制度的类型。综合考察古今中外不同国家追诉犯罪的制度，从一些基本点进行分析、归纳，可以将其划分为两大类：（1）以被害人、与被害人利益相关的人，或扩及一切个人为追诉犯罪主体的追诉制度，称为私诉制度。其特点是：①追诉犯罪与否，取决于被害人及其他个人的意愿和所处境遇；②追诉犯罪的宗旨是维护被害人的利益；③追诉犯罪的成功与否无可靠的保障。（2）以国家设置的专门追诉机关，配备的专职国家追诉官员为追诉犯罪主体的追诉制度，称为公诉制度。其特点是：①追诉犯罪与否，取决于国家和社会公众利益的需要，不完全或完全不受被害人等个人意愿左右；②追诉犯罪的宗旨是维护国家利益和社会公众利益；③追诉犯罪有国家强制力和由国家提供各种必要条件做保障。

2. 公诉制度只与私诉制度相对，笔者不同意公诉制度与自诉制度相对的观点。这是基于下列理由：（1）在词义上，公与私相对。"公"代表国家，"私"代表个人，而"自"则指己身。个人的范围不限于己身。（2）在刑事诉讼中，不代表国家，仅代表个人对犯罪进行追诉的制度有三种：①被害人及其法定代理人追诉犯罪的追诉制度，亦称自诉制度。②被害人的亲属为维护被害人利益，在被害人没有追诉犯罪情况下对犯罪进行追诉的制度。③与案件无任何利害关系，只为维护被害人利益的个人追诉犯罪的追诉制度，亦称公众追诉制度。由此可见，自诉制度与私诉制度不能等同，前者只是后者中的一种。所以，认为公诉制度与自诉制度相对，显然不妥。

3. 公诉制度的特征。比较研究不同国家的公诉制度，我们可以清楚地看到，尽管同一时期不同国家或同一国家不同时期有某些差别，但是代表国家对犯罪的追诉，均具有相同的一般特征和共同的本质特征。

（1）一般特征主要有以下几点：①国家设置专门的追诉机关——检察机关，国家配备的专职国家追诉官员——检察官，具体代表国家，行使追诉犯罪权。②对认为实施了应当受到刑事惩罚的犯罪行为的被告人，依照法定程序和准则向管辖法院直接控告、直接要求、直接协助、直接促使其对被告人进行实体审判，正确适用刑法。③对认为没有犯罪、不构成犯罪、不需要处以刑罚以及可免除刑罚的人，依照法律规定的程序和准则作出终止追诉决定，终止刑事诉讼。

（2）本质特征主要有以下几点：①追诉犯罪权只属于国家。②追诉犯罪只依国家利益和社会公众利益需要为准。

4. 公诉制度的概念。从上述追诉犯罪的一般特征和本质特征看，笔者认为公诉制度的概念，可以归纳为：与私诉相对，国家直接行使追诉犯罪权所遵守的规程和准则的总称。

5. 公诉制度的性质，主要表现在：

（1）它具有诉讼属性，是刑事追诉制度的一种。由于公诉制度是以国家检察机关为追诉主体，又以维护国家利益和社会公众利益为宗旨，所以，从根本上说，它是各国对犯罪实行国家追诉主义的具体体现和标志。

（2）公诉制度还具有强烈的阶级性。公诉制度是上层建筑的一部分，是阶级社会发展到一定历史阶段的产物，并存在于阶级社会之中。因此，尽管不同社会制度的国家所确立的公诉制度有许多相似甚至相同的特征，但其阶级属性却有本质区别。资本主义国家的公诉制度，只体现占人口少数却居于统治地位的资产阶级的意志，代表资产阶级利益，是维护私有制的工具。在社会主义的中国，公诉制度体现无产阶级和广大劳动人民的意志，代表广大劳动人民利益，是巩固无产阶级专政和维护公有制的工具。认清公诉制度的阶级属性，有助于我们研究中外公诉制度时不偏离正确方向，不盲目地学习外国的公诉制度；有助于正确总结本国的成功经验，符合中国国情需要地借鉴其他国家的经验，从而保证我国公诉制度顺利发展、完善，更好地发挥作用。

6. 公诉制度的内容。这是由公诉制度所具有的诉讼属性决定的。概括起来，不同国家公诉制度的基本内容均包含以下几项：

（1）关于国家追诉犯罪权限范畴的法律规定。国家追诉犯罪权，即为公诉权。包括国家为查明案件事实真相，抓获犯罪人所需的侦查权，为追究被告人刑事责任所需的决定提起公诉权，为使被告人受到应有的法律制裁所需的出庭支持公诉权、抗诉权（或称上诉权），以及为使没有追诉必要的和不应当受到追诉的，及时终止所需的撤销案件权、不起诉权、免予起诉权。在上述诉权中，提起公诉权以外的各项诉权，均为提起公诉权的派生权。

（2）关于行使公诉权所必须遵守的条件、程序和原则的法律规定。

（3）关于行使公诉权的检察机关的设置、检察官的配备、检察官的资格、条件和程序等保证公诉权得以实施的法律规定。

综上所述，公诉制度的内容十分广泛，包括与国家追诉犯罪密切相关的各方面法律制度。正是这些具体内容的有机联系和协调配合，才使公诉制度形成完整的体系，成为国家正确、及时追诉犯罪的有力保证。

值得指出，关于公诉权范畴问题，在我国学术界和司法实际部门中都存在两种完全不同的观点。一种观点认为，公诉权即为提起公诉权，不包括由其派生的其他诉权，如认为不包括免予起诉权，否则就是对人民法院具有的审判权的分割等。与此相反，另一种观点认为，公诉权不仅包括提起公诉权，同时也包括由其派生的其他各项诉权。笔者持后一种观点。理由是：从法学理论上说，国家追诉犯罪需要进行一系列的诉讼活动，既要使正确的追诉继续，直至使犯罪人受到应有刑事惩罚，又要使已进行的不当追诉及时终止。因此，为保证正确追诉犯罪和及时终止不当追诉，必须存在相应的诉权。这些诉权共同组成公诉权家族。每一项诉权都是该家族中的当然成员。从司法实践看，犯罪是一种复杂的社会现象，往往是已经存在的客观事实，常常时过境迁。而人们对客观事物的认识，又不可避免地在不同程度上受某些主客观因素的影响和制约。因此，在追诉犯罪的不同阶段都可能发现有终止追诉或者继续追诉的必要。这就需要有相应的诉权来解决相应的问题，以真正实现正确追诉犯罪。从公诉制度史可见，前述提起公诉权以外的各项诉权早已成为公诉权固有范畴的一部分。

（二）公诉制度与检察制度的关系

公诉制度与检察制度是怎样的关系？两者是否等同？若不然又有何区别？这些问题解决得如何，认识是否正确，不仅直接关系着公诉制度的发展、完善和作用的发挥，而且直接关系着检察制度的发展、完善和作用的发挥。

如今，我们谈到或研究检察制度时，通常首先谈到的、研究的是公诉制度。从近现代各国公诉制度和检察制度的关系和位置看，二者并不等同。公诉制度实为检察制度的基本组成部分，属于检察制度范畴。这种从属关系，已不容置疑。但是，如果我们回首往事，沿着公诉制度和检察制度留下的历史足迹往回追寻，直至它们产生之初，那么就不难发现二者之间的关系和位置是另一番景象。检察制度是伴随着公诉制度的产生、发展而来的。

公诉制度和检察制度在人类社会产生都不是偶然的。生产力的不断发展，私有制、阶级、阶级斗争、国家、犯罪相继产生后，有了诉讼。但是，由于在相当长的历史时期，统治阶级并没有认识到犯罪行为都威胁着统治权和统治秩序的巩固，因而没有设置专门的审判机关和专门的追诉机关，允许血亲复仇、私人报复。随着阶级斗争的发展、尖锐，由国家惩罚犯罪的必要性已越来越明显，从而导致了诉讼制度史上的第一次大变革，即国家开始设置审判机关，有些国家赋予行政机关审判权，由国家惩治犯罪。但是，追诉犯罪大都实行私诉制度，即使有的国家负有审判权的机关可依职权追诉犯罪，仍不足以有力地打击犯罪和维护阶级统治。这是因为：

在采控告式诉讼的国家，追诉犯罪实行"不告不理"原则，即如无人控告犯罪人，有司法权的机关就不能对犯罪人进行审判，不能行使刑罚权。而在这类国家实行的是私诉制度，追诉犯罪在相当大的程度上受被害人个人主观意愿等诸方面因素的制约。这一方面包括被害人可能因惧怕犯罪人报复，或已受到被告方威胁、恫吓而不敢提出控告；或者由于受到被告方收买、利诱、欺骗，或出于个人某种私情而放弃追诉；或由于个人力量所限，不具有取证的必要手段而无法提出指控，从而导致犯罪人逍遥法外，甚至作恶，严重危害国家利益和社会公众利益。另一方面被害方可能出于怨恨或认识偏差，对不该追诉的人提出控告，导致无辜受冤，造成阶级矛盾激化。这种状况，促使由国家进行追诉犯罪的追诉制度的产生。

在采纠问式诉讼的国家，尽管追诉犯罪不完全取决于被害人，在一定程度上审判机关可以依职权追诉，然而这种追诉基本上是追诉与审判为一体，有审判权的机关自行追诉、自行审判，结果先入为主、枉法裁判的弊端很难避免，往往由此加深统治阶级与劳动人民的阶级矛盾，社会秩序遭到破坏，甚全威胁到统治阶级的统治地位。这种状况决定了诉审分离变革的到来，各国相继设置专门的国家追诉机关和追诉官，行使法定公诉权，公诉制度随之诞生。

以上两类国家实行公诉制度，皆采设检察机关、检察官行使国家追诉权。与此同时，有的国家还赋予检察机关、检察官依法执行某些判决权，并对法官有监督职责。这时的检察机关是作为国家公诉机关出现、存在和发挥作用，这时的检察官是作为国家公诉人出现、存在和发挥作用。

从检察机关的性质同公诉制度的关系看，在西方国家，至今检察机关仍被作为公诉机关，检察官亦被称为公诉人。在刑事诉讼中，检察官与刑事被告人的诉讼地位对等。检察官只是当事人的一方。法院审判案件，采用辩论制，法官以仲裁人身份审理。由此可见，检察机关的出现虽在一定程度上表明检察制度的产生，但是其最初首先是作为公诉制度确立的标志是可以肯定的。随着国家政治、经济和法制的发展，检察机关、检察官被赋予更多的职责和职权，如参与民事诉讼、参与行政诉讼、进行法律咨询、监督法院审判活动等，逐步发展演变成今日的检察制度，形成今日公诉制度为检察制度的重要组成部分。

这里需要看到，公诉权的行使，在实质上是对公民是否遵守刑事法律的监督。因此，公诉制度理应被检察制度所包容。这也是今日公诉制度属检察制度范畴的根本原因所在。我国公诉制度与检察制度的关系，已由宪法揭示，即检察机关是国家法律监督机关，不仅仅是国家公诉机关。检察官不仅仅是国家公诉人，还是法律监督者。但是，在西方国家至今也没有正视这一事实。

基于上述原因，不难看到发展、完善公诉制度，充分发挥公诉制度的作用，对于发展、完善检察制度，充分发挥检察制度的作用具有多么重要的意义。

（三）公诉制度发展变化的规律和趋势

公诉制度自 14 世纪初于法国问世至今，已经过去了几个世纪。在这长达数百年的时间里，它逐渐完善，并先后不同程度地被其他各国采用，形成自己的体系，以至傲然屹立在追诉领域的前端，成为刑事诉讼制度家族中的重要成员、私诉制度的兄弟。

1. 公诉制度的类型。综观各国的公诉制度，各国之间既相互影响，又相互借鉴。但同时，各自无不更多地受本国历史传统、政治和经济发展状况、法律渊源的影响和制约。所以，不同国家的公诉制度，异同并存。如果我们以适用范围大小为标准，公诉制度可划分为两大类：

（1）垄断型公诉制度，即公诉制度适用于对一切刑事犯罪的追诉，追诉犯罪权由国家独揽。此类国家有法国、日本、尼日利亚等，为数较少。通常由刑事诉讼法典对其作出明确规定。例如，法国刑事诉讼法典第 1 条就规定，凡为运用刑罚而进行的刑事诉讼，应由法律授权的法官或官吏立案，提起公诉。又如，日本刑事诉讼法规定，国家实行国家追诉主义。告诉才处理的犯罪，告诉人告诉后，由检察官提起公诉。告诉权人没有告诉，检察官根据利害关系人的申请，指定告诉人告诉后，仍由检察官提起公诉。再如，尼日利亚对一切刑事犯罪的控诉，由联邦和各州的检察官控制。

（2）部分垄断型公诉制度，即公诉制度适用于追诉部分刑事犯罪。追诉犯罪权由国家和被害人以及其他公民同享。按照国家、公民追诉犯罪权的适用范围划分，又可分为两种。一种为相对优势型公诉制度，即追诉犯罪实行以公诉制度为主，以私诉制度为辅。此类国家为数较多，包括我国。这些国家的法律往往明确限定适用私诉制度的案件范围，同时又规定当某些适用私诉制度的案件涉及国家利益和社会公众利益的时候，适用公诉制度。例如德国，对于刑法规定的一些轻微犯罪，包括家庭纠纷的轻微犯罪、轻微侮辱罪、轻微伤害他人身体罪等，适用私诉制度。但刑事诉讼法典还规定，属于被害人追诉的犯罪有损于国家、社会利益的，检察官有权提起公诉。又如丹麦，追诉犯罪的一般原则是适用公诉制度，只有轻微犯罪除外。在我国，刑事案件中，除人民法院直接受理的告诉才处理的案件，以及某些不需要侦查，原告人和被告人清楚，罪行轻微的犯罪案件外，均采公诉制度。另一种为相对劣势型公诉制度，即追诉犯罪适用私诉制度为主，公诉制度为辅。公诉制度只适用于比较严重的刑事犯罪案件。这类国家日趋减少，如澳大利亚以及某些曾为英属的国家。

2. 公诉制度的基本规律和趋势。如果我们对不同国家公诉制度历史地、客观地、全面地予以纵横考察、比较，就可以发现它们遵循的基本规律和趋势。

（1）公诉制度适用的范围和发挥的作用，由小到大，由弱到强。宏观上，放眼世界，自法国产生公诉制度后，不仅欧洲大陆各国相继移入公诉制度，而且逐渐扩及其他地区的国家，以至被所有国家采用。

微观上，每一个国家的公诉制度也基本循此规律和趋势发展着。如在法国确立公诉制度后，1810 年，普鲁士的莱茵兰特首先移入公诉制度。尔后，1831 年巴登、1841 年汉诺威、1843 年符登堡、1846 年普鲁士也先后移入公诉制度。至 1860 年，除个别地区外，德国全境实行公诉制度。1871 年成立德意志帝国，仿效法国制定刑事诉讼法典，确立法国式的公诉制度。此后，国家历经数次政治变革，但公诉制度依然施行，并在追诉犯罪中占有重要地位。再如英国，该国一向以实行私诉制度为传统，实行公诉制度较之其他国家要迟、要弱，但已打破私诉制度独霸追诉犯罪权的传统，确立了公诉制度。随着国家政治、经济和法制的发展，私诉制度为主要追诉制度的状况已不能适应客观要求，从而公诉制度的地位得到不断强化。特别是 1985 年犯罪追诉法颁布后，公诉制度有了明显发展，适用范围上有了很大突破。对于适用于私诉制度的犯罪，只要检察官认为有必要，就有权接管进行追诉。不仅如此，对于警察机关侦查的案件，检察官有权决定是否继续进行侦查，有权变更指控，决定中断或撤销指控。这种新的变化和发展，使英国的公诉制度进入一个新的历史发展阶段。

从这一角度展望公诉制度的发展趋势，一方面，由于阶级斗争的客观存在，仍会发生严重的刑事犯罪，而且，根据历史经验，当代及今后科学技术的发展和飞跃，使得犯罪更加复杂化，追诉犯罪的难度随之增加。这使得公诉制度不可能削弱，并仍将具有强大的生命力。另一方面，仍将会有些轻微犯罪，并以私诉制度追诉适宜的情况。而且，在追诉犯罪方面，公诉制度和私诉制度各自的优点相互不能取代，只能相互补充。这又使私诉制度仍有存在的必要。因此，公诉制度与私诉制度并存，以公诉制度为追诉犯罪的主流，将是世界范围内追诉制度存在的基本格局。

（2）不同国家的公诉制度，是在相互影响、借鉴中得以发展、完善。不同国家固然国情有别，但在追诉犯罪方面，各国统治阶级建立能够有力地维护国家政权和社会秩序的公诉制度的愿望和要求却是完全一致的。因此，每个国家的统治阶级在发展、实施公诉制度过程中，总是要在考虑本国国情需要的同时，去借鉴其他国家有利于自己的公诉制度。这里以日本和我国为例。

在日本，明治五年（1872 年）开始仿效法国建立公诉制度，以强化阶级统治。最初制定了《司法职务定制》一法，规定检察官有请求审判之权，无审判权。1882 年颁布治罪法，完成了对法国公诉制度的仿效。但这一公诉制度不利于维护君主专制体制，随后又仿效德国。1890 年颁布法院组织法，从此逐渐由带有强烈的法国制和德国制混合气息的公诉制度取代了法式公诉制度。第二次世界大战之后，战败的日本被占领，国际、国内的政治、经济情况，使日本又受到美国的影响。1947 年颁布检察厅法，1948 年颁布刑事诉讼法，于是日本的公诉制度成为法、德、美、日四国的"混血儿"。

在我国，清朝末年尖锐的阶级矛盾迫使清政府进行司法改革，1909 年引入日本公诉制度，颁布法院编制法。由于形势的变化，德国公诉制度的某些内容被吸收，致使旧中国的公诉制度在国民党统治时期，变成镇压革命和人民的工具，具有法西斯性质。中华人民共和国成立后，人民当家做主，旧中国的公诉制度已根本不能运用，党和国家彻底废除了伪法统。国家总结了民主革命时期实行公诉制度的经验，又根据中国客观实际需要，并吸取了兄弟国家的某些适宜的经验，建立了崭新的、社会主义性质的公诉制度。1954 年颁布了中华人民共和国人民检察院组织法。随着社会主义制度的巩固、发展和社会主义法制的发展，公诉制度不断完善。1979 年颁布中华人民共和国刑事诉讼法等法律法规，使我国公诉制度发展到一个新的历史阶段，形成了较完整的体系。

从这一角度展望公诉制度，随着不同国家友好关系的发展，相互了解、交流的增强，各国公诉制度的相互影响和借鉴也将随之增多；国情相近的国家，公诉制度将会有更多趋同之处。

（3）行使公诉权的条件和程序越加严格、周密和科学。行使公诉权的条件和程序是否严格、周密和科学，直接影响公诉制度在同犯罪作斗争中的作用，直接影响国家政权的巩固和社会秩序的稳定，因此，各国统治阶级越来越重视。从不同国家有关法律规定的变化看，行使公诉权必须遵守法定条件，依照法定程序。许多国家为了防止检察官滥用公诉权，在立法上规定了相应的制约条款。此外，许多国家还适时地颁布一些补充法规、决定，以弥补原有规定的不足。例如日本，除颁布刑事诉讼法外，还颁布刑事诉讼规则、检察厅法、检察审查会法等，使公诉权的行使受到必要的制约，不断提高正确行使公诉权的保险系数。

从这一角度展望公诉制度发展趋势，基于是否正确行使公诉权所带来的后果对国家的影响，今后各国必将更加注意严格行使公诉权的条件和程序。

（4）起诉便宜主义原则有节制地扩大适用范围。同刑事犯罪作斗争的经验一再证明，有成效地打击犯罪只依靠刑罚是不适宜的。对那些犯有罪行但不需要判处刑罚或可以免除刑罚的人，如果能使其早日回归社会，有助于减少这部分人的消极情绪，化消极因素为积极因素。因此，各国统治阶级无不采用起诉便宜主义原则，实行不予追诉制度。从不同国家采用起诉便宜主义原则的程度看，均向着有限制地适用方面发展。概括起来，基本分为两类。一类是法定型起诉便宜主义，即凡是适用起诉便宜主义原则的情形，由法律逐一具体规定，检察官不得自由裁量。通常有以下四种法定情形：被告人已经死亡；已过追诉时效；告诉才处理的犯罪，告诉权人没有告诉或告诉后又撤回告诉的；大赦或特赦的。另一类是自由裁量型起诉便宜主义，即适用起诉便宜主义原则，决定对被告人不予起诉，完全或部分由检察官自由裁量。鉴于完全由检察官自由裁量，往往导致检察官滥用不起诉权，所以，多数国家采用部分自由裁量制度。这种自由裁量，均按法律规定实行，以法律规定制约适用起诉便宜主义的程度，各国家不尽相同。例如日本，除法定不起诉情形外，刑事诉讼法第248条还规定实行"起诉便宜主义"。限定适用起诉便宜主义的原则是："根据犯人的性格、年龄及境遇、犯罪的轻重及情况，犯罪后的情况，没有必要追诉时，可以不起诉。"这种起诉便宜主义的不起诉，称为起诉犹豫。这里限定检察官必须综合考虑法定各方面情况后，认定没有必要追诉时，才有权不提起公诉，作不起诉裁定。但是，在我国除了法定适用起诉便宜主义原则而不起诉之外，法律还规定实行免予起诉制度。根据我国刑事诉讼法的规定，享有公诉权的人民检察院在确认被告人的行为是刑法规定的不需要判处刑罚或免除刑罚的情形时，才能裁量免予起诉。与日本的起诉犹豫相比，我国免予起诉制度反映出在适用起诉便宜主义原则上所受到的法定制约更大些。因此在防止检察机关滥用起诉便宜主义原则上，更具有积极意义。

从这一角度展望公诉制度，基于适当适用起诉便宜主义所具有的积极意义，今后各国必定会继续采用法定型适用起诉便宜主义原则。为了最大限度地减少消极因素，同时又不放纵犯罪，不同国家在扩大适用起诉便宜主义原则时，将会十分注意予以必要的制约，其制约程度将趋于严格。

（5）公诉机关向着独立、统一、自成体系方向发展。从不同国家公诉机关设置情况的变化看，总的来说，审判机关与公诉机关是朝着从合置到逐渐分置的规律发展。在世界范围，法国及其他实行公诉制度的国家，确立公诉制度之初以及此后相当长的历史时期，检察机关均附设于法院。随着国家政治、经济的不断发展，客观上要求进一步强化国家追诉，一些国家陆续设置了检察机关。例如日本，第二次世界大战前，检察机关与审判机关一直合置；战后，为了充分发挥国家追诉犯罪的作用，检察机关与审判机关彻底分离，建立了自上而下完全独立的、与法院数量相等的、审级一一对应的统一的检察机关。时至今日，虽然仍有一些国家实行审、诉合置，如法国，但公诉机关在实质上已是独立的体系。

从这一角度展望公诉机关的设置，基于公诉制度的作用将会不断加强，今后公诉机关独立设置，自成体系将会被更多国家采纳。

（6）公诉人的资格、任职条件和程序越加严格。各国在同刑事犯罪作斗争中，公诉人能否正确行使公诉权，在法律对行使公诉权的条件和程序作出必要规定之后，就取决于公诉人的素质。这主要指公诉人的品德是否良好、法律专业知识水平高低、司法实践经验丰富程度。因此，公诉制度产生后，公诉人的任职资格、条件和程序，会随着社会的发展和法制不断完善而越来越严格。现今，许多国家的法律明确规定公诉人须在法律大学毕业，有一定司法实践经验，品德良好。通常，国家采用考试制度并对取得的资格进行考核，合格者方有可能任公诉人。有些国家在这方面的规定欠完善，甚至尚未明确规定，但正朝着这方面靠近。

从这一角度展望公诉人，可以肯定，各国法律对公诉人的要求将更注意保证任职人员称职。不同国家对公诉的要求，将会趋同。

（四）我国公诉制度的特色及其完善建议

我国公诉制度有自己产生、发展的过程和特点，具有社会主义性质。自中华人民共和国成立后，公诉制度随之确立。它同新中国一样，经历了几十年的风风雨雨，逐渐成熟、强健起来。虽然至今还不能说它十全十美，但确已初具中国特色，已卓有成效地维护了社会主义制度和社会主义经济建设。

1. 我国公诉制度的特色。与其他国家的公诉制度相比，我国公诉制度具有以下特色：

（1）我国检察机关独立行使公诉权，不采用公诉人独立行使公诉权。但是在其他国家，公诉权由公诉人独立行使。相比之下，我国的这一特色，更有利于防止公诉人滥用公诉权，更有助于公诉权的行使。

（2）在刑事诉讼中，检察机关与公安机关各自独立，相互配合、相互制约。检察机关对公安机关的侦查活动可以制约、监督，但无权指挥。而其他国家，尽管警察机关与公诉机关各自独立，且有一定分工，但是在同刑事犯罪作斗争中，警察机关在相当程度上须接受公诉机关的指挥，而无权制约公诉机关。相比之下，我国公安机关与检察机关的这种有配合、有制约的关系，在案件被作出是否提起公诉之前，能够形成一道防止错诉、漏诉的防护网，有利于保证公诉权行使的质量。

（3）实行免予起诉制度。这是实行起诉便宜主义原则的体现。我国尽管在实行起诉便宜主义原则这一点上同于其他国家，但与其他国家采用起诉便宜主义所实行的不起诉制度相比已突破了其他国家原有的适用范围，这更有助于减少消极因素，扩大积极因素。而与完全突破适用起诉便宜主义原则原有适用范围的国家相比，如日本的起诉犹豫制度，我国实行的免予起诉制度，由于适用时受到一定的制约，更有助于防止起诉便宜主义原则的滥用。

2. 我国公诉制度的立法完善建议。总的来说，我国的公诉制度是适宜的。但是从我国法律对公诉制度的规定和司法实践中存在的问题考察，在立法上尚有需完善之处。主要有以下几点：

（1）对直接受理的刑事案件，检察机关的侦查、起诉、不起诉和免予起诉尚欠缺制约的程序。如检察机关直接受理刑事案件的立案、侦查、决定采取刑事拘留以外的强制措施、决定是否提起公诉、是否免予起诉等一系列的国家追诉活动，在司法实践中往往由一套人马实施，很难确保追诉质量。在其他许多国家，公诉机关对直接办理的刑事案件或者警察机关侦查的案件，虽然可以指挥、干涉，但是却没有批准逮捕权，逮捕被告人须由法院批准。这种制约在相当大的程度上，有助于保证公诉人追诉犯罪的质量。我国公安机关、检察机关的特有关系，以及检察机关作为司法机关有权直接受理刑事案件的特点，决定了有必要在立法上对检察机关的追诉作出严格的制约规定。从司法实践看，检察机关内部以严格的部门分工来实施对每一环节追诉活动的制约，是成功的经验，宜在立法上予以肯定。

（2）不服免予起诉决定、不起诉决定的申诉途径较少。根据刑事诉讼法的规定，被害人、被告人对检察机关作出的免予起诉决定、不起诉决定不服，只能向检察机关申诉。这种只依靠检察机关自身复查案件的法律规定，不利于做到最大限度地纠正不当决定。笔者认为，在立法上可明确规定这种申诉案件由上一级检察机关复查。当这一复查结果维持原决定而申诉人仍不服，认为有错误时，应当允许申诉人向与驳回申诉的检察机关对等的人民法院提出申诉。人民法院审查后认为申诉有理由，以书面方式向同级检察机关提出纠正建议，该检察机关再行复查并作出复查决定。这样做不仅可以切实维护检察机关固有的不起诉权、免予起诉权，而且有助于检察机关在人民法院的督促下，及时维护正确决定或纠正错误决定。

（3）作为公诉人的检察官的任职条件缺少应有的法律要求。鉴于公诉人的素质直接关系着国家追诉犯罪的质量，因此，我国法律应当对公诉人的任职条件作出明确而严格的规定。笔者认为，确定公诉人任职的条件，既要考虑本国国情，又应借鉴其他国家有益的经验；既要考虑当前国家的需要，也要考虑国家长远的利益要求。为此，建议国家立法机关在法律上明确规定，担任公诉人须同时符合四个方面的要求，即：坚持党的四项基本原则，思想品德良好，具有大学法律专业毕业的法律知识水平，具有一定司法实践经验。

为了确保公诉人称职，法律还需要对确认是否符合任职条件的程序等具体措施作出相应的规定。

二十、提起公诉程序研究 *

（一）我国公诉程序的地位和特点

公诉，是指检察官代表国家，为了维护国家利益、社会公众利益以及被害人的合法权益，提请有管辖权的法院对刑事被告人进行实体审判，予以定罪和处以刑罚的诉讼活动。公诉与自诉相对。自诉，是指被害人或其他法定个人，为了追究被告人刑事责任，直接请求有管辖权的法院对其进行实体审判，予以定罪和处以刑罚的诉讼活动。

以公诉程序追究被告人刑事责任的诉讼制度，早已被世界上许多国家采用。它同其他诉讼制度一样，是阶级斗争和法制发展到一定历史阶段的产物。早在国家产生的初期，犯罪被认为是对个人利益的侵害。国家允许私人报复，实行血亲复仇。国家此时既不设置专门的审判机关，也不设置专门的控诉机关。随着阶级斗争的发展，统治阶级认识到任何犯罪都是对其统治秩序的破坏、威胁，特别是一些严重犯罪的发生，促使统治阶级采取国家惩罚犯罪的手段。由此在一些国家设置审判机关，出现了人类社会诉讼制度的首次大变革。然而，在追诉犯罪方面，无论采控告式诉讼还是纠问式诉讼，不能有效地同犯罪作斗争的弊端日益突出。采控告式诉讼的国家，实行不告不理的私诉原则，公民个人是否追诉犯罪受到个人情感、处境、能力等主客观多种因素的制约，因而，犯罪人往往由于被害人不敢追诉或不愿追诉或无法追诉而逃避应有的处罚。在实行纠问式诉讼的国家，由于有追诉犯罪权的国家机关往往同时具有

---

* 本部分内容摘自陈光中主编：《中国刑事诉讼程序研究》，法律出版社 1993 年版，第五章，原标题为《提起公诉程序》，收入本书时有删改。

审判权，集诉、审于一体，内部无必要的制约，先入为主，枉法裁判的弊病难以克服，导致阶级矛盾激化。为此，上述两类国家无不迫切地需要设置专门的追诉机关由国家实行追诉犯罪。这样，诉讼制度的再次大变革实现了诉审分离，公诉应运而生。在大陆法系国家于 14 世纪初，法国首先确立了公诉制度。1808 年颁布的法国刑事诉讼法典对公诉作了相应的规定。此后，许多国家相继实行公诉制度。由于公诉弥补了自诉的不足，因而其很快扩及世界领域，并在有些国家成为追诉犯罪的唯一方式。中国引进公诉制度较晚，是在清朝末年。中华人民共和国成立后，彻底废除了伪法统，根据社会主义革命和社会主义建设的客观需要，借鉴历史经验和外国有益经验，在总结自己司法经验的基础上，建立了崭新的、具有社会主义性质的公诉制度。

1. 公诉在刑事诉讼中的地位。在我国，公诉是指人民检察院代表国家，对于公安机关、国家安全机关侦查终结移送起诉或免予起诉的案件，以及人民检察院直接侦查终结的案件，进行全面审查后，认为构成犯罪、应当受到刑事处罚的案件，提请有管辖权的人民法院，对被告人正确适用刑法的诉讼活动。

我国的公诉程序在刑事诉讼中，居于重要诉讼地位。它是一个独立的诉讼阶段。它是侦查阶段和审判阶段这两个诉讼阶段之间唯一的联结环节和衔接链条。就其对侦查阶段而言，公诉程序的开始，表明侦查活动宣告终结。侦查终结所确认的犯罪事实、证据是否真实可靠、充分，应否追究被告人刑事责任，侦查活动是否正确合法等一系列问题的审查和处理，都将由公诉程序解决。因此，公诉程序的存在和有效地实施，是及时发现、纠正和弥补侦查阶段存在的问题，保证办案质量，推动诉讼活动顺利进行的关键。对于审判阶段来说，人民法院对公诉案件审判活动的开始正是以人民检察院提起公诉为前提的。人民法院能否顺利进行审判，在相当程度上与检察机关提起公诉时提供的案件材料的质量如何紧密相关，这就决定了公诉程序在刑事诉讼中不是可有可无的诉讼环节，而是人民法院对公诉案件被告人行使刑罚权的决定性条件。公诉程序如何直接关系着能否给犯罪人以有力的打击，确保国家和人民的利益，能否确保无辜者不受刑事追究。我国立法机关、执法机关以及法学研究工作者历来十分重视对我国公诉程序的研究，并根据客观实际的需要，不断修改和完善公诉程序。

综观我国 30 多年来刑事诉讼制度的发展，可以看到，尽管我国公诉制度的发展道路是曲折的，其中有过惨痛的教训，也有许多成功的经验。总的来说，公诉程序作为一个独立的诉讼程序是在不断地发展着、完善着。现在，我国已经建立了一套比较系统的、比较完备的、切实可行的具有中国特色的社会主义的公诉程序。它正在为国家改革开放政策的实施，为社会主义现代化建设的顺利发展发挥着重要作用。

2. 公诉的特点。我国的公诉制度与许多国家有所不同，归纳起来主要有以下几个特点：

（1）公诉程序与自诉程序并存，并有合理分工。在我国，人民检察院承担着追诉犯罪的任务。根据有关法律规定，对那些涉及国家和全社会利益需要采用侦查手段的刑事犯罪，以公诉程序追诉。对于那些不需要采用侦查手段的轻微的刑事犯罪，采取自诉程序追诉，这和某些完全实行公诉程序的国家相比，从诉讼程序上以及追诉犯罪的实际效果看，都具有优越性。例如日本，实行起诉权国家垄断主义，凡要追究犯罪，包括告诉才处理的犯罪，依法只能由检察官代表国家起诉，即一律采用公诉程序。这样势必妨碍检察机关及时有效地对那些严重犯罪的追诉。我国公诉程序和自诉程序的并存和合理分工，不仅有利于国家更好地集中人力、物力和时间追诉那些严重犯罪，而且有利于使那些轻微的犯罪案件得到更及时的解决。可以说，它消除了采用公诉程序，由检察机关独占起诉的许多弊病。

（2）检察机关独揽公诉权。根据我国刑事诉讼法规定，凡是需要提起公诉的案件，一律由人民检察院审查决定。包括检察机关自行侦查终结的案件以及经公安机关、国家安全机关侦查终结认为依法应当提起公诉（包括认为应当免予起诉）的案件。我国不采用法国、美国那种对某些刑事案件检察机关没有最后决定起诉权的制度。如法国，检察官认为应当提起公诉的重罪案件，必须将案件提交上诉法院审查庭再次进行审查，并由审查庭最后决定案件如何处理。在美国，有些州由法院组织的大陪审团对检察官认为应当起诉的案件再次审查，最后决定提起公诉与否。相比之下，我国对犯罪案件进行审查、决定是否起诉的公诉程序更有利于防止刑事案件起诉程序上发生混乱状况，有助于加强检察机关办案的责任感，充分地发挥检察机关的公诉职能作用，避免同其他机关发生不必要的矛盾。

（3）对侦查终结的公诉案件采用三种不同的具体处理方式和程序。根据我国刑事诉讼法的规定，根据案件的情况不同，给予不同的处理：①认为刑事被告人的行为已经构成犯罪，依法应当给予刑事处罚的，以公诉程序提起公诉。②认为刑事被告人的行为，虽然已经构成犯罪，但依法不需要处以刑罚或可以免除刑事处罚的，以免诉程序免予起诉，终止刑事诉讼。③认为刑事被告人的行为属于法定不追究刑事责任的，以不起诉程序作不起诉处理，终止刑事诉讼。

然而，其他国家的检察机关对侦查终结的公诉案件审查后，只以两种程序作出处理：①认为刑事被告人的行为已经构成犯罪并应当处以刑罚的，以公诉程序提起公诉；②认为刑事被告人的行为属于法定不起诉情形或虽已构成犯罪但可免除刑罚的，以不起诉程序作不起诉处理，终止刑事诉讼。

这里值得注意的是，我国将免予起诉与不起诉完全分离，而不采其他国家那种把前者归于后者范畴的做法，可以明确免予起诉的刑事被告人行为的实质是犯罪行为，有利于促使被告人认识到行为性质的严重性，从中接受深刻教育。

（4）公诉不实行一本诉状主义。根据我国刑事诉讼法的规定，检察机关决定对刑事被告人提起公诉，必须向人民法院移送起诉书的同时，移送案卷材料和证据，而不是像有的国家那样，提起公诉只移送起诉书，而不移送案件材料。如日本，公诉实行起诉状一本主义。在检察官决定对刑事被告人提起公诉时，仅向管辖法院移送起诉书和不使法官产生预断的某些诉讼文书。凡是不利于刑事被告人的材料，包括证实被告人有罪的供述、证据材料及前科材料等，均不得随案移送。以此避免法官先入为主，影响公正裁判。但是，由于法官事先对案情一无所知，只能依靠当庭了解案情和证据，因而不可避免地会给法官及时作出正确裁决带来一定困难，使审判活动的顺利进行受到不同程度的影响。我国处理公诉案件移送案卷材料的做法，不仅便于人民法院事先对被告人的犯罪事实和证据等情况全面了解，及时发现人民检察院工作中的差错，为开庭后顺利地进行审判活动做好必要的准备。我国刑事诉讼法规定第一审人民法院对刑事案件审判，必须通过法庭调查和法庭辩论确认案件真实和证据的真实性、可靠性和充分性。这样就可以有效地防止人民法院因先行了解人民检察院所提供的案件真实、证据材料，影响其对案件作出正确处理，并能保证审判工作及时、顺利地进行。

（5）公诉人具有双重身份。根据人民检察院组织法的规定，作为国家公诉人的检察官同时还是国家法律监督者。检察官在公诉程序中不仅对侦查机关侦查活动实施法律监督，在提起公诉后，对人民法院审判活动是否合法也实行法律监督。当人民检察院依法对案件提起公诉后除罪行较轻的案件经人民法院同意以外，均需由检察长或者检察员以国家公诉人的身份出席法庭支持公诉。通过宣读起诉书，协助法庭调查、发表公诉词、参加法庭辩论，运用充分的、确实的证据和必要的法律论证，揭露犯罪和证实犯罪，并通过公诉活动宣传社会主义法制。同时出庭支持公诉的公诉人还负责监督审判活动是否合法，当发现审判活动违法时有权向人民法院提出纠正意见。检察机关派员出庭支持公诉，代表国家出席法庭对刑事被告人提出指控，这是各国公诉人共有的法定职责，但实施审判监督是我国公诉具有的特征。这一点与采取当事人主义的日本、美国等许多国家是不同的。在那些国家，检察官固然代表国家出席法庭进行公诉，但仅仅作为当事人的一方，法律没有规定其行使审判监督的职能。我国法律的这种规定，不仅有助于公安机关、人民检察院和人民法院携手有效地打击犯罪，维护国家和社会利益，而且有助于及时地发现、纠正审判工作中的差错，保护当事人的合法诉讼权利，保证人民法院的办案质量。

当今，我国公诉程序所具有的主要特点，使其在总体上符合日新月异的四化建设的需要。但是，对于目前和今后使其更好地适应对外开放、对内搞活经济的新形势，以及对四化建设更好地发挥保证作用、促进作用，还需要对公诉程序中的审查起诉和对案件作出处理的两个基本环节作认真的研究。

（二）审查起诉的必要性和有效方式

通常，审查起诉是指法定的机关为确定经侦查终结并认为需要提起公诉的刑事案件是否符合提起公诉的条件、应否作出提起公诉决定而对该案件事实、证据材料等进行全面审查的诉讼活动。它是公诉程序中的一个独立的诉讼阶段。这项诉讼活动，一般由检察机关进行。

在我国，审查起诉是指各级人民检察院对公安机关、国家安全机关以及检察机关的侦查部门侦查终结并移送提请提起公诉或免予起诉的案件事实、证据，以及适用法律情况进行全面审查，并确定应否对该案件提起公诉和免予起诉的诉讼活动。这对于能否切实维护国家利益、社会公众利益、被害人利益，以及被告人合法权益，都具有直接关系。

审查起诉作为刑事诉讼的法定程序，在我国早已确立。1954 年，我国人民检察院组织法第 10 条和第 11 条就明确规定，经侦查终结认为应当提起公诉的案件，要由人民检察院审查。随着司法实践的发展以及社会主义法制的不断完善，1956年免予起诉制度在我国诞生了。此后，凡是需要免予起诉的案件，也都要经过人民检察院审查以后，决定是否对被告人免予起诉处理。1979 年，我国颁布了刑事诉讼法。审查起诉作为法定程序被全面肯定，并成为公诉程序中的首要组成部分。我国刑事诉讼法第 95 条规定，"凡需要提起公诉或者免予起诉的案件，一律由人民检察院审查决定"。这一规定，不仅表明了人民检察院是对需要起诉或免予起诉的案件进行审查决定的唯一合法机关，而且表明审查起诉是对一切公诉案件作出提起公诉、不起诉或者免予起诉处理决定的必经法定程序。

1. 审查起诉的必要性。在司法实践中，人民检察院要不要坚持审查起诉这一法定程序的问题，在有些时候并没有解决好，尤其是当同犯罪作斗争的任务急、案件多、时间紧的时候，审查起诉程序往往流于形式，甚至不履行这一程序。虽然原因是多方面的，但其基本原因是我们有些同志对审查起诉在刑事诉讼中的必要性缺乏全面认识。例如，有的同志认为案件既然已经由法定机关或部门侦查终结，所作出的提起公诉或免予起诉处理的请求，是通过大量调查研究工作及多方侦查得出的结论，案件材料是可信的。况且，人民检察院、公安机关和人民法院都是人民民主专政机关，总的诉讼任务、目的是相同的，应当更好地相互配合，不应相互找问题。如果对公安机关、国家安全机关或检察机关的侦查部门侦查终结后，提出要求起诉或者免予起诉的案件再行审查，就是对其不信任。如果审查后，同公安机关、国家安全机关和检察机关的侦查部门发生意见分歧，会影响相互关系。因而，不需要对移送的案件另行重新全面审查。

我们认为这些想法不仅是片面的，而且对于完成刑事诉讼的总任务是十分有害的。侦查终结得出的结论材料，固然是侦查人员做了大量的调查研究工作和侦查工作的结果。一般情况下，对案件的处理意见也是正确的，案件事实和证据材料是真实可靠的，定性以及运用法律也是正确的。人民检察院同公安机关、国家安全机关在办案过程中，应当通力合作，但是，我们不能忽略另一方面：（1）必须看到犯罪本身所具有的复杂性。犯罪是已经发生了的客观事实。犯罪分子又大都是在比较隐蔽的情况下实施犯罪行为。犯罪被发现时，常常是时过境迁。因此，每个案件发生时的具体情况，不仅侦查人员不可能全部亲自目睹，而且其他公民也同样不可能全部亲眼所见、亲耳所闻。况且，在一般情况下犯罪分子总是要千方百计地破坏现场，毁灭罪证，制造种种假象转移视线，甚至不惜嫁祸于人，将案情搞乱，妄图以此逃避罪责。（2）人们对客观事物的认识总是受主观和客观方面多种因素的制约和影响，例如，证人提供证言的真实可靠程度，不仅受到他与被告人、被害人之间个人恩怨、情感的影响，而且受其个人生理情况、健康状况、文化水平、职业、表达能力、记忆能力等因素的影响。同样，侦查人员认定案件事实和证据的正确程度，也受其个人的思想品德、社会主义法律意识、工作经验、业务能力、分析问题和认识问题的水平，以及客观上自然条件的变化等因素的影响和制约。从马克思主义认识论看，人们对案件真相的正确确认，仍然是一个由此及彼、由表及里、去粗取精、去伪存真的循序渐进和不断深化的升华过程。因此，揭露犯罪、证实犯罪是一件很复杂的工作。这就使得公诉案件即使已经侦查终结，也难以保证侦查终结完全正确。审查起诉则恰恰是要通过对侦查终结获取的各种侦查材料的全面审核，进一步确认被告人是否真正实施了犯罪行为，实施的犯罪行为是何种犯罪，是否应当受到刑事处罚，是否应当作出提起公诉、不起诉或者免予起诉处理。另外，长期司法实践也对此作出了确切回答。例如，在 20 世纪 50 年代后期，我国有些地区和部门曾一度在司法实践中出现过只顾追求办案速度，实行公、检、法"联合办案"，采取"下去一把抓，回来再分家"的办案方法。这种做法曾被作为多、快、好、省的办案经验加以宣扬和推广，从而使审查起诉在实际上流于形式，变成了盖图章程序，致使起诉质量受到严重损害。特别是在 10 年"文化大革命"时期，检察机关被撤销，其职能由公安机关代行。这种所谓"代行"，使审查起诉这一法定程序被完全废弃。检察机关对公安机关的办案工作应有的制约削弱了，甚至取消了。因此，发生了不少冤假错案，国家和人民利益受到严重的损害。这与审查起诉一度流于形式是有很大关系的。粉碎"四人帮"之后，为了纠正已经发生的冤假错案，我们党和国家花费了大量的人力、物力和时间进行复查。这些严重的教训告诉我们，只有认真坚持审查起诉这一诉讼程序，才有可能及时发现和纠正侦查工作中的错误，减少和防止错、漏，保证提起公诉、不起诉或免予起诉的质量。人民检察院通过审查起诉对侦查工作的制约，只要是本着实事求是的原则，从国家和人民的利益出发，而不是争个人高低，不是不负责任的无原则扯皮，是完全必要的。它有助于加强侦查人员办案的责任感，有利于保证侦查质量，有利于整个刑事诉讼活动的顺利进行。

从根本上说，坚持审查起诉是我们国家性质决定的。我们国家是以工人阶级为领导、以工农联盟为基础的人民民主专政的国家，是社会主义国家。切实保护国家和人民的利益是我们国家的宗旨。它要求公、检、法三机关在同犯罪作斗争中，既要做到准确有力地打击犯罪，不使有罪者逃脱应受到的刑事惩罚，又要使依法不应当受到刑事追究的人不受追诉。应当指出，不仅过去需要坚持审查起诉，今后仍然需要如此。这是因为我国正在进行四化建设，随着经济和科学技术的发展、时代的前进，会有许多新情况和新的犯罪发生，犯罪的种类、形式、手段将会更加复杂，审查起诉在刑事诉讼中的运用将有更重要的现实意义和深远的政治意义。这里，以 1982 年一个市区的情况看，某市区人民检察院全年受理的公安机关移送起诉的案件，经审查追诉公安机关漏追的人数占受理的案犯数的 3%，发现公安机关错追诉的占 5%，改变公安机关认定罪名、犯罪性质的占 1.6%。追缴赃款达 15600 多元。从 1984 年全国各级人民检察院对公诉案件的审查情况看，全年经审查起诉提起公诉的 52 万余名被告人（包括上半年移送的案件）中，有

5800 余名是经审查起诉后发现应予追诉的犯罪分子。这就是说，如果这些案件不经过审查起诉这一环节对案件材料进行再次审核，将会有 5800 余名分子逃脱应有的刑事惩罚。如果这些人逃脱了应有的法律追究，就有可能在社会上继续为非作歹，严重危害国家和人民利益。再如，1985 年全国各级人民检察院对于公安机关移送起诉的案件进行审查后，追诉率约占起诉的案犯人数的 1.3%。免诉的约占受案人数的 6.5%，不起诉的约占受案人数的 1%。由此可见，审查起诉对于及时打击在侦查阶段被遗漏的犯罪分子，及时使依法不受刑事追诉的人摆脱讼累，减少人民法院不必要的负担，更好地集中力量同那些依法应当受到刑事处罚的犯罪分子作斗争起了极其重要的保证作用。实践充分证明，审查起诉在今天绝非可有可无。它被作为刑事诉讼程序中的法定程序是我国立法机关对长期司法实践经验的科学总结和具体运用。它的存在和切实运用，是坚持公安机关、人民检察院和人民法院实行分工负责、互相制约、互相配合的刑事诉讼原则的具体体现。因此，每一个检察人员无论在任何情况下，都应当重视审查起诉的运用，切实履行审查起诉程序。

2. 审查起诉的有效方式。根据我国刑事诉讼法的规定，人民检察院审查起诉的任务有两个方面。（1）查明下列事项：犯罪事实、情节是否清楚；证据是否确实、充分；犯罪性质、罪名的认定是否正确；有无遗漏罪行和其他应当追究刑事责任的人；是否属于不应当追究刑事责任的；有无附带民事诉讼；侦查活动是否合法。对这几项内容的审查，不可有任何偏废。因为它们都直接关系着对被告人是否作出有罪、是否应当处以刑罚的问题。这几项任务是由刑事诉讼总任务决定的。值得注意的是，人民检察院在审查上述各项内容的同时，还应当审查犯罪人是否给国家、集体造成财产上的重大损失。（2）在对案件进行全面的、客观的审查后，人民检察院应当依法分别情况作出处理决定。

基于审查起诉必须完成上述任务，为保证这一任务的完成，采取何种审查程序不能不是一个十分重要的问题。关于审查起诉程序是否科学，各国十分重视。由于每个国家都有自己的国情，所以不同的国家审查起诉的具体程序有所差别。例如，法国对于重罪案件，检察官不能直接决定向重罪法院提起公诉，必须将该案件提交上诉法院审查庭进行审查决定。在美国联邦和约占半数的州里，检察官对案件审查后认为需要提起公诉时，还需将案件及证据材料提交法院组织的大陪审团审查决定。

在我国，审查起诉的程序，既不同于英国、美国，也不同于日本、法国。为了保证审查起诉质量，根据我国刑事诉讼法的规定，凡需要提起公诉或免予起诉的案件，一律由人民检察院审查决定，按照刑事诉讼法第 96 条规定的各项内容进行认真审查。但是，该法对于如何进行审查并未作详细规定，因此司法实践中对不同来源的案件，审查决定是否提起公诉或免予起诉的程序有所不同。

根据我国刑事诉讼法第 93 条的规定，各级人民检察院负责审查起诉的案件来自两个方面：公安机关侦查终结，移送起诉或者免予起诉的案件；人民检察院依法直接受理的并经检察机关侦查部门自行侦查终结认为应当起诉或者免予起诉的案件。对于公安机关侦查终结，移送起诉或者免予起诉的案件，依法由公安机关将起诉意见书或者免予起诉意见书连同案卷材料、证据一并移送管辖的人民检察院，一般由刑事检察部门的负责人指定检察员或助理检察员对案件进行全面审查。通过阅卷、讯问被告人、调查或补充侦查，查明案件事实、证据是否确实充分、诉讼程序是否合法，然后提出处理意见。案情比较重大、复杂的经过集体讨论，提出意见后，再送本院检察长或检察委员会审查决定。这种审查起诉的程序是我国各级人民检察院普遍采用的审查起诉方式。长期司法实践证明，它是保证审查起诉质量的成功方式，应当肯定。

然而，我国刑事诉讼法对于人民检察院侦查部门侦查终结，认为应当起诉或免予起诉的案件应当如何具体审查起诉，未作任何规定。因而，在司法实践中，各地采用审查起诉的具体程序也有不同，总的来说，审查起诉程序基本分为两大类：（1）侦查部门的侦查人员对案件侦查终结后，即直接作出处理决定，然后报送本院检察长审批。其俗称"一竿子插到底"。（2）侦查人员对案件侦查终结后，只提出处理意见而不作处理决定。在司法实践中这类的审查起诉曾有下列三种：①送交负责对其他案件侦查的侦查人员审查决定。通常称为"交叉审查"。②由侦查人员组成审查起诉组审查决定。③移送负责审查公安机关移送案件的刑事检察部门审查决定。

目前，在司法实践中对自侦案件普遍采用第二类中的第三种程序。我们认为这是十分必要的。原因在于，由侦查人员包揽审查起诉，尽管在程序上简便，节省办案的人力、物力和时间，但是从保证办案质量、完成刑事诉讼任务上看，有很多不足。首要的是，在该方式下，侦查活动缺少必要的制约，而依靠侦查人员自身及时发现并纠正侦查工作中的错误是比较困难的。这里应当指出，在大多数情况下，侦查人员作出的处理是正确的，但是侦查工作中发生差错又是难免的，需要对侦查活动予以必要的制约。这不仅因为自侦案件本身的复杂性，而且侦查人员的本身主观因素对案件事实和证据的认定、判断有一定影响，尽管侦查人员主观愿望是好的，但不能保证没有缺点错误。例如，侦查人员由于采取了不适当的讯问方式，被告人或证人没有如实提供案件情况，从而使侦查人员作出了错误判断。况且侦查人员参与这一系列诉讼活动，容易产生先入为主，坚持己见。虽然可以由检察长最后把关，可以通过申诉和上级检察机关的监督和检查纠正差错，但是这样不仅会加重检察长的工作负担，而且会助长侦查人员的依赖思想。申诉及上级检察机关的监督均是在案件处理后的补救措施，不利于及时、有效地保护当事人的合法权益，也不利于维护国家法律的尊严。实践中，在人民法院开庭审判时，曾有被告人提出要求出庭支持公诉的检察人员回避的情况发生。其原因是该检察人员是侦查人员，在预审中对被告人有刑讯逼供行为。这样给审判活动造成被动局面。

最适宜的审查起诉方式是侦查与起诉分离，由刑事检察部门审查案件。固然采取侦查人员"交叉审查"或自设专门审查组审查较之侦查人员包揽一切，在一定程度上有助于保证办案质量，但这两种审查形式，在发现和纠正侦查工作中的差错上仍有较大的局限性。由刑事检察部门审查，可以减少或防止上述各种弊病发生。不可否认，检察机关采取这种方式需要增加人力，但这不是不可克服的。从长远观点看，为了充分发挥刑事诉讼程序防错、防漏作用，保证刑法正确实施，必须用独立的审查起诉程序取代"一竿子插到底"的做法。立法机关应当在法律上作出明确规定。随着司法实践的不断发展，越来越证明确立统一的审查起诉程序是必要的。尽管积累的经验还不十分完备，但是它的优越性是肯定的。我国法律确定审查起诉的唯一合法机关是人民检察院。检察机关的审查起诉权不因公诉案件罪刑的轻重不同而被分割，这样有助于检察机关统一行使公诉权，避免审查程序上发生混乱。我国实行检察机关独立行使检察权，不实行检察长或者检察官个人独立行使检察权。这样可以更好地防止检察人员个人独断专行、滥用公诉权，确保案件起诉的质量。

3. 审查起诉的具体程序。审查起诉的方式如何，固然对审查起诉的质量有重要影响。但是，对案件如何进行具体审查，其方法不可轻视，在切实保证办案质量上具有更加重要的作用。在我国，司法实践中已总结出成功的经验，即各级人民检察院通过刑事检察部门的办案人员全面审查书面材料、讯问被告人、进行必要的调查和补充侦查三方面工作，得出认为正确的处理意见；通过办案人员的审查，刑事检察部门负责人的审核和检察长或检察委员会的审核，最后作出处理决定。根据我国刑事诉讼法的规定和司法实践的经验，人民检察院实行的具体程序如下：

（1）确定审查案件的承办人。通常，由刑事检察部门分管审查起诉业务的负责人指定检察员或助理检察员具体负责对案件的全面审查。

（2）审查案件全部材料。通常，这种审查分为三个步骤：

①审查随案移送的材料是否齐备。首先查明移送案件的《起诉意见书》或《免予起诉意见书》、案卷材料和证据以及其他法律文书等材料是否完备。例如，如果被告人被拘留、逮捕的，要查明案卷中是否有拘留证、逮捕证；如果对被告人住处等进行过搜查的，要查明案卷中是否有搜查证等，以便从程序上查明侦查活动是否合法。

②审查《起诉意见书》、《免予起诉意见书》等综合材料的具体内容。了解被告人的个人基本情况，以及公安机关或者人民检察院侦查人员指控的犯罪事实，认定犯罪的目的、动

机，犯罪的性质和罪名等情况，为进一步查核犯罪事实证据做准备。

③审查案件犯罪事实和证明材料。应当根据《起诉意见书》或者《免予起诉意见书》所认定的犯罪事实、犯罪性质和罪名，以及证据对照进行。查明二者是否相符合。查阅案卷材料时，一定要仔细，注意查清被告人实施犯罪的时间、地点、经过、情节、采用的手段、犯罪目的、动机、造成的危害后果，以及从轻或减轻、从重或加重处罚的各种情节。这些方面是决定对被告人如何处理的依据。证据的复核，应当查明证据的来源，是否以法定程序收集；各种证据之间的有无矛盾，证人、被害人与案件之间的关系如何。这种对案件事实和证据材料的审核是审查起诉程序中的关键环节。

在审查时，办案人员应当制作阅卷笔录。制作阅卷笔录有两种做法。一种是表格式阅卷笔录。即将需要摘录的问题分为若干项（包括案件来源、受理的时间、被告人个人必要情况、犯罪事实、犯罪性质、证据情况、审查中发现的问题以及处理意见），分别填写。另一种是将上述表格的各项内容写明。为了便于掌握案件情况，阅卷笔录采用第一种方法较好。

（3）讯问被告人。我国刑事诉讼法第98条规定："人民检察院审查案件，应当讯问被告人。"讯问被告人是人民检察院审查起诉的法定诉讼程序。讯问被告人的目的是核实侦查终结确认的犯罪事实和证据是否真实可靠。它与在侦查阶段讯问被告人的目的是收集证据是不同的。它要求人民检察院办案人员在审查起诉过程中，必须讯问被告人。通过讯问被告人可以进一步了解案件的真实情况，查明侦查结论是否正确。实践中往往通过这种讯问发现新的线索或者新的犯罪人，对于防错、防漏具有重要作用。即使证实侦查结论是正确的，也可以通过讯问被告人了解和掌握他的思想活动、心理状态以及认罪态度，以便对案件作出正确处理。办案人员在讯问被告人之前必须做好充分的准备工作。首先应当认真熟悉案情，认真分析研究被告人的特点，制订周密的讯问计划，使整个讯问被告人工作有条不紊地进行。讯问被告人应当注意讯问的策略和方法。对于共同犯罪的案件，应当分别单独讯问，并要确定好讯问的先后顺序。这样可以防止被告人相互串供。还要注意被告人年龄、性别、文化程度、职业、表达能力、罪行轻重以及在案件中的地位和作用等各方面情况的差别，确定适当的提问方式、方法并在使用的语言上予以选择。但是不论被告人的个人情况有怎样的不同，都不允许采用指供、诱供、逼供等违法做法。对于未成年人的讯问，对于初犯、累犯的讯问，更要注意策略和方式。

讯问被告人的次数，可以根据需要确定。但是，切不可任意进行。这里需要指出，在讯问被告人的开始，应当先向被告人说明有关法律，讲明实事求是的必要性，告知其依法享有的诉讼权利，以解除被告人思想顾虑，使其如实陈述，正确行使诉讼权利。如果被告人拒绝回答讯问的问题并始终保持沉默时，检察人员应当尽可能查明原因，做针对性的工作。如果被告人坚持不作陈述，人民检察院仍然可以在其他证据可以充分证实其犯有罪行并必须给予刑事处罚时，依法提起公诉。实践证明，只要检察人员正确运用讯问被告人的方法和策略，就可以取得被告人真实口供。这对于正确处理案件，顺利地出庭支持公诉都具有重要意义。

（4）补充侦查。根据我国刑事诉讼法第 99 条的规定，人民检察院审查案件，对于需要补充侦查的，可以自行补充侦查，也可以退回公安机关补充侦查。实践中，人民检察院在何种情况下自行补充侦查，何种情况下退回公安机关补充侦查，公安机关同人民检察院之间常因认识不同而发生意见分歧，甚至有相互推诿的情况发生。有的同志认为，公安机关侦查终结移送的案件需要补充侦查，应当由公安机关承担全部补充侦查任务。人民检察院自行侦查终结的案件，需要补充侦查的，人民检察院自行补充侦查。也有的同志认为，由公安机关还是由人民检察院承担补充侦查，应当根据实际需要确定。笔者认为，虽然我国刑事诉讼法对于由谁负责进行补充侦查未作出具体规定，但从公安机关、人民检察院在刑事诉讼中各自承担的任务，以及相互关系的法定原则看，如何进行补充侦查的决定权应当属于人民检察院。人民检察院决定退回公安机关补充侦查时，公安机关应当接受。但是，并非公安机关侦查终结的，一律都要退回公安机关补充侦查，应当更有利于案件的迅速处理为原则。人民检察院自行补充侦查可以解决问题，应当自行补充侦查，不要退回公安机关，以免因不必要的往返拖延结案时间。但是，如果遇有主要犯罪事实不清，证据不足，或者有遗漏罪行、遗漏犯罪人的情况，人民检察院自行补充侦查难以解决的，应当及时将案件退回原公安机关补充侦查。人民检察院应当说明退回补充侦查的理由以及需要补充侦查的问题和要求。

人民检察院侦查部门自侦的刑事案件，如果需要进行补充侦查，一般情况下，退回侦查部门自行补充侦查为好。人民检察院自行补充侦查时，可以采取侦查与调查相结合的方法。除了讯问被告人以外，根据需要还可以询问证人、被害人，进行补充鉴定、重新鉴定，根据我国刑事诉讼法的规定，补充侦查，应当在1个月以内补充侦查完毕。但对补充侦查的次数没有作具体规定。这是鉴于实践中各种案件的案情各不相同，不便确定补充侦查的次数。也有的同志提出，法律应明确规定退回补充侦查以 1 次为原则，以免无限期拖延诉讼，以保护被告人的权利。

（5）承办人拟写《案件审查报告》，提出起诉、免予起诉或者不起诉意见。

（6）刑事检察部门负责人对承办人报送的材料进行审核，提出审核意见，上报检察长或检察委员会审定。

（7）检察长或检察委员会对报请审核案件进行审查，作出处理决定。

人民检察院对移送审查起诉的案件，经过上述审查起诉程序，应当在 1 个月内作出处理决定，重大、复杂的案件，经检察长批准可以延长 15 日。人民检察院改变管辖的，改变后的办案机关从收到案件之日起计算办案期限。移送案件机关或部门进行补充侦查的，应当从补充侦查后再次移送时，重新计算审查起诉期限。

（三）提起公诉和不起诉的适用条件及程序

在我国，人民检察院在法定期限内，对移送提请提起公诉或免予起诉的刑事案件进行全面审查后，在认为案件事实已经查清，证据确实、充分，诉讼程序合法的情况下，必须作出提起公诉或免予起诉或不起诉决定。这是各级人民检察院在刑事诉讼中的法定职责，也是审查起诉程序的必然继续和发展结果。

1. 提起公诉。这是各国检察机关共同采用的处理刑事案件的重要方式。在我国，它是指人民检察院根据审查起诉后已查明的犯罪事实和证据，当确认被告人依法应当受到刑事处罚时，决定将该案件移送有管辖权的人民法院，提请其对刑事被告人进行实体审判，正确适用刑法的诉讼活动。这种处理刑事案件的方式和程序，早在民主主义革命时期的革命根据地就已实行。由于当时处于战争环境，提起公诉程序还很不完善，只为新中国成立后确立公诉程序提供了雏形。中华人民共和国成立后，确立了社会主义的公诉制度。1954年我国颁布的第一部人民检察院组织法，较为具体地规定了人民检察院提起公诉的程序。1979年，我国颁布的第一部刑事诉讼法，对提起公诉程序作了较全面的规定。

人民检察院对侦查终结的案件提起公诉，在刑事诉讼中占有重要地位，具有重要意义。这是在于，这一诉讼行为对于刑事被告人来说，表明其实施的行为已被代表国家行使追诉犯罪权的检察机关确认，是应当受到刑事处罚的犯罪行为，并已被提交有权进行实体审判的人民法院。这不仅表明侦查活动已经结束，前一阶段的诉讼任务基本完成，而且表明人民法院的审判活动就此开始。检察机关对刑事案件提起公诉是否正确，直接关系着被告人的切身利益，关系着刑事诉讼任务完成得好坏。

（1）正确理解和严格掌握提起公诉的法定条件。根据我国刑事诉讼法的规定和长期司法实践的经验和教训，我们认为各级人民检察院要保证正确行使提起公诉权，使应当受刑事处罚的犯罪分子不能脱离应有的法律制裁，同时又使无辜公民免受刑事追究，就要正确理解和严格掌握提起公诉的条件，并切实履行严密的提起公诉的程序。

我国刑事诉讼法第100条规定："人民检察院认为被告人的犯罪事实已经查清，证据确实、充分，依法应当追究刑事责任的，应当作出起诉决定，按照审判管辖的规定，向人民法院提起公诉。"这就明确确定，人民检察院决定提起公诉的案件，必须同时具备下述三个条件，缺一不可：①确认被告人的犯罪事实已经查清；②证实这些犯罪事实的证据确实、充分；③依照法律规定应当对刑事被告人追究刑事责任。三者缺一不可。

关于就犯罪事实是否已经查清，在实践中有两种理解：①认为这是指有关犯罪的一切事实是否已经查清；②认为这是指基本犯罪事实是否已经查清。笔者认为这两种理解各有一定的片面性，不是刑事诉讼法关于犯罪事实是否已经查清规定的本来含义。第一种理解虽然有助于减少和防止漏罪或遗漏犯罪人，不易冤枉无辜，但易陷入对一些无关紧要的事实的纠缠，导致延误结案时间，影响及时、有力地打击犯罪。第二种理解避免了第一种理解所产生的弊病。但是，基本犯罪事实是与非基本犯罪事实相对而言的。非基本犯罪事实也是犯罪事实的组成部分。在有些情况下，非基本犯罪事实并非对于确定刑事被告人是否有罪、犯罪性质、量刑轻重无关。如果忽视了非基本犯罪事实的调查，有可能妨碍对刑事被告人犯罪行为的性质、罪名以及是否必须给予刑事处罚的正确认定。况且，从法律上对基本犯罪事实的具体范围并没有规定，因而容易发生漏罪或遗漏犯罪人问题。

对法律规定的犯罪事实已经查清，不能作其他任何解释，其真正含义应当包括两层内容：①刑事被告人实施的行为是一罪或者是数罪的事实已经查清；②确认被告人实施的每一种犯罪应具备的犯罪构成要件以及关系着是否予以刑事处罚、处罚轻重的事实和情节已经查清。这就是说，必须查清的犯罪事实包括下列几个方面：①确定刑事被告人实施的行为是犯罪，不是一般的违法的事实；②确定刑事被告人负有刑事责任，不是不负刑事责任或者可以免除刑事责任的事实；③确定刑事被告人实施的行为是某一种或者某几种性质的犯罪的事实；④确定对刑事被告人应当从轻、减轻或者从重、加重处罚的事实。这些方面不可有遗漏。除此之外，其他任何与犯罪有关的事实、情节无须查明，即可以犯罪事实已经查清提起公诉。

证据确实与否，在于其与案件有无直接或间接的内在联系。对于采取刑讯逼供、指供、诱供等非法手段取得的证明材料，是否能够作为证据使用，这在理论界和实际部门中存在不同观点。有些同志认为，只要收集的材料是真实的，确能证明案件事实的都可以作为证据。持相反观点的同志认为，以非法手段取得的证明材料即使是真实的，也不能作为起诉犯罪事实的依据。否则，不仅会放纵办案人员继续违法，而且容易造成冤错案件。在有些国家，对于以非法手段取得的证明材料，一般称为非法证据，往往不予采用。笔者认为在确定犯罪事实时，应当坚决反对以非法手段取得的证明材料作为证据。非法取证是一种违法行为。我国刑事诉讼法明文规定，禁止使用非法手段取证。如果允许将非法收集的证明材料直接作为证据，势必发生后一种观点所指出的弊病。首先不能允许执法人员违法，更重要的是以非法手段收集的证明材料往往是不真实、不可靠的。如果直接用其作为证明犯罪事实的依据，无法保证起诉质量。因此，对于非法收集的证明材料，不能作为起诉认定的犯罪事实的依据。

关于证据是否充分，笔者认为，其客观标准不在于证据的数量多少以及种类是否齐全。证据充分的客观标准，应当以其对于确认刑事被告人的行为是法定某一种或某几种犯罪，以及是必须受到刑事处罚，应当从轻、减轻或者应当从重、加重到什么程度的事实成为不可推翻或者变更为限。例如，如果已有三个证据足以确认刑事被告人确实犯有故意杀人罪，那么第四个、第五个同样性质的证据可以不必再去收集。对于证明故意杀人罪这一犯罪事实，应当说证据是充分的。我国刑事诉讼法规定证据有六种，但并非要求任何起诉的犯罪事实均要具有此六种证据证实。对于只有刑事被告人的供述，没有其他证据的，我国刑事诉讼法规定不能认定刑事被告人有罪和处以刑罚。这是由被告人在刑事诉讼中的特殊地位决定的。被告人的供述，虽然并非完全不可靠，但其真实可靠程度较其他证据要小。如果仅凭被告人口供确定他是否应当被提起公诉，是十分危险的。因为一旦刑事被告人推翻原供认的事实，就会使起诉陷入被动局面。相反，如果没有被告人的供述，其他种类的证据足以证明起诉的犯罪事实无怀疑，即是达到证据充分的法定要求。

根据刑事诉讼法的规定，提起公诉的第三个法定条件是被告人所犯罪行为是必须追究刑事责任的。这是指被告人所犯罪行是刑法规定必须追究刑事责任的各种情形。为此，人民检察院提起公诉的案件只能是排除了我国刑事诉讼法第 11 条规定的各种不追究刑事责任的情形——被告人已经死亡；或者犯罪已过法定追诉时效期限；或者经特赦令免除刑罚等情形；有刑法规定可以免除刑罚或者不需要判处刑罚的情节的——应当根据案件总的情况决定是否起诉。

司法实践证明，只要检察机关的办案人员真正把握住提起公诉的法定条件，就能够有力地保证提起公诉的质量。

（2）切实履行提起公诉的程序。对刑事被告人提起公诉的程序是否严密，标准只有一个，这就是看检察机关提请人民法院追究刑事被告人刑事责任的程序，是否最有利于协助人民法院正确、及时、顺利地对该被告人作出正确判决，是否最有利于维护国家利益、社会利益、被告人及被害人的合法权益。从我国刑事诉讼法的规定看，人民检察院提起公诉的程序，总的来说还不够严密，欠科学。它对于人民检察院提起公诉应当制作何种法律文书，应向管辖人民法院移送哪些诉讼文书和材料，以及对可能遇到的问题如何解决均未作出明确规定。但司法实践中已创造、总结出不少好的经验。

根据我国刑事诉讼法的规定和司法实践经验，人民检察院切实履行下列程序是必要的、有益的。

①严肃认真地制作起诉书。凡是人民检察院决定向人民法院提起公诉的案件都应当制作起诉书。人民检察院制作向人民法院提交起诉书是代表国家对被告人追究刑事责任，并将其交付审判的唯一标志，这是打击犯罪、保护国家利益和人民利益最重要的体现。起诉书的提出，对于侦查阶段来说，是表明侦查工作的结束；对于审判阶段来说，将是审判活动的开始。起诉书不仅为人民法院提供案件审理的范围和方向，而且是使被告人及其辩护人了解被指控的内容，以便做好出庭辩护准备的基本依据。正因为起诉书具有如此重要的作用，制作起诉书是一件极其严肃和十分重要的诉讼活动。各级人民检察院对决定提起公诉的案件，应当认真制作起诉书，不能图省事只将公安机关或国家安全机关的起诉意见书或者检察机关侦查部门的侦查终结报告作些修改就作为起诉书使用。

关于起诉书的格式和内容要求，在英国、日本等许多国家都有较明确的法律规定。但是我国刑事诉讼法没有对其作出具体规定。从起诉的重要诉讼作用和本身的法律意义看，应当对起诉书的格式、内容和制作要求作出统一法律规定。当前，人民检察院根据实践经验确定起诉书的统一格式和具体内容依次如下：起诉书的名称、编号；被告人的姓名、性别、年龄（出生年、月、日）、籍贯、民族、文化程度、单位、职务、住址，曾否受过刑事处罚，被拘留、逮捕的年、月、日；案由和案件来源；犯罪事实和证据；起诉的理由和法律根据；移送的人民法院名称，检察长（员）署名、年月日、加盖院印及附注事项。上述这些内容不可忽视任何一项。尤其是犯罪事实和证据，它包括被告人实施犯罪的时间、地点、目的、动机、手段、经过，影响定罪和量刑轻重的情节，以及危害后果，应当认真写明。起诉的理由和法律根据，应当写明认定犯罪的性质、罪名，刑事被告人的责任，以及认为应当从轻、从重或者减轻、加重处罚的情节和要求，适用刑法的具体条款。如果因犯罪给国家、集体直接造成物质损失而提起附带民事诉讼的，应写明要求人民法院一并处理。附注事项，应当写明刑事被告人羁押处所、案卷册数以及赃物、证物等。

为了保证起诉书的质量，人民检察院制作起诉书不仅要注意它的内容，而且应当注意书写文字的通顺、简洁、准确。做到叙述事实清楚，引用法律条文确切。起诉书不能被写成批判文章，也不能像文学作品那样虚构、夸大或缩小事实情况，对犯罪事实的叙述可以按照时间顺序书写。叙述确认的犯罪事实应当同案卷材料及证据相对应。不作为定罪、量刑的依据，一律不写入。对于一人犯数罪的案件，通常先叙述主罪，后叙述次罪。对于共同犯罪的案件，如犯罪集团案，一般应当分别叙述每一个被告人的犯罪事实，并写明被告人在全案中的地位、作用以及罪责情况。

从实践经验看，检察机关总结出的起诉书应包含的上述内容和制作时应遵守的要求是适宜的，应当补入刑事诉讼法中。需要注意的是：其一，起诉书只能由人民检察院制作，其他任何机关不能代行。其二，起诉书只能在案件符合法定提起公诉的条件并决定提起公诉时制作。其三，起诉书必须经检察长审查批准。

②提起公诉移送相关材料。由于我国刑事诉讼法未对移送

的材料作出明确规定，在司法实践中导致人民检察院和人民法院对这一问题的认识分歧，从而在一定程度上影响了对案件的及时处理。从司法经验看，人民检察院提起公诉时，在提交起诉书的同时，应当提交案卷材料和证据。对于不便随案移送的证据，应当告知人民法院。有的国家采用起诉状一本主义，即除起诉书及某些法律文书提交法院外，对有可能使法官产生预断的不利于被告人的材料和证据，均不得移送法院。在我国，为了便于人民法院尽快查明案件真相，实行移送起诉书以及证明起诉事实的证据等材料。这种程序有利于人民法院顺利进行审判，但是为了防止法官产生先入为主的弊病，刑事诉讼法需要恰当地规定相应的要求。

③严格遵守审查起诉的期限。人民检察院审查起诉的期限，一般不得超过1个月，重大、复杂的案件，经批准可以延长半个月。

（3）补充追诉与撤诉。人民检察院对已经提起公诉的案件，当发现被告人有遗漏罪行，或有遗漏同案人时，应当及时主动补充追诉；如果发现起诉的案件事实不清、证据不足，应当主动撤回起诉，进行补充侦查；如果发现被告人属于不应当追究刑事责任的，应当主动撤回起诉，依法作出不起诉处理。这是确保提起公诉质量的重要程序，刑事诉讼法应对补充起诉和撤诉作出具体规定。

（4）做好出庭支持公诉前的准备。人民检察院对案件提起公诉后，从实质上说，公诉程序并没有到此完结。人民法院开庭审理时，人民检察院还要派员出席法庭支持公诉。因此，办案的检察人员应当认真做好出庭前的准备工作。根据司法实践经验，应当抓好以下几个环节：①认真阅读全案材料，吃透案情。对于共同犯罪的案件，既要把握住整个案件概况，又要十分熟悉各被告人的地位、作用和相互关系。掌握好能够证实被告人不承认的罪行的证据。应当认真制作阅卷笔录。对于被告人重要的供述和辩解以及证人证言等确实有力的证据材料都应当予以摘录，以便在必要时运用自如。②研究有关政策和法律，明确案件性质、罪名及其认定的理由和根据。特别是对结合犯、牵连犯、重罪吸收轻罪、数罪并罚等一些问题，要先行弄清。③深入细致地了解、分析被告人的思想动态和辩解理由。充分估计被告人和辩护人可能提出辩解的重要问题，并做好答辩提纲，准备好证据材料，以免在法庭上陷入被动局面。④拟好向被告人、证人发问的具体问题。⑤根据案件具体情况，拟好公诉词。公诉词的内容一般包括对法庭调查的简要概括，进一步指明被告人实施犯罪的严重危害性；分析犯罪原因及产生的根源；引用刑法条文，指明所犯罪行应负的刑事责任。值得注意的是，在参加法庭调查后，应当根据法庭调查情况适当更改原拟公诉词的具体内容，切忌照本宣科。

2. 不起诉。这是指对侦查终结的刑事案件，检察机关经过审查，确认依法不应追究被告人刑事责任时，终止刑事诉讼的活动。在我国，不起诉与提起公诉、免予起诉都是人民检察院处理公诉案件的方式。

许多国家对不起诉都采取了比较慎重的态度和做法。相较而言，我国适用不起诉的案件范围比其他国家小，适用不起诉的情形由法律严格限定，不采用起诉便宜主义原则。我国刑事诉讼法对不起诉适用的条件作了明确规定，并对适用程序作了原则性规定。

（1）不起诉的法定条件。与其他国家相比，我国不起诉属于法定不起诉，或称合法不起诉，即不起诉适用的条件由刑事诉讼法作出明确规定。

根据我国刑事诉讼法的规定，只有人民检察院经过审查起诉，查明具有下列情形之一时，才符合不起诉条件。

①被告人实施的行为，情节显著轻微，不认为是犯罪。如被告人实施的行为是某种错误，或是严重的政治错误；是没有触犯刑法的违法行为；情节轻微，危害不大，不具有犯罪构成要件的行为。

②犯罪已过追诉时效期限。我国刑法规定，被告人所实施的犯罪，法定最高刑不满 5 年有期徒刑的，经过 5 年；法定最高刑为 5 年以上不满 10 年有期徒刑的，经过 10 年；法定最高刑为 10 年以上有期徒刑的，经过 15 年；法定最高刑为无期徒刑、死刑的，经过 20 年，一般不再追诉，人民检察院应当作不起诉处理，终止刑事诉讼。但是，对于最高刑为无期徒刑、死刑的犯罪人，经过 20 年后认为有必要追究其刑事责任时，经最高人民检察院批准，仍可追诉。这里值得提出的是，我国关于追诉期限的规定只是以对被告人所犯罪行可判徒刑的最高期限为准，是不科学的。原因在于被告人所犯罪行应当受到多重的刑事处罚，只能在人民法院对其作出判决时确定。因此，现行规定有可能扩大或缩小不追诉的范围。其他一些国家关于追诉时效的规定，采取根据犯罪的种类和轻重综合确定追诉期的原则，这一点是有借鉴意义的。

关于追诉期限的计算问题，除了应当根据刑法第 76 条关于追诉期限的规定外，还应根据刑法第 77 条、第 78 条的规定，排除公安机关、人民检察院对其采取强制措施以后，逃避侦查、审判的各种情形。追诉时效期限，通常以犯罪之日起计算，对于犯罪行为有连续或者继续状态的，追诉时效期限应当从犯罪行为终了之日起计算。如果被告人在追诉期限以内又犯新罪的，前罪的追诉期限从犯后罪之日起计算。

③经特赦令免除刑罚的，即我国国家主席颁布的特赦令赦免的犯罪行为。

④依照刑法规定，属于告诉才处理的犯罪，没有告诉，或者虽已告诉又撤回告诉的。根据我国刑法的规定，法定告诉才处理的犯罪只有三种：刑法第 145 条第 1 款规定的公然侮辱、诽谤案（严重危害社会秩序和国家利益的除外）；刑法第 179 条第 1 款规定的暴力干涉他人婚姻自由案；刑法第 182 条第 1 款规定的虐待案。

⑤被告人死亡的。我国刑法实行罪责自负原则，如果被告人死亡，追究其刑事责任已无实际意义，故不应追究。但共同犯罪，作为整个犯罪案件仍应追诉，追究其他共犯的刑事责任。

⑥其他法律、法令规定免予刑事处罚的。这是指在我国刑法颁布后，其他法律取消了原来的某种罪或对原来的罪规定免予追究刑事责任，根据特别法优于普通法的原则不予追究的情形。

在司法实践中，有时经审查起诉发现犯罪事实存在，但不是被告人所为，对此应当要求移送机关撤回案件，重新进行侦查，而不应对被告人作不起诉决定。案件事实不清、证据不足的，应退回移送机关进行补充侦查，不能以不起诉结案，终止刑事诉讼。

（2）不起诉的具体程序。检察机关对被告人作不起诉决定，是一项十分严肃的诉讼活动，需要有周密的程序加以保证。这一程序应当是既最有助于不起诉决定及时作出并有效地执行，又最有助于及时发现、纠正错误。我国刑事诉讼法对于不起诉的程序虽有某些规定，但很不完善，不便操作。根据司法实践经验，不起诉程序分为以下几个环节是有益的，并有必要在立法上予以肯定：

①作出不起诉决定。人民检察院对移送起诉或免予起诉的案件进行全面审查后，作出不起诉决定的，应经检察长或检察委员会批准。

②制作《不起诉决定书》。凡决定不起诉的，一律制作《不起诉决定书》。这一法律文书应当包括以下内容：不起诉决定书的名称、编号；被告人姓名、性别、年龄（出生年、月、日）、籍贯、民族、文化程度、单位、职务、住址、曾否受过刑事处罚，被拘留、逮捕的年月日；案由和案件来源；事实和证据；不起诉的理由和法律根据；检察长签名、年月日，加盖院印和附注事项。

③公开宣布不起诉决定。凡作不起诉处理的案件，一律公开宣布不起诉决定，并将《不起诉决定书》送达被告人，其副本应当分别送交移送审查起诉的公安机关（包括国家安全机关）、被告人所在的单位及被害人等。被告人在押的，应当立即释放。

④提请复议、复核、申诉与复查。公安机关、国家安全机关认为人民检察院的不起诉决定有错误，可以提出复议、复核要求。被害人不服可提出申诉。对此，人民检察院应当进行复议、复核、复查，并及时作出书面答复。

⑤上级人民检察院对下级人民检察院实行监督。上级人民检察院对下级人民检察院所作的不起诉决定，发现有错误，有权指令下级人民检察院纠正。

需要指出，我国刑事诉讼对于提出要求复议、复核的期限，以及人民检察院进行复议、复核和复查申诉的期限没有限定。这不利于及时纠正不当不起诉决定。因此，对上述两个期限，刑事诉讼法应当明确规定。此外，还应当拓宽申诉渠道，对于提出申诉后被驳回的，法律应当允许被害人在一定期限内向上一级人民检察院提出申诉。这一程序对于切实维护公诉案件被害人的合法权益是十分必要的。

（四）坚持和完善免予起诉制度

根据我国刑事诉讼法的规定，免予起诉是人民检察院对侦查终结移送起诉或免予起诉的刑事案件审查后，认为被告人的行为依法已构成犯罪，但不需要判处刑罚或者可以免除刑罚时，决定不将被告人提交人民法院接受实体审判，作出免予追诉决定，就此终止刑事诉讼的活动。这种处理侦查终结案件的方式是我国人民长期同各种犯罪作斗争经验的总结，是我国刑事诉讼制度史上的一项创举，是马列主义、毛泽东思想的策略原则的体现。从它问世至今的 30 多年中，在分化瓦解犯罪分子，打击少数、挽救争取多数，减少消极因素方面，发挥了特有的积极作用。

无论从理论上或从司法实践上看，如果不能正确适用免予起诉，其结果既可能放纵犯罪，也可能伤害无辜。近几年来，司法实践中时有免予起诉不当情形发生，因此引起学术界和司法实际部门的普遍关注。有一些同志对适用免予起诉的必要性提出了异议，认为免予起诉制度的存在使人民检察院分割了人民法院的审判权，违背了诉讼制度发展规律，甚至有些同志主张将其废除。笔者认为，虽然我国现行法律关于免予起诉的规定尚待完善，但只要我们以马列主义、毛泽东思想为指导，从我国政治、经济发展的需要出发，对其作历史的、全面的、发展的和客观的分析、研究，就不难得出正确结论。

1. 免予起诉制度存在的必要性，主要表现在以下方面：

（1）免予起诉制度的产生和存在是由我们国家性质决定的。我国是工人阶级为领导、工农联盟为基础的人民民主专政的社会主义国家，最终要消灭犯罪、实现共产主义。这就决定了我国刑事诉讼中所采取的处理公诉案件的方式和程序也必须有助于最大限度地减少或避免可能造成的消极因素，必须有助于最大限度地将消极因素转化为积极因素。因而，党和国家在同刑事犯罪作斗争中，一贯坚持"坦白从宽、抗拒从严、立功赎罪、立大功受奖"、"具体分析、区别对待"和"给出路"的无产阶级政策。我国的免予起诉制度的产生和存在也就成为必然。

（2）免予起诉制度的产生和存在，是我国政治、经济和法制发展的客观需要。中华人民共和国成立初期，为了有力地打击国内外敌人，巩固新生政权并顺利恢复和发展经济，在同犯罪作斗争方面，需要采取有效方式，当时国家赋予人民检察院对刑事案件有提起公诉或不起诉职权。但是，随着客观形势发展，政权的不断巩固，客观上出现了新情况，那就是1956年我国还关押着一批日本侵略中国战争中的战争犯罪分子，并在"镇反"、"肃反"运动中揭露出来一大批反革命分子。此时，在押日本战争犯罪分子中有一些在被关押期间由于受到一定时期的教育和改造，能够不同程度地悔罪。考虑到日本当时的处境及中日两国友好关系的发展，需要对这些既不符合不起诉条件但提起公诉又不太适宜的人采取一种介于提起公诉与不起诉之间的处理方式，即在肯定他们犯有罪行的前提下，又免予追究其刑事责任的处理方式。与此同时，"镇反"、"肃反"运动中揭露出来的反革命分子中，有些人罪行较轻，或罪行较重但在党和国家政策感召下，能真诚坦白自首，有的有立功或立大功表现，对于这些人提起公诉或不起诉显然失当。此时，客观需要一种不否认他们的罪行存在，又能真正体现党和国家宽大为怀的无产阶级政策，能够争取、调动犯罪人及与其有关的人进行社会主义建设的积极性，同时又不使人民群众误认为党的政策宽大无边的案件处理方式。这种方式只能是免予起诉。正是在这种客观形势下，1956年4月25日，全国人民代表大会常务委员会作出了《关于处理在押日本侵略中国战争中战争犯罪分子的决定》，规定对次要的或悔罪较好的战争犯罪分子，可以从宽处理，免予起诉。自此，免予起诉成为人民检察院处理刑事案件的法定方式之一。此后，免予起诉制度又适用于处理反革命案件和其他刑事案件。实践证明，免予起诉是同犯罪作斗争的一项重要手段，是对提起公诉、不起诉两种处理案件方式的必要补充。因此，1979年我国颁布的刑事诉讼法对其作了肯定，并作出相应的适用规定。

近几年来我国国情有了很大发展和变化，改革开放的政策使我国社会主义经济建设有了长足发展。在此过程中，免予起诉制度仍然发挥着固有的积极作用。特别是在同经济领域的犯罪作斗争中，在挽救多数，打击少数，挽回犯罪分子给国家造成的经济损失方面，起到了很好的作用。

（3）免予起诉制度符合诉讼制度在世界范围内发展的趋势。从世界范围看，免予起诉作为检察机关的职责以及其存在的必要，已在不同程度上被许多国家法律所肯定和运用。有些国家，刑事诉讼法明确规定实行起诉便宜主义，对一些确认犯有罪行，又没有追诉必要，但又不是法定不起诉情形的案件，检察官不予起诉。例如日本，检察官有权对犯罪人各方面情况进行综合考虑后，认为没有必要追诉时，不予追诉。这种终止刑事诉讼的情形，称为起诉犹豫。从实质上看，这种不起诉基本上同于我国的免予起诉。不同的是，日本检察官对此有相当大的自由裁量权，而我国检察机关只能在刑法限定的范围内适用，即人民检察院只能对刑法规定不需要判处刑罚或可免除刑罚的犯罪适用免予起诉。这与日本适用的起诉便宜主义的免予追诉相比，更有利于保证适用质量。

综上所述，免予起诉作为处理刑事案件的方式之一是必要的，不能废除。

2. 免予起诉制度的正确适用，应注意以下两点：

（1）正确掌握适用免予起诉的法定条件。这是检察机关正确适用免予起诉制度的关键。根据我国刑事诉讼法的规定，当检察机关对案件审查后，在确认案件事实清楚、证据确实充分且诉讼程序合法的前提下，查明该案件是否同时符合我国刑事诉讼法第 101 条规定的两个条件：①被告人实施的行为触犯我国刑法规定，已经构成犯罪；②该犯罪行为是刑法规定为不需要判处刑罚，或可以免除刑罚的。

依照刑法规定，不需要判处刑罚的情形是我国刑法第 32 条规定为"犯罪情节轻微"的行为。这与我国刑事诉讼法第 11 条中规定为"情节显著轻微、危害不大，不认为是犯罪"的行为有质的区别。前者被告人的行为是犯罪行为，后者被告人的行为不构成犯罪。二者有罪与非罪的不可逾越的界限。刑法规定下述几种减轻或从轻处罚的情形，同时也是免除刑罚的条件：①被告人在中华人民共和国领域外犯了罪，依照我国刑法规定应当负有刑事责任，但在外国已经受过刑事处罚的；②被告人又聋又哑，或者是盲人犯罪的；③被告人因防卫过当或者紧急避险而超过必要限度，并造成不应有危害而犯罪的；④为犯罪准备工具、制造条件的预备犯；⑤在犯罪过程中自动中止或自动地防止犯罪后果发生的中止犯；⑥在共同犯罪中，起次要的或者辅助作用的从犯；⑦被胁迫、被诱骗参加犯罪的胁从犯；⑧被告人罪行较轻并能自首，或者罪行较重，但能在自首后有立功表现的。这里必须明确，上述任何一种情形只是对被告人从宽处理的情节。依照我国刑事诉讼法的规定，人民检察院在对案件审查以后，只有确认被告人的行为具有上述情节之一，同时这种情节已经达到可以免除其刑事责任的程度，而不能只是达到从轻或者减轻刑事处罚的程度时就能适用免予起诉。这是免予起诉所特有的适用条件的关键所在。

为了保证人民检察院依法正确行使免予起诉权，最高人民检察院根据法律有关规定和检察实践经验，于1991年12月26日制定了《关于贪污受贿案件免予起诉工作的规定》，专门规定了免予起诉的条件：①个人贪污、受贿数额在2000元以上不满5000元，犯罪后自首、立功或者有悔改表现、积极退赃，可以免予刑事处罚的；②其他依照法律规定可以免予起诉的。有下列情形之一的，不适用免予起诉：①有附带民事诉讼的；②一人犯数罪，需要数罪并罚的；③共同犯罪案件的同案被告人，由人民法院一并审理更为适宜的；④其他依法不应当免予起诉。

正确掌握适用免予起诉的法定条件，还应注意其与不起诉以及提起公诉之间的差别。

免予起诉与不起诉同是对被告人不追究刑事责任，但不起诉是以被告人的行为是我国刑事诉讼法第11条规定的情形之一为条件的，免予起诉则以被告人的行为确认已构成犯罪为条件。不起诉的决定是一种无罪决定，或是法定不追究刑事责任的决定。对于移送起诉或免予起诉的机关来说，它实际上是对提起公诉或者免予起诉请求的否定，免予起诉决定则是一种认定有罪决定，是对犯罪区别对待的体现。

提起公诉与免予起诉中的被告人都是其行为已经构成犯罪，其应负刑事责任。但前者中被告人的行为依法应当给予刑事处罚，必须接受人民法院审判；而后者中被告人的行为不需要被判处刑罚或者可以免除刑罚，不必将其交付人民法院审判。从刑事诉讼的法律后果看，提起公诉的被告人有可能被定罪和受到刑事处罚；而免予起诉的被告人，属于只被定罪而不受刑事处罚的情形。

（2）严格遵守免予起诉的程序。对刑事被告人作免予起诉处理，即是从法律上认定其犯有罪行，而免予起诉决定一经宣布立即发生法律效力。因此，适用免予起诉是一项十分严肃的诉讼活动，应当严格按照法定程序进行。根据我国刑事诉讼法的规定以及司法实践经验，凡是需要免予起诉的案件，履行下述诉讼程序是适宜的。

①认真审查案件事实、证据。人民检察院对案件的全面审查分为三步。首先，由刑事检察部门承办人认真审阅，对案件材料制作阅卷笔录，复核犯罪事实、证据，讯问被告人，作必要调查补充证据。经审查终结认为符合法定免诉条件的，写出《案件审查报告》，报刑事检察部门负责人审核。其次，刑事检察部门负责人同意免予起诉处理意见的，报请检察长审核提交检察委员会讨论决定。最后，对决定免予起诉的被告人，制作免予起诉决定书。

②制作《免予起诉决定书》。根据司法实践经验，免予起诉决定书的内容应当包括以下几项：《免予起诉决定书》的名称和编号；被告人的姓名、性别、年龄（出生年、月、日）、籍贯、民族、文化程度、单位、职务、住址、曾否受过刑事处罚，被拘留、逮捕的年、月、日；案由和案件来源；犯罪事实和证据；免予起诉的理由、法律根据和没收赃、证物事项；不服本决定申诉的期限和提交申诉的人民法院；检察长签字，年、月、日，加盖院印；附注事项。

③公开宣布免予起诉决定。凡是免予起诉的案件，一律公

开宣布免予起诉决定，并将《免予起诉决定书》交给被告人，并将其副本送交公安机关、被告人所在单位及被害人等。如果被告人在押，应立即释放。

《关于贪污受贿案件免予起诉工作的规定》规定，公开宣布免予起诉决定时，被告人必须到场，并通知被告人所在单位或者居住地基层组织派人参加。检察长或者检察员宣读免予起诉决定后，可以发表免诉词。

上级人民检察院作出的免予起诉决定，如果认为必要，可以委托被告人居住地的下级人民检察院代为宣布。被告人居住在外地的，可以委托当地人民检察院代为宣布。委托宣布免予起诉决定时，应当具函说明委托理由，并附《免予起诉决定书》；受委托的人民检察院在收到委托函后，应当立即执行委托，并在宣布后 3 日内，将宣布笔录送交委托的人民检察院。

④作其他处理。对免予起诉的被告人，人民检察院可以依照刑法第 32 条的规定，根据不同情况，予以训诫，责令具结悔过，赔礼道歉。

⑤备案。凡人民检察院直接受理侦查的案件，决定免予起诉后，刑事检察部门应将《免予起诉决定书》副本及《案件审查报告》报上一级人民检察院刑事检察部门备案审查。

⑥复查。对于免予起诉决定不服，认为有错误时，因要求复查的主体不同，程序也有所不同。

被告人、被害人认为所作的免予起诉决定有错误，在收到《免予起诉决定书》后 7 日内可以向人民检察院提出申诉，由本院或上一级人民检察院控告申诉检察部门复查。贪污受贿案件，被告人不服免予起诉决定，在收到《免予起诉决定书》后 7 日内提出申诉的，一律由上一级人民检察院控告申诉检察部门复查。

被告人不服免予起诉决定，在收到《免予起诉决定书》后逾7日提出申诉的，由作出该决定的人民检察院复查。对复查后的决定，被告人仍不服的，可向上一级人民检察院继续申诉，由上一级人民检察院控告申诉检察部门复查。

贪污受贿案件被告人提出申诉的，人民检察院在收到申诉状后，3日内将案件材料连同申诉状移送上一级人民检察院。被告人直接向上一级人民检察院提出申诉的，上一级人民检察院应当在收到申诉状后3日内调卷复查，并将申诉状副本转送作出免予起诉决定的人民检察院。

上一级人民检察院在1个月内，通过对案件认真复查，并经检察委员会讨论后，作出复查决定。复杂案件的复查期限，经检察长批准可以延长，但最多不得超过3个月。作出的复查决定，出具《免予起诉决定书》的人民检察院必须执行，并要及时报告执行情况。复查后改变原决定的，应当公开宣布，并通知申诉人。

二十一、正确适用不起诉权的现实分析与制度构想*

（一）不起诉的本质属性和价值

1. 正确适用不起诉制度，在宏观上和微观上，对于促进法治文明和社会稳定都具有重要意义。宏观上，这种意义和价值就在于：（1）有利于促进我国社会主义和谐社会的建设；（2）有利于切实维护法律的尊严；（3）有利于在刑事诉讼中切实实现宪法关于尊重人权和保障人权的原则；（4）有利于实现刑法和刑事诉讼法所承担的任务和所要达到的目的。在微观上，这种意义和价值就在于：（1）有利于避免当事人不必要的诉累，切实维护犯罪嫌疑人的合法权益；（2）有利于促进侦查机关提

---

* 本部分内容刊载于《检察日报》2005年12月26日，收入本书时略有删改。

高办案质量；（3）有利于节省诉讼资源和保证诉讼效率。这是我国刑事诉讼法确立不起诉制度的根本原因。因此，为了更好地发挥这项诉讼制度的作用，需要根据本国的具体情况及其变化，不断地调整其适用的案件范围、条件和程序规范。

2. 从我国刑事诉讼中不起诉所针对的案件看，它是法定侦查机关经侦查终结，并认为应当追究犯罪嫌疑人刑事责任的案件，同时也是侦查机关正式向检察机关提出书面起诉请求的案件，而该案件犯罪嫌疑人一经检察机关决定不起诉，对该案件的追诉就到此结束。如果犯罪嫌疑人的人身自由已经受到限制，此时，其人身自由就会得到恢复。在此种情况下，审判机关也无权对该犯罪嫌疑人行使审判权。因此，笔者认为，从不起诉决定的实质看，其具有检察机关对犯罪嫌疑人作出的不称为判决的判决性质，甚至可以说是准判决性质。

不起诉决定带有的这种性质，主要是由以下两个方面的因素决定的：（1）不起诉决定一经检察机关作出，即阻断了刑事诉讼的进程。尽管当事人对该决定不服依法有权申诉，被害人也有权申诉或者不经申诉直接向人民法院起诉，案件移送提请起诉的侦查机关认为该决定有错误依法也有权申请复议、复核，但这些诉讼主体依法提出异议的行为，均不能改变该决定一经作出就即刻发生法律效力的事实。（2）不起诉决定是检察机关对犯罪嫌疑人是否有罪、是否应当或者可以免除刑罚判定的结果或者结论。根据我国刑事诉讼法的规定，实际上不起诉分为法定不起诉、相对不起诉和存疑不起诉三类，而不论适用哪一类不起诉，检察机关都必须对于犯罪嫌疑人的行为是否构成刑法规定的犯罪作出判定，同时还必须对于该犯罪的行为是否属于不需要判处刑罚或者属于应当或者可以免除刑罚的行为作出判定。这种判定结果的实质无疑反映了其具有准判决的客观属性。

（二）适用不起诉中存在的问题和原因

1. 适用不起诉中存在的不足。从当今司法实践中适用不起诉的实践情况看，不可否认人民检察院适用不起诉制度确实取得了不少成绩，总的情况是良好的。但是，我们不能不看到确实还存在一些这样或者那样的不足，主要反映在有些情况下发生不适当地扩大或者缩小了适用不起诉的范围。

（1）在不适当地扩大了适用不起诉的范围方面，主要有三个方面的问题：①由于刑法的相关规定不明确，客观上将依法应当提起公诉的案件，作了不起诉决定；②由于某种外来压力，照顾情面而对依法应当提起公诉的案件作不起诉决定；③对于是否起诉存在意见分歧的案件，因对提起公诉后是否能够被人民法院定罪并处以刑罚，没有十分把握，而决定不起诉。

（2）在不适当地缩小不起诉的适用范围方面，主要表现在二个方面：①在某些情况下，出于照顾与案件移送机关的关系，在确认移送起诉的案件明显不符合起诉法定条件时，不适用不起诉，而是通过与移送机关协商的途径建议其撤回案件或者主动将案件退回，由移送机关撤销案件；②由于刑事诉讼法没有将不存在犯罪事实以及犯罪行为不是犯罪嫌疑人所为的情形纳入法定不起诉范围，因此退回移送机关，而没有适用不起诉；③有的地方为了防止发生放纵犯罪问题，自行确定适用不起诉的百分比，从而不适当地限制了不起诉的适用。

2. 存在不足的原因分析。值得关注的是，现在司法实践中，出现一种通过侦查机关撤销案件的措施，大量地缩小了适用不起诉范围的现象，即有的检察机关在审查起诉阶段，遇到一些问题但找不到解决问题的法律依据时，从实现社会和谐的角度考虑，便采取撤销案件的做法，包括对于犯罪较轻的案件的处理。检察机关通过调解方式使被害人得到经济赔偿，当事人双方达成和解协议后，将案件退回公安机关，由移送该案件的公安机关撤销案件。这使犯罪嫌疑人变得不曾有过被司法机关确认犯罪的历史，犯罪嫌疑人不必背上历史包袱。看起来似乎有利于减少一些消极因素，减少一些社会不和谐因素。但是，这种缩小不起诉法定范围的做法仍然欠妥。缘由在于：（1）这种做法不符合刑事诉讼法的有关规定。尽管刑事诉讼法存在这样或者那样不完善之处，但在其修改之前，依然应当严格依法办案。（2）这样做完全抹杀了犯罪嫌疑人行为的性质，不利于维护法律的严肃性。（3）这种做法不利于犯罪嫌疑人从中受到应有的法制教育和从中吸取深刻教训，甚至在一定程度上会产生负面影响。譬如很可能使得经济富裕的犯罪嫌疑人以及其他一些公民产生有钱可以买平安的错误认识，从而使其蔑视法律，甚至无形中会助长有些犯罪嫌疑人再行犯罪。（4）在一定程度上削弱了促进侦查机关提高侦查质量的力度和侦查人员的办案责任心。（5）削弱了侦查机关在诉讼中对检察机关应有的制约作用，背离了刑事诉讼法确立的公、检、法三机关的诉讼关系原则。（6）无形中剥夺了被害人维护合法权益的救助权。

从实践中存在的上述问题看，其产生的原因虽然是多方面的，其中有的可能是案件本身的复杂性造成的；有的可能是办案人员的业务素质或者职业道德问题导致的；还有的可能是由于立法不完善，使得办案人员难以准确把握适用不起诉的标准造成的。在诸多原因中，笔者认为，立法上有关规定有待完善，可操作性不强，执法依据欠缺明确性是主要原因。这种立法方面的欠缺解决得如何，可以说是能否切实保证适用不起诉质量的关键所在。这是因为，如果关于不起诉的法律规范可操作性强，检察官对于案件是否适用不起诉就能够比较准确地作出判断，而且便于避免来自法外的各种干扰，真正有利于实现依法办案，使得不起诉制度较好地发挥应有的作用，司法公正在审查起诉阶段得以体现。

从现行刑事诉讼法和刑法的有关规定看，其不足主要表现在以下几个方面：

（1）刑事诉讼法的有关规定不够全面。例如，该法第15条对于法定不起诉的案件范围和条件的规定，没有将犯罪行为不是犯罪嫌疑人所为的情形和犯罪事实不存在的情形纳入。这样，在审查起诉阶段出现这两种情形时，检察机关应当如何处理就无法可依，从而导致实践中处理方式多样，如有的案件被检察机关退回公安机关，由其撤销案件；有的案件是由检察机关作出不起诉决定。

（2）刑事诉讼法有关适用不起诉条件的规定与刑法有关规定的对应关系不够协调与紧凑。在有的方面，有关部门也没有及时通过司法解释予以弥补，从而在一定程度上使得适用不起诉的准确性受到影响。这方面的不足，相对更大一些。例如，关于不需要判处刑罚和免除刑罚的标准问题。在刑法总则中既规定了不负刑事责任的条件、不需要判处刑罚的条件，也规定了应当或者可以免除刑罚的条件；但在刑法分则中，对应的条款极其有限。而此类关于应当免除或者可以免除处罚的条件规定，又大都也是可以从轻、减轻或者是应当减轻处罚的情形。至于具体区分这几种情形与可以免除或者应当免除刑罚的依据是什么，在该法中没有答案。类似的立法欠缺还反映在刑法关于适用免除处罚的条件规定中，有的只是一个原则，而没有具体对应的适用规定。例如，第67条规定，犯罪较轻的自首者可以免除处罚。但是，犯罪较轻的标准是什么并不明确。再如，刑法第 68 条规定有重大立功表现的，可以减轻或者免除处罚。那么，怎样的重大立功表现才是符合刑法上所规定的可以减轻刑罚的表现？又有怎样的重大立功表现，才是符合刑法规定的可以免除刑罚的情形？属于重大立功的标准必须由什么机关制定才是有法律效力的？这些关键性问题，均没有明确规定。所以，给办案人员正确适用不起诉带来了相当大的困惑。

3. 保障适用不起诉准确度的建议。笔者认为，当务之急是要尽快清除影响正确行使不起诉权的障碍。为此，需要做好以下几个方面的工作：

（1）立法机关应当尽快完善刑法和刑事诉讼法的有关规定，落实两个进一步细化：进一步细化适用不起诉的条件和案件的适用范围；进一步细化两法相关规定的对应关系，为适用不起诉提供明确的、便于操作的判断标准。

关于前者，笔者认为，刑事诉讼法关于适用不起诉的情形的规定，需要在以下两个方面予以完善：①扩大法定不起诉的范围，即宜将犯罪事实不存在的，犯罪事实不是犯罪嫌疑人所为的和经过两次补充侦查，仍然认为事实不清、证据不足的情形，纳入刑事诉讼法第 15 条。这样做的根本理由，就在于这是我国宪法关于尊重和保障人权原则以及刑事诉讼法关于实事求是的诉讼原则的要求决定的。②严格区分相对不起诉的类别，强化不起诉的作用。将刑事诉讼法第 142 条第 2 款中适用不起诉的免除刑罚的情形，根据刑法的规定进行分解，即将刑法规定为应当免除处罚的情形和可以免除处罚的情形中的后者从中分离出来，规定为暂缓不起诉。与此同时，刑事诉讼法明确规定对于这种犯罪嫌疑人适宜的考验期和应当遵守的条件。这样做的理由有两点：一是依照刑法的规定，应当免除处罚和可以免除处罚的是罪行轻重程度不同的两种犯罪，处理有别不仅是应当的，而且可以体现司法公平的要求；二是由于适用不起诉是不应当的，所以需要犯罪嫌疑人用行动进一步证明是可以免除处罚的，这样有助于促使犯罪嫌疑人能够真正引以为戒，防止其产生对法律的蔑视。这也是深层次地实现刑事法律目的的需要。

关于后者，刑法应当进一步明确应当免除和可以免除处罚的具体条件和适用原则。为了尽快弥补刑事立法落后于客观形势的需要，立法机关应当及时作出相应的补充规定。

（2）强化现存的几种监督适用不起诉机制的同时，需要进一步完善现行人民监督员制度的有关规定，并且立法机关应当及时制定人民监督员法。

现今，对于适用不起诉制度已经确立了多渠道、多层次、多角度的监督途径。特别是近几年，检察机关又创立了人民监督员制度。而对人民检察院适用不起诉是否正确的监督，又是人民监督员监督的重要内容。实践已经证明，这项举措对于确保不起诉的正确适用具有重要意义。但是，也应当看到，这项制度在有些方面还存在需要进一步完善之处，需要不断总结其对适用不起诉制度进行监督的经验，如关于如何提高人民检察院了解人民监督员对于其不起诉意见提出异议的理由的方式的规定，还有相当空间。同时，对于如何切实防止这种监督走过场问题，还有待进一步强化。

（3）有关机关应当尽快撤销适用不起诉案件比例的规定。司法实践中，不同的时期以及同一时期不同的地域，犯罪的情况都是不会相同的。而每个人民检察院有多少案件符合不起诉法定条件，这是任何人事先难以确定的，因此，规定适用不起诉的比例是不科学的，不仅不利于这项诉讼制度的正确适用，而且妨碍了其应有作用的充分发挥，背离了确立这项诉讼制度的目的。事实上，只要人民检察院严格遵照适用不起诉条件的法定要求，不论对多少案件决定不起诉，都是正确的、必要的。从现存的对于适用不起诉的监督制度途径看，应当说，只要这些监督措施真正发挥监督作用，并且不断提高检察人员业务素质和职业道德素质，就能够确保不起诉的质量。

（4）不断强化检察官的业务素质。任何好的法律都要靠人执行，在法律尚不完善的情况下，执法者能否准确把握立法原意或者说立法精神，就成为法律能否正确适用的又一个关键因素。这对于刑事法律的实施也不例外。检察官的业务素质高，其能够正确把握不起诉制度的立法原意，就能够比较好地弥补立法存在的不足。

二十二、适用不起诉制度的三个难题 *

在我国的刑事诉讼中，不起诉制度是人民检察院对于侦查机关或者检察机关的侦查部门侦查终结、认为依法应当追究犯罪嫌疑人刑事责任，并提请检察机关提起公诉的案件经审查后，依法对该案终止刑事诉讼的一种法定诉讼制度。如果适用不起诉不当，将应当追究刑事责任的犯罪嫌疑人作出不起诉决定，显然会使应当受到法律制裁的犯罪分子逃脱刑事惩罚。我国确立这项诉讼制度以来，人民检察院适用它取得的业绩是值得称赞的。但是，其中亦存在一些适用的难点。

（一）我国刑事诉讼法中适用不起诉的规定

1. 刑事诉讼法第 142 条第 1 款的规定。依照该款规定，犯罪嫌疑人具有该法第 15 条规定的 6 种情形之一的，人民检察院应当作出不起诉决定。这些适用不起诉的情形是明确的、具

---

　　* 本部分内容刊载于《检察日报》2005 年 4 月 22 日第 3 版，原文标题为《适用不起诉三个难题需由法律解决》。

体的，是检察机关不难判明的。这是因为第一种情形是不属于犯罪的情形。而什么情形是犯罪，刑法是有明确规定的，即使其对有的犯罪构成规定有所欠缺，通常司法解释也能够比较及时予以补救。第二种情形，由于刑法对于不同犯罪规定了相应的刑罚和追诉时效期限，检察机关同样能够比较清楚地判断。第三种情形是国家发布特赦令免除刑罚的，这是十分容易分辨的。至于最后两种情况，由于受理案件有明确的管辖分工和法律规定免予追究刑事责任，因而，适用不起诉也是能够清楚判明的。

2. 刑事诉讼法第 140 条第 4 款的规定。依照该款规定，对于经过两次退回或者自行补充侦查的案件，人民检察院仍然认为证据不足，不符合起诉条件的，可以作出不起诉决定。无疑，这一法律规定的情形属于存疑不起诉情形。这种适用不起诉情形显然有助于防止发生冤错案件，有利于维护犯罪嫌疑人的合法权益。这种情形同样是检察机关比较容易判断的。因此，检察机关在遇到上述情形时，通常也能够对案件作出正确处理决定。

3. 刑事诉讼法第 142 条第 2 款的规定。这是适用不起诉难点较多的规范。依照该款规定，适用不起诉的情形有两种：（1）对于犯罪情节轻微，依照刑法规定不需要判处刑罚的；（2）依照刑法规定免除刑罚的。为此，人民检察院既必须查明并把握犯罪嫌疑人的行为是否属于刑法规定的不需要判处刑罚的情形，也必须查明和把握犯罪嫌疑人的行为是否属于刑法规定免除刑罚的情形。

（二）不起诉规定存在的适用难点

1. 关于刑事诉讼法第 142 条第 2 款中的第一种情形适用不起诉的范围，我国刑法总则第 37 条规定了"对于犯罪情节轻微不需要判处刑罚的，可以免予刑事处罚"。根据这一规定，该情形显然是指已经构成犯罪的行为，而不是刑法规定属于不负刑事责任的情形。例如，刑法第 18 条第 1 款关于精神病人在不能辨认或者不能控制自己行为的时候造成危害结果，经过法定程序确认的。这类情形是不负刑事责任的行为，其不属于第 37 条规定的情形。刑法中规定的"犯罪情节轻微不需要判处刑罚的，可以免除刑事处罚"的情形，缺少具体对应规定，只有个别条款规定了"情节较轻的"予以行政处分。

值得注意的是，情节"轻微"和情节"较轻"，两者情节的严重程度上有差别，它们之间不能用全等号连接。尽管这是检察机关适用不起诉的依据，但刑法关于"犯罪情节轻微不需要判处刑罚的"具体情形却难以寻觅。这使得检察机关在判断是否履行不起诉职能时，不可避免地会遇到难题。

2. 对于刑事诉讼法第 142 条第 2 款规定的后一情形，我国刑法规定了可以免除刑罚和应当免除刑罚的情形。刑法规定可以免除刑罚的情形包括第 10 条、第 19 条、第 22 条第 2 款、第 67 条规定的自首并犯罪情节较轻的和第 68 条第 1 款规定的犯罪分子有重大立功表现的各种情形。而刑法规定应当免除刑罚的情形有刑法第 20 条第 2 款、第 21 条第 2 款和第 24 条第 2 款、第 27 条第 2 款、第 28 条以及第 68 条第 2 款自首又有重大立功表现的情形。

从刑法规定的这些作为人民检察院适用不起诉的法律依据看，固然，其中有些应当或者可以免除刑罚的情形比较明确，但刑法的这些规定中往往还同时规定属于可以从轻、减轻的情形。那么，这其中哪些是应当或者可以从轻、减轻的情形，它们与应当或者可以免除处罚的情形区分的标准是什么，至今刑法还没有完全给予解答。

事实上，刑法所规定的关于应当免除处罚或者可以免除处罚的所有行为，在人们的认识上都会存在许多问题，甚至是看起来很明白，而到执行时也会发生问题。例如，刑法第 68 条中规定的有重大立功表现，必须是什么样的表现呢？虽然最高人民法院《关于处理自首和立功具体应用法律若干问题的解释》第 5 条和第 7 条分别明确规定了应当认定有立功表现和重大立功表现的各自 5 种情形，并且在第 7 条第 2 款对前 4 种情形的标准均作出了必要的解释。但是，这两条既没有对具体判断属于立功的最后一种情形的标准和判定的程序作出解释，更没有对如何判断属于重大立功表现的具体标准和判定的程序作出解释。这反映在，对于属于立功表现的最后一种情形，规定的是"具有其他有利于国家和社会的突出表现的"，而对于属于有重大立功表现情形的规定是"对国家和社会有其他重大贡献等表现的"。那么，犯罪嫌疑人有怎样的贡献才是该解释中所说的"有利于国家和社会的突出表现的"和"对国家和社会有其他重大贡献"呢？已有的解释是模糊的，客观上使得这项判断有很大的弹性，适用不起诉难以确保符合立法精神，甚至会给司法腐败留下空间。

（三）对不起诉规定如何完善

鉴于我国刑事法律规定存在上述不足，笔者认为，为了确保人民检察院正确适用不起诉，立法机关有必要从法律规范上，尽快予以补救。而在法律予以完善之前，当务之急是具有司法解释权的最高人民法院和最高人民检察院应当尽快共同对这些问题作出解释。具体建议如下：

1. 在立法方面，如果我国刑事诉讼法依然保留"对于犯罪情节轻微，依照刑法规定不需要判处刑罚的"可以适用不起诉决定的规定，建议立法机关在刑法中补充规定属于犯罪情节轻微的判断标准并明确适用的具体情形。否则，刑事诉讼法的这一规定难以准确实施。此外，刑事诉讼法应当将依照刑法规定不负刑事责任的情形，纳入适用不起诉的范围。

2. 建议立法机关在完善刑事法律时，或者最高人民法院和最高人民检察院共同对这些问题作出司法解释时，如果我们仍然以上述的关于"对国家和社会有其他重大贡献"为例，那么对适用不起诉规定予以解释时，笔者认为至少需要明确三个问题：（1）明确判断"对国家和社会有其他重大贡献表现"的依据或者标准；（2）明确有权作出是否属于"对国家和社会有其他重大贡献"结论的机构；（3）明确有权进行这一鉴定的机构必须遵守的鉴定原则和程序。

关于对上述问题的鉴定原则，笔者建议实行公开原则和回避原则。这是因为，判断或者评价一个人是否为国家和社会作出重大贡献，是一项十分严肃、十分复杂的工作。在自然科学领域，科技方面的发明创造是否属于对国家和社会的重大贡献，通常是由权威机构并要经过严格的审查鉴定程序，但对于社会科学领域的这种鉴别难度很大。对于犯罪嫌疑人是否真正对国家和社会作出了重大贡献进行鉴定，由于当今社会情况很复杂，影响结论正确性的因素也会是多方面的。地方保护主义和部门保护主义作怪，并非少见。对于一种理论的学术价值的鉴别，更是一件不寻常的事情，需要特别慎重，要注意防止各种形式的欺骗。司法实践中，可能会出现犯罪嫌疑人所在单位为了其单位的名誉或者单位领导为了其本人的前途，而为实际上依法已经构成犯罪并应当受到刑罚处罚甚至应当予以严厉处罚的犯罪嫌疑人，出具对国家和社会有重大贡献的虚假证明，故意夸大犯罪嫌疑人的业绩，以使犯罪嫌疑人得以不被追究的情况；或者由于犯罪嫌疑人所在单位领导出于个人恩怨而故意否定犯罪嫌疑人对国家和社会有重大贡献的事实，从而使得适用不起诉偏离正确轨道。

笔者认为，进行这种鉴定真正实行公开和回避原则，就必须实行犯罪嫌疑人所在的单位不能作为对该犯罪嫌疑人是否具有对国家和社会有重大贡献的鉴定机构；犯罪嫌疑人所在单位的人员，也不能作为鉴定人参与这项鉴定。鉴定结果，应当在相应的领域公示公开，接受群众监督。关于参与这类鉴定的成员，由相关领域的职业道德高尚、业务水平高并且被公认为专家的人，组成鉴定委员会进行鉴定。鉴定委员会采取少数服从多数的民主集中制原则。每个委员应当提交书面意见，说明主张的理由。

同时，笔者建议，对于确有证据证明其在国际或者国内获得权威奖项的，如获得国家图书奖或者国家级的发明奖，应当在刑法或者司法解释中纳入免予鉴定的范围，明确人民检察院可以将其作为犯罪嫌疑人对国家和社会有重大贡献表现的依据之一。

此外，笔者认为，人民检察院在判断是否应当对犯罪嫌疑人决定不起诉的过程中，对于刑法同一法条包括可以从轻、减轻或者免除处罚规定的情形的需要特别慎重。办案人员必须认真考虑犯罪事实、情节、社会危害等案件的全面情况，适用不起诉绝不能脱离刑法规定的精神，更不应当突破刑法规范的适用范围，而必须对案件的情况依法进行全面分析、权衡，对于确实符合不起诉条件的，才能适用不起诉。否则，适用不起诉的后果容易事与愿违。

二十三、关于免予起诉制度的思考 *

（一）现行免予起诉制度适用中存在的问题

近几年来，中国国情发生了很大变化。改革开放的政策的实施，使我国社会主义经济建设有了长足的发展。在此过程中，免予起诉制度在同各种刑事犯罪作斗争中，依然发挥着它固有的独特的积极作用。特别是在同经济领域的犯罪作斗争中，同共同犯罪作斗争中，在挽救多数、有力地打击少数、挽回犯罪分子给国家造成的经济损失上作出了巨大的贡献。但是，应当看到，这几年司法实践中确实存在适用免予起诉不当的问题，其中有的问题是过去不曾发生或很少发生的。虽然免予起诉不当情形种种，然而归纳起来，主要是扩大了适用免予起诉的范围。这表现在两个方面：（1）对于依法应当提起公诉的，作了免予起诉。被告人因而逃脱了应受的刑事处罚，客观上放纵了犯罪。（2）对于依法应当不起诉的，作了免予起诉处理，扩大了打击面，损害公民的合法利益，影响了司法机关的声誉。

有的同志认为，这是由于免予起诉制度导致人民检察院分割了人民法院的审判权，妨碍人民法院独立审判，并使社会上不正之风得以干扰检察机关正确行使公诉权的结果。对此，笔者不能同意。笔者认为：（1）检察机关独享免予起诉权是国家赋予的职权。刑事诉讼法第 95 条规定："凡需要提起公诉或免予起诉的案件，一律由人民检察院审查决定。"刑事诉讼法是国家最高权力机关制定颁布的，体现广大劳动人民的意志和利益。因此，检察机关独享这一职权是合法的、有益的。（2）免予起诉权是检察机关固有的职权，是检察机关独享的公诉权的

---

* 本部分内容刊载于《检察理论研究》1991 年第 1 期，收入本书时有删改。

必不可少的组成部分。从根本说，这是检察机关从问世之日起就具有的公诉机关性质决定的。无论中国还是外国，在刑事诉讼中，检察机关的基本职责之一是认定侦查终结的刑事案件的被告人的行为是否为犯罪，依法应否交付法院审判，并根据具体情况作出提起公诉或不予提起公诉的处理。要履行这一职责，必享有相应的职权，即认定被告人有罪、无罪、应当受到刑事惩罚、不应当受到刑事惩罚、不需要给予刑事处罚、可以免除其刑事惩罚之权。这些职权实为检察机关固有的职权。这正如同警察机关（我国是公安机关）有权依照法律认定案件应否立案、侦查；侦查终结后，认定应否撤销案件，应否移送检察机关提起公诉；以及审判机关依照法律认定被提起公诉的案件被告人是否犯罪、应否判处刑罚，并行使刑罚权、免罚权、不罚权是固有职权一样。不同的是，在我国刑事诉讼中，公安机关的职权只限于在立案、侦查阶段，为解决是否将案件纳入刑事诉讼，是否将被告人移送检察机关，并终止应终止的刑事诉讼问题行使。检察机关的固有职权只适用于案件侦查终结后已移送检察机关的起诉阶段，为解决对被告人是否提起公诉以及对案件终止应当终止的刑事诉讼服务。审判机关所固有的职权，只限于审判阶段，解决对已提起公诉的案件是否行使刑罚权，以及对案件终止刑事诉讼服务。由此可见。检察机关的免予起诉权与公安机关的撤销案件权和移送起诉权，与人民法院的免除刑罚行使的后果，尽管基本相同，但性质不同。因此，检察机关行使免予起诉权不存在分割人民法院审判权的问题。如果按照有些同志的那种逻辑推理，公安机关对于检举、控告、自首或自行发现的刑事案件审查并认定应当立案权、侦查终结认定应否撤销案件权，认定应否追究被告人刑事责任权，就都是对人民检察院公诉权的分割，是早期分割人民法院的审判权。依据这种理论，就应当取消公安机关、检察机关、人民法院之间的分工负责，而实行侦查、起诉、审判三合一的诉讼体制。这样，只能造成诉讼制度在人类社会发展进程中的大倒退。

（二）影响免予起诉质量的原因

1. 从近几年的司法实践看，免予起诉制度确实有某些不完善之处，不能完全适应今天客观形势。但究其原因，主要是立法上欠完善所致。就刑事诉讼法而言，主要是适用免予起诉的制约机制规定得不够周全，因而影响了对某些案件免予起诉的质量。例如，刑事诉讼法对于人民检察院侦查部门侦查终结的案件，是否免予起诉的审查批准未作任何规定。因而司法实践中做法不尽相同。实践中，1989 年以前许多检察机关对自己直接受理的案件，大都采取侦查部门自行侦查、自行决定是否起诉或免予起诉。由于内部缺少必要的制约，免予起诉质量受到一定影响。再如，关于公安机关、被告人、被害人认为免予起诉决定有错误而提出复议、复核、申诉，人民检察院进行复议、复核或复查的程序、期限，法律均未作规定。

2. 从司法实践看，除了因刑事诉讼法对免予起诉的规定不完善之外，影响免予起诉质量的还有以下几个方面的原因：

（1）党和国家在不同时期的刑事政策未能及时法律化，执法的检察人员不能适时地、准确地掌握政策精神。

（2）刑法欠完善。主要表现在两个方面：①新形势下，犯罪出现的新情况、新特点，刑法条文未能及时作出补充规定。有的案件中罪与非罪的界限难准确掌握。②已有的法律条文有关规定不明确、不具体。检察人员难以把握适用免除刑罚的尺度。例如，刑事诉讼法第 101 条规定，人民检察院对于刑法规定的不需要判处刑罚或免除刑罚的，可以免予起诉。但在刑法中规定的相应条款中，所规定的情形大都是既可以减轻刑罚，又可以从轻或可以免除刑罚。这样，检察人员在很多情况下不能不靠自由裁量，一旦裁量不准，就会造成免予起诉不当。这种适用免予起诉在一定程度上靠自由裁量的情况，难免不发生差错。

（3）受犯罪本身具有的复杂性和人们对客观事物的认识规律的制约。犯罪是一种复杂的社会现象，往往是已经发生的客观事实，当发现时已时过境迁，加之犯罪人为了逃避罪责又会千方百计转移视线，毁灭罪证或制造假证，甚至嫁祸于人，因此在事后查明案件真相难度很大，难免会发生某些偏差。同时，侦查人员对案件事实的认定，检察人员对案件事实的认定，不能不受本身的法律知识、业务水平、工作经验等因素影响。况且各种证据本身的真实可靠程度也受各种因素影响。这样，在许多时候，尽管检察人员在主观上竭力正确适用免予起诉，而在客观上并非都能如愿。

（4）社会上不正之风的干扰。这几年，党内外不正之风侵袭到许多部门，检察机关受到某些干扰并不足为奇。个别检察人员社会主义法律意识不强，为徇私情、掩盖自己工作中的差错等而不能严格依法办案，造成免予起诉不当，而放纵了犯罪或伤害了无辜，也是难免的。虽然客观上存在这种不良现象，却是极少数情况。

对此，检察系统内部应进一步加强综合治理：①对检察人员进行社会主义法律意识治理。通过加强政治学习、党团组织生活，制定、执行必要的奖惩制度等措施提高每个检察人员的社会主义法律意识。②对检察人员的业务素质进行综合治理。通过严格检察人员任职条件，实行必要的业务考核，进行不同层次的专业培训，不断提高检察人员法律知识水平和办案能力。

综上所述，司法实践中发生免予起诉不当的原因是多方面的，但不是免予起诉制度本身之过。今后，社会上发生犯罪是不可避免的，而对某些犯罪行为作免予起诉处理的也依然会出现，从积极、有效地维护社会主义建设事业的发展出发，免予起诉的存在仍是必要的。

（三）完善免予起诉制度的建议

针对现存影响免予起诉质量的原因，为提高免予起诉质量，建议如下：

1. 国家立法机关应当及时将国家现行刑事政策转化为刑法、刑事诉讼法具体条文，以免检察人员因对刑事政策理解不够深透，导致适用免予起诉偏轨。

2. 刑法补充规定适用免除刑罚的具体条款，以便检察人员准确掌握免予起诉标准，减少和杜绝不当的自由裁量。

3. 扩大免予起诉案件申诉人范围，规定除不服人民检察院免予起诉决定的被告人、被害人有权申诉外，他们的亲属及其他公民有权在法定期限内提出申诉。鉴于司法实践中，被告人、被害人往往因某些客观因素的影响，难以行使申诉权，扩大申诉人范围，有助于畅通申诉渠道，以及时发现并解决免予起诉不当的案件。

4. 强化适用免予起诉制度的制约程序，具体可以考虑从以下几方面入手：

（1）1989 年以来，最高人民检察院规定，人民检察院侦查部门对刑事案件侦查终结，认为应当免予起诉，应当制作《免予起诉意见书》，连同案卷材料、证据一并移送本院刑事检察部门审查决定。这样可以防止人民检察院对直接受理的案件侦查、起诉一体化，缺少应有的制约而影响免予起诉质量。今后应继续强化和完善这一制度。

（2）规定人民检察院对免予起诉案件实行两级限期复查制。第一级限期复查，即公安机关、人民检察院侦查部门认为人民检察院对移送起诉的案件作免予起诉决定有错误，被告人、被害人及其他有申诉权的公民，对人民检察院作出的免予起诉决定不服，依法在法定期限内有权向作出该决定的人民检察院提出复议、申诉。该人民检察院检察委员会进行复议、复查，并在法定期限内作出书面答复。第二级限期复查，即公安机关、人民检察院的自侦部门和申诉人认为一级复查结论不正确，在法定期限内，可以向上一级人民检察院提出复核、再申诉。上一级人民检察院的刑事检察部门或检察委员会进行复查，并在法定期限内作出书面答复。

这种两级复查制有助于通过第一级复查使不当的免予起诉决定及时得到纠正；有助于通过第二级复查弥补下一级人民检察院因受已形成的看法的影响，使第一级复查流于形式的不足，从而确保正确的免予起诉得到维护，不当免予起诉得到纠正，实现既不放纵犯罪，又不伤害无辜。

5. 规定人民检察院对共同犯罪案件中的部分被告人不适用免予起诉。这是鉴于一案不宜分案处理，以及减少、防止人民检察院和人民法院之间，因对案件的认定认识不一致而产生不必要的争议。

6. 规定检察机关对于附带民事诉讼的免予起诉案件，依照刑法第 32 条规定解决附带民事诉讼问题。鉴于人民检察院对被告人作免予起诉处理，刑事案件至此终止刑事诉讼，因此，与被告人犯罪相关的附带民事问题也应同时解决。适用起诉的前提是人民检察院已查清犯罪事实，其中包括已查清被告人的犯罪行为给国家、集体或被害人造成的损失，因而有条件予以解决附带民事诉讼问题。对于人民检察院作出的附带民事问题的处理决定，附带民事诉讼的当事人及其他有权申诉的人，可依照不免予起诉决定程序申诉，人民检察院依法复查。

为了保证附带民事诉讼问题的解决，规定侦查机关对被告人财产未采取保全措施的，人民检察院有权对被告人的财产采取扣押、查封等保全措施，以保证国家、集体、被害人所受的损失得到应有的补偿。

二十四、律师——审前程序中公权与私权衡平的要素*

在我国，刑事诉讼的审前程序，对于公诉案件，它是指从刑事案件立案直至人民法院对被告人开庭审判之前的这个诉讼阶段，其中包括立案、侦查、起诉（审查起诉和提起公诉）三个诉讼阶段。不论是哪个诉讼阶段，都是刑事诉讼程序的重要组成部分。依照我国刑事诉讼法的规定，刑事诉讼的任务是保证准确、及时地查明犯罪事实，正确应用法律，惩罚犯罪分子，保障无罪的人不受刑事追究，教育公民自觉遵守法律，积极同犯罪作斗争，以维护社会主义法制，保护公民的人身权利、财产权利、民主权利和其他权利，保障社会主义建设事业的顺利进行。这决定了侦查机关和检察机关依法均承担着收集证据、查明犯罪事实和犯罪嫌疑人的职责，承担着排除无辜者和依照刑法规定不需要判处刑罚或者应当免除刑罚的犯罪嫌疑人，并且准确、及时地将依照刑法规定应当予以定罪并处以刑罚的被告人起诉到人民法院，使他们受到应有的惩罚。

侦查人员和检察人员要想通过审前程序做到准确、及时地排除无辜者和依法不需要判处刑罚或者可以免除刑罚的人，就

---

* 本部分内容摘自石少侠、徐鹤喃主编：《律师辩护制度研究——以审前程序中的律师作用为视角》，中国检察出版社 2007 年版。收入本书时略有删改。

需要全面收集证据资料，既要尽可能收集犯罪嫌疑人有罪的证据，也要尽可能收集犯罪嫌疑人无罪或者罪轻的资料，并且还必须遵照事物内在联系的规律，通过纵横比较、分析，认真核实其真伪。其中，收集被追诉方提出的无罪或者罪轻的证据资料尤其必要。这有利于防止伤害无辜和背离设置审前程序的初衷。同时，还必须看到，在公诉案件诉讼的全过程中，审前程序是审判程序的前提和基础，因此，侦查机关和检察机关的办案质量和效率，不仅影响着审判的质量和效率，而且影响着刑事司法是否能够达到公平、正义。所以，保证审前程序公正具有重要价值和意义。

（一）审前程序中公权与私权不衡平的表现

由于刑事诉讼的审前程序和刑事诉讼的全过程具有同样性质的任务，诉讼始终充满公权和私权的较量，刑事诉讼的全过程清楚地反映着公权与私权较量的特点，而刑事审前程序只不过是这种较量的重要组成部分。刑事诉讼的审前程序，从其开始启动直至案件起诉的进程中，无时无刻不是充满侦查人员、检察人员和犯罪嫌疑人之间的博弈。而在这种较量中，存在相当的不衡平成分。这主要反映在以下两个方面：

1. 在审前程序中，作为诉讼主体的侦查机关和检察机关，代表国家和公众的利益，行使其公权所需要的人力和物力支持，国家给予充分地保障。但是，作为相对诉讼主体的犯罪嫌疑人，其维护个人的合法权益，只能依靠个人能力，即使其人身自由没有受到限制，个人力量的有限性与前者相比，明显处于劣势。

2. 犯罪嫌疑人往往缺乏甚至完全不具备相关的法律知识，特别是已经被逮捕的犯罪嫌疑人，由于难以知晓如何证明自己无罪或者罪轻而不能有力地维护其正当权益。侦查人员或者检察人员由于已经进行了一定程度的侦查，极容易形成犯罪嫌疑人有罪的结论，因而对其辩解缺乏应有的重视。这使得犯罪嫌疑人极需要外界具有法律知识的专业人员给予及时有力的法律指点和进行实质性的维权帮助。

然而，刑事诉讼法允许犯罪嫌疑人获得律师法律帮助的范围十分有限，即使犯罪嫌疑人在审查起诉阶段可以委托律师作为辩护人，律师维护犯罪嫌疑人的途径也十分狭窄，手段受到种种限制。因此，笔者认为，要确保犯罪嫌疑人的合法权益能够得到最有力的维护，关键在于提高审前程序中的公权与私权配置的平衡度。而要解决这个问题，关键的举措之一是进一步完善犯罪嫌疑人的诉讼权利，而其中最为重要的是强化律师参与诉讼的权利，充分开拓律师对犯罪嫌疑人予以法律帮助和发挥辩护能动作用的渠道及强化其诉讼权利保障措施。

（二）律师在审前程序中的积极作用

笔者认为，律师在促进审前程序实现刑事司法公正方面，具有独特作用。这主要表现在两个层面上。

1. 在微观上表现为：（1）在审前程序中，律师适时参与刑事诉讼能够为犯罪嫌疑人答疑解惑，弥补犯罪嫌疑人在这方面的巨大欠缺，并且能够使犯罪嫌疑人的合法权益少受或者免受不应有的损害。（2）合格的律师具有的知识水平和能力，在参与刑事诉讼的过程中，能够及时发现侦查人员和检察人员办案中存在的不足乃至违法行为，有助于提醒和促使其及时纠正履行公权中出现的差错，从而促进提高侦查机关和检察机关的办案质量。

2. 在宏观上表现为：（1）由于律师在审前程序具有上述作用，能够促进侦查机关和检察机关全面提高办案质量，从而为人民法院审判奠定良好的基础；（2）律师在刑事诉讼中对犯罪嫌疑人合法权益的充分维护，促进了宪法关于尊重和保障人权原则在审前程序中的落实。虽然审前程序并不是最终决定犯罪嫌疑人是否有罪、处以怎样的刑罚，但一旦错诉，将依法不应当追诉的人予以起诉，其结果不仅背离了设置审前程序的初衷，浪费了诉讼资源，增加当事人的讼累，而且降低了追诉机关的公信度，损害了法律的尊严。

（三）现阶段律师弥补公权与私权失衡存在的不足及其完善

1. 刑事诉讼法中，律师弥补公权与私权失衡的时间较晚，弥补的途径比较狭窄，弥补的手段有限。例如，虽然犯罪嫌疑人在被侦查机关第一次讯问后或者采取强制措施之日起，可以聘请律师为其提供法律咨询、代理申诉、控告；犯罪嫌疑人被逮捕的，可以聘请律师为其申请取保候审。但是，律师在此阶段并非是诉讼参与人，无法真正维护犯罪嫌疑人的权益，其只能向侦查机关了解犯罪嫌疑人涉嫌的罪名，其他情况只能在会见在押犯罪嫌疑人时，通过询问获知　些。律师真正能够参与诉讼只能是在审查起诉阶段。司法实践中，律师会见犯罪嫌疑人时，往往受到限制，难以满足犯罪嫌疑人和律师维护犯罪嫌疑人权益的正当需要。如在案件移送审查起诉阶段，律师所能做的只是查阅、摘抄、复制该案件的诉讼文书、技术性鉴定材料，却无法获知真正关系犯罪嫌疑人切身利益的证明案件事实的有关证据材料。而律师要向有关证人或者其他单位、个人收集与案件有关的材料，依法需经过其同意。律师向被害人及其近亲属、被害人提供的证人收集证据，也必须先行经过人民检察院许可，并且要取得被害人及其近亲属、被害人提供的证人的同意。这样，使得律师收集有助于维护犯罪嫌疑人证据资料变得十分困难。

2. 鉴于现今律师对于公权和私权现存失衡的弥补作用非常

有限，笔者认为，为了提高刑事审前程序服务刑事司法公正和促进社会主义和谐社会的建设的力度，从国家法治建设发展的客观要求，从国际社会保护人权发展趋势的要求出发，我国刑事诉讼法不仅应当而且必须全面拓宽律师参与诉讼的渠道、全方位地确立具有可行性的律师维护犯罪嫌疑人合法权益的保障措施。例如，应明确规定：律师应犯罪嫌疑人聘请或者委托为辩护人，其可根据维护犯罪嫌疑人合法权益的需要会见犯罪嫌疑人，会见次数和每次会见所需要的时间不受侦查机关和检察机关限制；律师会见犯罪嫌疑人，不得进行监听；在审查起诉阶段，人民检察院必须听取犯罪嫌疑人的辩护律师的意见，辩护律师反映有关情况的次数和时间不受限制；人民检察院在作出提起公诉决定后，提起公诉前，应当允许犯罪嫌疑人委托的律师查阅、摘抄和复制检察机关认定的犯罪事实和有罪证据资料和无罪证据资料，以便律师查证核实其真实性，防止人民检察院发生错诉和减少当事人不必要的讼累；辩护律师法定诉讼权利受到侵害的补救制度和程序，等等。

二十五、单位犯罪的诉讼[*]

（一）单位犯罪诉讼概述

单位犯罪是指公司、企业、事业单位、机关、团体实施了应当负刑事责任的危害社会的行为。

在我国，单位犯罪有两类——法人犯罪和非法人单位犯罪。法人犯罪，是指以法人为犯罪主体的犯罪。当今世界范围内，它是许多国家已经用法的形式确定下来的犯罪。例如，美国、挪威、法国、澳大利亚、日本和我国等，均已在刑事法律

---

[*] 本部分内容摘自胡云腾、刘生荣主编：《单位犯罪的认定与处罚全书》，中国人民公安大学出版社 1998 年版，第五章，收入本书时有删改。

中予以规范。非法人单位犯罪，是指以非法人单位为主体的犯罪。在我国，已用刑法将其确定下来。单位犯罪的最大特点是犯罪主体不是任何自然人，而是属于组织犯罪。

法人有其特定的含义和内容。在我国，根据中华人民共和国民法通则的规定，法人是具有民事权利能力和民事行为能力，依法独立享有民事权利和承担民事义务的组织。法人应当同时具备四项条件：（1）依法成立；（2）有必要的财产或者经费；（3）有自己的名称、组织机构和场所；（4）能够独立承担民事责任。它包括企业法人、机关、事业单位和社会团体法人，还包括符合法人条件的企业之间或者企业、事业单位之间联营所组成的新的经济实体。

从我国和其他许多确立法人和非法人单位犯罪的国家的刑事司法实践看，单位犯罪与自然人犯罪相比，在许多情况下，前者更不易被人们发觉。但是，这种犯罪给被害公民、被害法人以及社会和国家的正当权益所造成的危害后果往往重于自然人犯罪带来的危害。从当今国际范围看，这种犯罪涉及的地域已是很广，不再限于某一行业、某一地区、某一国度。事实上，它早已发展成跨越国界的国际性犯罪。因而，一些国家不得不将此类犯罪也纳入刑法范畴。与此同时，这些国家不得不将犯罪法人列入惩罚对象。在刑事诉讼法中，对这类犯罪的诉讼方式、程序等相关的问题作出必要的相应规范，以便也能如同与自然人犯罪作斗争一样，做到准确、及时地使犯罪法人受到应有的法律制裁，使社会利益、国家利益以及公民、法人的合法权益得到应有的维护。

考察不同国家对法人犯罪案件刑事诉讼的法律规范内容，可以清楚地看到，对此种犯罪的诉讼规范情况各不相同。但是，这些国家大都在某些必要情况下，就具体问题作出一定规范。到目前为止，尚未见到就单位犯罪案件的刑事诉讼法律规范问题制定出一部完整、全面、系统、专门的法律。

从确定单位犯罪的国家看，通常对单位犯罪案件进行诉讼采用的诉讼原则、制度以及程序，基本上同于对自然人犯罪案件所作出的诉讼规范。只是对于某些具体情形，对单位犯罪案件的诉讼依其犯罪主体的特殊性，作出相应的特别规定。此类国家，例如日本。在该国，依其刑事诉讼法关于法人犯罪案件的诉讼的规定，仅就参加刑事诉讼的主体、案件审判的受理以及判决如何具体执行之类的问题，作了专门的规定。该国就诉讼能力问题，在刑事诉讼法中明确地规定了法人的诉讼行为的代表。依此规定，被告人或者嫌疑人为法人时，关于诉讼行为须由其代表人进行，而不能是其他自然人。对于犯罪案件为数人共同为法人的代表时，法律要求其各自代表法人进行诉讼。对于法人犯罪案件的审判，刑事诉讼法明确规定在公审庭进行审判时，如果被告人是法人的情形，可以由该法人的代理人到场接受审判。关于公诉不受理的裁定，法律明确法院对于被告人作为法人不继续存在时，将此种情形等同于被告人为自然人死亡，不能予以受理。德国的刑事诉讼法典就法人和非法人单位犯罪案件的刑事诉讼如何进行问题作了专章规定，并作为特别种类的诉讼程序予以规范。该国刑事诉讼法典第六篇第四章对法人、社会团体处以罚款的程序，以及法人参加审判适用的具体条款，均分别作出明确规定。例如，它规定法人、社会团体作为被告人，法院要传唤其参加审判。如果它们的代表无正当理由缺席的时候，法院并不因此中止对案件的审判，有权进行缺席审判。与此同时，明确了法人、社会团体参加刑事诉讼采用的程序。例如，规定涉及当事人陈述、当事人的权利和义务、辩护等问题，参照自然人犯罪案件的诉讼程序规定。

但是，在有的国家，虽然将法人犯罪纳入刑法适用范畴，而关于如何对此类案件进行诉讼的重要事宜，都没有作出任何必要的相应规范。此类国家，如我国。

在我国，自实行改革开放政策以来，特别是经济体制发生根本性改变之后，促使其他各个领域随之发生巨大变化和发展，自然人犯罪出现了许多新情况、新特点，与此同时又产生了法人、非法人单位犯罪。这其中的法人和非法人单位的产生、发展剧增的事实，大大推动了我国经济的发展，促进了市场经济的繁荣。但是，随之法人、非法人单位犯罪出现，并且增多。这种状况对于社会主义市场经济的健康发展带来了不良影响，甚至造成严重的破坏。特别是从近些年法人犯罪的情况看，总的趋势是在上升，危害越来越大。为此，我国于1987年1月22日颁布了中华人民共和国海关法。在该法内，首先明确规定了将法人走私犯罪列入刑法惩罚对象。此后，全国人大常委会又相继颁布了一系列有关法人犯罪的规定。例如，《关于惩治走私罪的补充规定》、《关于惩治贪污贿赂罪的补充规定》等。为了及时、有力地同法人犯罪作斗争，1997年3月14日第八届全国人民代表大会第五次会议通过的修正后的中华人民共和国刑法，以专节对包含法人犯罪在内的单位犯罪作出了补充规定。这样，无论是公司、企业、事业单位，还是机关、团体，也不论其是法人还是非法人单位，只要实施了危害社会的行为，法律规定为犯罪的都应当负刑事责任。依刑法规定，不仅对犯罪法人、非法人单位处以罚金，还对其直接负责的主管人员和其他直接责任人员判处刑罚。鉴于我国确定了法人、非法人单位成为犯罪主体，从而决定了追诉犯罪单位刑事责任，准确、及时地惩罚犯罪单位，有力地维护受害公民、法人、社会和国家利益，就成为我国刑事诉讼法的重要任务，成为公安机关、人民检察院和人民法院应当肩负的职责和法定职能。

我们特别需要看到，近些年来我国发生的单位犯罪案件，不仅数量有增无减，而且案情也越来越复杂。从单位犯罪的手段来看，越来越狡猾；从单位犯罪的后果看，越来越严重。这主要表现在法人犯罪和非法人犯罪的种类在增加，数量在上升，犯罪手段越来越隐蔽，常常有合法外衣，隐蔽性越来越大。这其中有许多犯罪案件是采用金钱铺路、钱权交易的手法，建立层层保护网。仅以贿赂犯罪情况看，据有关资料指出，1994年第一季度某市检察分院审理起诉的贿赂案件中，行贿主体为法人的，同1993年全年相比，案件数增长21%，行贿金额增长了61%。[1] 由于法人犯罪有资金，甚至资金雄厚，人力、物力充足，关系广泛，犯罪数额几十万元乃至上百万元屡见不鲜。因为法人犯罪手段一般比较狡猾，并且有保护层，甚至保护层很厚，所以，较自然人犯罪更难以揭露、证实和打击。

鉴于同法人犯罪作斗争的难度更大，所以，刑事诉讼法对此类犯罪的诉讼更需要作出相应的规范，况且实体法与程序法的关系也决定了应当作出相应的诉讼规范。我国1979年颁布的中华人民共和国刑事诉讼法，未对法人犯罪和非法人单位犯罪刑事诉讼作出任何规定。这固然是当时客观历史条件决定的，因为当时我国尚未确立法人犯罪和非法人单位犯罪。在以后的客观形势发展中，法人犯罪和非法人单位犯罪出现，并被国家纳入刑事惩罚。但是，1996年3月17日第八届全国人民代表大会第四次会议对刑事诉讼法作全面修改、补充的修正

---

〔1〕《人民检察》1995年第6期，第44页。

时，却未对单位犯罪案件如何诉讼作出任何必要规范，使得该法对此类犯罪诉讼的规范仍处于空白。司法实践中，由于刑事诉讼法关于单位犯罪案件诉讼规范处于这种状况，因此，具体办理单位犯罪案件时，司法人员无法可依。常常是在追诉、判处单位犯罪案件中应负刑事责任的主管人员和其他直接责任人员之际，同时也对犯罪单位判处一定罚金。在诉讼中，如起诉书、判决书中如何明确地将被告法人、被告非法人单位的诉讼地位标明，既不统一，又不明确。至于对单位犯罪案件的诉讼，应当采用什么诉讼原则，诉讼制度和具体程序如何，案件管辖如何划分，是否采用强制措施，采用怎样的强制措施才是适宜的等不可回避的问题，已是摆在司法机关面前亟待解决的问题。特别是我国已将依法治国，建设社会主义法治国家确定为我国治国方针和为之奋斗的目标。而要实现这一目标，首先必须做到有法可依。对于法人犯罪和非法人单位犯罪案件的诉讼问题，尽快从立法上填补这一空白就变得更为必要。立法机关有必要将这一问题，纳入国家立法议事日程。法学理论界也有必要认真地、深入地研究和探讨这一重要课题，推动这一立法的实现。我们必须看到，在我国司法机关同单位犯罪作斗争中，已经积累了一定的经验。与此同时，在国际范围内已有确立法人犯罪或者扩及非法人单位犯罪的国家，就该类犯罪的诉讼已有立法和司法经验可供我们参考和借鉴。这些好的条件，为我国解决好单位犯罪案件刑事诉讼问题奠定了基础。为了我国尽快地、较好地解决单位犯罪诉讼的立法问题，在此对单位犯罪的诉讼主体、诉讼原则、诉讼制度，以及单位犯罪案件中的诉讼程序等问题进行探讨，以期在国家解决这类犯罪案件诉讼的立法问题中，有些微参考作用。

（二）单位犯罪诉讼的基本原则

众所周知，刑事诉讼是司法机关在诉讼参与人的参加下，揭露犯罪，证实犯罪，惩罚犯罪的诉讼活动。而犯罪又往往是已经发生的犯罪事实，犯罪分子又总是千方百计地隐瞒事实，毁灭罪证，甚至嫁祸于人。在这样复杂的情况下，我国的公安机关、国家安全机关、检察机关和审判机关如何进行揭露、证实犯罪，这对于防止犯罪单位逃避法律制裁、防止冤枉无辜十分重要。为了能够及时地打击犯罪，我国刑事诉讼法无疑有必要明确地确立办理刑事案件的诉讼活动必须遵守的诉讼基本原则。我国现行刑事诉讼法在第一篇总则的第一章，对刑事诉讼的基本原则作了全面的规定。但是，该法最初是 1979 年制定的。当时我国尚未出现法人、非法人单位犯罪。因此，我国该年 7 月 1 日第五届全国人大第二次会议通过的刑事诉讼法，规定的刑事诉讼基本原则，只适用于自然人为犯罪主体的犯罪案件的刑事诉讼。1996 年 3 月 17 日第八届全国人大第四次会议作出《关于修改〈中华人民共和国刑事诉讼法〉的决定》，也没有明确地对此类犯罪案件诉讼，应当遵守怎样的诉讼基本原则作出补充规定。

从单位犯罪案件的特点看，犯罪的主体涉及两类犯罪人：犯罪法人和非法人单位；该犯罪案件的直接负责的主管人员和其他直接责任人员。后者均为自然人。对于这类人的诉讼，无疑应当严格地依照现行刑事诉讼法规定的全部诉讼基本原则进行诉讼。这也就是说，公安机关、人民检察院和人民法院办理单位犯罪案件中属于自然人的犯罪，必须按照刑事诉讼法规定的各项基本原则进行。但是，对于单位犯罪案件中被追诉的主体不是自然人，而是犯罪的法人或非法人单位时，又该遵循怎样的诉讼基本原则才是最适宜的呢？对此，现行刑事诉讼法并未作出回答。

在考虑对单位犯罪案件中单位适用怎样的刑事诉讼基本原则之前，我们必须解决犯罪单位如何参加刑事诉讼。这是刑事诉讼不能回避的问题，也是必须明确规定的诉讼基本规范。但是，到目前为止，我国刑事诉讼法也没有解决这一问题。从世界上一些确立法人犯罪的国家的经验看，通常确立犯罪法人参加刑事诉讼是由法人代表人承担，而不是该法人全体成员参加，也不是专门由该法人的法定代表人承担。这种经验，我国可以借鉴。在有些情况下，犯罪法人的法定代表人并非一定是此种犯罪的知情者或实施者。但在许多情况下，法人的法定代表人本身也是该案的犯罪嫌疑人、被告人。有些非法人单位的主要负责人往往也是犯罪嫌疑人。如果在刑事诉讼中一律由这样的法定代表人代表法人参加刑事诉讼，具体履行嫌疑法人、被告法人应当履行的义务和行使其享有的诉讼权利，或由负有刑事责任的非法人单位的主要负责人代表该单位参与刑事诉讼，行使该单位在诉讼中的权利及履行诉讼中该单位的义务，显然是不适当的。这是因为犯罪法人的法定代表人本身已是被追诉对象，犯罪的非法人单位的代表人也是被追诉的对象。他们在客观上就变成了一身兼二的诉讼主体。在这种情况下，实施犯罪行为的法人的法定代表人、实施犯罪的非法人单位的代表人，极有可能为减轻或逃避自己的罪责，而将应付的刑事责任完全推至该单位。这不仅不利于公安机关、人民检察院和人民法院查明案件事实，而且不利于对该法人、法定代表人和该非法人单位、该单位代表人合法权益的维护，有碍司法机关实现诉讼公平。从根本上说，这样不便于准确、及时地打击法人犯罪和非法人单位犯罪。因此，在法人犯罪和非法人单位犯罪案件中，当犯罪单位为诉讼主体时，应当确定由单位派诉讼代表人参加刑事诉讼为宜。这种代表人可以是本人非刑事追诉对象的法人的法定代表人、非法人单位负责人，也可以是本人非刑事追诉对象的、能够代表法人、非法人单位利益的该单位中的其他自然人。而此种自然人虽是刑事诉讼的参与人，但并非代表其个人利益，行使诉讼权利和履行诉讼义务均为代表其所在的单位。这也就是说，犯罪单位的诉讼代表人是被确认为嫌疑单位、被告单位的代表，而并非其个人是刑事诉讼追诉的对象。因此，对于这种单位诉讼代表人应采用的诉讼行为，不能与作为犯罪嫌疑人、被告人的自然人等同。

将犯罪单位的诉讼代表人作为单位犯罪参加刑事诉讼的主体，有利于刑事诉讼顺利进行。这也是其他确立法人犯罪国家已证实的有益经验。因此，我国立法机关应当而且有必要尽快对此作出规定。相反，如果将现行刑事诉讼法关于犯罪嫌疑人、被告人中所指的"人"，硬与嫌疑单位、被告单位等同，完全按照自然人为犯罪嫌疑人、被告人的刑事诉讼规范去办理法人、非法人单位犯罪案件，是绝对行不通的。在当前司法实践中，由于立法上没有对法人、非法人单位犯罪案件的诉讼作出应有的规范，以致造成有些司法人员误认为，现行刑事诉讼法的规范也完全适用于法人、非法人单位犯罪案件的诉讼，认为刑事诉讼法中规定的犯罪嫌疑人、被告人也可以理解为法人、非法人单位，甚至在办理法人、非法人单位犯罪案件时，比照自然人犯罪的做法。这种认识和做法是十分有害的。这其中的道理十分简单。例如，刑事诉讼法规定的强制措施的适用上，对自然人犯罪案件，只要该自然人符合法定逮捕条件，即应当逮捕。但是，对于犯罪法人或者非法人单位却无法执行有关逮捕等强制措施的规定。诸如此类问题，还很多很多。为了便于准确地适用刑事诉讼法，该法应当明确犯罪嫌疑人、被告人包括自然人、法人以及不是法人的其他单位。这也就是说，该法关于诉讼主体的规定，应该与刑法规定一致。

那么，在我们确定被追究刑事责任的主体是犯罪法人、非法人单位时，该法人、非法人单位的诉讼代表人参加刑事诉讼的情况下，应当遵循怎样的诉讼原则呢？可否采用完全同于适用于自然人犯罪的案件所确立的各项刑事诉讼基本原则呢？笔者认为，总的来看，答案应当是肯定的。作出这一结论的根本依据，是我国制定刑事诉讼法的目的和规定的刑事诉讼法的任务决定的。我国刑事诉讼法第 1 条明确规定：为了保证刑法的正确实施，惩罚犯罪，保护人民，保障国家安全和社会公共安全，维护社会主义社会程序。现行刑事诉讼法确定各项刑事诉讼基本原则，完全服务于这一目的。与此同时，我国刑事诉讼法第 2 条明确规定：中华人民共和国刑事诉讼法的任务，是保证准确、及时地查明犯罪事实，正确应用法律，惩罚犯罪分子，保障无罪的人不受刑事追究，教育公民自觉遵守法律，积极同犯罪行为作斗争，以维护社会主义法制，保护公民的人身权利、财产权利、民主权利和其他权利，保障社会主义建设事业的顺利进行。而犯罪的法人、非法人单位，是我国刑法惩治的对象之一。

刑事诉讼法确立的刑事诉讼的基本原则，是全方位地保证刑法得以正确实施的基本原则。这些原则，不论是人民法院、人民检察院和公安机关职权分属原则；或是关于人民法院、人民检察院各自依法独立行使审判权、检察权原则；或是人民法院、人民检察院和公安机关进行刑事诉讼，必须依靠群众原则；或是"以事实为根据，以法律为准绳"原则；或是对于一切公民在适用法律上一律平等原则；或是人民法院、人民检察院和公安机关进行刑事诉讼，实行分工负责、互相配合、互相制约的关系原则；也不论是各民族公民都有用本民族语言文字进行诉讼原则；或是人民检察院对刑事诉讼实行法律监督原则；或是未经人民法院依法判决，对任何人都不得确定为有罪原则；或是人民法院、人民检察院和公安机关应当保障诉讼参与人的依法享有的诉讼权利原则；或是对法定追究刑事责任情形不予追究原则；或是对外国人犯罪应当追究刑事责任原则；或是对涉外案件，根据我国缔结或者参加的国际条约，或按互惠原则实行司法协助原则等，都是我国司法机关同各种犯罪长期作斗争经验的科学总结，是辩证唯物主义在刑事诉讼中的体现，是刑事诉讼活动正确、及时进行的基本保证。因此，这些原则的基本精神和要求，从根本上说，适用于犯罪案件无疑也是必要的、可行的，应当予以遵循。适用这些原则的关键，在于正确理解并依照立法原意去贯彻，执行于刑事诉讼的始终。这是切实保障人民法院、人民检察院和公安机关在办理单位犯罪案件的全过程中，忠实于刑事诉讼目的，完成刑事诉讼任务的根本所在。那么，应当如何认识和正确贯彻这些基本原则，保证单位犯罪案件正确而顺利地进行诉讼，并保证案件得到正确处理呢？这里拟对刑事诉讼法规定的各项诉讼基本原则，与单位犯罪案件诉讼的关系，以及如何适用进行论述。

1. 职权分属原则。根据我国刑事诉讼法第 3 条和第 4 条以及第 225 条的规定，作为刑事诉讼主体，办理刑事案件的专门机关，是公安机关、国家安全机关、人民检察院和人民法院。在刑事诉讼中，公安机关和国家安全机关对其承担的案件负责侦查、拘留、执行逮捕和预审。人民检察院负责检察、批准逮捕，并对直接受理的案件进行侦查、提起公诉。对于军队内部发生的刑事案件由保卫部门负责侦查。罪犯在监狱内犯罪的案件由监狱侦查。人民法院负责对起诉的案件进行审判。这种职

权分属的原则，要求公安机关、国家安全机关、人民检察院和
人民法院以及军队保卫部和监狱，各自只能在自己的法定职权
范围以内进行刑事诉讼活动，各自处理刑事案件，不得行使其
他专门机关的职权。这种职权分属，可以充分地保障公安机
关、国家安全机关、人民检察院和人民法院能够严格有序地按
照客观事物发展规律，正确地处理案件，防止职权不明造成当
事人合法权益受到不应有的损害等各种弊端的发生。长期的司
法实践证明，办理刑事案件依上述职权分属原则进行，对于自
然人犯罪案件是有益的。单位犯罪案件较完全是自然人犯罪的
案件无论就犯罪主体的种类还是案件情况都更为复杂。这决定
了处理法人犯罪案件和非法人单位犯罪案件更需要遵循这一诉
讼原则，以免发生诉讼上的混乱。

2. 人民法院、人民检察院依法独立行使职权原则。我国刑
事诉讼法明确规定，人民法院依照法律规定独立行使审判权，
人民检察院依照法律规定独立行使检察权，不受行政机关、社
会团体和个人的干涉。这一诉讼原则是对宪法有关规定的具体
落实的体现。依此规定，一方面，人民法院行使审判权，人民
检察院行使检察权，都只能在法律规定的范围内进行。人民法
院对自然人犯罪案件进行审判，必须完全遵照有关法律规定。
同样，人民检察院处理自然人犯罪案件，也必须不折不扣地遵
照有关法律规定。另一方面，人民法院和人民检察院在办案的
全部过程中，任何行政机关和社会团体，不论是何种性质、类
型、级别的行政机关和社会团体，都不能干涉其依法办案。与
此同时，任何个人，不论其职位多高、职权多大，都无权干涉
人民法院和人民检察院依法办案活动。无论从理论上看，或是
司法实践证明，这一原则对于防止少数行政机关、团体或领导
人为了本地区、本部门不正当利益或个人利益，以权压法，以

言代法，采用地方保护主义来妨碍人民法院和人民检察院依法办案，都具有重要的现实意义和深远的历史意义。这一诉讼原则，对于切实保证司法机关办理单位犯罪案件的质量和效率，具有极重要的意义。

我们必须看到，单位犯罪案件中对于其中直接负责的主管人员和直接责任人员来说，鉴于其被追诉人是自然人，无疑需要遵守这一原则进行诉讼。那么，对犯罪单位是否适用？笔者认为，回答也是肯定的。这也就是说，人民法院和人民检察院办理法人或非法人单位犯罪案件，必须遵循依法独立行使审判权、检察权，其他任何行政机关、社会团体和个人也都不得予以干涉的原则。这是因为单位犯罪案件较自然人犯罪案件更容易受到行政机关、社会团体和个人的保护。从我国客观实践看，尤其是法人犯罪通常有不易识破的合法外衣，并且与地方利益往往直接相关。在有的地方的行政机关、社会团体或个人，为了本地区利益而不惜牺牲其他地方的公民、法人或非法人单位的利益，常常是张开地方保护主义伞予以强行干预人民法院、人民检察院对犯罪案件的诉讼。例如，有的地方，人民法院对犯罪法人判处罚金，但该法人所在地的有关行政部门或领导千方百计地阻止该判决执行；有的地方人民检察院决定对本地法人犯罪案件立案、侦查或起诉，却受到本地行政领导部门的阻止，导致司法机关有法不能依、不敢依，执法不严、违法不究的问题时有发生。这种行政机关、社会团体或个人对人民法院和人民检察院刑事诉讼活动的干预，不同程度地损害了被害公民、法人或非法人单位的合法权益，有的甚至给国家利益造成严重的损害。正因为客观存在不正当干扰人民法院和人民检察院诉讼活动的情况，有的地方严重地存在行政机关或行政领导干涉司法活动，从而不同程度地妨碍了刑事司法公正。

对于单位犯罪案件来说，如果人民法院和人民检察院行使审判权、检察权一旦受到不应有的干扰，就容易偏离正确办案轨道，导致放纵犯罪或者伤害无辜，损害当事人的合法权益，损害司法机关的形象和威信。对于单位犯罪案件来说，实行这项诉讼基本原则，能够较好地保证人民法院和人民检察院顺利地办案，对保证办案质量同样具有重要意义。近些年，我国有些地区，地方保护主义不仅存在，而且比较严重。因此，对于单位犯罪案件的刑事诉讼，坚持人民法院依法独立行使审判权，人民检察院依法独立行使检察权，严格禁止来自行政机关、社会团体或个人的干涉，就更加必要。司法实践证明，在同单位犯罪作斗争的刑事诉讼全过程中，人民法院和人民检察院认真贯彻这一诉讼原则，既便于及时、准确地打击这种犯罪，切实维护被告单位的合法权益，又便于有力地维护被害人、被害法人、社会和国家的利益。这项诉讼原则，可以说它是维护社会安定和社会主义市场经济健康发展的一项重要保障，是人民法院和人民检察院充分发挥其法定职能作用的不可缺少的前提条件。

3. 人民法院、人民检察院和公安机关进行刑事诉讼，必须依靠群众原则。依靠群众、走群众路线，是我们党和国家取得各项工作胜利的重要法宝之一。同犯罪作斗争，特别是同单位犯罪作斗争更需要依靠群众，走群众路线。

人民法院、人民检察院和公安机关依靠群众，走群众路线的原则，要求其一方面对人民群众要进行法制宣传，提高人民群众同犯罪作斗争的积极性、自觉性，以及同犯罪作斗争的本领；另一方面要相信群众，将自己的专门工作和群众的支持密切、有机地结合起来。这种结合，不能因担心群众参与同犯罪作斗争会有违法行为而不予重视，甚至不同程度地不应有地拒绝群众支持。与此相反，应当广拓获得群众支持的途径，为群众发挥作用提供必要条件。与此同时，对于人民群众提供的有关案件情况，要运用唯物辩证法对其认真地、实事求是地进行分析、研究，正确地认定和采用。只有这样，这项诉讼原则才能充分地发挥应有的作用。

依靠群众这项原则之所以同样适用于同单位犯罪作斗争，就在于此类犯罪案件不仅具有自然人犯罪的许多共同点，而且具有更需要司法机关得到群众支持的特点。这主要反映在以下几个方面：

（1）法人犯罪、非法人单位犯罪往往有许多便利条件。例如，有一定或雄厚的物质基础和人力、有合法外衣、有用金钱铺就的各种关系，有厚度、宽度不等的保护层。因此，更难以发现、揭露、证实和予以打击。但是，这种犯罪仍然不能脱离社会，逃脱不了人民群众的眼睛。只要该法人、非法人单位实施了犯罪，总会留下这样或者那样的犯罪证据。但是，对于这种犯罪，司法机关更难以及时发现，更难以收集到充分可靠的查明案件真相的证据。因此，无论是公安机关，还是人民检察院，要想完成好这项刑事诉讼任务，必须依靠群众的大力支持和帮助。这包括依靠群众提供单位犯罪的线索、证据，帮助核实证据等。事实上，人民检察院、公安机关职权范围内，对单位犯罪的案件是否立案、侦查，侦查终结应当作出怎样的处理结论，人民检察院是否决定对其提起公诉等，直接关系该单位及被害人、被害单位利益和社会公益、国家利益的诉讼行为，都离不开群众的支持。从司法实践具体情况看，在相当大的程度上，单位犯罪的案件来源，来自人民群众的举报。最终司法机关对此类犯罪案件处理结论的正确度，往往与人民群众对其支持的程度有密切联系。

（2）法人犯罪、非法人单位犯罪，虽然不及自然人犯罪的种类那样多，但是，其危害在许多情况下涉及面大，后果严重。因此，更为民众关注、痛恨。例如依法被指定、确定的枪支制造企业、销售企业非法销售枪支；法人、非法人单位生产、销售假药，严重危害人体健康；法人、非法人单位生产销售不符合卫生标准的食品，对人体健康有严重危害；法人、非法人单位生产、销售不符合卫生标准的化妆品，造成严重后果；法人、非法人单位以牟利或传播为目的，走私淫秽的影片、录像带、录音带、图片、书刊或其他淫秽物品；法人、非法人单位伪造货币等单位犯罪，严重地危害广大人民群众的人身安全，腐蚀人民群众身心健康。正因为同单位犯罪作斗争好坏与人民群众的切身利益息息相关，所以，同单位犯罪作斗争是民众赞同的和愿意予以支持的。

（3）依靠群众，可以较好地保证办案质量。公安机关、人民检察院以及人民法院对于发生的单位犯罪案件，不可能做到件件亲眼目睹，加之收集、判断所获与犯罪有关的资料不可能不受主客观一些因素的制约和影响。因此，在确认证据、事实上难保不发生任何差错。但是，如果充分依靠群众，就可以较好地受到群众的监督，从而及时发现和纠正可能发生和已经发生的某些错误，能够较好地阻止错案或冤案发生。鉴于单位是群体，正确地维护犯罪法人和犯罪非法人单位的合法权益，就可以切实维护该法人、非法人单位群体中每一成员的合法权益，从而保证该群体应有的作用得到发挥。与此同时，也可切实维护被害人、被害单位的合法权益。

4."以事实为根据，以法律为准绳"原则。我国刑事诉讼法第6条明确规定，人民法院、人民检察院和公安机关进行刑事诉讼，必须"以事实为根据，以法律为准绳"。这是我国确立的一项贯穿于刑事诉讼始终、居于核心地位的诉讼原则。司法实践已充分地证明，这项刑事诉讼原则是公安机关、人民检察院和人民法院正确处理案件，防止发生冤案、错案最根本的保证。

这里所说的以事实为根据，是指无论是公安机关、人民检察院，或是人民法院，在各自职权范围内处理案件的过程中，必须根据案件事实，忠实于案件事实真相，不能对案件客观真实情况有任何夸大或者缩小。这包括公安机关、人民检察院和人民法院对于各自管辖的案件是否立案，公安机关和人民检察院对立案的案件采取怎样的侦查措施，侦查终结是否撤销案件，公安机关是否决定将案件移送人民检察院提起公诉，人民检察院对移送起诉的案件是否决定提起公诉或决定不起诉，人民法院对起诉的案件是否开庭审判，对被告人是否定罪、定何罪名，是否判处刑罚、判处何种刑罚，公安机关、人民检察院和人民法院对犯罪嫌疑人、被告人是否采用强制措施，采取何种强制措施等，都必须根据已查明的案件真实情况，而不能凭想象或道听途说的情况作为对案件如何处理的根据。这里所说的作为追诉根据的事实，应当是犯罪事实。它应当包括犯罪的时间、地点、目的、动机、手段、经过、情节和后果的事实，以及其他一切与对被告人是否定罪、处刑相关的事实。

这里所说的以法律为准绳，是指公安机关、人民检察院和人民法院在行使各自职权和处理案件的全部过程中，必须将刑法和刑事诉讼法及其他有关法律规定作为实施职权和各种诉讼行为的标准依据和尺度。例如，人民法院、人民检察院和公安机关对于收到的举报、报案、自首或控告的案件立案，必须查明该案件确实是客观存在的犯罪事实，必须是应当追究刑事责任的事实。而这犯罪事实和应当追究刑事责任的事实，是依照刑法关于什么是犯罪以及在怎样的情况下，才允许对犯罪实施者追究刑事责任的法律规定，进行衡量、判断后作出的。如果依照刑法确认举报、报案、控告或自首的事实属于犯罪范畴，但根据刑事诉讼法和刑法关于刑事责任的规定，属于不予追究刑事责任范畴的，就不能予以立案。可以说，公安机关、人民检察院和人民法院在刑事诉讼过程中，每一诉讼行为的实施，都涉及案件事实真相如何，都涉及法律对其所作的具体规定。

"以事实为根据，以法律为准绳"，是公安机关、人民检察院和人民法院办案须臾不可离开的行为准则、不可偏废的准则。只有严格地坚持这项诉讼原则，公安机关、人民检察院和人民法院办理案件才不会偏离正确方向，才有可能确保案件处理质量。可以说，这一原则也是公安机关、人民检察院和人民法院保证各自秉公执法，维护刑法、刑事诉讼法正确实施，切实完成担负的刑事诉讼任务的最重要途径和最基本的保障。

这一诉讼原则，对于公安机关、人民检察院和人民法院办理单位犯罪案件来说，同样适用。这就在于此类犯罪案件，不单单是某个人的犯罪行为，而是群体犯罪行为。这种群体犯罪情况都是十分复杂的。例如，在有些情况下，法人犯罪的参与者并非是法人群体的每一个成员，而有些情况下却是全体成员。在有些情况下，该犯罪法人的法定代表是具体实施犯罪者之一，甚至是主要责任者。但在有些时候，该法人的法定代表人并未具体参与此犯罪，等等。不同种类罪名的法人、非法人犯罪，以及同样罪名的不同法人、非法人犯罪案件的情况，又不完全相同，甚至有十分大的差别。这种种复杂的情况客观上是存在的。过去是这样，现在是这样，今后依然如此，甚至会变得更加复杂和难以对付。为此，要尽量减少办案差错，不使应当受到追诉和法律制裁的犯罪法人、非法人单位逃脱法网。

同时，又要最大限度地保护法人、非法人单位的合法权益。公安机关、人民检察院和人民法院就更有必要认真调查研究、一切从实际出发，严格地按照客观事实和法律规定作出判断、作出正确结论。坚持"以事实为根据，以法律为准绳"办案，才能防止主观片面，先入为主问题发生，才能重证据，才能及时纠正发生的差错，做到秉公执法，实现司法公正，从而真正维护国家法律的权威，实现法律面前人与人平等、单位与单位平等的公平原则。

5. 对一切公民，在适用法律上一律平等原则。我国刑事诉讼法明确规定，人民法院、人民检察院和公安机关进行刑事诉讼，对于一切公民，在适用法律上一律平等。不论诉讼参与人是哪个民族，是男人还是女人，其从事何种职业，社会地位有多大差别，宗教信仰和教育程度有何不同，其财产多少和在某地居住时间长短有多大差异，其违法行为是否构成犯罪，应否追究其刑事责任以及如何追究其刑事责任，都依照同样的法律处理。例如，对于依法应当逮捕的犯罪嫌疑人、被告人，应当一律予以逮捕，不能因其原为政府高官该逮捕不逮捕，而予以取保候审或根本不予采取强制措施。对于依法不该逮捕的，不能因其是平民百姓，未受过教育等而对其予以逮捕。这种在适用法律上一律平等，还包括在刑事诉讼中，无论是犯罪嫌疑人、被告人，或是被害人，凡是法律赋予他们的诉讼权利都应当保证他们得以行使，凡是法律规定他们应当履行的义务，都应当促使其依法履行。不能对有的人的诉讼权利予以保障，而对另外一些人的诉讼权利随便予以剥夺或变相剥夺。在刑事诉讼中，坚持这一诉讼原则，无论是犯罪嫌疑人、被告人或被害人都有可能切实维护自己的合法权益，也可以保障公安机关、人民检察院和人民法院公正执法，从而保证办案质量和切实完成各自承担的刑事诉讼任务。

那么，这一诉讼原则是否也适合于人民法院、人民检察院和公安机关办理单位犯罪呢？对此，笔者认为，是完全适宜的。

我们不可能否认，犯罪法人、非法人单位是刑罚惩罚的对象之一。因此，实施犯罪行为的法人、非法人单位也是刑事诉讼主体。不同的法人、非法人单位尽管其各自情况有种种差别，但是在刑事诉讼中，如同自然人一样，都是诉讼参加的主体之一，诉讼地位应当平等。与自然人参与刑事诉讼不同的，只不过是其由该单位的代表人具体参加刑事诉讼而已。作为犯罪嫌疑人、被告人的法人、非法人单位，在人民法院对其作出生效判决之前，它可能是真正实施了犯罪，也可能实施的犯罪行为没有被指控的那么严重，但也可能没有实施指控的犯罪行为。刑事诉讼的结果，直接涉及单位的切身利益，也就是说，直接关系着单位群体的每一成员的切身利益。因此，对于涉及单位犯罪的被指控的法人、非法人单位，从法律上同样应当赋予其必要的诉讼权利，要求其承担必要的诉讼义务，使之能够获得最大限度地维护自身合法权益的条件和可能。如果不是这样，极易损害嫌疑单位、被告单位的合法权益。从维护法人和非法人单位正当权益来说，刑事诉讼无疑应当对此类案件在适用法律上一律平等，不允许任何单位有超越法律规定的特权。

不同的嫌疑单位、被告单位的规模大小、经济实力、性质等方面往往有这样或那样的不同。但是，只要其触犯了刑法，公安机关、人民检察院和人民法院要想做到不放纵犯罪，尽最大可能减轻其给被害人、被害单位、社会和国家造成的损害，同时使其合法权益免受不应有的损害，作出公正的处理结论，同样必须对这类单位平等地适用法律。否则，可能使某些犯罪单位受到放纵，从而导致其得以继续犯罪，造成更严重的危害，或者可能造成某些无辜的单位受到伤害，甚至严重影响社会主义市场经济的健康发展。由于对单位犯罪案件的处理，特别是对法人犯罪案件的处理，涉及的人多、面广，往往与国家经济建设的顺利发展息息相关。因此，为维护法律尊严，切实保证刑法、刑事诉讼法以及相关法律规定正确实施，有效地完成刑事诉讼承担的法定任务，公安机关、人民检察院和人民法院都应当严格地实行这项诉讼原则，而不应当、不宜有任何偏离。为了解决好这一重要问题，笔者认为，立法机关有必要对我国刑事诉讼法关于适用这项原则的主体的规定，扩及法人和非法人单位，使其与刑法规定一致，并使其成为一项科学而完善的刑事诉讼基本原则。

6. 人民法院、人民检察院和公安机关在刑事诉讼中实行分工负责、互相配合、互相制约原则。我国刑事诉讼法第 7 条规定，人民法院、人民检察院和公安机关进行刑事诉讼，应当分工负责、互相配合、互相制约。这是人民法院、人民检察院和公安机关在刑事诉讼的过程中相互关系的一项原则。

该原则中所说的分工负责，是指公安机关、人检察院和人民法院在进行刑事诉讼过程中，各自根据法律赋予的职权办理刑事案件，相互不能替代，也不能对自己职责范围内的工作进行推诿。依照刑事诉讼法的有关规定，公安机关、人民检察院和人民法院各自有自己的职权，各自有自行负责直接受理的案件范围，各自必须认真负责地完成自己担负的诉讼任务。例如，对于自然人犯罪案件，三机关对案件立案管辖的分工不同。公安机关对于除法律另有规定的刑事案件，负责直接立案侦查。贪污贿赂犯罪，国家工作人员的渎职犯罪，国家机关工作人员利用职权实施的非法拘禁、刑讯逼供、报复陷害、非法搜查侵犯公民人身权利的犯罪以及侵犯公民民主权利的犯罪，由人民检察院负责立案侦查。对于国家机关工作人员利用职权实施的其他重大的犯罪案件，需要人民检察院直接受理的时候，须经省级以上人民检察院决定后，方可立案侦查。人民法院只负责直接受理自诉案件。上述对案件立案管辖的分工是严格的，各自不得逾越法定立案管辖范围。与此同时，各自又必须对其法定立案管辖范围的案件依法认真受理，进行立案、侦查。职权上亦有明确的分工。依法对刑事案件的侦查、拘留、执行逮捕、预审，由公安机关负责。检察、批准逮捕、检察机关直接受理的案件的侦查、提起公诉，由人民检察院负责。审判由人民法院负责。这类分工负责的原则，在刑事诉讼的任何诉讼阶段都予以贯彻执行，又如法定逮捕措施的实施，在适用这项强制措施上，公安机关认为需要对犯罪嫌疑人逮捕时，只负责提请人民检察院审查批准。如果人民检察院审查后不予批准，公安机关不得逮捕该犯罪嫌疑人。人民检察院在对于这项强制措施上的分工，认为自己直接立案侦查的案件犯罪嫌疑人依法应当逮捕的，有权决定逮捕；对公安机关提请逮捕的，负责审查决定是否逮捕。人民法院对自己直接受理的案件，依法认为应当逮捕被告人，有权决定逮捕。不论是人民检察院批准决定的，还是人民法院决定逮捕的，执行逮捕一律由公安机关负责。诸如此类的分工负责可以使各类刑事案件有条不紊地得到处理，使刑事诉讼活动顺利进行，能有效地防止同一案件重复立案、侦查等混乱现象发生，可以防止某些犯罪被遗漏，得不到及时追诉而逃避法律制裁，给被害人、社会和国家带来新的危害。

该原则中所说的互相配合，是指公安机关、人民检察院和人民法院在办理自然人犯罪的刑事案件的过程中，各自严格地在分工范围内完成好自己职责的前提下，不同司法机关之间相互支持、共同合作，依法保证刑事诉讼顺利进行，并确保案件得到正确处理，而不是各行其是，相互拆台，制造不应有的障碍，延误对案件的处理。我国刑事诉讼分为立案、侦查、起诉、第一审、第二审、死刑复核、审判监督和执行阶段。任何一件刑事案件的犯罪嫌疑人得到正确处理结论，往往不止一个诉讼阶段，需要不同的司法机关依法共同合作实现。例如，公安机关经过大量的、深入的调查研究，经过侦查，依法认为应当对犯罪嫌疑人逮捕而及时向人民检察院提请批准时，人民检察院应当在法定时限内尽快地进行审查，对于依法应当批准逮捕的，应当及时批准，而不能以任何不正当理由对应当批准逮捕的不予批准，或拖延时间。这样公安机关便可以及时地将犯罪嫌疑人逮捕，避免其自杀、逃跑、毁灭罪证，为公安机关作出正确处理结论提供必要条件。而人民检察院决定或人民法院决定逮捕的，公安机关应当速去执行逮捕，而不能以任何借口拒绝或拖延。这样，逮捕措施就可以得以正确而顺利地适用。类似需要相互配合的情形还有许多。在刑事诉讼中，正确坚持相互配合，就会节省许多时间、避免人力和财力的浪费，提高司法机关办案的效率，顺利地完成共同担负的刑事诉讼任务。

该原则中所说的互相制约，是指公安机关、人民检察院和人民法院在办理刑事案件的过程中，各自严格履行法定职责的同时，要做好相互及时发现和改正可能发生和已经发生的差错，避免错误继续发生，确保办案质量，切实维护当事人合法权益。这一内容，要贯彻于刑事诉讼的每一阶段，特别是相互关联的环节更需如此。例如，前面所列举的逮捕强制措施的适用。公安机关对犯罪嫌疑人实行逮捕，须由人民检察院审查批准。否则，对其不能实施逮捕。人民检察院对公安机关实行逮捕措施的这种制约，可以确保公安机关正确实行逮捕，防止不应有的侵犯公民人身自由，以及由此造成不应有的损害。与此同时，如果公安机关认为人民检察院作出不批准决定有错误，可以要求人民检察院复议，但是必须将被拘留的人立即释放。如果意见不被决定不批准的人民检察院接受，还可以向上一级人民检察院提请复核。上一级人民检察院必须在规定时间内作出复核决定，并告知公安机关。这种相互制约，不仅可以防止公安机关错捕，也可以防止人民检察院对适用逮捕强制措施的错批。在整个刑事诉讼中，公安机关、人民检察院和人民法院之间，必须实行这项原则。司法实践充分地证明了，它在保证司法机关完成担负的诉讼任务中，具有十分重要的价值。

该项诉讼原则中的分工负责、互相配合、互相制约内容，是密不可分的、统一的整体。三者间的关系的正确处理，使得刑事诉讼就像人们通常比喻的那样，如同是生产某种产品的一个个需要连续作业的车间。每前一道工序都是后一道工序的基础，只有前一道工序产品合格，才有可能保证后一道工序的质量。不同工序间分工负责、互相配合和互相制约，才能减少差错，确保每一道工序的质量，从而保证最终的产品质量，对公安机关、人民检察院和人民法院而言就是办案质量。否则，只有分工而没有配合，或者有分工、有相互配合，但无相互制约，就不可能及时防止、纠正差错，就会造成冤案、错案。这种惨痛的教训，并非不曾发生过。

笔者认为，在单位犯罪案件中采用这项诉讼原则是适宜的。只是由于单位犯罪的特点与自然人犯罪的主体特点存在不能否认的客观差别，在具体运用上，如何分工负责、如何相应配合、相互制约方面，有某些形式上的不同而已。因此，在立法上需要加以区别。例如，法人犯罪案件中，对直接负责的主管人员和其他直接责任人实施的行为，在认为依法需要对该人逮捕时，无疑应当按现行刑事诉讼关于分工负责、相互配合和互相制约的具体规范进行。但是，对于被疑犯罪的法人，由于其是由公民群体组成，所以完全按现行刑事诉讼法的规定是无法适用逮捕措施的。而是要根据法人的特点，决定可采取的强制措施的种类、方法。但不论确定采取何种强制措施，不同司法机关间都要有明确的分工、职责范围，以及明确的相互配合和相互制约的方法、程序。从根本上说，这一原则对于处理好单位犯罪案件更为重要。这是因为单位犯罪在许多情况下较自然人的犯罪复杂。这不仅表现在对于同一犯罪，刑法适用双罚原则；而且表现在对单位犯罪案件处理的正确与否，涉及该犯罪单位群体的切身利益，甚至还可能会影响到国家经济建设的顺利发展。因此，在对单位犯罪案件进行处理的过程中，绝不能认为易于对自然人犯罪案件的处理。

这里需要特别指出，由于我国现行刑事诉讼法关于单位犯罪案件刑事诉讼的规范，尚属空白。因此，立法机关应尽速作出补充规定。在确立单位犯罪应遵守人民法院、人民检察院和公安机关进行刑事诉讼应当分工负责、互相配合、互相制约的原则的同时，还有必要对在各诉讼阶段如何具体体现方面作出明确规范。这包括对单位犯罪案件的立案管辖的分工和职权分工；对单位犯罪案件采取强制措施的分工，相互配合与相互制约的方式、程序；对单位犯罪案件采取侦查措施的种类、程序、限制和要求等。在立法机关对上述方面作出补充规定之前，笔者认为，公安机关、人民检察院和人民法院在办理此类案件时，也应当贯彻这一诉讼原则，本着这一立法精神的原意，尽最大可能予以贯彻。已有的有些规定，是完全可以依其执行的。例如，公安机关对直接受理、立案侦查终结的单位犯罪案件，认为依法应当追究犯罪单位刑事责任的，应当在终结后，写出起诉意见书，连同案卷材料、证据一并移送同级人民检察院审查决定。人民检察院对该案应当按照刑事诉讼法第137条的规定进行认真审查。对于符合法定要求的，应当及时作出提起公诉决定，而不能无故拖延。当发现提请起诉的案件情况确实不符合提起公诉条件时，应当根据实际情况分别依法作出不起诉决定，或者是退回补充侦查。笔者认为，公安机关、人民检察院和人民法院在办理单位犯罪案件的整个诉讼过程中，只要认真贯彻这项原则，在立法上对该类犯罪刑事诉讼作出具体规范之前，可以更好地保证此类案件的诉讼顺利进行，提高办案质量，使嫌疑单位、被告单位应有的合法权益不受或少受损害，使犯罪法人、非法人单位受到应有的惩处。

7. 人民检察院依法对刑事诉讼实行法律监督原则。我国刑事诉讼法第8条规定，人民检察院依法对刑事诉讼实行法律监督。这是对我国宪法关于人民检察院是国家法律监督机关规定的具体落实。这也是我国刑事诉讼法于1996年3月17日第八届全国人大第四次会议被修正时增加的一项诉讼原则。依此规定，人民检察院对于公安机关的立案、侦查活动是否合法实行监督；对人民法院的审判活动，包括第一审、第二审、依审判监督程序所进行的审判活动是否合法实行监督；对人民法院、监狱等执行判决、裁定的专门机关的活动是否合法实行监督。这种法律监督在办案中如何贯彻，刑事诉讼法作出了具体规范。例如，对于公安机关应当立案而不予立的，人民检察院发现之后，应当向该公安机关提出，要求其说明不予立案的理由。人民检察院认为公安机关不立案的理由不能成立时，则须通知公安机关立案。公安机关接到该通知后，应当立案。仅就此项法律监督而言，可以确保应当立案的犯罪案件及时立案，防止真正的犯罪因公安机关不能立案而在诉讼的开始就逃脱了刑事追究，从而确保犯罪受到应有的打击。此外，如对人民法院开庭审判刑事案件的方式、合议庭的组成是否合法；审判程序是否合法、庭审中诉讼参与人的合法权益是否受到不应有的损害等，都是人民检察院负有的监督职责。此类法律监督，不仅包括及时检察公安机关等执法机关在刑事诉讼中是否严格依法办案，而且包括具体纠正公安机关等执法机关在刑事诉讼中的违法行为。司法实践证明，这项刑事诉讼原则对于确保刑事诉讼中自然人犯罪案件的承办质量，及时有力地维护当事人合法权益，具有重要保证作用。

那么，公安机关、人民法院在办理单位犯罪案件时，人民检察院是否也应当对这些专门的国家机关进行的刑事诉讼活动进行法律监督呢？笔者认为，这是完全肯定的。例如对举报的单位犯罪案件，尽管依法应当立案，但是有的公安机关可能出于地方保护主义，而以种种不正当理由不予立案。对于此类情况，经举报人向人民检察院提出立案要求，人民检察院经调查核实，确认依法应当立案的，就可以及时要求公安机关立案。公安机关接到立案通知应当立案。正因为公安机关、人民法院等专门机关在处理单位犯罪案件的过程中，难免会受到某些主客观因素的影响和干扰，导致某种违法行为发生，所以在对单位犯罪案件的诉讼中，实行人民检察院对该诉讼活动进行法律监督，也是十分必要的。为此，立法机关有必要根据单位犯罪案件的特点，在各诉讼阶段中具体规定人民检察院进行法律监督的举措，以便人民检察院切实履行这项诉讼职责。

8. 各民族公民有权用本民族语言文字进行诉讼的原则。我国刑事诉讼法第9条规定，各民族公民都有使用本民族语言文字进行诉讼的权利。人民法院、人民检察院和公安机关对于不通晓当地通用的语言文字的诉讼参与人，应当为他们翻译。同时，还规定在少数民族聚居或者多民族杂居的地区，人民法院、人民检察院和公安机关应当用当地通用的语言进行审讯，用当地通用的文字发布判决书、布告和其他文件。确切地说，这项原则是法律赋予诉讼参与人的一项重要诉讼权利和切实保证这项诉讼权利在刑事诉讼中得以实施的一项原则和举措。众所周知，我国是一个多民族的国家。国家将各民族可以使用本民族语言文字作为各民族一律平等的一项重要内容。在刑事诉讼中，任何一个诉讼参与人都享有一定的诉讼权利。例如，被告人有申请回避权、辩护权、不服第一审未生效判决的上诉权，对已发生法律效力的判决、裁定不服的申诉权等。如果法律禁止少数民族使用本民族语言文字，而诉讼参与人却不通晓当地通用的语言文字，那么刑事诉讼是无法进行的。公安机关、人民检察院和人民法院的办案人员本身不通晓当事人通晓的语言文字，就很难查清案情，甚至庭审也无法进行。因此，在刑事诉讼中贯彻这项诉讼原则是十分必要的。这是公安机关、人民检察院和人民法院顺利进行刑事诉讼，正确处理案件的重要保证。同时，这也是切实维护当事人合法权益必不可少的举措。

单位犯罪案件诉讼的主体为自然人的，即对该犯罪直接负责的主管人员和其他直接责任人员犯罪行为的追诉、审判，无疑需要采用这项诉讼原则。但对犯罪单位诉讼也有必要采用这项诉讼原则。刑事诉讼中作为诉讼主体的法人、非法人单位，通过其诉讼代表人参加刑事诉讼。而此诉讼代表人是自然人。该法人、非法人单位在诉讼中享有的诉讼权利，需要由该单位的诉讼代表人行使。例如，被告法人应有的辩护权、申请回避权、上诉权、申诉权等诉讼权利的行使，需要通过该法人诉讼代表人使用通晓的语言文字表述来实现。如果对单位犯罪案件不实行这项诉讼原则，法律赋予嫌疑法人、被告法人的诉讼权利就会因为语言文字障碍而变成一纸空文。这就决定了对单位犯罪案件进行刑事诉讼，贯彻这项诉讼原则是绝对必要的。因此，公安机关、人民检察院和人民法院在办理单位犯罪案件中，对于不通晓当地通用语言文字的单位诉讼代表人，也应当为他们翻译，发布诉讼文件应当用当地通用的语言文字。

9. 人民法院、人民检察院和公安机关保障诉讼参与人依法享有诉讼权利原则。我国刑事诉讼法第 14 条明确规定，人民法院、人民检察院和公安机关应当保障刑事诉讼参与人依法享有的诉讼权利；诉讼参与人对于审判人员、检察人员和侦查人员有侵犯公民诉讼权利和人身侮辱行为，有权提出控告。依此规定，作为自然人的诉讼参与人，包括当事人（犯罪嫌疑人、被告人、被害人、自诉人、附带民事诉讼的原告人和被告人）、法定代理人（被代理人的父母、养父母、监护人和负有保护责任的机关和团体的代表）、诉讼代理人（公诉案件的被害人及其法定代理人或者近亲属、自诉案件的自诉人及其法定代理人委托代为参加诉讼的人和附带民事诉讼的当事人及其法定代理人委托代为参加诉讼的人）、辩护人、证人、鉴定人和翻译人员，在刑事诉讼中享有的法定诉讼权利，都应当受到公安机关、人民检察院和人民法院的保护。对于侦查人员、检察人员和审判人员侵犯其法定诉讼权利或对其实施了人身侮辱行为，当事人有权提出控告。这些规定对于自然人来说，是绝对必要的。从理论上或司法实践看，坚持这项诉讼原则，既便于公安机关、人民检察院和人民法院查明案件的真相，又有助于促进上述诉讼参与人积极主动参加刑事诉讼，更好地维护其合法权益。否则，法律规定诉讼参与人的诉讼权利，只能是纸上的东西，不仅不能确保诉讼参与人依法行使其享有的法定诉讼权利，而且会妨碍刑事诉讼活动顺利地运作。在刑事诉讼法中，这项基本原则在各诉讼阶段的诉讼行为的具体规范中得到较好的体现。例如，刑事诉讼法赋予犯罪嫌疑人、被告人辩护权，与此同时规定人民检察院自收到移送审查起诉的案件材料之日起 3 日以内，应当告知犯罪嫌疑人有权委托辩护人。人民法院自受理自诉案件之日起 3 日以内，应当告知被告人有权获得辩护，等等。

这项诉讼原则，对于处理单位犯罪案件有同样重要的作用。在此类犯罪案件中，法人、非法人是单位组织。但是，其仍是由自然人组成的组织，其参加刑事诉讼由其代表人参加。在刑事诉讼中，被疑犯罪法人、非法人单位与自然人犯罪嫌疑人、被告人一样，都是刑事诉讼主体，具有同等的诉讼地位。对于公安机关、人民检察院和人民法院来说，同样要保护其合法权益，对其犯罪同样要依法予以惩处。因为只有这样，公安机关、人民检察院和人民法院才能完成担负的刑事诉讼任务。从实质上说，对法人犯罪案件、非法人单位犯罪案件适用这项诉讼原则，切实保障嫌疑单位、被告单位的诉讼权利的行使，是刑事诉讼立法的宗旨和担负的任务决定的。鉴于此，笔者认为，我国立法机关在规定这项原则的同时，应当补充规定诉讼参与人的种类，将法人和其他非法人单位纳入。与此同时，在其他有关条款中，补充相应的内容，确保被疑犯罪的单位、被告单位及时行使应有的诉讼权利，从而使单位犯罪案件在每一诉讼阶段都能得到公正的处理。

10. 未经人民法院依法判决，对任何人都不得确定有罪。

我国刑事诉讼法第 12 条规定，未经人民法院依法判决，对任何人都不得确定有罪。依此规定，刑事诉讼中的任何犯罪嫌疑人、被告人被定有罪，必须经过人民法院依法作出发生法律效力的有罪判决。否则，即使有证据证明其确实实施了某种犯罪行为，但是在人民法院依法对其作出发生法律效力的有罪判决之前的任何诉讼阶段，都不得称其为罪犯，也不得肯定其有罪，更不得按罪犯对待。这里所说的"人民法院依法"，是指人民法院根据现行刑法关于罪与刑的规定，现行刑事诉讼法关于诉讼原则、制度和程序的有关规定，以及其他现行法律中的有关规定作出有罪判决。

我国刑事诉讼法规定这项诉讼原则，首先是进一步明确对犯罪嫌疑人、被告人定罪的权力，只属于人民法院，其他任何机关都不能行使这项职权。这也是对公安机关、人民检察院和人民法院在进行刑事诉讼中，实行分工负责、互相配合、互相制约，以及人民法院依法独立行使审判权、人民检察院依法独立行使检察权诉讼原则的补充。鉴于犯罪嫌疑人、被告人在客观上并非无一例外地都是犯罪行为的真正实施者。尽管在许多情况下，他们是在公安机关、人民检察院已获得有罪证据的情况下确认的。但是，任何客观事物都是比较复杂的，特别是对于刑事案件来说，尤其如此。由于各种主客观因素的影响，被告人的实际情况是多种多样。通常有三种可能：（1）他实施了指控的罪行，依法应当追究其刑事责任；（2）他实施的犯罪行为没有指控的那么多、那么严重；（3）他没有实施指控的犯罪行为，仅实施了一般违法而不构成犯罪的行为，甚至连违法行为也没有实施，完全是无辜者。指控的证据在被充分地核实之前，也存在三种可能：完全真实的；不完全真实的；完全不真实的。面对这样复杂的情况，只有确实查清案件事实，才有可能依法作出正确处理结论。而案件进入审判阶段，指控方和被指控方可以得到面对面的充分核实，也是案件真相得以查核清楚的最佳途径，在查明案件真相的基础上，对被告人是否有罪由人民法院依法作出结论。基于上述客观情况的复杂性及人民法院的职能，决定了对任何人未经人民法院依法判决，不得确定有罪的原则，可以更好地防止发生冤错案件发生，切实维护当事人的合法权益。与此同时，有利于防止侦查人员、检察人员不公正地对待犯罪嫌疑人、被告人，甚至发生有罪推定。

笔者认为，这项诉讼原则对于单位犯罪案件完全适用。在司法实践中，被举报、控告、告发的单位犯罪案件，尽管被纳入刑事诉讼，但是也同样可能属于依法不应当追究刑事责任的情形，或者是属于依法应当追究刑事责任的情形。这也就是说，受到指控、举报的单位，并不一定真的实施了犯罪行为。鉴于法人、非法人单位是组织，是由自然人组成的群体，这类案件的有罪认定未经人民法院依法判决作出，该单位应有的正常活动就会受到不应有的制约，合法权益就会受到不应有的损失。对于单位案件的刑事诉讼，贯彻这项诉讼原则，有助于公安机关、人民检察院和人民法院正确对待嫌疑单位和被告单位，尤其有助于促使公安机关、人民检察院全面收集证据，认真核实证据，使侦查、起诉的质量得到保证。

这里需要指出，对于这项诉讼原则，在理论界有些学者将其与西方的无罪推定完全等同起来。笔者认为，这是不适宜的。这不仅因该原则的立法本意是在于指明人民法院依法对被告人作出有罪判决之前，被告人既可能是真正的犯罪分子，也可能由于种种原因所致是被冤枉的。这就是说，被告人被依法判决之前，尚不能完全肯定被告人确实属于有罪的真实情况。而无罪推定，则是以被告人被人民法院依法作出有罪判决之前，以其无罪为前提进行刑事诉讼。况且我国现行刑事诉讼法的有关规定，与无罪推定的全部内容及其引申的原则并不完全相同。因此，笔者认为对于单位犯罪案件，在人民法院依法作出有罪判决之前，公安机关、人民检察院和人民法院对该单位既不应当从其有罪出发进行诉讼，也不能从其无罪出发进行诉讼，而应当坚持进行充分的调查，收集确实、充分的证据，根据事实和法律推进刑事诉讼的进程，作出正确处理结论。可以确信司法实践将会充分地证明，正确理解并在处理法人、非法人单位犯罪案件中正确运用这项原则，一定会保证办案质量，切实维护法人、非法人单位的合法权益。

11. 对法定不追究刑事责任情形不予追究原则。在同各种自然人犯罪的斗争中，确实客观上存在一些没有必要追究或者追究已失去实际意义的情形。这是因为我国实施刑法的目的，不是报复主义。这虽然包含着对犯罪人进行惩罚的因素，但其目的在于教育、挽救犯罪人，教育将要犯罪的人，使前者从中吸收教训，悔过自新；使后者停止犯罪，改邪归正，成为对社会有益无害的人。因此，我国和许多国家在刑法和刑事诉讼法中，都不同程度上将没有追究必要的或者追究已没有实际意义的情形，规定为可予终止刑事诉讼的情形。例如，犯罪嫌疑人、被告人的行为虽然造成一定危害，但这种危害不大、情节又显著轻微的，可不认为其行为是犯罪，不追究其刑事责任，采用其他行政处罚或其他处分足可以使其受到必要的教育。对此种情形，显然没有必要花费人力、物力和时间进行刑事追诉。又如，对于被告人已经死亡的，法律规定不追究其刑事责任，无论在任何诉讼阶段都终止刑事诉讼。这就在于，即使被告人是真正的犯罪人，因为他已死亡，对死者定罪判处刑罚显然失去对其惩罚、挽救的作用。此外，其他的一些法定情形也属于此范畴。例如，经特赦令免刑的犯罪、已过追诉时效的犯罪等情形。刑事诉讼法确定这项原则，有助于公安机关、人民检察院和人民法院更好地集中力量，同那些严重地危害社会的犯罪作斗争。

这项诉讼原则，就其本意和作用而言，笔者认为对于单位犯罪案件来说也应当适用。从司法实践看，客观上有些单位确实实施了某种危害社会的行为，但情节显著轻微、危害不大，采用行政处罚措施，完全可以使该单位从中吸收教训，不致再发生危害社会的行为，如由工商部门对其处以罚款等。对于这种情形予以刑事追究，显然没有必要。又如，法人由于经营不善已破产的情形，如同被告人已经死亡。在这种情形下，即使其曾实施了犯罪行为，给社会造成了应当追究刑事责任的危害，然而这一群体已不存在，因此，无法追究该法人的刑事责任，即使判处罚金也无法执行。为了正确实施这项诉讼基本原则，笔者认为，立法机关应当首先明确规定不追究法人、非法人单位刑事责任的各类具体情形，从而既防止办案人员不应有地扩大不追究单位刑事责任的范围，导致应当被追究刑事责任的犯罪单位逃避应受到的法律制裁，以避免受害公民、单位的合法权益得不到应有的维护，也防止办案人员不应有地缩小不追究单位刑事责任的范围。不追究单位刑事责任情形，宜确立为嫌疑单位、被告单位的行为是依照刑法规定不需要追究刑事责任或者追究刑事责任已无实际意义的行为。鉴于刑事诉讼的不同阶段都可能遇到此类情形，立法机关应当在刑事诉讼法中明确规定，各诉讼阶段终止此类案件刑事诉讼的具体方式。笔者认为，在刑事诉讼中，公安机关、人民检察院和人民法院，遇到属于法定不追究刑事责任的法人、非法人单位犯罪案件，终止刑事诉讼的方式可同于对自然人为犯罪嫌疑人、被告人的法定方式。具体指以下三种情形：（1）在立案侦查终结阶段，办理该单位犯罪案件的机关，应当撤销该类案件；（2）人民检察院对公安机关移送提请提起公诉的案件进行依法审查后，对该类案件作出不起诉决定；（3）人民法院对依法审判的案件审结后，确认属于此类不追究刑事责任情形的，分别情况，宣告无罪或者终止审理。上述适时地终止对单位犯罪案件进行刑事诉讼的方式，不仅可以使尚存的嫌疑单位或被告单位及时从诉讼中解脱出来，而且有助于该单位依法从事正常活动，减少社会不安定因素，维护社会经济的顺利发展。

12. 对外国人犯罪追究刑事责任适用我国刑事诉讼法的原则。我国刑事诉讼法第 16 条规定对于外国人犯罪应当追究刑事责任的，适用该法的规定；对于享有外交特权和豁免权的外国人犯罪应当追究刑事责任的，通过外交途径解决。依此规定，凡是作为自然人的外国人为在我国的领域内犯罪的，以及在我国领域外对中华人民共和国国家或者公民犯罪的，根据刑法规定应当追究刑事责的，适用我国刑事诉讼法。我国刑事诉讼实行这项诉讼原则，是我国国家主权原则的要求和体现，也是维护我国主权、维护国家和公民利益的切实需要。

刑事诉讼法中的外国人，指不具有中华人民共和国国籍，而具有外国国籍的人以及无国籍和国籍不明的人。

刑事诉讼法中的我国领域，包括我国的领空、领陆、领水，也包括运行或停留的我国的飞行器和船舶。

在我国享有外交特权和豁免权的外国人，主要有以下几类人员：外国派驻中国的外交代表、大使、公使、代办、外交职员（包括各等级的秘书、随员、武官、商务参赞、文化参赞或专员以及新闻官员）和他们的家属（包括配偶、未成年子女、未婚子女）等。此外，还包括外国派到中国参加国际会议的代表、来访的高级官员、途经或暂留于中国的驻第三国的外交官，以及其他根据我国参加的国际协定规定有外交特权和豁免权的人员。

对于外国人犯罪的追诉作上述规定，是维护国家间正常往来和主权的需要。按照我国现行刑事诉讼法的规定，它只适用于作为自然人的犯罪主体的案件进行追诉的原则。那么，对于有独立法人资格的法定代表人为外国人的法人犯罪或非法人单位的犯罪，是否不适用这项诉讼基本原则呢？笔者认为，回答是否定的。我们不能否认，作为自然人的外国人犯罪同法人犯罪、非法人单位犯罪之间存在差别；对于法人犯罪中的直接负责的主管人员和其他责任人员的追诉、审判，应当按照本条原则进行。但是，对外国人在中国办的具有独立法人资格的公司等实施了触犯我国刑法的犯罪行为的，也应当适用这项诉讼原则。不可否认，追究外国人及外国人为法定代表的法人的刑事责任是一个非常复杂的问题。有些情况需要通过外交途径，不能完全按照我国刑事诉讼法规定的通常规范，但无不是根据国际惯例、国家互惠原则和我国参加的国际条约所确定的规范进行。在有些国家并未在刑法范畴规定单位犯罪的内容。因此，我国对于涉外的法人犯罪、非法人单位犯罪情况，也应当作出相应的规定。这种规定应当充分维护我国主权，同时又必须有利于维护涉案单位的正当权益不受损害，并切实维护我国被害公民、法人和非法人单位以及国家的利益。

13. 对涉外案件，实行司法协助原则。根据我国刑事诉讼法第17条的规定，对于涉外刑事案件的刑事诉讼，我国公安机关、人民检察院和人民法院必须按照我国缔结或者参加的国际条约的规定，或者按照互惠原则，与外国司法机关进行相互刑事司法协助。这项诉讼原则的确立，对于被追诉主体为外国人的案件及其他有涉外因素的自然人犯罪案件，为了查明案件事实，收集到充分、可靠的证据，在有些情况下需要不同国家间司法机关的相互协助。例如，某证人在国外，需要有关国家司法机关代为询问，或者代为收集某种证据，或者代为送达某种诉讼文件，等等。这种司法协助不仅可以保证涉外案件刑事诉讼的顺利进行，而且可以节省办案的人力和时间。特别是随着国际范围内不同国家间经济、文化等方面交往的大量增加，跨国犯罪增多也是不可避免的。因此，对于自然人犯罪的涉外案件的诉讼，确定司法协助原则对于公安机关、人民检察院和人民法院准确、及时地打击犯罪具有重要意义。

在这里我们还须看到，对于单位犯罪案件来说，实行这项诉讼原则的重要价值，并不低于对于自然人犯罪案件的诉讼。这就在于单位犯罪是双重诉讼主体。公安机关、人民检察院和人民法院办理涉外法人、非法人单位犯罪案件，不仅涉及该犯罪的单位，还涉及该单位的直接负责的主管和其他直接责任人员。公安机关、人民检察院和人民法院对这类涉外案件的处理，同样除了涉及这两种诉讼主体之外，为了查明案件真相，还会涉及了解案件真相的证人等自然人。例如，证人可能是外国人，并已离开我国回国，甚至就是尚未入境的外国人。而要向此类证人取证，无疑需要有关国家协助。这种协助有的可以通过参加既无损我国主权又有利于涉外法人、非法人单位案件诉讼的国际公约，或与某国或某几国签订双边或者多边司法协助协定，甚至可按互惠原则解决。

到目前为止，我国已同许多国家缔结了双边司法协助条约和多边司法协助条约。例如，我国同俄罗斯、乌克兰、白俄罗斯、哈萨克斯坦、波兰、罗马尼亚、土耳其等国家已缔结了刑事司法协助条约。在这些条约中确定的刑事司法协助内容，包括调查取证、代送刑事司法文书等。此外，还同有的国家签订了引渡条约。例如，中华人民共和国和泰王国引渡条约，对引渡犯罪人以及拒绝引渡的各种情形作了详细的规定。我国参加的多边公约，有《海牙公约》及《禁止酷刑和其他残忍、不人道或有辱人格的待遇或处罚公约》等。为了及时查明案件事实、抓获犯罪人，我国于1984年加入了国际刑警组织，并在广东设立了国际刑警组织，成员国间的相互支持和帮助，对我国司法机关在同各种犯罪的斗争中取得胜利发挥了积极作用。

这里值得注意的是，我国在与其他国家缔结司法协助务约或签订引渡条约时，有必要考虑双方或多方均可接受并有助于准确、及时地查明法人、非法人单位犯罪真相、确保办案质量、内容，以便其更好地发挥处理涉外法人、非法人单位犯罪案件的作用。就我国刑事诉讼法现行规定看，虽然确立了刑事司法协助诉讼原则，但是，对于在刑事诉讼中，办理自然人和单位犯罪案件的过程如何贯彻和发挥其作用问题，未予规定。这正是我国现行刑事诉讼法尚待完善之处。立法机关有必要在认真总结我国以往在刑事司法协助方面的经验和教训的基础上，对刑事诉讼法作出必要的补充规定。这种补充规定，宜根据单位犯罪案件的特点，在对自然人犯罪案件如何适用作出具体规定和要求的同时，明确单位犯罪案件具体适用该原则时应遵循的要求。

（三）关于单位犯罪案件的诉讼制度

为了确保刑事诉讼顺利地进行，各国刑事法律均规定了相应的刑事诉讼制度。我国以长期同形形色色刑事犯罪作斗争的经验为基础，制定了符合我国国情的刑事诉讼基本原则和若干刑事诉讼制度。这些制度中，有些是贯穿于刑事诉讼始终的，即在各个刑事诉讼阶段进行刑事诉讼必须执行的诉讼制度；有些则是某一刑事诉讼阶段必须严格执行的诉讼制度。前者，如我国刑事诉讼法确立的辩护和代理制度、回避制度、证据制度、强制措施制度、管辖制度、刑事附带民事诉讼制度和国家赔偿制度。后者，如两审终审制度、公开审判制度和陪审制度。这些诉讼制度要求公安机关、人民检察院和人民法院，以及当事人和其他诉讼参与人必须依法执行。可以说，这些诉讼制度是全方位地保证司法机关得以准确、及时地查明案件真相，有力地打击犯罪和切实保护当事人合法权益的必要举措。同时，这也是当事人及其他诉讼参与人得以维护自身合法权益，不受或少受损害的必要举措。但是，上述刑事诉讼制度自从在刑事法律中确立以来，其服务对象一直只是自然人犯罪案件的刑事诉讼。现在刑法打击的对象已不再限于自然人为犯罪人的犯罪，而扩及法人犯罪和非法人单位犯罪。根据 1997 年 3 月 14 日中华人民共和国第八届全国人大第五次会议修订的中华人民共和国刑法的规定，涉及单位犯罪的条款达数十条，涉及罪名数十种。这就决定了公安机关、人民检察院和人民法院要处理好这样广泛的法人犯罪，需要有科学的、完善的、符合中国国情需要的刑事诉讼制度，否则，这些专门机关是不可能完成好这项重要任务的。然而，我国现行刑事诉讼法并没有解决这一问题，在立法上这类规定仍是空白。那么如何解决这个迫在眉睫的重要问题呢？笔者认为，对法人犯罪、非法人单位犯罪案件宜采用的诉讼制度，可同于自然人犯罪案件应采用的诉讼制度。

不可否认，法人犯罪、非法人单位犯罪与自然人犯罪在诉讼主体上是有一定区别的。因此，立法机关有必要在补充规定此类内容时，应当在具体规范中切实体现单位犯罪案件诉讼的客观需要。只有如此，前述各项刑事诉讼制度才能在充分保护自然人犯罪案件顺利进行诉讼的同时，保证单位犯罪案件的诉讼得以顺利进行，进而确保司法机关对犯罪的打击力度，确保各类诉讼当事人及其他诉讼参与人的合法权益在诉讼的各个阶段都能真正地得到保护。

1. 单位犯罪诉讼的辩护和代理制度。根据我国刑事诉讼法的规定，自然人犯罪的案件，犯罪嫌疑人、被告人都享有辩护权。他们在刑事诉讼的任何阶段都有权为自己进行辩护，并且在案件被侦查终结移送人民检察院审查起诉之日起，有权聘请1~2名律师或者依法委托自己的监护人、亲友1~2名为自己的辩护人，或者由其所在单位推荐的1人或2人为辩护人。在审判阶段，被告人是盲、聋、哑或者未成年人而没有委托辩护人的，被告人可能被判处死刑而没有委托辩护人的，人民法院应当为其指定承担法律援助义务的律师为其辩护；对于经济有困难的公诉案件被告人，或者由于其他原因没有委托辩护人的，人民法院还可以为其指定承担法律援助义务的律师为其提供辩护。包括上述内容的辩护制度，正是基于犯罪嫌疑人、被告人是刑事诉讼当事人的一方，他最了解自己是否实施了被指控的犯罪。尽管犯罪嫌疑人、被告人自身或委托辩护的人所提供的事实，由于种种主客观因素的制约，在许多情况下是不完全真实的，往往有待于核实。但是，这样仍有助于侦查人员、检察人员和审判人员全面了解案情，减少主观片面性，从而有助于保证司法机关办案质量，减少和防止发生冤案、错案。中外长期的司法实践充分地证明，刑事诉讼中确立辩护制度并切实实行这项诉讼制度，是准确地打击犯罪和维护诉讼当事人合法权益的有力保障。

笔者认为，对于单位犯罪案件的刑事诉讼全过程也应当而且必须实行这项诉讼制度。例如，法人犯罪案件，诉讼中涉及的当事人有作为自然人的直接负责的主管人员和其他直接责任人员，还涉及该法人。前者中的两类人员对于被指控的法人是否犯罪也是最知情的，对自己在该犯罪中的实际情况也是最清楚的。为了查明案件真相，不使其合法利益受到不应有的损害，公安机关、人民检察院和人民法院亦应当允许其为自己辩护，也应当赋予其委托律师或其他法定范围的人为其辩护的权利。这是因为这类被追诉的自然人，同其他被追诉的自然人犯罪案件的属性基本相同。因此，法律也应当赋予其同自然人犯罪相同范围的辩护权。这对于司法机关正确处理法人犯罪案中的直接负责的主管人员和其他直接责任人员的犯罪，无疑是有益的和必要的。与此同时，我们必须看到，单位之所以发生犯罪，无不与直接的主管人员和其他责任人员实施犯罪行为密切相关。对于直接负责的主管人员和其他直接责任人员实行前述辩护制度，还有利于查清单位犯罪事实真相。

对于嫌疑单位、被告单位来说，也应当有维护自身合法权益的权利。因此，法律应当赋予其辩护权。当然这种辩护权应当由其诉讼代表人行使。单位的诉讼代表人应当有权委托 1 名或 2 名律师进行辩护。

法律还应当明定单位案件经侦查终结移送人民检察院审查起诉之日起，被告单位的诉讼代表人有权代表单位委托律师为其辩护。同案中的直接负责的主管人员和其他直接责任人员，亦应当各自委托辩护人，而不宜与单位诉讼代表人共同委托同一律师进行辩护。否则，既不利于司法机关查明实情，也不利于维护单位直接负责的主管人员和其他直接责任人员的合法权益。这里还需明确，在必要情况下，对被告单位也宜适用指定辩护。

刑事诉讼中的诉讼代理制度是便于当事人诉讼，并使其得以更好地维护自身合法权益的一项诉讼制度。依照我国刑事诉讼法的规定，公诉案件的被害人及其法定代理人或者近亲属，附带民事诉讼的当事人及其法定代理人，自该案件移送审查起诉之日起，有权委托诉讼代理人代为诉讼。自诉案件的自诉人及其法定代理人，附带民事诉讼的当事人及其法定代理人，有权随时委托诉讼代理人代为诉讼。委托诉讼代理人的法定要求，基本同于犯罪嫌疑人、被告人委托辩护人的规定。这里需要指出，上述关于诉讼代理人的制度，按现行刑事诉讼法只适用于自然人犯罪的案件的刑事诉讼。笔者认为，尽管单位犯罪案件多为公诉案件，不存在刑法规定为告诉才处理的情形，但是单位犯罪案件的受害者既可能是自然人，也可能是单位。因此，对于单位犯罪的案件，无论其被害人是自然人还是单位，都应当允许其依法委托诉讼代理人代为诉讼。至于被害人为法人的，其法定代表人可以直接参加刑事诉讼。但是，为了便于被害单位维护其合法权益，应当允许其委托律师代为诉讼。律师应当根据委托范围行使诉讼权。单位犯罪案件的被害人为自然人时，应当允许其依法委托律师，或者委托其监护人、亲友代为诉讼。

2. 单位犯罪诉讼的回避制度。笔者认为，对于单位犯罪案件的诉讼，也应当采用回避制度。这对于公安机关、人民检察院和人民法院的办案人员真正秉公执法，防止人情案、金钱案发生，也具有非常重要的作用。这里值得指出的是，应当回避的情形中，还应当充分考虑上述办案人员和诉讼参与人、被告单位的关系或者与被害单位的关系是否可能影响公正办案。如果也存在可能影响案件公正处理的，当事人均有权申请回避。对于诉讼主体为单位的，申请回避权应赋予该单位的诉讼代表人依法行使。

关于单位犯罪案件诉讼中回避制度实行的方式，笔者认为，应同于自然人犯罪案件的诉讼，即可采用申请回避和自行回避。对于公安机关、人民检察院和人民法院知晓办案人员或某种诉讼参与人应当依法回避而未回避的情形，立法应当确定其有依职权命令或者决定该人回避的制度。这种称为职权回避或称为命令回避的方式是完全必要的，现实司法实践已在实行。笔者认为，刑事诉讼法应当补充这一内容。只有这样，我国刑事诉讼的回避制度才能构建成完整的、科学的体系，才能全面地维护对任何刑事案件的诉讼，实现公正司法，防止冤案、错案发生。

3. 单位犯罪诉讼的证据制度。在刑事诉讼中，证据问题是贯穿始终并决定刑事诉讼进程和结果的核心问题。对于自然人犯罪的案件，公安机关、人民检察院和人民法院只有收集到确实、充分的证据，才能根据其查明案件真相，也才有可能对案件作出正确的处理结论。司法实践反复证明着这样一条真理：任何司法机关没有获得充分、确实可靠的证据，就失去了定案的根据和基础。可以说刑事诉讼的运作过程，就是办案机关收集证据、核实证据和使用证据的进程。而要获得全方位真实反映案件真相的证据，绝非易事。这是一项极其复杂和循序渐进的过程。现行刑事诉讼法关于证据的概念、种类、收集证据的原则、方法和使用证据的程序问题，分别作了较具体的规范。实践证明，这些证据制度内容的规范，对于处理自然人犯罪的案件是绝对必要的，必须严格遵照执行才能较好地完成公安机关、人民检察院和人民法院各自承担的诉讼任务。

笔者认为，刑事诉讼法现有对于自然人犯罪案件诉讼实行的证据制度，也适用于单位犯罪案件的诉讼。例如，依照刑事诉讼法第 42 条的规定，证明案件真实情况的一切事实，都是证据。证据种类包括：物证、书证；证人证言；被害人陈述；犯罪嫌疑人、被告人的供述和辩解；鉴定结论；勘验、检查笔录；视听资料。以上证据必须经过查证属实，才能作为定案的根据。单位犯罪案件中可供发现、揭露、证实真实情况的事实，也不外上述几种证据。不同的是，被害人的陈述应当包括被害单位诉讼代理人的陈述。

犯罪嫌疑人、被告人的供述和辩解如何确定，存在不同的认识和主张。有人认为，应当由该单位犯罪中的直接负责的主管人员和其他直接责任人员的供述和辩解取代。理由是：直接负责的主管人员和其他直接责任人员实施了应当被追究刑事责任的行为，是导致该单位犯罪的人。他们对单位犯罪最为知情。也有人认为，这种证据应当是嫌疑单位、被告单位的法定代表人所作的供述和辩解。理由是：该单位的法定代表人或主要负责人依法应当行使单位享有的诉讼权利和履行诉讼义务。而在单位犯罪中，法人、非法人单位享有的刑事诉讼权利和承担的诉讼义务也属于法人的法定代表人或非法人单位负责人的权利和义务范围。所以，即使该法人的法定代表人个人或非法人单位负责人个人不存在受刑事追究的问题，也应当代表嫌疑单位、被告单位作出供述和辩解。还有人主张，应由该法人、非法人单位的诉讼代表人作出供述和辩解。

笔者认为，由嫌疑单位、被告单位的诉讼代表人进行供述和辩解最为适宜。究其原因主要有以下两点：（1）嫌疑单位、被告单位的诉讼代表人是该单位参与刑事诉讼的全权代表。因此，他有责任和义务承担刑事诉讼义务并有权行使刑事诉讼中的诉讼权利。嫌疑单位、被告单位的诉讼代表人所作的供述和辩解，是该单位行使诉讼权利和履行诉讼义务的具体体现。这也是其维护自身合法权益的重要手段和途径。因此，嫌疑单位、被告单位的诉讼代表人所作的供述和辩解，经查证属实，也应当作为定案根据。（2）嫌疑单位、被告单位的法定代表人或负责人，在许多情况下，在单位犯罪中负有刑事责任。就其个人而言，也是刑事诉讼应当追诉的对象。在这种情况下，其供述和辩解，仅代表其自身利益而不代表该单位，更有利于案件的正确处理。嫌疑单位、被告单位的法定代表或负责人，就其个人而言，也可能不是被追究刑事责任的对象。在这种情况下，由其直接参加刑事诉讼并依法代表单位进行供述和辩解。

我国刑事诉讼法就自然人犯罪案件确立的证据制度中，明确规定收集的各种证据，只有经查属实的，才能作为定案的根据的制度，也应当适用于法人和非法人犯罪案件。这项证据制度对于保证公安机关、人民检察院和人民法院办案的质量，可以说具有决定性的意义。

关于收集证据的制度，刑事诉讼法第43条明确规定：审判人员、检察人员和侦查人员必须依照法定程序，收集能够证实犯罪嫌疑人、被告人有罪或者无罪、犯罪轻重的各种证据。严禁刑讯逼供和以威胁、引诱、欺骗以及其他非法的方法收集证据。必须保证一切与案件有关或者了解案情的公民，有客观地、充分地提供证据的条件，并且可以吸收他们参加协助调查。此外，法律还要求办案人员对一切案件的判处都要重证据，重调查研究，不轻信口供。只有被告人的供述，没有其他证据的，不能认定被告人有罪和处以刑罚；没有被告人供述，证据充分、确实的，可以认定被告人有罪和处以刑罪。对于证人证言，必须在法庭上经过各方质证、查实才能用以定案。同时还规定对证人及其亲属安全进行保障等。

上述证据制度不仅对于自然人犯罪案件是不可缺少的，对于单位犯罪案件更是如此。单位犯罪案件被追诉的主体并非单一，既有单位又有对该案件直接负责的主管人员和其他直接责任人员。公安机关、人民检察院和人民法院在办理单位犯罪案件过程中，要查清犯罪事实，分清不同被追诉对象的刑事责任大小，必须全面地、客观地、合法地收集证据，必须遵守前述法定证据制度。收集的各种证据经认真核查后，只有真实反映案件真相的证据，方能作为定案根据。这里需要指出，对于一切违法收集的证据，都应当排除其证据效力。只有这样，公安机关、人民检察院和人民法院在各自诉讼活动的阶段里，才有可能防止冤错案件发生，使嫌疑单位、被告单位及与此相连的犯罪嫌疑人、被告人在每一诉讼阶段里，都能得到正确处理，使无罪的法人、非法人单位及无辜而曾被追诉的自然人及时摆脱讼累，法人、非法人单位得以及早恢复经营、正常地进行运作。

4. 单位犯罪诉讼的强制措施制度。在刑事诉讼中，强制措施是适用于侦查阶段、起诉阶段和审判阶段的一项由多种形式构成的、维护刑事诉讼活动顺利进行的诉讼制度。对于自然人来说，国家规定了拘传、取保候审、监视居住、逮捕、拘留几种强制措施。它们适用的条件、范围、要求、程序等有差别，使犯罪嫌疑人、被告人因此受到制约的程度大小不一。有的犯罪嫌疑人、被告人是真正的犯罪者，他们为了逃避法律制裁，常常要躲开司法机关的视线，甚至毁灭罪证，伪造现场，嫁祸于人；有的看到自己问题的严重及其他涉及其个人利害关系，而会逃跑、自杀，甚至继续犯罪，等等。公安机关、人民检察院为了及时查明案件，尽快作出正确处理，必然需要千方百计地找到犯罪嫌疑人、被告人及有关证据。因而公安机关、人民检察院及人民法院不得不对某些犯罪嫌疑人、被告人采取相应的强制措施，使其不能妨碍查明案件真相，不再继续给社会造成危害，保证刑事诉讼顺利进行。例如，对于正在预备犯罪、实行犯罪或者犯罪后即时被发觉的现行犯或者重大嫌疑分子；被害人或者在场亲眼看见的人指认他犯罪的；在其身边或住处发现有犯罪证据的；犯罪后企图自杀、逃跑或者在逃的；有毁灭、伪造证据或者串供可能的；不讲真实姓名、住址，身份不明的；有流窜作案的、多次作案、结伙作案重大嫌疑的，公安机关可以对其实行拘留强制措施。人民检察院对其中某些情形下的犯罪嫌疑人，也可以采取必要强制措施。

在单位犯罪案件的诉讼中，为了及时、准确地查明事实真相，正确处理案件，公安机关、人民检察院和人民法院完全有必要对直接负责的主管人员和其他直接责任人员依法采用相应的强制措施。但是，对于嫌疑单位、被告单位来说，只能通过其诉讼代表人参加刑事诉讼。而后者作为个人，并不是法定追诉对象。然而，司法实践证明，如果对某些犯罪单位不及时采用必要的强制措施，就不能有力地制止犯罪继续发生，就可能给被害人、被害法人乃至社会和国家造成更大的危害。例如，生产销售伪劣产品的法人，对其运作不予以适当的强制限制，该法人可能继续生产、销售损害公民身体健康的伪劣产品。该法人为了逃避法律，可能毁坏、转移犯罪工具、毁灭罪证，妨碍办案机关揭露、证实犯罪，使刑事诉讼难以顺利进行。因而，对嫌疑单位、被告单位同样需要采用必要的强制措施。

对于嫌疑单位、被告单位应当采取怎样的强制措施，在理论界和司法实践中的认识和主张不完全相同。例如，有些人主张采用财产担保、监视经营管理、暂时关闭措施等；[1] 还有些人主张采用查封财产、扣押物品、冻结账户和停业整顿等强制

---

〔1〕　娄云生等：《法人犯罪》，中国政法大学出版社1996年版，第208页。

措施；[1] 还有些人主张采具结保证、拘传、法人担保、冻结财产、停业五种强制措施；[2] 也有些人主张采取监视经营管理、财产担保和暂时关闭三种强制措施[3]。笔者认为，对嫌疑单位采用的强制措施应当同刑事诉讼中可采用的侦查手段相区别。查封、扣押、冻结账户和财产只是收集证据、保存证据的手段。必须注意的是，确立对嫌疑单位、被告单位采用的强制措施的种类和方式，仅限于防范其可能给公民、法人和国家造成更大损害是不够的，还必须有利于该单位依法开展正常活动，使其免遭不应有的损失。这也是确立单位犯罪案件诉讼的强制措施的出发点和归宿点。基于这一前提，笔者认为，对嫌疑单位、被告单位宜采用以下几种强制措施：

（1）财产担保。这项强制措施的性质和作用，同于对自然人采用的取保候审。公安机关、人民检察和人民法院对嫌疑单位、被告单位，可依法责令其交纳一定数额的保证金或者以一定数额的财产担保。但是，这种保证金或财产须是该法人、非法人单位的合法的财产。保证金的数额或财产的多少，应当根据该单位所犯罪行的严重程度、财产状况确定，以足以促使该单位不再进行违法犯罪活动，保证刑事诉讼的顺利进行为限。同时，法律还需规定嫌疑单位、被告单位在担保期间应当遵守的规范。该单位必须保证其诉讼代表人随传随到，接受办案机关的讯问，不得进行毁灭证据等妨碍公安机关、人民检察院和人民法院的侦查、起诉和审判活动顺利进行的行为。违背担保期间法定要求的，决定采用这项强制措施的机关可根据情况没

---

[1] 李僚义、李恩原：《中国法人犯罪》，中国检察出版社 1996 年版，第 129 页。
[2] 刘白笔：《法人犯罪》，群众出版社 1992 年版，第 200 页。
[3] 张风阁：《论法人犯罪案件的刑事诉讼程序》，1994 年北京刑事诉讼法学国际研讨会论文，第 4～5 页。

收其一部分或全部保证金或担保财产，或依法变更强制措施。对于在担保期间完全遵守有关要求的，担保期间届满，作出决定采用该项措施的公安机关、人民检察院或人民法院，应当将保证金或担保财产如数全部退还嫌疑单位、被告单位。

（2）限期监视嫌疑单位和被告单位的经营管理活动。这项强制措施，是指公安机关、人民检察院或人民法院在刑事诉讼中，可以派人对嫌疑单位、被告单位的经营管理活动进行严格监视，以防该单位继续实施犯罪活动，或者进行有碍侦查、起诉、审判的活动。这项强制措施由于只是在一定期限内对该单位的活动进行监视，所以该单位合法的正常活动并不会受到影响，其合法权益不会受到损害。

这里需要注意的是，采用这项强制措施也应当在立法上明确规定适用的范围、条件和程序。有必要明确公安机关、人民检察院和人民法院对于符合法定条件的嫌疑单位和被告单位有权决定对其予以限期监视经营活动。监视经营活动的期限不宜过长或过短，原则上应以保证刑事诉讼正常进行的需要为限，以不超过办案机关办案的法定期限为好。这种监视经营活动，并非由公安机关、人民检察院和人民法院派员常驻该单位，而是进行不定期的检查，并规定该单位的诉讼代表人定期向决定监视经营活动的机关报告活动情况，并要其保证随传随到，接受讯问和审查。与此同时，办案机关发现对该嫌疑单位、被告单位采取监视经营活动不足以防止其危害社会行为发生，可随时依法变更强制措施。

（3）暂时停业，即停止一切以单位名义与外界往来活动。这种强制措施是一种严厉的强制措施，是指在一定的期限内，该嫌疑单位、被告单位停止一切以该单位名义进行的各项活动。暂时停业，宜采对嫌疑单位、被告单位的财产予以查封、扣押、冻结等措施来落实。这项强制措施在性质和作用上，同于对自然人为犯罪嫌疑人、被告人被采用的逮捕措施。这项强制措施完全限制了该法人、非法人单位活动的自由。因此，公安机关、人民检察院和人民法院均应当慎用。为了防止不应有地完全限制犯罪嫌疑单位、被告单位的正常活动自由，不使其合法权益受到不应有的损害，在立法上有必要严格规定适用的范围、条件和程序。在适用这项强制措施过程中，也同样应当贯彻公安机关、人民检察院分工负责、相互配合、互相制约原则。公安机关认为需要嫌疑单位和被告单位暂停营业及一切以该单位名义的活动时，应当依法向人民检察院提出请求批准意见书，人民检察院应当在法定期限内进行严格审查，并作出批准或者不批准停业的决定。人民检察院只有根据确实、充分的证据，确认须对该单位处以罚金，并且在确认不停止其一切单位活动就不足以防止其给社会继续造成危害，不足以保证侦查、起诉、审判活动顺利进行时，才能批准采用。应当注意的是，采用这项强制措施也不应当是无限期的。这是因为嫌疑单位、被告单位在人民法院对其作出有罪判决之前，并不能完全地确定其一定实施了被指控的犯罪。因此，一旦发生新的情况，即不应采取如此严厉的强制措施时，应当依法变更。对此，笔者还认为，如果这项强制措施适用发生错误，使该单位的权益受到不应有的损害，国家也应当根据国家赔偿法规定的精神给予无罪的单位一定的损失赔偿。这是我国刑事诉讼法确定的目的、任务决定的，也是实现司法公正的需要和体现。鉴于单位犯罪案件所涉及的范围和人员往往大于自然人犯罪案件，一旦发生错误，就会损害单位中每一个成员的合法权益，并也很可能使与该单位有关的自然人、其他单位的合法权益受到不应有的损害。因此，公安机关、人民检察院和人民法院对该单位采用此项强制措施必须严格依法进行。这也要求立法机关对适应此项强制措施有关问题，必须作出科学、严格、完善而具体的规范，以便司法人员正确运用。与此同时，也应当对此类问题，在国家赔偿法中补充规定。

对于单位的诉讼代表人不履行单位诉讼义务，并妨碍刑事诉讼顺利进行时，能否对其采用适用于自然人为犯罪嫌疑人的强制措施呢？对于这一问题，存在不同的认识和主张。有人认为，该单位的诉讼代表人不可以也不应当超越法律之外不受任何法律制约。在刑事诉讼中，他有责任和义务行使被代表的单位享有的诉讼权利，同时也有义务履行单位应履行的义务。因此，在刑事诉讼中，应当根据该诉讼代表人行为的性质和后果，采用适用于自然人为犯罪嫌疑人、被告人的强制措施。另外，也有人认为，对该单位诉讼代表人，可在必要时采用拘传措施，以保证其按时到案接受讯问，确保该案刑事诉讼活动顺利进行。笔者认为，嫌疑单位、被告单位一旦被确定，其诉讼代表人就有责任和义务代表单位认真履行法定诉讼义务和行使法定诉讼权利。其有责任和义务协助公安机关、人民检察院和人民法院查明案件事实，维护嫌疑单位、被告单位的合法权益。如果他在刑事诉讼中的行为，妨碍任何刑事诉讼阶段诉讼活动的正常进行，如在侦查、起诉阶段，无正当理由拒绝到案接受讯问，在审判阶段无故不到庭接受人民法院对该单位犯罪案件进行审判的，法律应当允许公安机关、人民检察院、人民法院责令该嫌疑单位、被告单位在一定的期限内更换其诉讼代表人；如果嫌疑单位、被告单位无正当理由不按期指派新的诉讼代表人参加刑事诉讼，公安机关、人民检察院和人民法院有权依法采取必要的强制措施，原则上可采拘传强制措施。如果该单位诉讼代表人在参与刑事诉讼的过程中，实施了依法应当追究其刑事责任的犯罪行为，公安机关、人民检察院、人民法院应当依照刑事诉讼法追究其个人的刑事责任。

为了确保嫌疑单位、被告单位的诉讼代表人能够认真担负起相应的诉讼责任和诉讼义务，刑事诉讼法有必要明确规定诉讼代表人应具备的条件、产生的方法和程序、享有的权利和履行的义务。同时，需要明确规定诉讼代表人违反法定要求应受到的处理的种类和方式，以及可对其采取的强制措施。这样，不仅有助于保证在不同的诉讼阶段刑事诉讼能够顺利进行，也有助于嫌疑单位、被告单位的合法权益得到应有的维护。

5. 单位犯罪诉讼的管辖制度。单位犯罪案件同自然人犯罪案件一样，都不可回避管辖问题。这其中不仅涉及立案管辖、侦查管辖，而且涉及审判管辖。

（1）对单位犯罪案件立案管辖的确定，学者们主张并不相同。一种观点主张，凡是单位犯罪案件均交人民检察院立案受理。另一种观点主张，由公安机关和人民检察院按职能分工确定对单位犯罪案件的立案管辖。从我国客观实际看，自刑法确立了单位作为犯罪主体以来，对该类案件的立案管辖一直采后一种主张。笔者认为，这是适宜的。这就在于对单位犯罪案件，通常需要采用侦查手段，案件情况又比较复杂，涉及面比较广。所以，一般人民法院可不将此类案件纳入自己直接立案的范围。而人民检察院是国家法律监督机关，主要任务是实施法律监督，需要侦查的多数罪类案件，由公安机关直接承担立案更为适宜。有些单位犯罪案件由公安机关立案侦查，不利于案件正确、及时地处理。此类单位犯罪案件由人民检察院立案更妥。具体如何划分界限，立法上宜作出具体规范。通常，与自然人犯同种罪的单位犯罪案件，属于人民检察院查处的犯罪相牵连的法人犯罪，以及人民检察院依法确认应当管辖的其他法人犯罪案件，由人民检察院直接立案侦查。其余的单位犯罪案件依法由公安机关、人民法院立案。例如，被害人有证据证明单位生产、销售伪劣商品（严重危害社会秩序和国家利益的除外），侵犯知识产权（严重危害社会秩序和国家利益的除外）以及其他属于人民法院直接受理的案件，由人民法院立案。

（2）单位犯罪案件的侦查管辖，应与自然人犯罪案件的立案管辖一致。对于单位犯罪案件级别管辖的确定，理论界和司法实务部门的认识不完全相同。例如，一种观点认为，单位犯罪比自然人犯罪更严重、复杂，应当由中级人民法院进行第一审，不宜由基层人民法院为第一审；另一种观点认为，应当根据单位的规模等因素确定由哪一级人民法院为第一审。

笔者认为，单位犯罪案件以根据对直接负责的主管人员和其他直接责任人员犯罪所确定的级别管辖进行第一审是适宜的。也就是说，如果直接负责的主管人员和直接责任人员所犯罪行可能被判无期徒刑以上刑罚时，该单位犯罪案件由中级人民法院进行第一审。如果该案是涉外犯罪，亦应由中级人民法院为第一审。如果案情重大、复杂，涉及全省，则应由高级人民法院进行第一审。如果该案涉及全国，有重大影响，则应由最高人民法院进行第一审。对于单位犯罪案件也应当规定指定管辖、移送管辖制度。对于发生单位犯罪管辖不明时，上级人民法院可以指定下级人民法院作为第一审。下级人民法院认为案情复杂、重大需要上级人民法院为第一审的单位犯罪案件，可以请求移送上级人民法院审判。

（3）单位犯罪案件与自然人犯罪案件一样，也存在地域管辖问题。这在理论界和司法实践中仍存在不同的认识。一种观点认为，对单位犯罪案件的地域管辖采取以法人注册地或非法人单位所在地的人民法院管辖为主，以单位犯罪地人民法院管辖为辅的原则比较适当。主要理由是：这样可以防止管辖发生争议，而且容易确定管辖，也便于法人的法定代表或法人、非法人单位诉讼代表人和其他刑事被告人参加刑事诉讼。另一种观点认为，采取以单位犯罪地的人民法院管辖为主，以法人注册地人民法院管辖为辅的原则为好。主要理由是：便于调查、核实证据，查明犯罪事实。同时，有利于维护被害人、被害法人的合法权益，避免注册地地方保护主义作怪，使案件正确、及时地得到处理。笔者认为，单位犯罪的地域管辖原则，宜遵照我国刑事诉讼法关于自然人犯罪案件地域管辖的精神确定。也就是说，单位犯罪以犯罪地人民法院管辖为主。必要时，以法人注册地人民法院管辖。有几个犯罪地的，由主要犯罪地的人民法院管辖。这样，人民法院审判被告法人、非法人单位与其被告直接负责的主管人员和其他直接责任人员的地域管辖得到统一，便于人民法院一并对被告单位及其有关被告人进行审判。

6. 单位犯罪诉讼中的附带民事诉讼制度。在我国，根据刑事诉讼法的规定，犯罪行为使被害人、国家和集体直接遭受到物质损失的，被害人有权提起刑事附带民事诉讼，人民检察院有权在对被告人提起公诉的同时，就其给国家、集体造成的物质损失提起民事诉讼。人民法院应当在追究被告人刑事责任的同时，解决被告人给被害人、国家和集体所造成的物质损害的赔偿责任。上述规定虽然仅是关于自然人犯罪的案件的规定，但是，笔者认为对于单位犯罪案件也应当确定与其同样的诉讼制度。单位在许多方面具有优于自然人的条件，一旦实施犯罪，给被害人的合法权益、国家和集体利益的损害往往大于自然人犯罪造成的损害，而且危害的涉及面通常要更大、更广。为了切实维护被害人合法权益和国家、集体的利益，并将其受到的损害降到最低，刑事诉讼法有必要规定对单位犯罪案件的刑事诉讼，也实行附带民事诉讼制度。单位犯罪所造成的损害，对被害人来说，往往不限于物质损害，还有精神损害。因此，立法上也应当赋予被害人享有获得犯罪单位补偿精神损失的权利。

单位犯罪案件中，被害自然人、单位提起附带民事诉讼权利的被告知、提起附带民事诉讼的期限、解决方式，可适用现行刑事诉讼法的有关规定。为了确保这一制度的实施，我国刑事诉讼法尚需对有关事宜作出更为具体的规范。例如，明确公安机关、人民检察院、人民法院对于单位犯罪案件的被害自然人、单位应当告知其享有的获得损失赔偿的权利，并须将履行这一职责的情况记录在案。

关于单位犯罪案件的刑事附带民事诉讼，人民法院对于被告单位的民事赔偿问题，可以进行先行调解。调解不成，应当依法判决。调解必须坚持自愿、合法、公正原则。为了防止刑事审判的不必要拖延，人民法院可以先行就刑事问题开庭审判。待审判后，由同一审判组织依法对刑事附带民事诉讼部分进行审理。

（四）单位犯罪案件的诉讼程序

1. 单位犯罪案件的立案程序。立案，在刑事诉讼中是指公安机关、人民检察院和人民法院对法定自己管辖范围内的控告、报案、举报和自首等方面获得的关于自然人犯罪案件材料，依法进行审查，对符合法定立案条件的案件，决定将其纳入刑事诉讼并予以追究的刑事诉讼活动。这是刑事诉讼的第一个诉讼阶段。

单位犯罪案件的立案程序，可考虑分为三个步骤：

（1）受理案件。依照现行刑事诉讼法的规定，接受单位和个人就有关单位犯罪的举报、控告、报案和自首。对要求保密的，应当予以保密，以便保证举报、报案、控告和自首人的安全，以及刑事诉讼顺利进行。

（2）审查接受的有关单位犯罪的材料。对接受的举报、控告、报案和自首材料，要认真审查，并进行必要的调查。在确认符合上述立案条件时，应当作出予以立案的书面决定，并予以立案。

这里需要特别指出，单位犯罪案件一般不易发现，往往是由发现对该单位犯罪负有直接责任的主管人员和其他直接责任人员犯罪的线索揭露出来的。因此，公安机关、人民检察院、人民法院在对自己按分工管辖对案件进行初查时，对自然人犯罪案件应当认真审查，以便及时发现所有的法人或非法人单位的犯罪事实，防止犯罪法人或非法人单位漏网。

为了确保对单位犯罪立案准确、及时，在立法上除了需要明确立案条件外，还需要规定无必要追究单位刑事责任的具体情形，以便办案机关准确地把握立案尺度。这项内容可补充在刑事诉讼法第 15 条中。

（3）对接受、审查后的单位犯罪的线索，作出立案与否的决定。公安机关、人民检察院和人民法院对审查后的报案、举报、控告和自首，应当及时作出是否立案的决定。对符合立案法定条件的，应当写出立案报告，并请主管负责人审查批准。由于对单位犯罪案件立案是否正确，影响大、涉及面宽，所以对此类案件是否立案，有必要由办案机关的负责人审查批准，而不宜完全取决于案件承办人。

办案机关决定对法人、非法人单位立案的，应当制作立案决定书。决定不予立案的，也应当作出不予立案的决定书，并将不立案的理由和法律依据及时通知控告人。控告人不服，应当告知并允许其申请复议。作出不立案决定的机关，应当及时复议，并以书面方式告知控告人复议的结果。

立案决定书应当写明：嫌疑单位的名称或所在地等用以确认为该单位的事项；嫌疑法人单位的法定代表人的姓名等足以确认其身份的事项，嫌疑非法人单位负责人的姓名等足以确认其身份的事项。与此同时，还应当写明案件的来源、举报的犯罪事实、认定的事实和法律依据。

公安机关、人民检察院和人民法院认为不构成犯罪或依法属于不追究刑事责任的情形，但认为需要由工商机关等主管机关依法处理的，应当建议并移送相应机关处理。

2. 单位犯罪案件的侦查程序。侦查，在刑事诉讼中是继立案之后的又一个独立的诉讼阶段，是公安机关、人民检察院对于自己管辖的案件立案后，为了查明案件真相并获取确实、充分的证据，而必须进行的诉讼活动。它包括专门调查和采用强制措施，以此方法和途径为案件在侦查阶段作出正确处理决定做好准备。刑事诉讼法关于侦查的有关规定，笔者认为，可适用于单位犯罪案件。

对于自然人犯罪案件的侦查，公安机关、人民检察院为了查明犯罪嫌疑人是否实施了犯罪，依法可询问犯罪嫌疑人，询问证人、被害人，对与犯罪有关的场所、物品、人身等进行勘验、检查，做侦查实验，搜查可能隐藏犯罪嫌疑人或犯罪证据的场所、人身和物品等，查封有关场所、扣押与犯罪有关的物证、书证，进行鉴定以及通缉在逃犯罪嫌疑人。这些侦查手段或侦查行为，对于查明单位犯罪案件中有犯罪嫌疑的直接负责的主管人员和直接责任人员的行为，无疑是需要的。对于有犯罪嫌疑的单位是否真正实施了犯罪，上述侦查手段中的许多方面也是适用的。不同的是，对于犯罪嫌疑人为法人的，侦查机关应当讯问该法人的法定代表人及其诉讼代表人；嫌疑单位不是法人的，应当讯问该单位的负责人。他们有责任、有义务接受这种讯问。如果该法人的法定代表人或非法人单位的负责人是犯罪嫌疑人的，司法机关为查清其犯罪事实有权对其讯问，为查明单位犯罪事实同样需要对其讯问。为了确保对单位犯罪案件的侦查活动能够顺利地进行，立法机关应当规定办案机关可适用于单位犯罪案件的法定强制措施。笔者认为，这类强制措施包括：暂时停止该单位的一切业务活动或某次活动、冻结银行账户、查封财产等适宜的措施。办案机关必须严格遵守法定条件和程序，以免因采用强制措施和侦查行为不当使证据灭失或损坏，使嫌疑单位的合法权益受到损害。

单位犯罪案件在侦查阶段，应当允许该单位聘请律师，以此获得法律帮助。例如，允许该律师依法为该单位申请变更已采取的不当的强制措施等。

在对单位犯罪案件的侦查过程中，尤其需要注意对该案直接负责的主管人员和其他直接责任人员被控犯罪事实的侦查。因为在许多情况下，只有查明对该单位犯罪直接负责的主管人员和其他直接责任人员的问题，才有可能真正查清单位的犯罪事实真相。

对单位犯罪案件的侦查终结后，对于依法应当追究刑事责任的，公安机关应当制作提请人民检察院提起公诉的意见书，连同案卷、证据一并移送有管辖权的人民检察院审查决定是否起诉。如果该单位的行为属于法定不追究刑事责任的情形，侦查机关应当作出撤销案件的决定，在不妨碍查明有关自然人犯罪案件真相的情况下，应当将已查封财产等予以解封，已扣押的物品应当依法退回，已冻结的银行账户应当通知银行解冻，使该单位尽快恢复正常业务活动。

在法人犯罪案件中，查明该法人直接负责的主管人员和其他直接责任人员的犯罪事实，是查清法人犯罪事实真相所不可缺少的。对于非法人单位犯罪的案件，亦应查明对该单位犯罪负有责任的自然人的犯罪事实真相。当这种负有刑事责任的犯罪嫌疑人潜逃、患精神病，或者出现其他严重疾病不能接受讯问等情况，导致侦查暂时不能继续进行时，应当中止侦查。待中止侦查的原因消失后，经批准恢复侦查。在侦查阶段，需要防止嫌疑单位财产的流失，以保证判决得到执行。为此，立法机关应在刑事诉讼法中明确规定，嫌疑单位在刑事诉讼期间不得解散、撤销或者破产。

3. 单位犯罪案件的公诉程序。在刑事诉讼中，公安机关、人民检察院各自依法直接受理的刑事案件为公诉案件，此类案件提起公诉，一律须由人民检察院审查、决定和向管辖的人民法院起诉。

笔者认为，对自然人犯罪案件的起诉程序，同样适用于对单位犯罪案件的起诉。在具体程序中，应注意以下几点：

（1）人民检察院经审查起诉，发现提请起诉的嫌疑单位犯罪案件事实不清、证据不足时，亦应当退回原侦查机关进行补充侦查。如果需要补充侦查的问题，由该审查起诉的人民检察院自行补充侦查可以更快地予以解决时，应当自行补充侦查，而不宜退回公安机关。这样有助于该案更快地得到最终处理。补充侦查的期限，可同于对自然人犯罪案件确定的期限。补充侦查次数以两次为限。这样可以防止以不应有的延长补充侦查的期限和不应有的增加补充侦查的次数，拖延诉讼时间。

（2）人民检察院决定不起诉的单位犯罪案件，不论该决定依据不追究刑事责任的法定情形为何种，对于侦查中扣押、冻结的该单位的财物，应当解除扣押、冻结。如果需要对不起诉的单位给予行政处罚或者需要没收其违法所得，人民检察院应当提出检察意见，移送主管机关处理。有关主管机关应当将处理结果及时通知人民检察院。这也是刑事诉讼中落实人民检察院法律监督的重要举措。对于该单位犯罪中直接负责的主管人员和其他直接责任人员为犯罪嫌疑人的不起诉，无疑应当采用现行刑事诉讼法关于对自然人犯罪案件的有关规定。

（3）为了切实落实嫌疑单位辩护权的行使，人民检察院在收到提请移送提起公诉的案件材料之日起 3 日内，应当告知嫌疑单位的诉讼代表人可以委托律师为其进行辩护事宜。与此相关的，为保护被害人的合法权益，亦应当在此时间告知被害人及其法定代理人或近亲属、附带民事诉讼的当事人及其法定代理人有权委托诉讼代理人代为诉讼。

（4）人民检察院在对嫌疑单位犯罪案件进行审查起诉的过程中，在对该单位犯罪诉讼主体的法人及直接负责的主管人员和其他直接责任人员进行审查时，尤其需要查明嫌疑法人是否具有法定的法人资格。

（5）起诉书须列明被诉主体。在所列被告人事项中，笔者认为，首先应当明确写明被告单位的全称以及其他足以确定该单位的事项。由于该法人的诉讼活动完全由其诉讼代表人具体进行，因此，起诉书中还应当写明足以确认被告单位的诉讼代表人身份的姓名、性别等事项。在此项后，再写明起诉的该单位犯罪案件的直接负责的主管人员和其他直接责任人员的姓名、性别、年龄等足以确认其身份的事项。这样写明被告主体，可以真正体现人民检察院对单位犯罪进行诉讼的特点，也是与追诉自然人犯罪刑事责任相区别的根本标志。但是，也有人认为，单位犯罪案件的起诉书，应当将对该案直接负责的主管人员和其他直接责任人员列为首要被告人，将被告单位列在第二位。笔者认为，虽然单位犯罪是同对该案有直接责任的人员和直接负责的主管人员作为自然人实施犯罪分不开的，但他们的行为是以单位名义进行的。因此，只有将单位列为第一被告主体并提起公诉，才能反映出该犯罪的特点和本质。

4. 单位犯罪案件的审判程序。笔者认为，现行刑事诉讼法关于审判的法律规定基本上可适用于对单位犯罪案件的审判。

（1）人民法院对单位犯罪案件的第一审审判，笔者认为，特别值得注意的有以下两点：其一，是判决书中对犯罪主体的写法问题。对被告单位所作的判决宜与对同案被告自然人的判决合一。这是由于这两种不同犯罪主体所犯罪行具有同一性。在判决中，被告单位被定罪的，即使被告单位的法定代表人、诉讼代表人个人不负刑事责任，也应当写明法定代表人、法人诉讼代表人姓名等必要事项。其二，是庭审中被告单位的席位问题。笔者认为，法庭应当为被告单位的诉讼代表人设置专门的席位，并予以标明，以便同该案作为自然人的被告人相区别。

（2）对于单位犯罪案件的第二审，笔者认为即使不是抗诉案件，也应当一律开庭审判，不宜采取不开庭方式进行审理。这样做的根本原因，就在于单位犯罪案件涉及的自然人和国家利益往往大于纯属自然人犯罪案件，也是单位犯罪案件通常较自然人犯罪案件更复杂些，一旦发生错误则后果更加严重之故。

（3）第二审人民法院对于被告单位上诉和其同案被告自然人上诉的案件，以及人民检察院抗诉的案件，亦应重新组成合议庭并在开庭审判后，分别情况作出判决或裁定。具体地说，对被告单位所作第一审判决事实清楚和适用法律正确、量刑适当的，应当作出裁定驳回被告单位诉讼代表人或同案被告自然人提出的上诉，或驳回人民检察院的抗诉，维持原判决。但是，经审理确认原判决所认定的事实没有错误，只是适用法律有错误，或者量刑不当，应当由该合议庭进行改判。对于原判事实不清，证据不足的，应当在查清案件事实后改判。如果人民法院可以查明案件事实，不应裁定撤销原判，发回原审人民法院重新审判。只有原审人民法院重新审判更有利于正确、及时地作出纠正错误判决的，撤销原判、发回原审人民法院重新审判，才是适宜的。这样，有利于案件及时审结，减少被告单位和同案被告自然人受不必要的诉讼拖累。

为了确保被告单位及同案被告自然人的合法权益不受不应有的损害，同时为了在确保诉讼质量的前提下提高诉讼效率，立法上须明确第二审人民法院撤销原判、发回重审适用的范围。笔者认为，单位犯罪案件可适用对于自然人犯罪案件的法律规定。这包括第一审审判违反法律关于公开审判的规定的；违反回避制度的；剥夺或限制了被告单位的诉讼代表人行使法定诉讼权利，可能影响人民法院作出公正审判的，审判组织的组成不合法的，以及其他违反法律规定的程序，可能影响公正审判的情形。

5. 单位犯罪案件判决、裁定的执行程序。在刑事诉讼中，执行刑事判决、裁定是诉讼全过程中的最后一道诉讼程序，也是人民法院已作出的发生法律效力的判决、裁定付诸实现的程序和不可缺少的诉讼活动。

（1）第二审人民法院对单位犯罪案件作出的判决、裁定为终审判决、裁定，一经作出即发生法律效力，并应当付诸执行。

（2）在我国，依照刑法关于单位犯罪的规定，凡是对依法应当被判处刑罚的单位判处刑罚时，也应当对直接负责的主管人员或其他直接责任人员依法判处刑罚的，也要依法判处其刑罚。二者不可以相互取代刑事责任。在执行该法人或非法人单位犯罪案件中自然人依法被判处的刑罚时，无疑可以完全依照现行刑事诉讼法关于执行判决、裁定的有关规定。

（3）对单位罚金刑的执行，如果在人民法院作出判决后，该单位因不可抗拒的原因，如发生地震、水灾、火灾等，财产受到严重损失，无力依法缴纳全部罚金时，人民法院应当依法定程序酌情减少或者免除。但是，人民法院应当严格地区分不可抗力导致无力依法缴纳罚金的和有能力按期缴纳而拒不缴纳抗拒执行判决、裁定的情况。对于后者，应当依法强制其执行判决或裁定。对于执行判决、裁定时不得不变更判决、裁定的情况，在立法上应当对这种变更规定严格的程序和监督制度，以防因此导致司法人员发生腐败。

（4）如果该单位犯罪案件中对该犯罪直接负责的主管人员或者其他直接责任人员被依法判处死刑的，笔者认为这类案件应当依法经过死刑复核程序核准后，在依法可执行死刑时，方可执行对被告单位判处的罚金刑。死刑复核程序，对被告单位犯罪案件中自然人犯罪的死刑判决，应当进行复核，应当同时对被告单位犯罪事实一并审查。笔者认为只有如此，才能确保死刑判决质量，有力地防止错杀。例如，对于法人实施走私罪的，如果对该罪直接负责的主管人员或其他责任人员依法判处死刑，须依死刑复核程序对该单位犯罪案件进行全面审核，确认该判决正确无误予以核准后，方可执行对被告单位和同案被告自然人的判决。

6. 单位犯罪诉讼的审判监督程序。我国刑事诉讼法确立了对自然人犯罪案件的审判监督程序。这一诉讼程序是发现人民法院作出的已经发生法律效力的判决、裁定有错误，予以纠正的专门程序，也可以说是一项特殊诉讼程序。

从我国刑事诉讼法对于自然人犯罪案件作出的终审判决、

裁定一旦发生错误所适用的纠正差错的审判监督程序的规定看，这个诉讼程序较好地保证了发生法律效力的错误判决、裁定得到纠正。司法实践也充分地证明了这一点。笔者认为，现有的审判监督程序中关于纠正发生法律效力的判决、裁定错误的途径、原则、方式、期限的一系列规定，对于纠正单位犯罪案件已发生法律效力的判决、裁定也具有重要的适用价值。但就单位犯罪案件的终审判决、裁定一旦发生错误，具体该如何进行申诉，应当在立法上予以补充和明确。

笔者认为，需注意以下几点：

（1）如果该案法人的法定代表人或该非法人单位的负责人不是该单位中被追究刑事责任的自然人，也应当允许其代表法人或非法人单位依法申诉。若二者也被追究刑事责任的，则代表单位行使申诉权的应为其诉讼代表人。

（2）对于单位的申诉或对该单位犯罪直接负责的主管人员和其他直接责任人员的申诉，人民法院在审查时，有必要结合起来进行。如果二者之中有一方提出申诉，另一方未提出申诉，人民法院也有必要对该案进行全面审查。只有这样，人民法院才有可能保证无论是哪一方提出申诉，都能使人民法院对该单位犯罪案件的原判决、裁定的正确与否作出正确判断，确保再审的质量，真正达到再审的目的，纠正错误判决、裁定，维护正确的判决、裁定。

（五）关于单位犯罪案件错判赔偿问题

对于自然人犯罪案件中的犯罪嫌疑人、被告人错捕、错判的，我国1994年5月12日第八届全国人民代表大会常务委员会第七次会议通过的中华人民共和国国家赔偿法在第三章刑事赔偿中对此作出了相应的规定。例如，依照该法规定，行使侦查、检察、审判、监狱管理职权的机关及其工作人员在行使职权时，对没有犯罪事实或者没有事实证明有犯罪重大嫌疑的人错误拘留的；或者对没有犯罪事实的人错误逮捕的；或者依照审判监督程序再审改判无罪，原判刑罚已经执行的；或者违法对财产采取查封、扣押、冻结、追缴等措施的；或者依照审判监督程序再审改判无罪，原判罚金、没收财产已经执行的侵犯人身权利、财产权的行为，均为法定刑事赔偿的情形。对于单位犯罪案件中，被追究刑事责任的直接负责的主管人员和及其他直接责任人员以及非法人单位的负责人，在刑事诉讼中，遇有国家赔偿法规定赔偿范围内的情形，笔者认为，完全应当按规定予以赔偿。但是国家赔偿法没有对单位受损害是否应予赔偿作出规定。

对此，笔者认为，在刑事诉讼中，嫌疑单位和被告单位，凡因行使侦查、检察、审判权的机关及其工作人员在职权行使过程中使该单位在其没有犯罪事实或者没有重大犯罪嫌疑的情况下，被停止正常业务活动，或者该单位依照审判监督程序再审被改判无罪，原判罚金刑已执行的；或者其财产因被违法查封、扣押、冻结、追缴等措施处理而经济受到损失的，应当允许该单位依法提出赔偿请求，国家有责任对造成的有关损失予以必要的赔偿。

笔者认为，依法有请求国家予以刑事赔偿权的法人，可由其法定代表人或由其确定的诉讼代表人代表该单位，以书面方式向国家赔偿法第19条规定的机关，提出刑事赔偿请求。对于非法人单位，属于前述情况的，可由其单位负责人代表该单位以书面方式提出赔偿请求。这些侵权机关应当为赔偿义务机关。其中，通过再审改判该单位无罪的，作出原发生法律效力的判决、裁定的人民法院，应当为赔偿义务机关；通过第二审人民法院审判改判为无罪的，第一审人民法院是对该单位进行赔偿的义务机关。

赔偿义务机关收到单位赔偿请求的，应当依照国家赔偿法第 21 条规定的期限进行办理。提出赔偿请求的单位对赔偿数额有异议的，应当允许其在规定的时限内向上一级机关申请复议。复议机关，应当在法定期限内作出赔偿决定。赔偿义务机关是人民法院的，赔偿请求人不服赔偿决定的，可向上一级人民法院赔偿委员会申请作出赔偿决定。复议机关复议应遵守的时限、要求，应当遵照国家赔偿法的有关规定。

赔偿义务机关赔偿损失后，对于在处理单位犯罪案件中有贪污受贿、徇私舞弊、枉法裁判行为造成冤案的，应当追究相关人员的相应责任。这种追究，应当根据具体情况决定向其追偿部分或全部赔偿费用。对于该人员的行为构成犯罪的，应当依法追究其刑事责任；对于不构成犯罪，应当予以行政处分的，应当依法由有关机关给予相应的行政处分。这样处理造成冤案的司法人员，有利于严格依法办案，减少和防止司法队伍在处理单位刑事案件中发生腐败，从而减少和防止给单位合法权益造成损害，确保单位正常进行活动，保障我国社会秩序安定、经济建设得以顺利发展。

关于国家对单位被错诉、错判赔偿的方式问题，笔者认为主要方式以返还财产或者使其得以恢复原状为宜。例如，对于被处罚金、没收财产的，应当如数返还该单位；被吊销许可证和执照的，或者被责令停产、停业的，应当赔偿停产停业期间必要的经常性费用开支。总之，赔偿该单位所受的此类损害应当以使其所受到的损害得到最大限度的弥补，确保该单位得以恢复正常运作为原则。鉴于单位的具体情况不同，在刑事诉讼中受到的损害也千差万别，因此，国家立法机关有必要就单位案件的刑事赔偿问题，分别情况作出比较具体的规定，以便赔偿义务机关正确操作，更准确、及时地对赔偿作出正确的决定。

二十六、完善刑事执行立法的三种途径[*]

（一）刑事执行的地位和价值

在我国，刑事判决、裁定的执行，是指法定国家专门机关依法将人民法院作出的发生法律效力的刑事判决、裁定付诸实施的行为或活动。刑事诉讼法承担的任务的完成，最终必须靠刑事执行来实现。如果发生法律效力的刑事判决、裁定不能得到切实执行，无疑使得此前立案侦查机关、检察机关乃至人民法院所进行的所有办案工作都成了无效劳动，惩罚犯罪、预防犯罪和将罪犯改造成守法公民的愿望和目的就会落空。

特别需要指出，受到主客观因素的制约，人民法院作出的发生法律效力的判决或者裁定，并不能保证都是公平公正的，冤案、错案的发生难以绝对避免，况且，司法领域还存在腐败问题。这使得刑事执行机关不是机械地执行判决，就能够真正完成刑事诉讼任务。而执行判决或者裁定的同时，不仅需要执行机关能够最大限度地发现冤案、错案，使得这类案件尽快得到纠正，需要尽最大可能预防和及时发现、制止服刑人员实施新的犯罪、发现在审判阶段遗漏的犯罪事实，而且需要根据罪犯改造情况，正确适用变更刑罚的法律规定。这一系列执行的任务是实现诉讼公平公正的基本内容和要求。而即使是公平公正的判决、裁定，执行机关要想通过执行使得这种裁判真正发挥惩罚和改造罪犯的作用，也不是一件容易的事情。不同案件的犯罪原因固然有某些共性，但必然有各自的个性。所以，执行刑罚的过程，需要对症下药，因人而异。由于判决、裁定

---

[*] 本部分内容刊载于《检察日报》2010 年 9 月 10 日，收入本书时略有删改。

执行的过程和结果，不仅直接关系着执法机关的声誉，而且直接关系着法律的尊严和国家在民众中的信誉。所以，刑事执行的质量，不仅在刑事诉讼中具有重要意义，而且与国家法治建设关系重大。立法机关和刑事诉讼法中不同性质的执法机关，都需要也必须看到刑事执行机关的这种重要地位和价值。刑罚执行机关承担的任务，特别是监狱的任务，绝对不比公安机关、国家安全机关、人民检察院和人民法院轻，甚至可以说更重、更艰巨。

（二）现行刑事执行法律规范的不足

1996 年刑事诉讼法关于刑事执行规范的规定不到位，甚至存在不科学的问题。这主要反映在以下几个方面：

1. 刑事诉讼法经过 1996 年的修改，原则性内容多。与修改前相比，具体条款的数目虽有所增加，由 14 条增至 18 条，但其中有 7 条是没有变化的条款（第 208 条、第 209 条、第 217 条至第 220 条和第 223 条），有 3 条是有关死刑立即执行的规范（第 210 条至第 212 条），其余的条款虽然内容有所增加，明确了不同刑种的执行主体，比较具体地规定了死刑立即执行的基本程序，但对于其他种类刑罚的执行，依然规定得比较原则，大多没有明确规定具体操作规范。

2. 关于刑罚执行的法律规范，有的规定不科学。如关于刑罚执行主体的规范。依照我国刑事诉讼法的规定，刑事判决执行主体，不仅有人民法院、公安机关，还有监狱（包括未成年犯管教所）。但人民法院执行刑事判决的种类，不仅包括作出的无罪判决，还包括罚金和没收财产刑罚的判决。这使得这两种刑罚判决的执行与判决主体合一，由于缺乏科学的内部制约，从而难以保证执行的公平公正。又如，刑事诉讼法第 213 条第 2 款规定，对于被判处有期徒刑的罪犯，在被交付执行刑罚前，剩余刑期在 1 年以下的，由看守所代为执行；对于被判处拘役的罪犯，由公安机关执行。看守所本是对犯罪嫌疑人和被告人临时关押的场所，这两种人并非一定是实施了犯罪的罪犯，他们与剩余刑期在 1 年以下的罪犯是性质完全不同的人。对于罪犯，不仅要实行惩罚，而且要继续对其进行教育改造，而不仅仅是暂时限制人身自由。因此，看守所的性质和任务决定了其代为执行刑罚是不适当的。

3. 监狱法已经难以弥补刑事诉讼法关于裁判执行规范的不足。1994 年监狱法的颁布，无疑对 1979 年刑事诉讼法关于执行规范缺失有一定的弥补作用，但监狱法制定时的依据是宪法和还没有修改的刑事诉讼法，这就决定了这部监狱法的内容，不可避免地在一定程度上存在先天不足。1996 年刑事诉讼法修改后，尽管最高人民检察院和最高人民法院分别就如何执行刑事诉讼法作出了具体规定，但多是从本系统承担的任务的需要考虑。而立法机关并没有根据这种情况，及时对监狱法进行完善，况且有关机关也迟迟没有根据修改后的刑事诉讼法出台实施细则。这在一定程度上影响了监狱执行刑罚的效果。

4. 关于人民检察院对于刑事执行机关实施法律监督的规范过于原则，缺乏具体程序保障规范。

（三）完善刑事裁判执行法律规范的建议

关于如何完善刑事裁判执行法律规范问题，笔者认为，根据立法待解决问题的复杂程度，可以有三种考虑：

1. 如果从国家法制建设全局、长远需要考虑，为了提高刑事裁判执行的公平公正度和效率，宜制定一部刑事裁判执行法。该法不仅要明确规定刑事裁判执行的领导体制、机构设置、执行主体、执行应遵守的原则、各自职能、职权的配置和具体操作程序，明确规定执行主体之间、与其他司法机关之间的相互配合与相互制约的关系，明确规定执行中对可能出现的不足和及时补救的具体制度和程序。其中，尤其需要具体落实对人民检察院充分发挥法律监督作用的保障程序规范。关于领导体制，笔者认为，刑事裁判执行一律由司法部承担比较适宜。司法部可以根据刑事裁判的种类，分别设置相应的专门机构具体承担刑事裁判的执行，而刑事裁判的执行必须接受人民检察院的法律监督。这种领导体制不仅有助于防止人民法院裁判和执行一体的弊端，有助于防止公安机关在刑事诉讼中容易发生的弊端，还便于各类刑罚依法变更执行时的衔接。

　　要制定这样一部法律，既需要先行修改刑事诉讼法，包括诉讼关系原则的完善、不同办案机关的职能、职权配置的科学调整，也需要做好人力、物力各方面的充分准备。因此，这一目标的实现，还需要相当长的时间。

　　2. 如果从近期需要考虑，立法机关宜尽快完善刑事诉讼法的有关规定，特别是要完善刑事诉讼法总则中，关于刑事诉讼专门机关之间的诉讼关系原则，使监狱管理机构具有应有的诉讼地位和与相关专门机关建立科学的关系。1979 年刑事诉讼法第 5 条明确规定：人民法院、人民检察院和公安机关进行刑事诉讼，应当分工负责，互相配合，互相制约，以保证准确有效地执行法律。但是，1983 年中央决定将监狱由公安机关领导之下分离出来，转由司法行政部门领导。由于这种领导体制的改变，就使得监狱和其他专门机关之间在如何配合和制约方面存在难以解决好的问题。

　　笔者认为对监狱管理机构的诉讼地位进行相应完善的主要理由在于：

　　（1）这是刑事诉讼运行基本结构决定的。刑事诉讼是一项复杂的、循序渐进和不断深化的综合性工程。它不仅包括立案、侦查、起诉和审判程序，执行程序也是必不可少的。刑事诉讼法不能也不应当在规定调整不同办案机关诉讼关系原则的适用范围中，将任何执行终审判决的机关排斥在外。

（2）这是刑事诉讼法承担的任务决定的。人民法院作出的判决只有真正得到执行，才能发挥应有的作用，被判处刑罚的罪犯才能真正受到惩罚，才有可能从中接受教训，其他公民才能从中受到教育。对于无罪的人也只有经过执行机关的及时甄别和艰苦工作才能回复清白，刑事法律的尊严才能得以维护，刑事法律的价值才能真正得到体现。

（3）这是由监狱法定职责决定的。监狱职责多元，使得监狱在执行刑罚的过程中与公安机关、人民检察院和人民法院之间，客观上需要相互配合、相互制约。

（4）这是保证人民检察院法律监督作用的实现决定的。实践证明，只有刑事诉讼法对各个不同诉讼阶段人民检察院实施法律监督的程序作出具体、明确规定，才便于人民检察院准确及时地进行监督，及时发现问题，才能有力地维护司法公平公正。由于刑事诉讼法不仅没有将监狱纳入诉讼关系适用范围，而且没有全面具体地就如何解决与公安机关、人民检察院和人民法院之间关系问题，制定出比较完善的、有可操作性的规范。这在一定程度上妨碍了人民检察院对监狱等刑罚执法机关实施法律监督的力度，从而影响了执行的质量。

综上可见，国家立法机关在制定刑事裁判执行法之前，宜在修改刑事诉讼法的过程中，先行在该法第 7 条中恢复监狱在刑事诉讼法中应有的地位，使其与人民法院、人民检察院和公安机关具有同样的诉讼关系主体资格，并且应当在该法分则的执行程序部分，明确规范落实该项原则的具体操作程序。

3. 权宜之计的考虑是制定监狱法实施细则，并为监狱法的完善提供条件。监狱法有些规定需要补充和细化。例如，监狱法第 15 条、第 16 条关于监狱收监程序的规定，极易导致监狱与公安机关发生矛盾。为了解决执行中存在的各种问题，应当尽快制定全面细化执行刑事裁判的具体操作程序，尤其需要解决好涉及公安机关、人民法院和人民检察院关系的监狱法实施细则。

基于刑事诉讼法不仅在总则中明确规定"人民检察院依法对刑事诉讼实行法律监督"，而且在第四编执行中明确规定，"人民检察院对执行机关执行刑罚的活动是否合法实行监督。如果发现有违法的情况，应当通知执行机关纠正"。这种监督作用的大小，无疑直接关系执行的公平公正，因此，不论上述哪种完善刑事执行立法的考虑，都有必要同时全面完善保障人民检察院对刑事执行实施法律监督的程序规范。对此，笔者认为，根据人民检察院组织法第 20 条的规定，将内设的监所检察机构，改为刑事执行检察机构。随着这一内设机构名称的变化，该机构应当实实在在地承担起对各类判决的执行是否合法、全面实施同步监督的责任。

二十七、全方位构建防范超期羁押长效机制 *

刑事诉讼中的羁押，虽然我国刑事诉讼法并没有对其含义作出界定，但从其原意上说，无疑是指国家专门机关依法在一定的时间里对犯罪嫌疑人、被告人人身自由予以完全的剥夺。这种措施是世界各国同犯罪分子作斗争都采用的一种强制手段，也是不可缺少的举措。在我国，羁押包括对犯罪嫌疑人、被告人实施的拘留和逮捕。

超期羁押从字义上看，是指法定机关在刑事诉讼中剥夺犯

---

* 本部分内容刊载于《检察日报》2004 年 4 月 20 日。

罪嫌疑人、被告人人身自由的时限超过了法律规定的期限。从我国现行刑事诉讼法的规定看，超期羁押只有两种情况：（1）办案机关对犯罪嫌疑人、被告人被羁押的案件不能在刑事诉讼法规定的侦查羁押、审查起诉、一审、二审期限内办结，需要继续查证、审理，又不及时依法申请延期而继续实施羁押的。（2）在法定期限内对不能办结的案件，虽依法及时申请，但未被批准而继续羁押的。笔者认为，从广义上看，超期羁押还应当包括罪犯服刑期满仍未及时释放的情况。在司法实践中，这些超期羁押的情形屡禁不止，前清后发，近乎成了顽症。这种行为的危害后果是不容忽视的。不仅是对法律严肃性和尊严的破坏和亵渎，还会导致司法人员无视人权，降低司法公正的水平和效率，伤害人民群众对法律和司法机关的信任。

（一）超期羁押的原因

发生这种违法行为的原因虽然很多，但归纳起来主要有以下两个方面：

1. 从主观方面说，主要有三：（1）办案人员"有法必依，执法必严"的法治观念不强。认为为了打击犯罪，羁押期限超时也是可以谅解的。（2）对于保护人权缺乏全面的认识，往往认为自己的职责就是将犯罪分子绳之以法，而忽视了对犯罪嫌疑人、被告人正当的人身权利的维护。（3）有的办案人员业务水平没有达到必要的高度，表现在收集证据、判断证据、运用证据的能力比较薄弱，从而延误了结案时间。此外，也有个别办案人员徇私枉法，故意拖延结案期限。

2. 从客观方面说，由于案件越来越复杂，办案所需的硬件还不够完善，影响办案的效率。虽然司法实践中存在上述两种影响结案期限的客观原因，但在立法上已经考虑到这些因素，并且作了一定的补救性的规定。例如，刑事诉讼法规定有的情况可以多次申请延长办案期限；有的情况可以重新计算办案期限；有的情况不计入办案期限；有的可以改变强制措施，等等。因此，这些客观原因不能成为必然超期羁押的理由。

3. 我国刑事诉讼法的有关规定还不够完善，在有的方面存在着一定的漏洞，从而使得个别责任心不强、素质差的办案人员有了推卸责任和照顾不同部门之间"关系"的"合法"空间，理直气壮地延误结案时间，造成犯罪嫌疑人、被告人被超期羁押。例如，法律没有规定需要申请延期结案的机关应当在法定羁押期限届满之前提出申请的最迟期限，也没有规定有权批准延期结案的机关必须作出答复的最后时限。同时，对于这种状况也没有规定可操作性的监督和补救措施，这无疑会导致此类案件超期羁押问题的发生。与此密切相联系的是，由于法律规定得不够严密，使得执法人员在形式上不违法，而实质上违反了法律的原意。再如，刑事诉讼法第189条第3项规定，对于"原判决事实不清楚或者证据不足的，可以在查清事实后改判；也可以裁定撤销原判，发回原审人民法院重新审判"。但是，法律并没有严格限制发回重审的次数，从而导致实践中出现一个案件被二审人民法院反复多次发回重审，长期不予结案的现象。这种行为看起来并没有违反刑事诉讼法的规定，但实质上却是一种地地道道的超期羁押行为。这是对被告人人权的严重侵害，也是与立法精神相背离的。又如，刑事诉讼法没有明确规定司法机关的办案期限与羁押期限的区别。虽然对于侦查期间的羁押期限有明确规定，但关于审查起诉和审判的规定上，仅仅明确了办案期限，根据刑事诉讼法第74条的规定，却将羁押期限与各个诉讼阶段的办案时限等同起来。这样，就容易使得承办案件人员不重视提高办案的效率。而从该法关于羁押期限的适用精神或者从立法原意上说，羁押期限和办案期限两者不应当在任何情况下都是等同的。正确适用羁押应当是完全符合拘留和逮捕条件的案件，一旦犯罪嫌疑人、被告人的情况符合取保候审或者监视居住，而仍然对其实施羁押，应当说这也是一种超期羁押。

（二）构建防范超期羁押机制的建议

鉴于上述情况，我们必须全方位地考虑构建切实有效的防范超期羁押的机制，以充分维护诉讼当事人正当的人身自由权利，实现司法公正，提高办案效率。笔者认为，一方面要建立多渠道的监督机制，进一步强化对现行刑事诉讼法规定的落实；另一方面立法机关应及时对刑事诉讼法存在的明显缺陷作出修改补充。从目前看，需要做好以下几个方面的工作：

1. 强化司法人员保障人权的正确观念，使他们真正认识到对犯罪嫌疑人、被告人的超期羁押也是对人权的一种侵害，从而不断提高办案能力和效率，避免不能按期结案问题发生。

2. 要全方位地提高司法工作人员的素质，包括职业道德素质、业务素质、政治素质和心理素质。建立有效的定期轮训制度，要防止仅仅重视领导层的培训，要重点建立保证对各级一线办案人员的素质培训制度。与此密切相关的，还要保证承担培训任务的人员的质量，要使他们能够得到更高层次的培训，这是保证基层司法工作人员培训质量的基础和前提。

3. 建立多渠道的监督机制。这包括：（1）确立告知制度。在各个诉讼阶段，实施拘留、逮捕强制措施的机关，在受理案件时，即告知犯罪嫌疑人、被告人法定羁押期限，并书面备案以便当事人监督。（2）公、检、法三机关各自建立专门督察机构，实行内部预警机制，提醒和督促办案人员依法按期结案。（3）加强检察机关法律监督力度，建立以人民检察院为中心的公、检、法三机关联网跟踪督察制。决定和实施羁押措施的机关，必须在作出拘留或者逮捕的同时，将这一情况告知人民检察院的督察部门，以便该督察机构及时检查监督。（4）建立超期羁押责任追究制度。对于不接受人民检察院纠正超期羁押建议并继续实施违法羁押的人员，情节严重的，人民检察院有权以非法拘禁罪予以追究。

4. 立法机关应当尽快弥补刑事诉讼法现存有关规范的欠缺。具体说，主要有以下几点：

（1）补充规定需要申请延期结案的机关应当在法定羁押期限届满之前提出申请延期的最迟期限。

（2）补充规定有权批准延期结案的机关必须作出答复的最后时限。

（3）补充规定对于没有依法定期限申请延期结案的和有权批准延期结案的机关没有依照法定期限作出是否批准答复的情形，应当实施的可操作性的监督和补救措施。

（4）限定刑事诉讼法第189条第3项关于二审人民法院发回重审的次数以两次为限。同时，应当明确规定：二审人民法院对于经过两次发回重审，仍然犯罪事实不清或者认定犯罪的证据不足，并且二审人民法院也不能自行查明案件事实的，应当依照刑事诉讼法第162条第3项作出证据不足、指控的犯罪不能成立的无罪判决。这样，可以有效防止羁押形式合法、实质违法的情况继续发生。

（5）适当放宽对某些重大复杂案件的犯罪嫌疑人、被告人传唤、拘传的最长时限，以便提高侦查力度，减少由于此环节时间过短，导致影响证据的收集和案件事实的及时查明。

二十八、监狱行刑的理念 *

（一）监狱行刑应有的理念

众所周知，影响监狱执行刑罚的因素是多方面的，但从根本上说，是取决于刑罚执行者是否具有正确的刑罚执行理念。这是因为任何人的行为都是受其思想观念支配的，刑罚的执行也不例外。这种理念首先来源于其对于刑罚适用的必要性是否有正确的认识，来源于对执行刑罚的目的和作用是否有正确的认识。事实证明，刑罚执行者有了正确的刑罚执行理念，就能够自觉地、积极地探索提高刑罚执行水平的途径和举措，就能够更好地完成刑罚执行的任务和达到适用刑罚的目的。相反，如果刑罚执行缺乏正确的理念，执行的结果就难免会发生这样或者那样偏离正确轨道的事与愿违的问题。

在我国，刑罚执行的理念，无疑是应当立足于改造罪犯，立足于罪犯也是人，改造罪犯也应当以人为本、必须以科学发展观指导各项改造罪犯的工作。这样的刑罚执行理念，应当说并非完全是今天才提出来的。实际上，对于如何对待罪犯问题，毛泽东同志就曾多次指出，人是可以改造的，罪犯也是人，要把罪犯当人看，就是政策和方法要正确才行；讲人道，给出路；改造罪犯，转变其思想，要用说服的办法而不能用压服的办法。至于如何实施对罪犯的改造，新中国成立以后，党中央和毛泽东同志就明确指示，大批应当判处徒刑的犯人是一个很大的劳动力，为了改造他们，为了解决监狱的困难，为了不让判处徒刑的反革命分子坐吃闲饭，必须立即着手组织劳动改造工作。这在 1951 年我国《第三次全国公安工作会议决议》中已经明确。1954 年中央人民政府政务院公布的中华人民共和

---

* 本部分内容刊载于《监狱理论研究》2006 年第 1 期。

国劳动改造条例，对此予以明确规定。1964年，第六次全国劳改会议上明确提出：劳改工作必须坚持"改造与生产相结合，改造第一，生产第二"的方针。此后，对于实践中有些地方只是重视生产任务而不管改造的情况，毛泽东同志又指出：劳动改造罪犯，生产是手段，主要目的是改造，不要在经济上做许多文章。与此同时，毛泽东同志还明确提出干部是搞好改造工作的关键等重要思想。应当说，在马克思主义、毛泽东思想的宝库中，关于应当如何正确适用刑罚，应当如何正确对待罪犯的思想是十分丰富的。我国现行监狱法虽然尚有某些不完善的地方，但其贯彻了这些重要思想。特别是1994年我国颁布的中华人民共和国监狱法，关于监狱对罪犯实施的原则和任务明确规定是"实行惩罚和改造相结合、教育和劳动相结合的原则，将罪犯改造成为守法公民"。这些思想至今依然是正确的。对罪犯执行刑罚，就是使其不能继续犯罪，同时通过强制手段促使其悔罪，尽快认识到危害社会是要付出惨痛的代价的，以使其不愿再犯罪。这也就是说，刑罚执行是为了通过这种惩戒，使犯罪分子从中吸取深刻教训，如何才能重新做守法公民，做一个有益于社会的人。简言之，刑罚的执行，旨在化消极因素为积极因素，因此，刑罚执行的理念，无疑应当继续立足于改造罪犯。这一点，我国刑罚执行实践，不论是对中国末代皇帝的改造、对大批伪满战犯的改造，还是对大批日本战犯、国民党战犯、普通历史反革命和大批各种刑事犯罪分子的改造，已经充分证明了。国际友人也为此称赞，认为这是"人间奇迹"，"是中国对人类文明作出的伟大贡献"。

在我国，国家正向着更高的目标前进，不仅要建设社会主义法治国家，而且要建设社会主义和谐社会，这在客观上对刑罚执行的质量提出了更高的要求，对如何更好地实现对罪犯的改造提出了更高的要求。但是，随着社会的不断发展，新情况、新问题的不断发生，以往的有关立法规定，对于实现这样的目标的要求已经不能完全满足客观的需要，而改造罪犯的实践中，也出现一些这样或者那样与正确行刑理念要求不符合的情况，在一定程度上影响了改造罪犯的效果。为此，法学理论界以及刑罚执行的实务部门探讨和研究改造罪犯应当坚持"以人为本"，改造罪犯用科学发展观指导的必要性和如何落实问题，具有重要现实意义和深远的政治意义。

（二）监狱必须坚持行刑服务于对罪犯改造的缘由

监狱执行刑罚应有的理念，应当是"以人为本"和"以科学发展观为指导"，原因和理由主要有以下几点：

1. 这是人类社会进步和文明的要求。自从人类社会产生了犯罪，就产生了刑罚。但是，在相当长的历史阶段，对于犯罪实施的是报复主义，往往是以牙还牙，以眼还眼。随着人类社会文明程度的不断提高，逐渐走向文明、民主，报复主义已经遭到人们的唾弃。特别是在近现代，文明、民主水平的普遍提高，改造犯罪已经成为国际社会的共识。例如，在监狱工作人员国际人权标准中，明确指出：监狱当局对待囚犯的主要目的应当是鼓励囚犯改造和重新融入社会。这方面，国际社会通过的许多公约，已经清楚地说明了这一点。可以说，这是国际社会的共同要求和社会发展的必然趋势。

2. 这是我国的性质和发展目标决定的。我国是社会主义制度国家，国家发展的长远目标是实现共产主义社会，而近期目标是建设社会主义和谐社会。仅就构建社会主义和谐社会而言，无疑需要积极努力减少和消除各种不和谐因素。而犯罪则是与实现和谐社会格格不入的，是实现这一目标的严重障碍。但是，犯罪这种复杂的社会现象将会长期存在，因此，尽最大可能将这种消极因素转化成积极因素，才是最重要的和最有益的。而实现这种转化的最好办法，就是积极改造一切可以改造的罪犯，尽快促使他们真正认罪、悔罪和积极改造自己，早日成为不再危害社会并对社会有用的人。

3. 这是我国适用刑罚的目的决定的。正如前面所谈，我国适用刑罚是为了通过刑罚的执行打击和预防犯罪，不是为了报复，因此执行刑罚不能不坚持改造罪犯要"以人为本"，要以科学发展观指导。

4. 改造罪犯的实践证明罪犯也是可以改造的。罪犯也是人，除了极少数死不改悔的以外，只要改造方式方法得当，是完全能够改造好的。这一点，我国改造罪犯的历史已经充分证明。

（三）改造罪犯理念的落实

在我国，怎样贯彻改造罪犯的理念，才能达到最好的改造效果？

1. 执法者必须正确理解什么是"以人为本"，什么是"科学发展观"，正确落实具体措施。前者，以人为本，不同于以人民为本，这是所说的人，是指个体的人，而不是指群体的人。我国宪法明确规定：国家尊重和保障人权；公民的人格尊严不受侵犯，禁止用任何方法对公民进行侮辱、诽谤和诬告陷害。公民享有法律赋予的权利，承担法定义务。因此，在执行刑罚对罪犯的改造全过程中都应当严格依法进行。宪法的有关规定，在监狱法中均有相应具体落实的条款。例如，第7条规定，罪犯的人格不受侮辱，其人身安全、合法财产和辩护、申诉、控告、检举以及其他未被依法剥夺或者限制的权利不受侵犯。因此，监狱的设置、设备、生活管理、劳动制度等措施和规定，都应当符合宪法和有关法律关于保障人权的规定，使得罪犯也能够拥有作为人应当有的起码尊严，过上作为人起码应当享有的生活。应当说，尽管我国监狱法的有关规定还比较原则，有些方面还不够完善，但从根本上说，各项改造原则和措施，基本上是符合改造罪犯理念要求的。特别是近些年，司法制度的不断改革，监狱在改造罪犯方面，以科学发展观指导的广度和深度都取得了很大的成绩。

　　但是，特别需要注意的是，在贯彻"以人为本"的改造罪犯理念的过程中，不能忽视和更不能忘记改造对象不是一般人，而是已经冲破道德底线、严重危害社会并且应当受到刑罚惩罚的人。毛泽东同志说得好，被改造的客观世界，其中包括一切反对改造的人们，他们的被改造，须经过强迫的阶段，然后才能进入自觉的阶段。对于罪犯的改造，就是如此。对于他们进行改造固然应当尊重他们的人格和维护他们的权益，但只能维护他们的合法权益，而绝对不能对其不加任何的限制，任其所为。从司法实践看，确实有的刑罚执行机关在这方面发生偏差。例如，已被判刑的原沈阳市中级人民法院院长贾某某和副院长梁某某，尚在看守所羁押时，竟然与前去会见的亲友大吃大喝了 15 天，日均消费千余元。不可忘记，执行刑罚对罪犯应当是强制性的，应当对罪犯的权利有法定限制，使他们真正感到实施严重危害社会的犯罪行为，是社会所不允许的，其必须付出高昂的代价，而不能如同一般公民那样随意。这种正当限制是改造罪犯所必须的，否则，就将丧失适用刑罚的惩戒作用。

　　2. 改造罪犯"以科学发展观为指导"，需要我们在监狱工作的硬件和软件建设上，确定实施每一种制度或者举措的时候，都需要从改造罪犯的实践效果出发，进行全方位、多层次的权衡利弊，切实防止一时头脑发热，盲目采取某种举措，导致难以挽回的不良后果。对人的改造是一项十分复杂的综合性工程，不可能一蹴而就，改造罪犯不可避免地会受到来自各方面因素的影响。这在中国如此，在其他国家也不例外。例如，美国。该国洛杉矶县的监狱，在监舍的设置上和监管人力的配置上不科学，导致多次发生骚乱。这种情况反映在：监舍的设置上，有的监舍内竟然住100名犯人；在狱警的配备上，在洛杉矶县卡斯泰克的一座监狱里，一个看管人员要负责300名犯人。我国有的地区的监狱，虽然没有这样严重情况，但监狱干警缺乏的情况以及监狱的建筑和犯人的安排和管理等方面是存在不科学的问题的。因此，监狱对罪犯的改造，能否真正科学管理和落实每一项工作都是非常重要的，也需要根据客观情况的变化不断科学地予以调整。

不可否认，我国在实施"以人为本"和"以科学发展观"为指导的理念方面，已经取得了很多经验，如实施犯人分类管理等举措等。但是，现行有关法律规定还存在某些不足，尚缺乏可操作性，需要进一步以科学发展观指导进一步完善我国监狱法的规定，同时，也需要有关机关加强对司法干警执法理念的进一步提高。从目前我国监狱改造罪犯情况看，当务之急应当是我国刑罚执行人员要进一步把握住行刑理念，认真按照已有的法律规定执行刑罚。这样，即使立法尚存在的不足，不能很快得到弥补，由于执法者的行刑理念明确、牢固，刑罚执行的水平也会得到提高，对罪犯改造举措也会得到更多有益的开拓。

二十九、宜恢复监狱在刑事诉讼法中的地位*

监狱对刑罚的执行，属于刑事诉讼的一个重要阶段，理应

---

* 本部分内容刊载于《检察日报》2006年5月29日。

由诉讼关系原则调整。而现行刑事诉讼法对诉讼关系原则的规定只涉及人民法院、人民检察院和公安机关，使刑事诉讼法的结构出现了重大缺失。

在我国，人民法院、人民检察院和公安机关进行刑事诉讼，应当分工负责，互相配合，互相制约，这是长期以来实行的一项基本刑事诉讼原则。1983 年，监狱从由公安机关领导之下分离出来，转由司法行政部门领导。这样，既保证了公安机关可以集中精力打击犯罪，又保证了监狱对罪犯的改造工作有效进行。但是，不可否认，由于监狱的领导体制的改变，使得监狱和其他司法机关之间在如何配合和制约方面，存在难以解决好的问题。在 1996 年刑事诉讼法的修改中，立法者并没有对这样的变化予以应有的关注，致使监狱工作在遇到许多实际问题时难以解决，也使刑事诉讼法的结构出现了重大缺失。当今，正值立法机关要对刑事诉讼法进行修改之际，笔者认为，这是弥补这种缺失不宜错过的良机，希望立法机关能够重新重视此项问题，对上述原则进行一定的修改，将监狱纳入刑事诉讼关系原则的适用范围，以使刑事诉讼法能够更加符合司法工作的客观需要。

（一）这是刑事诉讼需要完整的结构决定的

无论从理论上或者从司法实践上看，刑事诉讼都是一项复杂的、循序渐进和不断深化的综合性工程。它不仅包括立案、侦查、起诉和审判程序，而且执行程序也是必不可少的。特别是对于经过审判方能终结的公诉案件，不可避免地要先后历经法定管辖机关的立案程序、侦查机关收集证据和查明犯罪事实的侦查程序、检察机关的审查起诉和提起公诉程序、审判机关的审判程序，以及审判机关作出终审判决或者裁定后交付执行机关执行的程序。因此，执行机关执行终审判决或者裁定的程序是刑事诉讼不可或缺的组成部分。执行程序必然会与其他诉讼程序发生相互衔接关系，这种关系决定了相关的不同国家专门机关之间，不仅必须有明确分工，而且需要必要的互相配合和互相制约，这是刑事诉讼由始至终顺利进行的最基本保证。所以，刑事诉讼法不能也不应当在规定调整不同办案机关诉讼关系原则的适用范围中，将任何执行终审判决或者裁定的机关排斥在外。

（二）这是刑事诉讼法承担的任务决定的

我国刑事诉讼法第 2 条明确规定："中华人民共和国刑事诉讼法的任务，是保证准确、及时地查明犯罪事实，正确应用法律，惩罚犯罪分子，保障无罪的人不受刑事追究，教育公民自觉遵守法律，积极同犯罪作斗争，以维护社会主义法制，保护公民的人身权利、财产权利、民主权利和其他权利，保障社会主义建设事业的顺利进行。"从该法的法定任务看，对于公诉案件来说，无疑需要公安机关和检察机关及时准确地发现犯罪和犯罪嫌疑人，需要收集充分可靠的证据证实犯罪事实真相，及时准确地提起公诉，需要人民法院依法审判并且作出公正的判决或者裁定。同样，对于自诉案件，也需要人民法院依法审判并且作出公正的判决或者裁定。而人民法院作出的判决或者裁定即使是公正、合法的，也只不过仅仅做到了在书面上对刑事被告人是否有罪、犯了什么罪和处以什么刑罚而已。而对于被定罪和处刑的犯罪分子来说，离真正完成该法所担负的任务还有相当大的距离。这就在于，这种判决或者裁定只有在真正得到执行，书面判决上的刑罚才能发挥应有的作用，犯罪者才能切身体验到自己已经受到刑罚的惩罚，才有可能从中接受教训，其他公民才能从中受到教育，刑事诉讼任务才能得以完成，刑事法律的尊严才能得以维护，刑事法律的价值才能真正得到体现。否则，如果没有执行机关保证判决或者裁定正确、及时的具体实施，刑事诉讼法所要完成的任务无疑就会落空，最多只能说是部分完成了刑事诉讼任务，甚至可以说没有完成刑事诉讼任务。因为没有真正执行的判决或者裁定，不过是纸上的东西。这样，客观上使得公安机关、检察机关和人民法院进行的诉讼活动，变成了无效劳动。如果执行机关与审判机关之间没有必要的相互配合、相互制约，审判机关作出判决后被随意决定如何交付执行，执行机关随意拒绝接受或者接受后随意执行，结果必然带来巨大的负面影响，甚至会造成难以挽回的危害后果。我们也注意到，在司法实践中的确也存在人民法院对有的刑事案件判决后，由于审判机关和执行机关之间没有认真履行具体交接手续，而使对罪犯判处的刑罚没有得到执行的具体事例。

（三）这是由监狱执行刑罚职责的程序决定的

这主要反映在以下两个方面：

1. 监狱接受罪犯并对其执行刑罚，是人民法院通过公安机关交付其执行实现的。判决或者裁定的刑罚种类不同，其执行的机关也不尽相同。根据我国刑法和刑事诉讼法的有关规定，判处死刑（立即执行）、罚金、没收财产的判决或者裁定，以及无罪判决或者免除刑罚判决或者裁定，均是由人民法院自行执行；判处缓刑、管制、剥夺政治权利和拘役的判决或者裁定，均是由人民法院直接交付公安机关执行；被判处有期徒刑的，在被交付执行前，剩余刑期在1年以下的，则由看守所代为执行。由此可见，这里涉及人民法院和公安机关执行这类判决或者裁定的程序关系原则，尽管事实上刑事诉讼法并没有在分则中落实这两个机关如何具体互相配合、互相制约，但从该法第7条的规定看，可以对它们之间应当遵循的诉讼关系原则，作出属于其适用范围的解释。然而，对于判处死刑缓期2年执行、无期徒刑、有期徒刑的判决或者裁定的执行（被判处有期徒刑的，在被交付执行前，剩余刑期在1年以下的除外），既不是由人民法院执行，也不是由公安机关执行，而是由人民法院通过公安机关送交监狱执行（这其中，对未成年犯作出的判决或者裁定的执行机关是未成年犯管教所）。这样，监狱与公安机关之间必然存在接受罪犯是否正确及时，公安机关交付罪犯是否正确及时等关系。无疑解决好这类关系，不能不采取相互配合和相互制约原则。否则，此类判决或者裁定的执行，就难以保证正确、及时。所以，刑事诉讼法关于诉讼关系原则的规定，没有将监狱纳入其适用范围是一个不容忽视的欠缺。

2. 这反映在对在监狱服刑的罪犯适用变更执行刑罚方式和减刑时所发生的监狱与人民法院、公安机关的关系之中。鉴于我国适用刑罚不是为了报复，而是为了使罪犯通过改造能够尽快成为守法公民，因此，在适用刑罚的同时，刑事法律规定了暂予监外执行、假释等人道主义制度和举措。对于被判处无期徒刑、有期徒刑的罪犯，符合刑事诉讼法关于适用暂予监外执行条件的，包括罪犯有严重疾病需要保外就医的，对于怀孕或者正在哺乳自己婴儿的妇女，以及生活不能自理又不致危害社会的罪犯，监狱承担和履行提出适用此项规定的意见并且报有关的监狱管理机关批准的职责和程序。而罪犯一旦被获准适用暂予监外执行，监狱须将罪犯送交其居住地的公安机关执行。同时，监狱应当及时将罪犯在监狱内的改造情况通报负责执行的公安机关。当暂予监外执行的情形消失，而刑期未满的，负责执行的公安机关应当及时通知监狱将该罪犯收监执行刑罚。对于刑期已满的，监狱应当办理释放证明。罪犯在暂予监外执行期间死亡的，公安机关应当及时通知监狱。又如，监狱依法对于符合法定假释条件的，应当向人民法院提出假释建议。人民法院裁定假释后，监狱应当将罪犯交公安机关监督执行。该假释在执行中，公安机关认为依法应当撤销原裁定而向人民法院提出撤销建议后，人民法院裁定撤销原裁定的，公安机关又须将罪犯送交监狱收监执行。再如，在监狱执行刑罚的罪犯适用减刑，依法须由罪犯所在监狱认为其符合法定减刑条件，经报有关监狱管理机关批准后，提请高级人民法院裁定。

综上可见，监狱在执行刑罚的过程中，不可避免地存在与公安机关相互衔接的关系，又不可避免地存在与人民法院相互衔接的关系。实践证明，它们三者之间没有必要的相互配合、相互制约，就不可能保证上述人道主义制度的正确适用。因此，刑事诉讼法没有将监狱纳入诉讼关系原则的适用范围，无疑是不完善的反映。

（四）这是由监狱具有承担对服刑罪犯犯罪进行侦查的职责决定的

依照监狱法第60条规定，对罪犯在监狱内犯罪的案件，由监狱进行侦查。侦查终结后，写出起诉意见书，连同案卷材料、证据一并移送人民检察院。这使得监狱不仅承担刑罚的执行职责，也承担在监狱服刑人员犯罪案件的立案侦查职责。在客观上，这使得监狱与人民检察院之间，相互配合和相互制约关系必定是不可缺少的。实践证明，这种诉讼关系使得监狱的侦查活动是否合法、质量是否有保证，不仅直接影响人民检察院审查起诉的质量和效率，而且直接关系着能否准确、及时地打击犯罪。所以，即使从这方面看，刑事诉讼关系原则的适用范围也不能将监狱排除在外。

（五）这是由监狱承担处理或者转送罪犯控告、检举、申诉职责决定的

根据监狱法规定，监狱在执行刑罚的过程中，罪犯提出控告、检举材料的，监狱应当及时将其移送或者转送公安机关或者人民检察院处理，公安机关或者人民检察院应当将处理结果通知监狱。而对于罪犯的申诉，监狱认为判决可能有错误的，应当向人民检察院或者人民法院提出提请处理意见书，人民检察院或者人民法院在法定期限内将处理结果通知监狱。由此可见，在处理监狱中服刑罪犯的控告、检举、申诉问题上，监狱与公安机关、人民检察院和人民法院之间，客观上也离不开必要的相互配合和相互制约。否则，就会因为罪犯的合法权益难以得到及时、有力的维护，而与立法宗旨相悖。

（六）这是强化人民检察院法律监督力度的需要决定的

人民检察院是国家法律监督机关，在刑事诉讼中，依法负有对刑事诉讼实行法律监督职责。实践证明，只有刑事诉讼法对于各个不同诉讼阶段的法定要求明确、具体，才能便于人民检察院准确及时地进行监督，及时发现问题，确保刑事诉讼的任何阶段的诉讼行为合法，才能更有力地维护国家和公民的合法利益。但是，由于该法不仅没有将监狱纳入诉讼关系适用范围，而且没有或者过于原则地对其在执行刑罚过程中应当如何解决好与公安机关、人民检察院和人民法院之间的问题，制定出比较完善的、可操作性的规范。司法实践中，这在一定程度上妨碍了人民检察院对监狱等刑罚执法机关实施法律监督的力度。

从上述六个方面可见，人民法院作出发生法律效力的判决或者裁定，并且依法交付执行，这对于绝大多数刑事案件来说，绝不是真正意义上的诉讼活动终止，恰恰表明诉讼活动有

待延续。特别是监狱对刑罚的执行，更是如此。因为无论是监狱接受执行刑罚通知、具体执行刑罚，还是在执行中变更执行方式等活动，都是司法活动。这里还应当看到，监狱与其他刑罚执行机关相比较，执行刑罚的罪犯要多、刑期要长，其任务更重、难度更大，需要同公安机关、人民检察院和人民法院之间相互配合、相互制约的环节也更多。所以，最高人民法院、最高人民检察院、公安部和司法部不得不分别或者联合作出一些必要的司法解释或者规定，以弥补判决或者裁定执行进程中无法回避的正向或者逆向关系原则的重要缺失。为此，笔者认为，刑事诉讼法关于诉讼关系原则的规定，存在的这项重大疏漏，国家立法机关在修改刑事诉讼法的过程中，对其应当给以充分重视，在该法第 7 条中宜恢复监狱在刑事诉讼法中应有的地位，使其与人民法院、人民检察院和公安机关具有同样的诉讼关系主体资格，并且应当在该法分则的执行程序部分，明确规范落实该项原则的具体操作程序。

第四部分
刑法有关问题研究

一、谈刑法的阶级本质 *

刑法是法的一个部门，是规定犯罪与刑罚的法律规范的总和。在法制史上，刑法虽然在相当长的历史时期里并不是独立的法，但却是起源较早的法，也是主要的法。在外国，较早的国家巴比伦制定的汉谟拉比法典，其中大量条文是有关刑法的规定。我国古代制定的法，虽然包含有民法、诉讼法的内容，但其中关于刑法的内容则是主要的。直到清朝末期，才制定独立的刑法，即大清新刑律草案。

刑法和其他法一样，具有强烈的阶级性。它是一定经济基础决定的上层建筑，体现统治阶级意志，代表统治阶级的利益，是统治阶级维护阶级统治不可缺少的重要工具。历来掌握政权的统治阶级，都十分重视刑法的作用，总是把制定、实施刑法作为取得政权后的首要任务之一。

尽管因国家的不同，时代的更替，使刑法的内容和形式有

---

　　* 本部分内容刊载于《法学研究》1979 年第 2 期，收入本书时略有删改。

这样那样的差异，但归纳起来不外是两大类：一类是剥削阶级刑法；另一类是社会主义刑法。两者有本质区别。

（一）剥削阶级国家的刑法

其包括奴隶制国家、封建制国家、资本主义国家的刑法，是剥削阶级为了巩固本阶级在经济上、政治上的统治地位而制定的。它把侵犯剥削阶级利益的行为宣布为犯罪，并依靠国家的强制力，用刑罚加以镇压。它是维护剥削阶级统治，镇压劳动人民的重要工具。

在奴隶制国家，一切生产资料、社会财富以及奴隶都归奴隶主阶级所有。奴隶主是社会的主宰，享有一切权力。奴隶不过是会说话的工具。罗马法明文规定"奴隶是物品"。奴隶主杀死自己的奴隶，不算是犯罪，只不过是"合法地"毁坏了自己的财产。奴隶稍不顺服，就遭到严厉的镇压。罗马法规定，对奴隶的刑罚有十字刑、皮鞭刑、火印刑、锁禁刑、宫刑、刀击刑等。在我国夏、商、周三代也都有墨、劓、刖、宫、大辟各种酷刑的记载。

在封建制国家，虽然法律规定封建主不能任意杀死农民，但实际上封建主对农民滥施肉刑和死刑。农民稍有侵犯统治阶级的利益，就将遭到最严厉的惩罚。如德国皇帝查理五世颁布的加洛林法典规定：侵入盗窃，不问窃取财物多少，均处死刑；煽动暴动者，处死刑；触犯皇帝利益者处死刑。我国唐律规定的"十恶"把农民的反抗和斗争规定为谋反、谋大逆、谋叛等不赦之重罪，处刑极其严厉。如规定"诸谋反及大逆者皆斩，父、子年十六以上皆绞"。而封建统治阶级内部有人犯了罪，只要是不损害其阶级的根本利益，则受到"八议"的保护，规定皇帝亲戚、故旧、显贵等八种身份的人，犯了罪"先奏请议"，皇帝可减免其罪。此外，还规定了官荫、以官赎刑、以钱赎刑等制度。刑法的矛头完全是指向广大农民的。

在资本主义社会前期，为反对封建的残酷法律，保护资本主义的顺利发展，一些资产阶级思想家，如英国的洛克、法国的孟德斯鸠、伏尔泰、卢梭，特别是古典学派代表人物意大利的贝卡利亚等，在刑法理论上提出罪刑法定主义、罪刑相适应、刑罚人道主义等民主原则。他们对法律如此崇拜，称为神圣不可侵犯的圣物，提出法律面前人人平等、限制法官自由裁量权、缩小死刑范围以至取消死刑等口号。在当时，这对发展生产力无疑是起进步作用的。但是资产阶级也利用这些口号，大肆宣扬，掩盖其刑法的阶级实质，以欺骗劳动人民。恩格斯对此进行了深刻的揭露，他说："对资产者说来，法律当然是神圣的，因为法律本来就是资产者创造的，是经过他的同意并且是为了保护他和他的利益而颁布的。资产者懂得，即使个别的法律条文对他不方便，但是整个立法毕竟是用来保护他的利益的。"[1] 而对无产阶级说来，法律是"资产阶级给他准备的鞭子"，[2] 资产阶级制定的刑法典和大量的刑事法律，都是为了保护有产者私有财产神圣不可侵犯，保卫资产阶级的统治秩序，维护资产者压榨和奴役无产者的社会制度的。对于违犯资产阶级的统治秩序的行为，对于工人为改善物质生活状况而进行罢工的斗争，特别是对无产者为自身解放而进行的革命斗争，资产阶级就要凭借政权的力量来袭击这些手无寸铁的无产者，对他们进行血腥镇压。如资本主义初期刑法——1810 年的法国刑法典，在有关重罪，轻罪和刑罚的规定共 389 条中，"危害国家"和"危害财产"的犯罪就占 304 条，而且对这两

---

〔1〕《马克思恩格斯全集》（第 2 卷），人民出版社 1957 年版，第 515～516 页。
〔2〕《马克思恩格斯全集》（第 2 卷），人民出版社 1957 年版，第 515～516 页。

类罪规定了最严厉的刑罚。

当资本主义发展到帝国主义阶段，随着阶级斗争的尖锐化，犯罪急剧增加。垄断资产阶级深感单纯利用古典学派的一套法制原则已经行不通了。出现了如刑事人类学派、刑事社会学派等新的刑法理论，否定了曾标榜一时的罪刑法定、罪刑相适应等原则。突出的如1930年意大利刑法典和1935年经希特勒修改过的德国刑法典。它们扩大了政治犯罪的概念；禁止言论、出版、集会、结社的自由；加重刑罚；规定对于社会有"危险性的人"不论是否实行犯罪，都可以适用保安处分。他们还广泛适用类推，以适应独裁统治的需要。第二次世界大战后，法西斯主义已为广大人民所唾弃，迫于形势，一些国家纷纷修改或制定新的刑法典，如意大利、联邦德国、美国等。有的法典重新恢复罪刑法定的原则，有的减轻刑罚，废除死刑等。如德意志联邦共和国1975年颁布了新刑法典，在其第一节中规定了"法无明文不为罪"的原则。但是，他们又颁布了一些特别法令，如通过了对于激进分子的法律，加强镇压措施，特别是法外制裁，仍反映了资产阶级虚伪民主的本色。

（二）我国社会主义的刑法

我国刑法是社会主义的刑法，与一切剥削阶级国家刑法有根本区别。它是无产阶级和广大劳动人民自己制定的，体现无产阶级和广大人民意志，代表最大多数人的利益，是人民同反革命分子和其他犯罪分子作斗争，保卫无产阶级专政，保卫社会主义经济，保护人民利益的锐利武器。

我国刑法，是人民在民主革命和社会主义革命、社会主义建设中，同反革命分子和其他犯罪分子作斗争经验的结晶。早在民主革命时期，中国人民在中国共产党领导下，在各个革命根据地就曾制定和颁布了许多代表人民意志和符合人民利益的刑事法律、法令和条例，如1934年中央苏区颁布了中华苏维埃共和国惩治反革命条例，1939年陕甘宁边区抗战时期惩治汉奸条例（草案），1947年东北解放区惩治贪污暂行条例，等等。这些条例、法令形式虽简单，并带有地方性，却是我国刑事立法的萌芽。全国解放以后，我们一面积极开展彻底摧毁旧法制的斗争，一面根据社会主义革命和建设的需要，制定、颁布了中华人民共和国惩治反革命条例、中华人民共和国惩治贪污条例等一系列刑事法规。虽然还不是系统、完备的刑法，但实践证明，切实执行这些法规对于准确地打击各种犯罪，保护公民民主权利，维护革命秩序，巩固无产阶级专政，起了重要作用。同时，也为制定一部系统、完备的刑法打下了良好的基础。

当前，我国踏上了四个现代化的光辉历程，客观形势迫切需要制定一部较系统、较完备的刑法，而且确已具备制定这样一部刑法的条件。那么，我国新刑法是怎样一部刑法呢？笔者认为，社会主义刑法具有下列特点：

1. 人民性。它是工人阶级领导的广大劳动人民自己制定的，体现最大多数人的意志，为最大多数的人民利益服务的有力工具。它的锋芒始终指向那些反抗社会主义制度，危害无产阶级专政，破坏革命秩序的反革命分子和其他犯罪分子。坚决镇压那些勾结外国，阴谋危害祖国主权、领土完整和安全的，策动、勾引、收买国家干部等进行叛变的，以及以反革命为目的的杀人、放火、爆炸、投毒等进行破坏活动的反革命分子。坚决惩办那些盗窃、诈骗、强奸、流氓集团等严重危害社会和人民利益的坏分子。扫除一切社会污毒，保卫无产阶级专政的社会主义国家不受侵犯，维护良好的社会秩序。

2. 实行社会主义法制原则。我国的刑法适用于我国一切公民，不分民族、种族、性别、职业、社会出身、宗教信仰、教育程度、财产状况、社会地位，有无功劳或功劳大小等，凡是遵守法律的都受到法律保护，凡是触犯刑律，给国家和人民造成严重危害的，必定受到法律制裁。绝不允许任何人以任何借口随意专断和株连。执法人员的严重违法乱纪行为，同样要受到法律制裁。

3. 社会主义财产的不可侵犯性。坚决维护社会主义经济事业的发展，打击那些在经济工作中利用职权，监守自盗、贪污盗窃、徇私舞弊等给国家和人民造成严重损失的国家机关工作人员的犯罪行为，惩治那些投机倒把、走私漏税、扰乱金融等破坏国家经济制度的犯罪行为，保护社会主义的物质基础。

4. 公民民主权利的不可侵犯性。人民是国家的主人，宪法赋予公民的民主和自由要受到法律保护。依法惩处那些利用职权，严重违法乱纪、打击报复、诬告陷害、随意抓人关人等使公民人身安全和民主权利受到严重侵犯的犯罪行为，打击那些严重扰乱社会治安，使公民无法进行正常生活、学习和工作的犯罪分子，保障公民人身安全和行使民主权利的自由，以充分发挥广大人民群众的革命积极性、创造性，巩固和发展安定团结的大好形势，促进我国社会主义现代化早日实现。

5. 革命人道主义。它表现在对犯罪分子不搞报复主义和惩罚主义，严禁肉刑和丑辱刑；贯彻惩办与宽大相结合的政策，对于偶犯、过失犯、未成年犯、从犯、坦白交代好，确有认罪悔改表现的从宽惩处，实行减轻、缓刑、假释、免除等制度；贯彻少杀政策，对于罪该处死，但民愤不深，人民并不要求处死的，判处死刑，缓期2年执行，强迫劳动，以观后效；贯彻"给出路"的政策，对于刑满释放的人，予以妥善安置；犯人在服刑期间，坚持惩罚管制与思想改造相结合，劳动生产与政治教育相结合的方针，表现好的，适当予以减刑或奖励，或是提前释放；在生活上，也实行革命的人道主义的待遇。

我们知道，刑法是阶级社会的产物，它随着国家的产生而产生，最终将会随着阶级的消灭、国家的消亡而退出历史舞台。当前，我国正进入大规模的现代化建设的重要历史时期，阶级和阶级斗争还存在，刑法的作用无疑是很重要的。林彪、"四人帮"严重践踏社会主义法制所造成的恶果，也从反面教育了我们，如果国家没有刑法，或者有法不依、执法不严，国家和人民的利益必将遭到重大损害。因此，我们必须对我国刑法的制定、颁布和实施予以足够重视。新刑法一经全国人民代表大会通过，我们就应当认真学习，自觉严格地遵守，使新刑法在打击犯罪、保护人民权益，在实现四个现代化建设中发挥锐利武器的作用。

二、谈谈贪污罪的认定*

1988 年 1 月 21 日，第六届全国人民代表大会常务委员会通过的《关于惩治贪污罪贿赂罪的补充规定》对贪污罪所下的定义为：国家工作人员、集体经济组织工作人员或者其他经手、管理公共财物的人员，利用职务上的便利，侵吞、盗窃、骗取或者以其他手段非法占有公共财物的，是贪污罪。这个定义是由最新的法律所规定的，因此，以往的法律对贪污罪所下的定义，以及有权解释的机关对贪污罪所作的解释，如果与本定义相抵触的，均无效。

贪污罪是一种十分复杂的犯罪，正确理解和认定贪污罪，对于准确地执行现行法律具有重要意义。而能否正确理解和认定贪污罪的关键，就在于能否正确理解和认识本罪所具有的基

---

* 本部分内容刊载于《消费时报》1989 年 11 月 15 日，收入本书时略有删改。

本特征。下面就贪污罪的基本特征——阐述。

（一）贪污罪的主体

贪污罪的主体是特殊主体，即只有法律规定的特定的人才能成为本罪的主体。这种犯罪的主体包括以下三部分人：

1. 国家工作人员。其含义，从我国现行法律来看，尚无统一的规定。由于各种法律的主要作用不同，对国家工作人员的含义的规定也有所不同，并且由于事实上的需要，在适用时不免要作扩张解释或限制解释。例如，从行政法的角度而言，国家工作人员是指经国家特别选任而从事法律规定的国家事务的人员。如果不是由国家特别选任，仅仅是依照法律规定而办理国家事务，如人民代表由于人民享有参政权而行使其职责，士兵由于公民的义务而服兵役等，虽然都是为国家服务，但并非是由于国家特别选任而进行的行为，不能算作行政法上所说的国家工作人员。然而刑法意义上的国家工作人员的含义较行政法广泛得多。根据我国刑法第 83 条的规定，一切国家机关、企业、事业单位和其他依照法律从事公务的人员、均属国家工作人员。1982 年全国人民代表大会常务委员会《关于严惩严重破坏经济的罪犯的决定》又进一步对此作了具体的解释，即在国家各级权力机关、各级行政机关、各级司法机关、军队、国营企业、国家事业机构中工作的人员均属国家工作人员。据上述刑事法律的规定，国家工作人员的本质特征就是依法从事公务的人员。因此，不论是文职还是军职，不论是国家选任或是民意选举的代表，均属于刑法意义上的国家工作人员。

2. 集体经济组织工作人员。所谓集体经济组织，是指那些生产资料及其他财产归集体所有，公共积累归集体所有，实行按劳分配或按劳分配为主同时有一定的股金分红，因而其所有制的性质为集体所有制的单位。在这些单位中工作的人员可以成为贪污罪的主体。在当前社会实践中，个人或若干人承包国营和集体企业，生产资料、资金全部或基本上归国家或集体经济组织所有，应被认为是集体经济组织。如果某个企业由个人投资，只是挂靠在某一全民所有制或集体所有制单位的名下，但后者既不投资也不负责管理，只是每年收取一定的管理费，这种状态实质上是个人以钱换块集体所有制的招牌，因而应属于私人企业。其主管人员雇用的管理人员，不能成为贪污罪的主体。

3. 其他经手、管理公共财物的人员。例如，非经国家选任而受机关单位委托，在国家企事业单位从事管理公共财物的人员，如临时性的财会人员、仓库管理人员等。但是，对"其他人员"应作一定的限制解释。不能认为因工作而接触公共财物的人都是属于上述人员而可以成为贪污罪的主体。在这里，应当把公务活动和劳动活动进行一定的区分，后者同财物的联系，只是决定于他们担负的生产和社会服务的需要，并且是直接为这种需要服务的，如售货员、司机等的社会服务都必须经手财和物，但他们只是在"经手"，而不管理，是在从事公务的工作人员的管理之下从事劳务活动，因而他们不能成为贪污罪的主体，而只能成为刑法规定的其他罪的主体，如盗窃罪等。

（二）贪污罪的客体

从贪污罪的客体来看，是公共财产所有权。贪污罪侵犯的对象是经手、管理公共财物的人所持有的财物。按照我国刑法的规定，这种财物仅限于公共财物。什么是公共财物，这个问题在一些细节问题上，解释不一。一些刑法著作中通常的解释是，除属国家或集体所有的财物外，还应包括由国家或集体组织经管的个人财物，如个人交由运输或邮递部门转递的财物。

理由是这类财物如遗失或损毁，经管的单位要负责赔偿而使国有或集体受损失。但是从实践中看，交通、邮递部门对财物的"遗失"或损毁的赔偿只是相对的，在某些情况下甚至只是象征性的，而且赔偿不能改变财物本身的性质。赔偿国家机关交运的财物是公共财物，赔偿个人交运的财物仍是个人财物。因此，经手或管理这些财物的人员，侵吞了委托交运的财物，应该按盗窃罪处理，而不构成贪污罪。如果国家工作人员侵吞的财物，并非是因其职务而持有之物，也不构成贪污罪。

在当前的社会现象中，认定经济承包案件中的物是否是公共财物，情况就比较复杂。一般说，承包原属国营或集体企业，承包人按合同向发包单位交纳一定利润或一定比例的公共积累的，都属于集体经济组织经营层次。但是，这类承包企业中的财产并非都是公共财产。当承包人完成各项应承担的义务包括利税以外，结余归己的，应属个人财物。承包人或管理财物的人员，如果利用经营之便侵占原属公共财物的，应构成贪污罪。但是，如果侵占个人财物部分的，不能成立本罪。因此，在上述情况下，认定是否构成贪污罪的关键，就是要确定所侵占的财物是否属于公共财物。

（三）贪污罪的客观要件

从法律对贪污罪定义的表述看，本罪的客观要件应当表现为利用职务上的便利，侵吞、盗窃、骗取或者以其他手段非法占有公共财物的行为。利用职务上的便利是贪污罪同其他罪如盗窃等罪在客观方面要件的主要区别。缺乏这个特征就不能构成贪污罪。因此，正确理解和确定是否"利用职务上的便利"，对于正确认定贪污罪具有重要意义。所谓"利用职务上的便利"，是指利用行为人职权范围内的合法条件，而不是指一般地利用某种身份对作案环境的熟悉或凭借自己的职务的间接影响等条件。具体地说，利用职务上的便利，是指利用在其职务上所享有的经手、管理公共财物的权力。所谓管理，包括主管和经管两层意思。主管是指支配在自己管理单位内的公共财物的权力，如调拨、安排使用等权力。所谓经手，是指因执行职务而有领取或发出公共财物的职权。一般因工作必须接触财物的人员，如搬运工人、炊事员、运输公司的汽车司机等，如果利用工作之便窃取公共财物，就不能确立为贪污罪，只能依刑法相应的条款定罪，如盗窃罪。

利用职务之便贪污公共财物的方法是多种多样的。按照《关于惩治贪污罪贿赂罪的补充规定》的精神，可以概括为侵吞、盗窃、骗取或者其他非法手段。侵吞公共财物，就是行为人以合法的形式持有公共财物，但是应当归还而不予归还，以公开或秘密方式转归己有。盗窃公共财物，通常指监守自盗。它不同于盗窃罪的关键就在于保管公共财物的人员的盗窃行为是利用职务之便。骗取公共财物的方法也是多种多样，例如虚报冒领、涂改账目、单据等。它同诈骗罪的根本区别也在于行为人是利用职务之便实施骗取行为。所谓其他非法手段，按现行法律的规定，有挪用公款数额较大不退还的；国家工作人员在对外交往中接受礼物，依照国家规定应当交公而不交公，且数额较大的行为等，都以贪污罪论处。

（四）贪污罪的主观方面

从贪污罪的主观方面看，只能表现为故意，且具有贪利的目的，以供个人使用，或者供进行非法活动。如果不具有这种目的，就不能构成贪污罪。

需要指出，只有行为人所实施的行为同时具有上述四个基本特征，才能构成贪污罪。对于犯有贪污罪的人的处理，则依照《关于惩治贪污罪贿赂罪的补充规定》予以相应的处罚。

三、挪用公款罪的认定 *

在过去相当长的时期，挪用公款行为，特别是挪用公款归个人使用的行为，一般按违反国家财经纪律行为予以行政处罚。对于挪用救灾、抢险、防汛、优抚、救济款物等行为，给国家和人民利益造成重大损失的，1979 年我国刑法才规定为犯罪。但对挪用公款归个人使用的行为，仍未规定为犯罪。然而近些年来，我国实行全面改革开放政策后，有些国家工作人员、集体组织的工作人员和其他经手、管理公共财物的人员，在金钱的诱惑下，不顾国家和人民利益，借职务之便大肆以权谋私，挪用大量公款归个人使用，更有甚者，用公款进行营利和违法犯罪活动。这种行为不仅严重地损坏了国家财经纪律，而且严重地危害了四化建设。为此，最高人民法院、最高人民检察院于 1985 年发出的《关于当前办理经济犯罪案件中具体运用法律的若干问题的解答（试行）》中，将挪用公款归个人使用，超过 6 个月不还的，或者挪用公款进行非法活动的行为规定为以贪污罪论处。然而，挪用公款与贪污两者毕竟有区别。为此，1988 年 1 月 2 日，全国人大常委会颁布的《关于惩治贪污罪贿赂罪的补充规定》中，增设了挪用公款的罪名，从而明确划分了挪用公款罪和贪污罪的界限。这对于严肃国家财经纪律，准确地打击挪用公款罪，保护公共财产，保障改革开放的不断深化，起了积极作用。

（一）挪用公款罪的概念及特征

1. 挪用公款罪的概念。根据《关于惩治贪污罪贿赂罪的补充规定》，挪用公款罪，是指国家工作人员、集体组织工作人员或者其他经手、管理公共财物的人员，利用职务上的便利，挪

---

* 本部分内容刊载于《消费时报》1991 年 2 月 25 日，收入本书时略有删改。

用公款归个人使用的行为，属于下列情形之一者：（1）数额较大，超过 3 个月未还的；（2）数额较大，归个人进行营利活动的；（3）进行投机倒把、走私、赌博等非法活动的。

2. 挪用公款罪的特征。具体地说，挪用公款罪具有以下基本特征：

（1）特殊的犯罪主体。根据法律规定，犯罪主体只能是国家工作人员、集体经济组织工作人员，或者其他经手、经营公共财物的人员。

（2）犯罪人主观上只能是故意。这种故意必须包含两个方面的内容。其一，具有挪用公款的各种目的。根据法律规定，其目的可以是进行非法活动，也可以是进行营利活动，或者为其他个人的目的。其二，在主观上已明确具有将所挪用的公款在使用后予以归还的心理准备。这种心理状态绝不是没有任何客观条件和客观表现的空洞的观念，因此在考虑这种心理状态时，既要听取行为人有归还意愿的陈述，还要从有关的客观事实中看出存在归还准备的心理状态。

（3）犯罪客体是公共财产的所有权。初看起来，行为人实施的行为所侵犯的是公共钱款的使用权，然而实际上，这种侵犯行为却引起了对公共钱款全方位的侵犯。它还导致了对公共钱款占有权、收益权和处分权的侵犯。但有的学者则认为犯罪客体是公共财产的使用权。关于行为人挪用的对象，有的学者对其作广义解释，认为它既包括公共钱款，也包括公共财物。这样的解释与法律规定的精神明显违背。如果包括物，法律完全可以明确规定为"挪用公共财物罪"而无须再去作扩张解释。法律之所以那样明确规定"挪用公款罪"，当然其本意是把"物"排除在外。例如国家工作人员将其保管的集体所有的电视机挪至家中暂时使用，以后归还就不能构成挪用公款罪。

442

但法律规定有例外的情况，即如果挪用救灾、抢险、防汛、优抚、救济款物归个人使用的，则既包括钱，也包括物。

（4）犯罪的客观方面，着重表现在两个方面：

①行为人利用职务上的便利。所谓利用职务上的便利，是指行为人利用自己具有的职权上的主管、经营、经手公款的便利条件，未经合法批准，擅自使用经手、管理的公款进行犯罪活动。它不同于行为人利用工作条件之便。前者为行为人本身职务上所要求的责任或义务，而行为人故意违反职务要求，不实施其应当实施的行为或实施其不应当实施的行为。后者只是指行为人利用工作或生产劳动中客观环境条件的方便而实施的，与其本身职务要求并无关系。这里需要指出，挪用公款后，为私利以个人名义将挪用的公款给企业事业单位、机关、团体使用的，也应当视为挪用公款归个人使用。

②挪用公款归个人使用（包括本人和他人）。挪用公款归个人使用的用途不同，构成犯罪的条件也不同：

其一，挪用公款归个人使用进行非法活动，如进行投机倒把、走私、赌博等，不论挪用的数额是否较大，也不论挪用的时间长短，均构成挪用公款罪。但挪用公款数额应不低于贪污罪起刑点的数额。

其二，挪用公款归个人使用进行营利活动，如经商等，必须以数额较大为条件，但不受挪用时间长短的限制。

其三，除上述两种情况外，挪用公款归个人使用，如购置消费品、建筑房屋等，则须具备两个条件才构成犯罪：数额较大和挪用时间超过3个月未归还。挪用公款具有社会同情的原因，如确为解决家庭生活困难，一时急需挪用的，案发前已主动归还，或归还一部分，或积极准备归还的，可不作犯罪处理。

(二) 挪用公款罪罪与非罪、此罪与彼罪的区分

为要准确认定挪用公款罪, 应当区分本罪与一般挪用行为、本罪与其他容易混淆的罪的界限。

1. 在区分挪用公款罪和一般违法挪用行为, 应当从行为人挪用公款的用途、挪用的数额大小以及挪用人员是否归还三方面的因素综合起来分析。

2. 挪用公款罪与贪污罪有类似之处, 因此容易混淆。它们的共同点是: 所侵犯的客体都是公共财产的所有权; 在客观方面, 行为人都是利用职务上的便利条件; 犯罪的主体都是国家工作人员、集体组织工作人员或者经手、管理公共财物的人员。但它们有明显的不同: (1) 挪用公款所侵犯的对象, 通常只是钱款, 而贪污罪所侵犯的对象包括钱和物。(2) 手段不同, 挪用公款人一般不用涂改或毁坏凭证手段, 而只是违反财经制度, 擅自使用公共钱款; 贪污者一般却需用某种非法手段, 使国家、集体丧失对公共财产的所有权。(3) 主观意图不同。挪用公款人缺乏侵占意图, 只是想 "占用", 随后归还。贪污者则是以占有为目的。

3. 挪用公款罪同刑法第 126 条规定的挪用救灾、抢险、防汛、优抚、救济款物罪不同。它们的区别在于: (1) 侵犯的对象不完全相同。前者在一般情况下, 只是公共钱款。只有在挪用法律规定特定对象归个人使用时, 才包括钱和物。后者侵害的对象只是特定范围的钱和物。(2) 前者挪用的钱款归个人所用; 后者是将专款专用的款物挪作他用, 但不归个人使用。(3) 前者只要挪用后进行非法活动, 或者数额较大进行营利活动, 或者数额较大, 超过 3 个月未归还的三种情形之一的, 即构成挪用公款罪, 情节是否严重只是作为人民法院量刑时的参

考；后者情节严重是构成犯罪的必备要件，依照法律规定，只有情节严重，致使国家和人民群众利益遭受重大损害的，才构成犯罪。

（三）挪用公款罪的刑罚

对于挪用公款罪的处罚，法律规定在一般情况下法定刑为5年以下有期徒刑或者拘役，情节严重的量刑幅度为5年以上有期徒刑。法律还特别规定，挪用国家救灾、抢险、防汛、优抚、救济款物归个人使用的，应从重处罚。

四、受贿罪犯罪主体的范围和种类比较研究[*]

受贿罪是贿赂罪的一种，从其犯罪主体、性质与行贿罪等其他单项罪相比，造成的危害更为严重，因此，同受贿罪作斗争被各国政府列为同贿赂犯罪作斗争的首位。实践中，受贿案件的具体情况比较复杂，多种多样。一些国家从犯罪主体受贿的时间、方式和手段等不同角度，将受贿罪分为若干种。有的国家根据受贿罪犯罪主体受贿的时间有事前受贿和事后受贿之别，将受贿罪分为事前受贿罪和事后受贿罪；根据受贿罪犯罪主体受贿有无受托之别，将受贿罪分为单纯受贿罪和请托受贿罪；根据受贿罪犯罪主体受贿的方式和手段，有直接与间接、违法与不违法之别，将受贿罪分为斡旋受贿罪、枉法受贿罪等，如日本等国家刑法都有此类规定。但是，有的国家并非如此，其刑法等有关法律没有对受贿罪作这样细致的分类。

（一）受贿罪的类罪归属及理由

从世界范围看，虽然不同国家和地区的刑法对受贿罪的分类不完全相同，然而，不论哪一类受贿罪在每一国家或地区，都依一定标准划入某种类型犯罪之中。比较不同国家和地区关

---

[*] 本部分内容刊载于《外国法译评》1993 年第 2 期，收入本书时略有删改。

于受贿罪的归属类别，归纳起来主要有以下几种：

1. 从受贿罪犯罪主体具有的特殊身份考虑，在刑法中将受贿罪归属于公务员犯罪。如巴基斯坦，受贿罪被刑法典第九章公务员犯罪或与公务员有关的犯罪所包容。此外，新加坡、韩国、印度等国家的受贿罪均归入此类。

2. 从受贿罪犯罪主体与职务有无关系考虑，在刑法中将受贿罪列为渎职罪或职务上犯罪范畴，如日本、丹麦、德国、俄罗斯联邦、我国等，刑法将受贿罪列入渎职罪范畴。在罗马尼亚、朝鲜、蒙古、阿尔巴尼亚、奥地利、瑞士、西班牙等，刑法将受贿罪列为职务上的犯罪，或称违反职务、执行职务的犯罪。

3. 从受贿罪犯罪主体受贿造成的危害性质考虑，在刑法中将受贿罪列入妨害公共行政罪或妨害社会国家生活廉洁罪类，如意大利刑法典将受贿罪归为对公共行政之犯罪。波兰刑法典将受贿罪纳入妨碍国家机关和社会机关活动的犯罪之中。在匈牙利，受贿罪归入妨害社会国家生活清廉犯罪之中。捷克斯洛伐克将受贿罪归为妨害公共秩序罪门下。在巴西，受贿罪属于违反公共行政管理罪。

4. 从受贿罪犯罪主体职务的性质有行政与司法之分考虑，在刑法中将受贿罪分别列为国家行政罪中的渎职罪和司法犯罪中的司法渎职罪范畴。后者专指法官、检察官或调查人员所犯的受贿罪。此类国家，如泰国。

综上比较受贿罪的不同归属，笔者认为，受贿罪归属渎职罪类是适当的、科学的。这是由受贿罪的本质特征决定的。

1. 受贿罪的犯罪主体主要是公务员，即使有些犯罪主体本身不是公务员，例如法官、议员等，在有些国家不属于公务员范畴，但其接受贿赂与承担公务相关。因此，受贿罪犯罪主体不论其原本是否是公务员，只要其受贿行为与承担的公务相关，该罪的本质特征都是相同的。

2. 各国对公务员的义务、职责通常都有相应的法律规定，其中重要内容之一，均为要求其忠于职守，有利于保证公民对政府的尊敬和信赖。如在美国，公务员的义务之一是正直、可信赖、具有责任感、良好品质、对政府忠诚，保持信誉，取得国民对政府的信赖和尊敬。在德国，联邦公务员法规定公务员的义务之一，是履行职责时，应考虑普遍利益，未经许可不得接受与职务有关的报酬或赠与。在瑞士，依照联邦公务员章程法的规定，公务员要履行维护联邦利益的义务，即要忠于职守、克尽职责，所作所为应符合联邦利益，不做有损联邦的事情；禁止公务人员利用职权索取、接受或让人答允给他本人或给别人各种馈赠或其他好处；公务员与第三者默契索要、接受或让人提供各种馈赠或其他好处，同样有违职责。

3. 从受贿罪所造成的危害性质看，因为行为人的行为是代表国家进行的活动，然而他们却实施违反其义务、职责的要求，所以，受到损害的恰恰是国家在国民中的威信。

由此可见，许多国家和地区将受贿罪纳入渎职罪范围是适宜的。可以确信，今后它将会被更多国家和地区采用。

（二）受贿罪犯罪主体的种类

综合考察不同国家和地区受贿罪主体的种类，归纳起来，大体分为两大类型：

1. 一般主体型。此种类型，是指受贿罪的犯罪主体可以是任何人，不受其身份制约。从已知资料看，捷克斯洛伐克刑法关于受贿罪犯罪主体的规定，属于此类。该国刑法规定，无论是否为国家公务员，只要对于具有社会意义的事件作出决定或者因执行这种决定，而收受贿赂或者同意收受贿赂的，均构成受贿罪。如果受贿人具有公务员这一特殊身份，要受到加重刑事处罚。

2. 特殊主体型。此种类型，亦称身份犯型，是指受贿罪犯罪主体必须具有特定身份。至于该犯罪主体必须具有何种特殊身份，这在不同的国家和地区，甚至在同一国家的不同历史时期也不尽相同。但是，从受贿罪犯罪主体种类在各国或各地区的发展变化看，受贿罪在人类社会最早被作为犯罪规定于法律中，犯罪主体范围比较小，只限于几种人。后来，随着社会政治、经济和法制的不断发展，受贿罪犯罪主体范围和种类才逐渐扩大。如英国，受贿罪犯罪主体，在最初只限于法官，后来扩及陪审官和证人，以至逐渐扩展到国家公务员。

当今，从世界范围看，受贿罪犯罪主体大都是特殊主体，有法定某种身份。概括起来，具有特殊身份的受贿罪犯罪主体，主要有以下几类：

（1）公职人员、公务员、公务人员。他们都是与公务有关的人员。各国在运用这几个法律术语时，从总体内涵上讲，没有原则区别。但是，从有些国家法律规定的具体内容而言，却不完全相同。有的国家的法律将这几个术语同时并列在同一法条内，作为犯罪的主体。在这种情况下，显然是不同的名称，具有不同的身份。例如法国刑法典第175条规定："公务员、公职人员、政府机关人员对其管理、监督之文件、拍卖、企业或税务以公开、隐秘或他人居间调解方式而收利益者……"显然，法律规定的这三种人各具特殊身份。又如意大利刑法典第314条规定："公务员或从事公务人员不法侵占因职务或公务所持有公款或其他动产物品，或为自己或第三人之利益而窃取者……"用文理解释方法，也可以推知该条所指的公务员和公务人员二者显然不同，即公务人员应是指公务员以外的从事公务的人员，后者不具公务员的身份。类似的具体规定，在不同国家的法律中都不同程度地存在着。这里我们只就各国法律对公职人员、公务员、公务人员所规定的概念和范围作一比较。

①公职人员。其俄文为 ДоЛжносмноеЛицо，中文译为公职人员是比较切合原意的。因此，与苏联法有关联国家的刑法典，在中文中一般都译为公职人员。例如，俄罗斯联邦、匈牙利、朝鲜、蒙古、阿尔巴尼亚、保加利亚等国，都规定公职人员是受贿罪的犯罪主体，并且法律界定公职人员的概念和范围。尽管其在文字表达上有所不同，但在内涵上大同小异。在俄罗斯联邦，刑法典对于公职人员的概念和范围规定为：经常或临时执行行政权代表人的职能，以及经常或临时在国家的或公共的机关、组织、企业担任有关组织——命令或行政——事务方面的职责，或根据特别委任在上述机关、组织和企业执行这种职责的人员。在蒙古刑法典中，公职人员就是指在国家的机关或企业中担任经常或者临时职务的人员，以及在为了执行经济的、行政的、职业的或者其他全国性的任务，由法律赋予一定的义务、权利和代表权限的公共组织或社会团体中担任经常或临时职务的人员。此类国家都认为公职人员，可以是受贿罪犯罪主体。如俄罗斯联邦刑法规定：公职人员为了行贿人的利益，执行或不执行人他所应当实施或者利用自己的职务地位所能实施的某种行为，因而亲自或经中间人收受任何方式的贿赂的，构成应受处罚的受贿罪。

②公务人员。在有的国家，刑法典规定的公务人员的范围相当宽。如巴西刑法典在规定受贿罪的犯罪主体是公务人员时曾指出：凡行使职务、执行工作或担任公职的人，即使是暂时的或无报酬的，但对刑法效力来说，都被认为是公务人员。同时，该法还规定：在国家干预的民办企业中任职、工作和担任

公职的人都相当于公务人员。公务人员凭借自己的职权直接或间接地为自己或他人要求、接受非法利益，或接受给予这种利益的诺言，或违反职务责任，不执行任何职务等为了利益和诺言，都处以刑罚。

③公务员。这是各国刑法普遍规定为受贿罪的犯罪主体应具有的特殊身份。如日本、巴基斯坦、韩国、泰国、新加坡、印度、奥地利、丹麦、德国、法国、西班牙、意大利、波兰等。但是，界定公务员的内涵则比较复杂。就西方国家的公务员情况而言，大都指的是国家机关中的文职工作人员，他们受雇于政府，是办事的事务官，而不是决策的政务官。因此，由选举产生的中央或地方官员，都不能称为公务员，例如由选举产生的总统、议员。西方的公务员还相对于武官、法官而言。因此，军职人员、司法人员也不属公务员之列。但是，具体到各国刑法典规定受贿罪的犯罪主体所指的公务员范围与一般所指的公务员就有些出入，而且就受贿罪犯罪主体来说，它的范围还要广泛得多。例如，有些国家所规定的该罪犯罪主体，不限于现职国家公务员，还包括将任职的和曾经任职的公务员。

在日本，依照刑法规定，公务员就其职务收受、要求或期约贿赂的；曾为公务员就其在职中受请托所为违背职务之行为或未为相当之行为，收受、要求或期约贿赂的；公务员受请托而将斡旋或已斡旋其他公务员为违背职务之行为或不为相当之行为，收受、要求或期约贿赂，以为报酬；将为公务员，就其就任后应当担任之职务，受请托而收受、要求或期约贿赂的，均构成犯罪。

日本关于公务员的概念和范围的规定却比较宽，不仅适用于资格任用的公务员，也适用于公选任职的公务员。在国家和地方政府机关、公共团体中，凡是从事公务的人员均称为公务员。其范围，上至事务次官，下至各官厅的清洁工在内的文职人员。公务员有中央公务员和地方公务员之分。前者又分为一般职和特别职两类。中央级特别职国家公务员有内阁总理大臣、国务大臣、人事官、检察官、全权委员、防卫厅职员等18种人员。此类人员除国家公务员法另有规定外，国家公务员法不适用这几种人员。地方公务员，依地方公务员法规定，也分为一般职和特别职两类公务员。特别职公务员有就任以公选或地方公共团体议会的选举、议决或同意为必要者，地方开发事业团体的理事长等6种人员。除法律另有规定外，地方公务员法不适用地方特别职公务员。依照日本刑法规定，作为受贿罪犯罪主体的公务员，是指官吏、公吏、依法令从事公务的议员、委员及其他职员。

在德国，依刑法规定，公务员对现在或将来职务之行为要求、期约或收益者，构成受贿罪。根据联邦公务员法的规定，联邦公务员是指在联邦内或与联邦有直接隶属关系的公法上社团、营造物或财团服务，并存在有公法上勤务与信任关系（公务关系）者。直接接受联邦指挥监督者为联邦公务员。在联邦政府机关任职者称联邦公务员。在联邦政府隶属的各事业机构任职者，为间接联邦公务员。他们合称公务员。而刑法关于受贿罪犯罪主体的规定，公务员是指依德国法律任公务的人或法官、担任其他公法上勤务关系者和其他经指定在官署或其他机关或受其委托从事公共行政工作者。

在加拿大，刑法上所指的公务员，只是下列四种人员：关税或国产税人员；加拿大部队的军官；加拿大皇家骑警队的队员；执行加拿大关于国税、关税、国产税、贸易和航政法律的人员。

在意大利，公务员为下列两种人员：从事经常性或临时性立法、行政或司法工作的国家和其他公法法人的职员；其他经常性或临时性薪俸或有薪俸、志愿或基于某种义务行使立法、行政或司法工作者。

在奥地利，公务员也有自己特定范畴，具体说，指被任命于联邦、州、区、县市乡镇，或除教会团体外其他以公法上的名义，成为机关、单独或与他人共同为法律行为，或执行联邦、州、县市乡镇任务的人。

（2）其他特定主体。这主要包括：

①仲裁人。在一些国家，仲裁人被作为特殊的受贿罪犯罪主体规定在刑法典中。例如韩国、日本、德国、瑞士等。但是，关于仲裁人的法律地位，各国具体规定不尽相同。大致有以下几种情况：

其一，与公务员处于同等地位。法律将仲裁人与公务员同时作为犯罪主体并列在同一法条中，并适用同样的罚则。例如，韩国刑法典第129条规定："公务员或仲裁人收受、要求或约定与职务有关之贿赂者，处5年以下劳役，或10年以下停止资格。"该条第2款还规定，把将要担任仲裁人职务的人同将要担任公务员的人一样，如果事前因与该职务有关而接受贿赂，而嗣后正式担任职务的，应当受到同样的刑事制裁。瑞士刑法把仲裁人与官署成员、公务员、执行司法职务的人、官署委托的鉴定人、翻译人、通译，统统并列为受贿罪犯罪主体，并适用同样的罚则。

其二，仲裁人不能作为斡旋受贿罪的犯罪主体。例如，在日本，仲裁人同公务员一样，就其职务，或就其就任后应当担当之职务，或曾为仲裁人，不论其是否受请托，是否违背职务，收受、要求或期约贿赂，即构成受贿罪。但是，仲裁人与公务员还有不同之点，即法律规定公务员可以作为斡旋受贿罪的犯罪主体，却没有规定仲裁人可以作为斡旋受贿罪的犯罪主体。

其三，对仲裁人收取利益的，没有任何免罚的规定。例如，在德国，关于仲裁人受贿罪的规定，与日本、韩国有所不同。德国刑法典对仲裁人就现在和将来在裁判上职务行为，要求、期约或收受利益的，规定为受贿罪。但是，依刑法典规定，如果公务员期约或收受利益，并非其所要求，而是经主管官署于其职权范围内事先同意，或对行为人事后立即提出报告，予以追认的，不构成受贿罪。这种规定对仲裁人却不适用。

②法官、陪审官。在有些国家，法官属于公务员系列，如印度防止腐败法第2条第3款明确指出，任何法官包括法律赋予审判权的人，不论他是单独审判或作为任何团体的一员参加审判，均为公务员，可以成为受贿罪犯罪主体。又如法国，依刑法典规定，刑事法官、陪审团员受贿赂图利或不利被告者，处以刑罚。但是，在有些国家，却不尽然。如英国、美国等，法官不属于公务员系列。在加拿大，受贿罪有两类：一类是司法官员受贿罪。犯罪主体包括担任司法职务人员，或加拿大国会或立法机构成员，因职务上已完成或已免除或将完成或将免除之事，为自己或他人而违法收受或取得、同意收受或意图取得金钱、兑价财物、职位、处所或雇佣者。另一类为公务员受贿罪。犯罪主体包括保安法官、警察局长、安全官、公务官、少年法庭官员或受雇于刑事行政机构的人员。当这类人为自己或他人而违法收受或取得，或同意收取，或意图取得金钱、兑价物品、职位、处所或雇佣而意图干涉司法行政，或促成或便于犯罪实施，或保护犯罪人或意图使犯罪人免受侦查、处罚，均构成受贿罪犯罪主体。在泰国，司法官、检察官、受理案件

或调查人员，为自己或他人要求、收受或同意收受财物或其他利益，执行或不执行其职务，无论其执行或不执行是否违背职务，或其就职前有上述行为，都构成受贿罪。

在有些国家，陪审官也被规定为受贿罪犯罪主体，如法国、西班牙。

③鉴定人、翻译或通译、专家。如在奥地利，由法院或其他官署为特定程序所任命的鉴定人，为自己或第三人向他人要求、收受或期约财产上利益，而提出不实鉴定或意见者，为受贿罪犯罪主体。如瑞典，官署委托的鉴定人、翻译或通译，同公务员、仲裁人、官署成员、执行司法职务的人一样，对于违背义务之职务行为，要求、收受或期约贿赂或免费利益，同样构成受贿罪，成为受贿罪犯罪主体。

④证人。有的国家，因担任审判、听证以及其他程序的证人，将提供宣誓证言或陈述证言，或因为他从那里缺席而为自己直接、间接地要求、索取、强求、乞求、寻求、接受、收受或者同意收受任何有价值的东西，均构成受贿罪，其成为受贿罪犯罪主体。如美国，属此类国家。

⑤企业主管。如奥地利，企业主管关于其可能从事之法律上作为或不作为，为自己或第三人向他人要求、收受或期约财产利益，构成受贿罪。但要求、收受或期约细微的财产上利益除外，如果其行为系常业者，仍构成受贿罪。

(三) 我国受贿罪犯罪主体的特点

与其他国家相比，在我国，受贿罪的犯罪主体有自己的特点。依现行法律规定，受贿罪犯罪主体除包括国家工作人员、集体经济组织工作人员或者其他从事公务的人员外，还包括法人。这几类人员利用职务上的便利，索取他人财物，或非法收受他人财物为他人谋取利益的，构成受贿罪，因此，成为该罪犯罪主体。

从法律术语上看，我国现行法律对于受贿罪犯罪主体的名称、范围的规定，与其他国家的有关法律规定有所不同。从长远考虑，为了准确确定受贿罪犯罪主体，为了便于同其他国家交往与合作，从本国国情需要出发，并考虑世界发展总趋势，我国在立法上亦应从法律术语的采用上向世界靠拢。从现在我国关于受贿罪犯罪主体规定的性质看，犯罪主体的行为基本上同国家行政权力相联系，所以国家机关工作人员范围，包括了其他国家所指的公务员的范围，甚至还超过了这一范围，应该说我国法律规定的国家工作人员的范围是十分广泛的。因此，有一些学者主张将国家权力机关、检察机关和审判机关人员，行政机关中的工勤人员、党务系统工作人员，国家企事业单位管理人员、社会团体的领导人员和工作人员均不划入国家公务员系列。笔者认为，即使我国公务员的范围如上述学者的意见而定，如果其他从事公务的人员实施了法定的受贿行为，也应成为犯罪的主体，构成受贿罪。只有如此，才有助于防止受贿罪在更大范围内得以滋生，才有助于切实维护民众对政府的信任，保持政府的清廉。

五、公务员贿赂罪情状与对策的思考*

（一）公务员贿赂罪的现状及特点

回首世界上第一个公务员制度在英国诞生的历史，迄今已有 100 多年了。在这段不平凡的日子里，随着星移斗转，公务员制度在加拿大、美国、日本、德国、法国、印度、瑞士、奥地利、韩国以及中国等越来越多的国家和地区得到确立。综

---

　　* 本部分内容摘自中国社会科学院法学研究所编：《中日公务员贿赂犯罪研究》，中国社会科学出版社 1995 年版。

观实行公务员制度的国家和地区，尽管不同国家的政治制度、经济发展水平、历史渊源和文化传统等方面有这样或那样的差别，但是，可以说几乎无一例外地都曾发生过并还在继续发生着公务员贿赂犯罪。自20世纪中叶以来，各国政治、经济有了进一步发展变化，公务员贿赂犯罪也有所增加。如今，人类社会已进入电子时代，科学技术更加进步，经济更加发展，各个领域中的竞争更加激烈，公务员利用职务之便谋取非法私利的犯罪，也随之越来越严重，越来越难以对付。当前，这是许多国家共同面临的严峻现实。

综合考察、比较、分析近些年不同国家和地区公务员贿赂罪的状况，归纳起来大体有以下趋同的特点：

1. 公务员贿赂罪涉及的领域越来越广泛。它已不限于某一部门、某一行业、某一地区、某一国家，而是跨出了国界，具有国际性，出现了国际贿赂。意大利米兰特大贿赂案就是一例。该案被称为"超级丑闻"。据有关资料揭露，它不仅涉及米兰近10多年来的铁路、地铁、停车场、飞机场、医院、影剧院、体育馆等一系列公共工程和一大批企业，而且涉及该市政府。在地域上，它不只是发生在米兰，还波及罗马、威尼斯、佛罗伦萨等10多个城市。又如日本，近几年不断揭出的公务员贿赂案，不仅涉及政界、建筑界，还有金融界等。在国际上，跨国界贿赂也经常发生，如俄罗斯在外贸出口方面存在着一些高级官员受贿问题。对外关系部副部长舍巴耶夫在1992年10月同印度谈判中向印方让步，自己拿到大把美元，使国家经济蒙受巨大损失。在美国，有些公司贿赂的国家多达二三十个。

2. 公务员受贿的手段、形式和途径越来越诡秘、多样。以公务员受贿的主观恶性划分，既有消极被动收贿的，也有积极主动要求、索取贿赂的；以公务员受贿时间与任职前后的关系划分，既有事前受贿的，也有事后受贿的；以公务员受贿的途径划分，既有直接受贿，也有间接受贿，还有斡旋受贿；以公务员受贿与职务的关系划分，既有违背职务受贿的，也有不违背职务受贿的；以公务员受贿内容划分，既有金钱贿赂，也有财产利益或其他利益贿赂的。总之，无论贿赂案在这些方面有怎样的不同，而在许多情况下受贿者都要千方百计地为贿赂披上合法外衣，使人难以察觉则是相同的。国际贿赂更是如此。金钱贿赂往往通过第三国的金融机构或第三人。据有关资料披露，如美国麦克唐纳－道格拉斯公司为了打开向巴基斯坦航空公司出售飞机的通道，曾采取秘密地"聘请"巴方财政部部长哈桑为该公司"顾问"，将10多万美元拨进哈桑在瑞士的账户，从而使哈桑在交易中由不友好转向促成与该公司DC－10型飞机的成交。

3. 贿赂内容的范围和种类在扩大。贿赂内容已不限于金钱、物品，而扩及其他种种利益，甚至还有"性服务"。至于"性服务"是否为贿赂内容，不同国家的规定不尽相同。据有关资料，1982年3月，日本一名男法官因接受了被告人的"性服务"减轻其刑而被判贿赂罪。而许多国家只限定贿赂范围为财物或财产上利益，如奥地利、保加利亚等。

4. 在政治领域和经济领域，政府官员进行权力与私利交换的现象有所增加。如在实行竞选制的国家，有的官员为了成为政府中更高一级官员，成为政界的要人、领袖，有的政党为了取得、维持执政党的地位，与一些想在政府中找到"代言人"、"保护神"的大公司、大财团进行权钱交易，一方提供大量竞选资金，另一方获得大量竞选资金，用以取得更多选票，以便竞选中获胜。大财团、大企业因支持竞选取胜，在事后受益无穷。在经济领域中,有些公务员,特别是担任重要职务的某些公务员,为了个人发财致富,利用手中职权为公司、企业等经济部门提供赚钱机会,合同背后往往是贿赂。据有关资料报道,在意大利有人揭发:"在米兰,凡想得到公共部门订货单的人,曾必须支付百分之三至百分之十五的贿金","改建世界闻名的皮科洛剧场使政治家们得到 1050 万里拉,为新建一条铁路,他们收受了比建铁路还多 3 倍的贿赂"。在美国新泽西州,据资料揭露,某市的一家公司为与市府签订一项合同,不得不给该市市长和几位市政会议成员每人 1 万美元的贿赂。

5. 贿赂案中涉及有领导职务的公务员增多。翻开国内外有关贿赂罪的报道,不难发现,在许多国家发生的贿赂案中,往往涉及某些居重要领导岗位的公务员。以意大利米兰特大贿赂案为例。截至 1993 年 4 月初,该案中被逮捕、接到受审查通知的人员中,政府官员达 852 名,议员 152 名。其中还涉及几任米兰市市长,涉及前总理、终身议员安德烈奥蒂和前总理、社会党总书记克拉克西等重要高级官员。又如日本,近几年不断揭出轰动日本政坛、震动日本全岛的贿赂案。在里库利特案件中,涉及当时内阁要员、政界要人 20 多名。有的贿赂案件,还涉及国会议员、大臣、市长之类的重要人物。如日本内阁要员原北海道、冲绳开发厅长官、自民党众议员阿部文男,因在一宗建筑工程中收受贿赂被判刑 3 年和罚款 9000 万日元。又如,曾任建设大臣的中村喜四郎被东京检察厅以收受贿赂罪提出起诉,仙台市现职市长因涉嫌 1 亿日元受贿案被逮捕。南美的巴西和委内瑞拉的前总统科洛尔和佩雷斯因贪污受贿被人民赶下台。在我国,贿赂案中有些是居重要岗位的领导人,如原国家科委副主任李效时受贿案、海南省府原副秘书长李善友受贿案、原深圳市房管局局长陈丙根受贿案、山东乳山市原市委书记王建智受贿案等。

6. 公务员贿赂罪给国家政治、经济利益造成的损害十分严重，并导致走私罪、贩毒罪等其他种类犯罪滋生。据有关资料报道，消息灵通人士估计，意大利米兰贿赂案中行贿受贿总额不低于 3000 亿里拉（约 2.5 亿美元），据都灵一个研究中心估计，1991 年一年的贿赂和回扣使公共开支增加 30 亿～40 亿美元。在美国，曾有资料指出，每年有数十亿美元以上金额用于贿赂。在越南，1993 年第一季度国家因贪污贿赂案遭受经济损失达 370 亿盾。

公务员实施贿赂罪在表面上并非如同杀人、放火、抢劫等其他刑事犯罪的危害那样灼灼逼人、那么凶暴残忍。但是，这种犯罪的危害后果却很严重。它不仅破坏了国家机关管理活动的正常运行，破坏了政府各项方案潜在成效，妨碍了正义伸张，加剧了危害社会和民众其他许多种犯罪的发生，阻碍了社会进步与经济顺利发展，而且严重地损害了政府在国内外应有的尊严和威信，削弱着民众对政府的支持。这种犯罪已成为有的国家世风日下的重要原因，甚至成为有的执政党垮台的直接原因。由于公务员贿赂罪的危害如此之大，许多国家已将同贿赂罪作斗争提到议事日程。有的国家新政府一经组成，即将同公务员贿赂罪作斗争纳入工作范畴，并作为重要工作去做。如韩国，金泳三就任总统后，立即开展韩国历史上首次全国性的廉政肃贪行动，打击贪污贿赂犯罪。这一行动被人称为"一场不流血的革命"、"清洁精神运动"、政坛"净身浴"，深受民众拥护。在意大利，积极开展"净手运动"。在俄罗斯，叶利钦颁布了"关于在公职系统中打击贪污受贿的命令"。在越南，总理武文杰向国会立下军令状，向国会保证，如果政府的贪污腐败现象到 1994 年仍十分猖獗和严重，他将向国会承担责任。

中国十分重视反腐斗争，今年召开的第八届全国人大第二次会议上，《政府工作报告》明确提出，要把反腐斗争深入持久地开展下去。从中央到地方，全国范围内开展反腐倡廉工作，对贪污贿赂等案件要严厉查处，决不姑息养奸。在罗马尼亚，总统在政府工作会议上指出："必须开展对贪污受贿的全国性进攻。"总之，如今许多国家在国内已掀起反腐败斗争。在国际上，联合国也在积极努力采取措施，联合不同国家共同防止国际贿赂发生，如联合国多次召开"为防止跨国公司腐败行为的国际会议"，试图制定一个体现这样原则的国际公约：跨国公司对本国以外的外国公务员提供贿赂时，不由公务员的居住国而由作为行贿者的跨国公司所属国家以行贿罪处罚这个公司。1989年，联合国召开"政府机关中贪污腐化问题区域间研讨会"；1990年召开第八届联合国预防犯罪和罪犯待遇大会，把反政府中的贪污腐化作为重要议题，并通过了一系列决议，协助各国政府反腐败。

（二）防治公务员贿赂罪的措施

现在，各国政府、执政党和民众共同关心的问题，正在积极寻求最佳解决方案的问题，是今后如何更有成效地防止、减少国际国内贿赂犯罪，实现政权稳定、经济发展。

根据不同国家和地区长期同贿赂罪作斗争的经验，特别是以往同公务员贿赂罪作斗争的经验，目前该罪发生的趋同特点，以及今后世界范畴政治、经济发展变化客观形势的走向，笔者认为，虽然每个国家和地区都有自己的具体情况，但是，同公务员贿赂罪作斗争的基本对策在许多方面是相同的。各国均适用的对策，笔者认为是实行"塔式双向四结合法"，以此实现最大限度地减少和防止公务员贿赂罪的发生。这种对策即对贿赂罪以治为出发点，依次实行"预防贿赂与打击贿赂结合法"、"防治受贿罪与防治行贿罪结合法"、"国内防治贿赂与国际防治贿赂结合法"和"刑事防治贿赂与非刑事防治贿赂结合法"。上述各种结合法的内在联系为相互交融，不得顾此失彼，共同组成连环防治网络。这一防治贿赂罪网络是全方位的。在同贿赂罪作斗争中，它如同人对疾病的防治，既要注意头痛医头、脚痛医脚，又要注意清除病根，防患于未然。可以确信，这一防治网是否完善、是否认真适用，将直接影响各国防治贿赂罪效果的好坏。

在采取前述各种双向结合法防治贿赂罪时，每一组结合中的二者缺一不可。刑事防治贿赂与非刑事防治贿赂又是其他几种防治贿赂罪的途径和保证。这一组防治法，前者是后发制贿赂罪的必要手段，侧重打击犯罪。它是以刑罚手段打击已发生的贿赂罪，并通过严格适用刑法发挥其震慑犯罪的作用，在一定程度上防止新罪发生，属被动型法治对策；后者是先发制贿赂罪的必要手段，侧重于预防犯罪。它是以采取刑事法律以外的手段，主要是以行政、经济等方面的法律、法规、条例、决定，以及党规、纪律等措施制约公务员、公民的不良行为，实现防微杜渐，属主动型法治对策。两者各自包括若干相应的具体对策。但是，在不同的国家具体对策的种类、多寡不尽相同。这里仅对其中几项主要对策作初步探讨。

1. 刑事防治贿赂罪主要对策的思考。关于刑事防治贿赂罪，主要有以下几项具体对策：

（1）制定全面防治贿赂罪的专门刑事法律，进一步提高刑事法律全面、及时防治贿赂罪的成效。从不同国家和地区采取刑事立法防治贿赂罪的模式看，大致有三种类型。

①以刑法典为基础，根据国家政治、经济、法制发展的客观形势的要求，颁布独立的、全面规范防治贿赂罪的专门法

规，具体落实刑法典关于贿赂罪的罪与罚的规定，实现刑事法律对公务员贿赂罪的防治作用。采这种对策的国家，有新加坡、印度、巴基斯坦等。在这种类型的国家中，除颁布刑法典对贿赂罪作出规定外，如新加坡于1970年还颁布了防止贿赂法，印度和巴基斯坦分别颁布了防止腐败法。它们分别对贿赂罪的构成、贿赂的内容、刑罚、查处机构、查处程序等作出相应的规定。

②颁布对刑法典有关贿赂罪条文的补充规定。如我国，全国人大常委会根据防治贿赂罪的客观要求，于1982年和1988年分别颁布《关于严惩严重破坏经济的罪犯的决定》、《惩治贪污罪贿赂罪的补充规定》，对刑法有关内容作了必要补充。

③颁布独立的专门防治贿赂罪的刑事法律。有的国家至今尚未制定专门的刑法典统一规范各种犯罪的罪与罚，但是颁布了规范某些种犯罪的专门法规，用以防治犯罪，如英国。1889年颁布公共机构贿赂法，1906年颁布防止贿赂法，以后又加以修改。美国虽然各州有自己的刑法典，但是联邦却没有制定统一刑法典。联邦根据需要颁布相应的专门法规规范犯罪，如1977年颁布涉外贿赂法，用以在全美防治贿赂罪。

此外，在有的国家虽已颁布刑法典，其中对贿赂罪作了罪与罚的规定，但又根据不同领域的特点颁布包含刑事内容的适用某一领域的特别法规，以此加强刑事法律对贿赂罪的防治作用。如日本。在该国除有刑法典对贿赂罪作出专门规定外，还颁布含刑事防治贿赂罪内容的特别法律，具体对本范围内的准公务员贿赂罪的构成及惩治作出规范，以此打击和防治各个领域内发生贿赂罪。

上述几种立法对策，何种是上策，这是由每个国家国情决定的，各国不能不加分析地照搬某一模式。从一些国家采用这一对策的趋势看，有些国家正在采用第一种做法。如俄罗斯。据报道，俄罗斯议会正在加紧制定反贪污受贿法，以便有效地解决贿赂罪的泛滥给国家经济改革和政权造成严重威胁。从我国具体情况看，采取第一种刑事立法的做法较为适宜，即制定防止贿赂法或防止腐败法，全面规范防治贿赂罪的措施。采取这种对策，从根本上说，是我国解决好面临的严重腐败问题的需要决定的。当今，我国正值从社会主义计划经济向社会主义市场经济转化时期，各个领域的竞争出现了、加剧了。贿赂罪不仅数量增加，危害严重，而且出现了许多新情况、新特点。而我国刑法关于贿赂罪的规定主要是针对 1979 年以前的具体情况。面对今天贿赂罪的复杂状况，已不能完全满足客观形势的需要。如果采取颁布补充规定的办法去弥补刑法存在的不足，虽然有助于解决某些问题，但是仍有许多问题难以解决。况且许多防治贿赂罪的内容在刑法修改时也难以完全纳入，这是作为刑法典本身的结构、体例难以解决的。因此，采取前述第一种的反贪污贿赂的刑事立法模式，既可保证刑法对罪与刑应有的原则规定，保持刑法作为法典的体例和作用，又可以因能够全面规范对贿赂罪的防治，使刑法得到切实实施，进一步发挥刑事法律防治贿赂罪的作用。

（2）将公务员事前受贿、事后受贿纳入公务员受贿罪范畴，杜绝受贿罪漏网。公务员事前受贿，即指将为公务员的人，就其就任后应当担任的职务而受贿的行为。公务员事后受贿，是指曾为公务员的人，就其在职期间受托进行与职务相关的行为而在离职后受贿的行为。基于前者是行为人以任职后的职务行为为代价换取私利，从实质看，受贿是以损害国家廉洁为前提条件，在性质和危害上与在职公务员受贿无质的差别，应当属受贿罪之列。这样有利于及时防止公务员任职后因任职前已受贿而给国家利益、民众利益造成更大损害。后者，虽然受贿是在卸任公务员职务后，但是，它是以任职期间损害国家廉洁、利益为代价换取的私利。因此，与公务员在职期间收受贿赂的实质是相同的。如果对这两种行为不予打击，不仅是不公平的，而且会助长公务员腐败，使国家的政治、经济利益因此遭到严重的损害。

从一些国家刑事法律规定看，有的国家将事前受贿、事后受贿均作为受贿罪规定，如日本；有的国家将事前受贿规定为受贿罪，如德国、巴基斯坦等；我国刑法没有将此两种情况规定为受贿罪。如果我国刑法将公职人员事前受贿、事后受贿均纳入受贿罪范畴，加之我国最高人民法院和最高人民检察院关于已离退休的国家工作人员利用本人原有职权或地位形成的便利条件，通过在职的国家工作人员职务上的行为，为请托人谋取利益，而本人从中向请托人索取或者非法收受财物的也作为受贿罪论处的司法解释，那么，我国的刑事防治措施就将成为一张科学而严密的防治贿赂罪网，从而大大提高我国刑法对贿赂罪斗争的力度。因此，我国刑法有必要补充这一内容。

（3）法定贿赂内容具有适度的弹性。贿赂内容是贿赂罪构成的基本要件之一，其范围是否适当直接关系着对贿赂罪防治的效果。这是因为，贿赂内容的范围规定过宽，容易造成不应有的扩大打击面，导致一系列消极后果发生；贿赂内容的范围规定过窄，又容易造成放纵贿赂犯罪。因此，刑事法律如何限定贿赂内容的范围是一个十分重要的问题。由于时代在发展，国内、国际情况不断变化，贿赂内容的范围又会在实际上或多或少地也随之发生变化。这就决定了刑事法律确定贿赂内容的范围，不能是僵死的、固定不变的，而应当具有适度的弹性。这种适度的弹性，是指既可解决某些新问题，又不任意扩大打击范围。从一些国家刑事法律的有关规定看，不仅不同国家和地区的规定有差别，而且同一国家的不同历史时期也有所不同。归纳起来，大体有两种类型：

①原则地规定贿赂内容的范围，而不具体列举贿赂内容包含的种类。其中有的国家规定贿赂内容为"财物"，如我国；有的国家将贿赂内容规定为"财产上利益"，如奥地利；有的国家规定贿赂内容为"金钱或其他利益"，如罗马尼亚、意大利等；有的国家规定贿赂内容为"贿赂或其他免费利益"，如瑞士；有的国家规定贿赂内容为"财产利益或个人利益"，如波兰；有的国家规定贿赂内容为"贿赂"，如日本、朝鲜、蒙古等。在最后一类国家中，有些国家对贿赂内容的范围虽是原则规定，但是，在司法实践中所包含的贿赂种类却十分广泛，并且是变化着的，如日本。该国在司法实践中，贿赂内容除了包括金钱、物品和其他财产上的好处之外，还包括其他许多利益。这其中包括艺妓的表演艺术、男女间的交情，甚至包括"性服务"，等等。这些贿赂内容都在判例中得以确认。日本的一些法学家认为：贿赂不一定限于金钱、物品和其他财产上的好处，应当包括有形或无形的人们的需要、欲望等一切利益。贿赂内容的范围和种类不是确定不变的。它受到国家政治、经济发展变化的客观形势影响。不论帮忙介绍职业、参与投机机会，或馈赠礼品，一旦与公务员职务有关，这些就属于贿赂内容。

②既原则规定贿赂内容的范围，又对其作出较具体的解释。如在新加坡，刑法典规定贿赂内容的范围是"报酬"。其防止贿赂法对"报酬"的内容作了五项有一定弹性的解释。如对报酬中关于财产财物方面的规定是："（一）金钱，或者任何礼品、贷款、费用、酬金、佣金、有价证券或者其他财产或者任何形式的财产性利益，不论其是否动产或者不动产。"

上述两种立法相比之下，前一种关于贿赂内容的范围的规定较后者弹性更大些。但是，它不便于执法者正确把握，不便于公务员和民众适度自我约束。而后者，由于贿赂内容的范围相对明确，所以比前者有利于执法人员对是否属于贿赂作出正确判断，有利于公务员和民众自我控制不越雷池。就我国情况而言，贿赂内容的范围仅限于"财物"虽具有一定弹性，但范围狭窄。司法实践中贿赂内容的范围已不限于"财物"，而是涉及其他许多种利益。因此，贿赂内容的原有范围需要拓宽。笔者认为，这一范围可定为"财物或其他利益"较为合适。但是，这里所说的"其他利益"弹性很大，涉及的方面非常广，有利于解决新出现的各种问题，却不便于适度运用。为了解决这一问题，还需要在制定的反腐败法或防止贿赂法中作出相应的解释，适当明确可把握的范围。

（4）完善影响罚度因素的规定，提高运用刑罚准确度。刑罚是打击任何犯罪不可缺少的手段，对公务员贿赂罪也不例外。虽然今日各国对犯罪予以惩罚，已不再是为了对给国家、民众造成危害的犯罪人实施报复，而是促使犯罪人悔悟，使他人引以为戒，达到防止新的犯罪再度发生的目的和效果的重要手段。对于公务员贿赂罪以及与此罪密切相关的行贿罪、介绍贿赂罪予以怎样的刑事惩罚，才能最大限度地发挥刑罚打击犯罪、防止新罪发生的作用，这是许多国家的政府和法学家正在不断地总结、探索的问题，并在努力确定惩治贿赂罪的最佳罚度。这正是因为罚度的适当是预防和打击贿赂罪的有力对策之一。

考察不同国家刑事法律对贿赂罪的刑罚种类及刑罚的量刑幅度的规定，就公务员受贿罪而言，刑罚的种类多寡不一，量刑幅度大小不同。关于刑罚种类，归纳起来大致有 10 余种，包括死刑、无期徒刑、监禁、罚金、流放、没收财产、剥夺某些权利等。有的国家公务员贿赂罪采用的重刑有死刑、无期徒刑，如我国、泰国、俄罗斯等；而有的国家采用的重刑最高不过是有期徒刑，如新加坡、朝鲜、奥地利等。从不同国家采用刑罚为对策的趋势看，呈严厉化。这主要表现在有的国家对公务员受贿罪的惩罚，增加更严厉的刑种，有的国家提高同一刑种的量刑幅度，其中有的提高同一刑种的止刑点和起刑点，以此加强刑罚在防治贿赂罪方面的作用。如我国对公职人员受贿罪惩治的刑种增加了无期徒刑和死刑。新加坡于 1970 年颁布的防止贿赂法提高了监禁刑的上限，由不超过 3 年监禁提高到不超过 7 年监禁。那么，是否不加区别地、一味地一律采取加重刑罚的手段就能在防治贿赂罪方面取得越来越好的效果呢？笔者认为回答应当是否定的。不能否认重刑在某些情况下的积极作用。对于公务员贿赂罪处以较重的刑罚有其必要性。这是基于公职人员受贿完全出于主观故意，不存在过失，其主观恶性大；公职人员的身份特殊，其职务上的行为代表国家执行职务，廉洁是其应具备的品质。通常情况下，他的职务行为是联结国家与公民关系的纽带，以其职务上的便利换取非法私利直接违背职责，其不良影响和后果直接涉及国家、执政党的兴衰。但是，防治贿赂罪的效果好坏，关键在于适用刑罚是否适当。这种适当，是指对犯罪人适用的刑种适当，量刑幅度可以最大限度地促使犯罪人认罪、悔罪，最大限度地使他人从中受到深刻教育，自动放弃、终止犯罪，改邪归正。我们要完全全使刑罚作用达到如此成效确实是困难的。但是，尽可能做到接近这种效果不是不可以的。解决这一问题的方法是严格区分案件的不同情况。这里所说的情况，是指直接反映受贿行为危害大小和行为人主观恶性程度的情况。前者包括受贿利益大小和受贿造成的恶果轻重。后者包括受贿人受贿的主动、被动程度；受贿与任职时间的关系；是否违背职务，以及受贿人所担负的职务上责任大小，等等。这些情况纳入刑事法律，对每一受贿案进行综合考虑，所得结论必然会客观些，从而会大大提高运用刑罚的准确度，大大提高刑罚在打击、预防贿赂罪的作用。

从一些国家的立法情况看，对上述各类影响量刑的因素的规定不尽相同。笔者认为，俄罗斯刑法典将担任负责职务的公务员受贿作为重罚情况确定对我国有借鉴意义。我国有必要将负领导责任的公务员受贿的处罚重于一般公务员受贿的情况规定于刑法中。这是因为，有力地打击担负领导责任的公务员受贿，有助于维护领导阶层公务员的清廉，从而有助于保证整个公务员队伍的清廉。一国之首清正廉明，一国清正廉明才有希望、有保证。可以说，在适用刑罚上，对负有领导责任的公务员受贿的处罚重于一般公务员受贿，是防治贿赂罪的必要对策。

（5）建立、发展防治国际贿赂网。随着人类社会的不断发展与进步，国与国之间政治、经济、文化等各方面的交往将不断增加，而国际上各个领域的竞争也将长期存在，各国国内不同领域的竞争必然与国际不同领域的竞争相交错。因而，国际贿赂仍将会发生。目前，国际贿赂已成为世界公害，给许多国家的经济等方面造成了严重损失。因此，在世界范围内建立、发展防治国际贿赂网已成为各国共同愿望。

笔者认为，防治国际贿赂网，可以是双边的，也可以是多边的。无论双边或多边组成防治国际贿赂网，就每一国家而言，都有必要在本国刑事法律中，明确规定有关涉外贿赂的条文，或制定防治对他国公务员行贿的专门法律。在这方面，有的国家已采取了行动，如美国。该国于 1977 年通过了涉外贿赂诉讼法案，使得向外国人行贿不仅是非法，而且是犯罪。这种以外力防治本国公务员受贿罪的对策，如果在世界范围内能够普遍实行，必将会有力地抑制各国公务员受贿罪的发生，使各国免受不应有的各种损害。

多边防治国际贿赂网已开始建立，如 1993 年据路透社报道，一个旨在同侵蚀着许多第三世界国家的腐败作风作斗争的新国际组织——"廉政与反腐败国际"成立。该组织打算同那些渴望消灭贪污受贿等罪行的公司及国家成立"反腐败联盟"。有的国家如厄瓜多尔已邀请该组织去审查其法律和贸易活动，以保护本国发展基金不被转移到外国银行账户上，或用在仅仅因为供货商行贿而选择的浪费开支的项目上。又如 1994 年 6 月 6 日美洲国家组织的第 24 届大会上，34 个国家的外长和政府代表共同研究了拉美国家反腐败问题，并制定具体的方法和对策。大会根据智利政府的倡议，将成立研究反腐败问题工作小组，以便制定一项反腐败的雏形法规在各成员国实施。

由于公共行政部门中的腐败问题在世界各地普遍存在，因此，由联合国来协调世界各国在法律方面采取措施，对在世界范围内减少、防止国际贿赂尤其必要。在这方面，联合国已做了许多工作。如专门召开了政府机关中贪污腐化问题区域间研讨会，将反政府中的贪污腐化作为第八届联合国预防犯罪和罪犯待遇大会的重要议题进行讨论研究，并通过了一系列决议。其中，包括提请各会员国审查本国刑法包括程序法是否作出了适当规定，以便对付各种形式的贪污腐化以及旨在协助或便利贪污腐化的有关行为，规定可采取确保起到震慑作用的制裁办法，以及促请各会员国为侦破和调查贪污腐败化官员及对其判刑定罪制订程序，等等。该次大会秘书处还起草了《反贪污腐化实际措施手册》，以便指导各国政府制定国内有关法律文件。笔者认为，上述国际活动对防治国际贿赂是十分必要的，联合国有必要积极促进各国联合制定制裁国际贿赂的国际刑事法规。这将有助于使防治国际贿赂罪与国内防治贿赂罪有机结合起来，共同提高各国防治腐败的成效。

2. 非刑事防治贿赂罪主要对策的思考。非刑事防治贿赂罪的具体对策，无论在哪个国家它都有十分丰富的内容，范围广，涉及面宽。尽管如此，其中仍有某些对策是基本的、关键性的和不容忽视的。笔者认为，以下几项具体对策尤为重要。

（1）严格公务员的任用，实行领导任职宣誓制度。在任何国家，国家与公务员之间的关系都如同一部大机器与其各组成部分零件的关系。零件的质量如何，直接关系着这个机器能否正常有成效地运转。如果零件质量不合格，或者发生破损、锈蚀，又不及时更换，发展下去必然会导致机器报废。同样道理，国家各部门任用公务员，不仅要录取合格者，而且要注意防止其在任用期间腐败。对于任领导职务的公务员尤其应当严格要求。否则，因其权力大于一般职公务员，一旦发生腐败所造成的危害就更大。这已被许多国家所重视，并在颁布的公务员法提出了具体要求，规定了保持公务员队伍纯洁性的各项措施。其中在规定公务员权利的同时，明定公务员的义务以及相应的考核、奖惩制度等。公务员的义务之一，大都要求廉洁。如美国公务员的首要义务是正直、可信赖，具有责任感、良好品质，对政府忠诚。在日本，依其国家公务员法的规定，职员不得损害职务信用，或者有玷污全体官职名誉的行为。在我国，依国家公务员暂行条例的规定，国家公务员必须履行公正廉洁、克己奉公的义务。此类规定的制定和履行，对预防公务员腐败具有重要的作用。

需要看到，在有些国家为了提高公务员任职的责任感，自觉防止腐败的意识，实行任职宣誓制度。如日本、德国、瑞士等一些国家的公务员法均有明确规定。但是，也有一些国家没有作出此项规定。我国国家公务员暂行条例也没有此项规定。笔者认为，公务员任职时必须进行宣誓，并非只是一种形式。虽然它不是杜绝公务员发生腐败的仙丹妙药，然而可以促使他在任职伊始就能感到自己不再是一般公民，负有对国家忠实服务的职责，是民众的公仆，不能辜负国家和民众对己的信赖，从而增强自我约束的自觉性。可以说，这是对其进行防止腐败教育的第一课、第一道防腐措施。由于公务员的职务不同，权力大小不一，笔者认为对于任领导职的公务员，可考虑实行这一制度。

（2）完善与公务员法配套的法规。国家公务员队伍是一支庞大的队伍，分散在各个领域，而每一领域都有自己的特点，对所任职的公务员有特定的要求，只有在各个领域制定相应的法规、条例等行政纪律规定，才能切实防止公务员腐败。从一些国家的情况看，许多国家进行了这一工作，如美国除文官法外，还曾颁布了廉政法，日本除颁布了国家公务员法外，颁布了《国家公务员惩戒规则》、《日本内阁会议关于严肃官厅纪律的决定》等。在我国，国家十分重视各项非刑事防治腐败对策的运用，除颁布了国家公务员暂行条例外，国家各个部门都有相应的规定，如《国务院工作人员守则》、《国家计划委员会关于机关工作人员保持廉洁的几项规定》、《海关廉政规定》等。这些对保证公务员履行公正廉洁、克己奉公的义务发挥了重要作用。由于国家政治、经济的不断发展变化，与公务员法配套的法规应当随着客观形势的发展不断完善。这种完善应当包含两方面内容：①补充应当禁止的行为；②严惩违反者的措施。

否则难以发挥防止腐败的作用。

（3）实行公务员个人财产申报制度。大量事实证明，严密监督国家公职人员个人财产状况，严厉制裁其隐瞒财产和非法所得行为，是及时发现、制止、打击公务员腐败行为的重要手段，是斩断公职人员非法财路的有力措施。这些制度，要求公务员在任职期间必须如实地向政府申报自己的财产现状及其变化情况。如果隐瞒财产或不能说明高于官职来源的收入，在未触犯刑法前予以相应的行政处分。这一制度在美国、印度、新加坡、韩国等许多国家已经实行。它在防治公务员腐败中的作用，已在越来越多的国家得到证实。

在我国，虽然1988年全国人大常委会颁布的《惩治贪污罪贿赂罪的补充规定》中，规定了国家工作人员的财产或支出明显超过合法收入，差额巨大的，可以责令说明来源，国家工作人员在境外的存款，应当依国家规定申报，否则处以相应的刑罚。但是我国现有的这一规定，所涉及的范围很小，透明度有限，不能起到对广大公务员监督作用，特别是不能对占相当数量的居领导岗位的公务员的财产状况真正实行监督。笔者认为，防治公务员贿赂罪的关键之一，是使公务员的财产状况公开化、具有透明度。只有这样，公务员的财产状况才能真正受到社会监督。一旦公务员发生腐败行为，能够较及时发现。因此，我国有必要借鉴其他国家的这一成功经验。

值得注意的是，在实行公务员财产申报制度时，应当并行金融、财产真名制，严防隐瞒财产、转移财产。对违反制度者，应当予以严厉制裁，使违法者深感得不偿失，绝对不能采取下不为例的做法。

（4）实行公务员对生活有安全感的薪金制度。任何一个国家，不论是贫困还是富有，公务员的薪金高低并不是其是否保持清廉的决定因素。但是,在有些情况下却不能排除它对公务员是否保持清廉的影响作用。随着商品经济在国内外的飞速发展,权力商品化很难避免。如果国家能够保证公务员的薪金收入比较优厚,通常生活可以保持中等水平,并能随着社会发展而不断有所提高,一般就能够使其保持应有的清廉。可以说,这也是使公务员保持清廉的一项不可缺少的手段。在这方面,许多国家注意到了,并在努力提高公务员的合法收入。在我国,最近实行了新的工资改革制度,使广大公务员的薪金收入有了很大提高。今后,随着国民经济的发展,公务员的薪金收入会不断有所增加,可以确信,这一对策对增强抑贪倡廉具有积极意义。

(5)建立一套完整的监督机制。在市场经济的国际国内环境中,同贿赂行为作斗争,抑制其发生、打击其存在,既要防治国内贿赂又要防治国际间贿赂。因此,这对每一个国家和地区来说,都是一项长期而艰巨的工作,也是一项全民的工作。面对这种现实,国家既需要建立一支强有力的专门进行监督公职人员廉洁问题的常备力量和机构,也需要建立起对其有辅助作用的监督网。在具体做法上因各国和各地区的具体情况有差别,采取的具体方式有所不同。但是,笔者认为,这两个方法是缺一不可的。忽视前者,监督很难奏效;忽视后者,监督将十分有限。

①国家需要设置监督公务员廉洁问题的专门机构。由于这项监督工作,主要针对公务员。而其中有相当数量的公务员居于领导职位,有些居于很高的领导职位。这就需要国家有力地保证该机构的监督活动不受来自各方面的干扰和阻碍,并有足够的职权应付各种必要情况,以保证监督工作顺利地进行。

在这方面,新加坡、我国的香港、瑞典、英国等国家和地区都采取了相应的对策。例如在新加坡，国家设置了贿赂调查局，配有一定数量的调查员负责全国公务员的清廉问题。总统可以任命贿赂调查局局长。该局有相当大的权力，如贿赂局局长或者特别调查员可以不用逮捕证，逮捕任何涉嫌违犯防止贿赂法的人员，或者违犯该法被控告的人，或者违犯该法的可靠材料被收集人员，或者违犯该法的行为存在合理怀疑的人员。对于属于某些法定情形的犯罪，贿赂调查局局长或特别调查员可以不用检察官的命令，行使刑事诉讼法赋予警方调查可拘捕之罪的任何或者全部职权。正因为贿赂调查局有此类独立性和权威，所以在同贿赂行为斗争中起了重要作用。我国香港，在20世纪70年代曾贿赂成风。但是，1974年成立了"廉政公署"之后，由于该机构是独立的反腐机构，其人员、预算均不隶属政府范围。首长直接向港督负责，加之其他辅助措拖，从而使该机构的执法人员可以不畏任何权势压力。在执行任务方面，被赋予调查、搜索、拘捕和扣押等权力，可以不用拘捕令直接拘捕触犯防止贿赂条例或可能导致贪污行为的官员等必要权力，同时又与防范、教育宣传工作相结合，从而 ICAC 标志被认为是起到了令贪官污吏和奸商闻风丧胆的作用。在瑞典，从20世纪50年代起，国家开始实行司法监察专员制度。瑞典议会和政府均设有司法监察专员。司法监察专员由政府任命，享有绝对的独立权。例如，他对所监督的机构进行调查，而不必提出调查理由。他对监督中央和地方国家机构中的公职人员发挥了重要作用。在英国，实行查弊专员制度，设置查弊专署。它相对于政府，独立的对政府官员和政府部门的渎职、舞弊、侵犯公众利益的行为进行调查的案件作出结论后，向有关部门提出的"建议"，该部门只能老老实实接受。

　　与上述做法有所不同的国家包括我国、越南等。在我国，负责专门监督公职人员廉洁问题的是各级人民检察院。检察机关内设有相应的反贪机构。它具有法律赋予检察机关的一切职权，依照刑事诉讼法规定的程序进行工作。与新加坡的贿赂调查局、我国香港的廉政公署有所不同。但是，其在防腐倡廉斗争中发挥了重要作用，作出了巨大贡献。在越南，政府设有反贪污走私委员会，各级设有清查委员会负责对全国经济部门进行清查。该委员会在反腐中也发挥了相当大的作用，仅 1993年头 6 个月就清查出贿赂款 1.52 亿盾。

不同国家和地区对此具体做法虽可不同，但是，要强化这类机构在反腐斗争中的作用，则都需要十分注意增强其独立性、权威性，尽力使这种监督能够做到不畏任何权势，否则很难达到目的。

②国家需要建立辅助专门监督机构的监督网。这是由于贿赂行为涉及的范围广、不依靠各方面的力量，不足以获得理想的成效。这方面，各国的做法各有千秋。如瑞典，该国防止官员的监督网主要包括以下几个方面：第一，实行各政党之间的相互监督，特别是在野党对执政党实行监督。第二，社会监督，该国官方活动几乎全部公开，任何公民都有权到中央或地方国家机关去查阅文件。对违法行为，公民有权检举、揭发。第三，新闻监督，该国所有报刊都可以报道政府、议会的内幕情况。国家和地方当局的工作人员也可以向报刊提供内幕消息，只要内容属实，不泄露国防、外交机密，任何人不得对消息来源进行调查。这些方面的监督与司法监察专员的监督有机的配合，使该国的高级官员很少有受贿者。在我国，国家在反腐败斗争方面，建立了广泛的监督公职人员廉洁问题的网络。它包括中国共产党内的自我监督，从中央到地方设置了各级纪律检查委员会；中国共产党与各民主党派之间互相监督，从中

央到地方设置了政协机构、监察机构的行政监督；新闻监督；社会监督，等等。它们与检察监督协调一致地共同与腐败行为作斗争。这一巨大而周密的监督网，使我国的反腐工作取得了很大成绩。在这方面，不论各国监督网所包括的方面有何不同，其中政党之间的监督、行政监督、社会监督和新闻监督是不可少的。这几方面是发现腐败、揭露腐败的重要手段和途径。每一个国家都有必要为四者创造良好的条件，强化它们与专门反腐败机构的配合、支持的作用。

综上所述，笔者认为，只要各国首脑重视反腐败斗争、坚持不懈、以身作则、团结民众，不断完善对策，加强国际反腐合作，一定会使国内环境、国际环境得到令人满意的净化。

第五部分
检察制度比较研究

一、中外检察制度比较 *

综观各国的检察制度可以看到，虽然不同的国家在同一历史时期或者同一国家的历史时期有种种差异，甚至是阶级本质上的差异，但是仍然存在某些共同点，可以找出某些必须遵循的客观规律。这种规律可以作为我们进一步发展、完善中国检察制度的指南，使我们有可能对检察制度的未来作出比较科学的预见。为此，要想使中国检察制度更加适应日新月异的社会主义现代化建设事业的需要，适应对外开放、对内搞活经济的客观形势的需要，立法工作者、司法工作者和法学研究工作者有责任、有义务用马列主义的立场、观点和方法，认真研究中外各国检察制度的历史和现状，通过比较不断地总结实践经验、加以借鉴，使中国检察制度得到进一步发展和完善。这种比较可遵循的途径为纵横相交法，即既要研究比较中国以及其他国家各自在不同历史时期的检察制度，又要研究比较中国和

---

　　* 本部分内容刊载于《当代法学》1989 年第 2 期，收入本书时略有删改。

其他国家在同一历史时期的检察制度。这种比较可遵循的有效程序是：比较异同—鉴别利弊—决定取舍。这里仅就中外检察制度的几个基本问题作比较探讨。

（一）中外检察制度产生和发展的客观规律

翻开中外诉讼制度史，不难发现检察制度是人类社会出现了阶级、产生了国家，有了犯罪、讼诉之后，在国家政治、经济和法制发展到一定历史阶段，伴随着公诉制度的诞生而问世的。在诉讼产生后的相当长的历史时期里，各国通常实行司法行政一体制，没有专门的审判机关，更没有专门的诉讼机关。随着生产力的发展，阶级斗争的日益尖锐，犯罪随之增加，行政机关包揽诉讼不能及时、有效地同犯罪作斗争的弊病日益显著，迫使统治阶级为了加强对人民的镇压而进行诉讼上的变革，设置专门的审判机关承担诉讼职能的。至此在诉讼史上发生了行政与司法分离的第一次大变革。古希腊于公元前 6 世纪左右新兴商业贵族梭伦执政时，较早地进行了这种尝试。雅典设置了陪审法院，后来成为国家最高司法机关。在罗马共和国后期，也设立了审判机关即刑事法院。其他国家也先后设立了审判机构。但是，各国采用的追诉犯罪的方式无论是控告式（弹劾式）还是纠问式（审问式），都有一定弊病。随着国家政治、经济的发展，它们中的任何一种追诉犯罪的方式都越来越不能适应维护统治阶级利益的客观要求，其固有的弊病越加明显。如控告式的诉讼，追诉权完全属于私人。国家不主动追诉犯罪，没有原告就没有被告，也就不发生诉讼。但是公民由于受到恐惧、私欲等因素的影响，往往自愿或不自愿地放弃了追诉权，又加之私人不具有任何强制性的侦查手段来对付日益复杂化的犯罪，于是私人追诉变得越来越软弱无力。其结果不仅使犯罪人有逃脱法律制裁的可能，而且使犯罪人有得以继续危害国家和社会公益之机。在实行纠问式的国家，虽然国家可以主动追诉犯罪，但基本上依靠私人控诉。同时，由于对犯罪的侦查、控诉和审判集于审判机关或行政机关一体，这使得审判机关或行政机关难以承担大量的实际工作。又由于控诉与审判之间缺少必要的制约，先入为主、不公正的审判使得冤错案件难以避免。这在客观上导致阶级斗争的进一步尖锐化，甚至因此使统治阶级的统治地位受到动摇。这些原因促进统治阶级不能不进行诉讼上的再次变革。实现控诉与审判的分离，设置专门承担控诉职能的、具有专门侦查手段、代表国家并依靠国家强制力追诉犯罪的机关——检察机关。由此，检察制度应运而生。

在西方资产阶级国家中，检察制度最早出现在法国。12 世纪末叶，法国出现了代表国王私人利益参加诉讼的"代理人"。随着王权的加强，这种"代理人"渐渐地由代表国王、王室利益参加诉讼转为代表国家和社会公益的专职国家官吏，参加民事、刑事诉讼。14 世纪初，法国设置了检察官，此后建立了检察机关，由检察官担负控诉职能。这在法国司法制度史上是一大变革。它对欧洲大陆各国发生了深刻的影响。在其影响下，德国、日本、美国等许多国家也先后仿效法国建立了检察制度。甚至像英国这样一个一向以自诉为传统的国家，到了 19 世纪中叶，在工人运动高涨、阶级斗争尖锐之际，也不得不设立检察机构——"公诉处"。

在中国，检察制度确立的时间要晚一些。由于中国长期实行封建专制主义的严酷统治，经济比较落后，实行纠问式的诉讼方式，从而使得检察制度被纳入中国诉讼制度的行列已经是清朝末期。清末，人民革命斗争高涨，阶级矛盾尖锐，清政府的统治已摇摇欲坠。清政府为了缓和阶级矛盾并从实质上加强清政权的统治，不得不在进行政治改革的同时，实行司法改革。清光绪三十二年颁布大理院审判编制法，规定在大理院以下各级审判局附设检察局，并设有检察官。宣统元年又仿效日本制度并颁布了法院编制法，规定在各级审判衙门分别配置检察厅。从此，中国有了检察制度。

各国检察机关确立后，并非一成不变。它随着各国政治、经济和法制的发展变化而相应变化着。例如，日本检察制度在第二次世界大战前，主要接受法国、德国检察制度的影响。第二次世界大战后，国内外政治形势发生了很大变化，美国对日本的政治、经济和法制发生了重大影响。实际上日本的检察制度已成为日、美两国检察制度的"混血儿"。苏联、罗马尼亚、匈牙利等国家，在苏联"十月革命"的影响下，随着国家性质的根本改变，先后建立了新型的社会主义性质的检察制度。旧中国的检察制度也不例外。半封建半殖民地的特性，使其最初接受日本检察制度的影响，后来又接受德国检察制度的影响。为了加强对人民革命运动的镇压，国民党政府使检察制度向法西斯化发展。在民主革命阶段，战争环境决定了革命政权下的检察制度还很不完善，中华人民共和国成立后，新中国确立了崭新的检察制度。它与旧中国检察制度有着完全不同的阶级本质。它是在彻底废除伪法统的前提下，在认真总结民主革命时期检察工作实践经验的基础上，结合社会主义革命和社会主义建设的客观需要，吸收了苏联创立的社会主义性质的检察制度的经验的情况下建立起来的。应当指出，不论是在中国还是在其他国家，检察制度一经确立，就显示了它在维护国家政治、经济利益和社会公益方面的重要作用。虽然不同的国家检察制度诞生的时间参差不齐，各有自己的历程，经历了存废的激烈争议和斗争，但是各国检察制度所固有的生命力，使其从诞生直至今日，总的趋势都是在发展着，完善着。中国检察制度经历了 30 多年不凡的岁月，虽然受到了严酷的磨炼，遭到 10 年之久的严重破坏，然而它毕竟再次得到恢复和发展。党的十一届三中全会以来，随着国家四化建设的发展和社会主义法制的加强，检察制度得到了前所未有的大发展。

中外检察制度史告诉我们，检察制度是各国统治阶级维护自身统治所不可缺少的诉讼制度。它的产生、发展及其变化，始终遵循着适应国家政治、经济发展的客观要求和法制走向完善化的客观规律。可以得出这样的结论：在阶级社会里，无论国家阶级本质有何种差别，任何一个国家的统治阶级为了确保本阶级的政治利益和经济利益，都不能废除或削弱检察制度，而必须根据本国政治、经济发展的客观要求不断地使之完善。

（二）检察机关组织结构变化的启迪

从检察制度产生至今，其得以实施的组织机构均为检察机关这唯一的形式。如何使其有效地执行检察制度是各国统治阶级极其重视的问题。虽然不同的国家设置检察机关的具体形式有所不同，但是仍有相同的原则。如通常按照行政区划，自上而下与审判机关的审级相平行、数量相等对立设置、根据特殊需要设置专门的检察机构。这种不约而同的设置原则已被实践证明最有利于检察制度的具体实施。

具体地说，检察机关的设置一般分为两类：（1）审检合置式。即检察机关附设在各级法院之中。其中又有两种情形：①在法院中设置检察机关；②向法院派驻相应数量的检察官。这种设置方式是许多国家最初设置检察机关的方式，而且从形式上看，至今仍被很多国家采用，然而今日附设于法院的检察机关已独立行使职权。如法国、联邦德国、奥地利等国家。（2）审检分置式。即检察机关完全独立于法院之外，单独设置，不仅自行独立行使职权，而且从形式上同法院完全分离。这种设置基本上是从前一类方式发展而来。如日本、苏联、罗马尼亚等国家。长期司法实践证明，第一类设置方式，极易使检察机关与法院之间产生更多的矛盾，有碍于检察机关充分行使法定职能，同时也不便于对审判机关的活动予以必要的制约。这在实际上不应有地降低了检察机关在国家机关中的重要地位和作用的发挥。为了加强检察机关在维护统治阶级根本利益中的作用，随着法制的发展，许多国家先后改变了原有的检察机构的组织设置，采取分工更精细，使检察制度进一步完善的做法，即实现审检彻底分离。例如，第二次世界大战后，日本在第一次制定的新宪法和检察厅法中，确定检察机关从法院中独立出来，自成统一独立的体系。苏联在1936年使检察院成为独立、统一组织体系，在此之前其实行的是法院检察院一体组织结构。在中国的民主革命时期，革命根据地实行检察机关设置于法院之中的做法。国民党统治时期，也采用西方资本主义国家通常实行的审检一体的做法。新中国成立后，我国组织检察机关自行独立、单独设置。由于在检察机关的主体结构上从一开始就吸收了中外历史经验，从而能够较迅速地、充分地实现同公安机关、人民法院的相互配合、相互制约的社会主义诉讼原则，使检察机关能够有效地、顺利地维护国家政权、经济建设，保护人民合法利益。中外检察制度史证明，检察机关单独设置是一个国家法制完善化的重要标志之一。同时可以预见，随着各国政治、经济和法制的发展，特别是随着人类社会的前进，今后将会有更多的国家采取以单独设置检察机关取代附设于法院的做法。

应当看到，因某种特殊需要设置专门检察机构的必要。在世界上，特别是在同类的社会主义国家中，许多国家设置了专门检察机关。如苏联、罗马尼亚、匈牙利等国家均设有军事检察院。苏联根据国土辽阔、铁路、水运、空运任务的特殊需要，设立了相应的专门检察机关。这种组织结构有助于保证这些独特系统在国家中应有作用的发挥。这一经验我国早已吸取。我国不仅设有专门军事检察院，而且设有铁路运输检察院。但是不能忽视，我国尚有辽阔的水域，为了有效地保障水上这一特定领域事业的发展，有必要设置水上运输检察机关，以使我国专门检察机关的结构更完善。

检察机关组织结构的纵向领导关系，直接决定检察制度实施的好坏。各国通常实行从中央到地方自上而下地设置检察机关。检察机关组织系统内，上级检察机关领导下级检察机关，有法定明确的隶属关系。这在大多数的国家已证明是可取的。这种统一、独立的隶属关系，可以保证各级检察机关统一执行国家宪法和法律，便于上级检察机关及时发现、纠正下级检察机关的错误，也便于下级检察机关及时得到帮助和指导，保证职能作用正确地、充分地发挥。但是在有的国家并不尽然。如美国的检察机关组织结构就比较烦琐。该国在联邦和各州分别设置的检察机关组织体系，相互间没有统一的隶属关系。联邦宪法和法律规定，各州检察机关既执行宪法和法律规定，又执行州宪法和法律规定。这种组织结构在实践中被证明不利于检察机关统一实施国家的宪法和法律。面对错综复杂的犯罪，因联邦和各州检察机关的脱节关系而大大削弱检察机关应有作用的发挥，甚至会给讼诉活动带来更严重的紊乱。对于中国来说，尽管是一个多民族的国家，但美国的这种做法并不可取。

与检察机关组织结构密切相关的是检察机关与司法行政机关的关系。概括各国情况，通常可以分为三种类型：（1）检察机关置司法行政部门之下。如联邦德国、丹麦、奥地利、日本等国家。在联邦德国，联邦总检察长、副总检察长要接受司法部部长的指挥和监督。各邦检察官须接受司法部的监督和指挥。日本检察机关设置于法务省内。（2）检察机关与司法行政机关形式上分离，单独设置，在实质上为一体。如美国、菲律宾等国家。在这类国家中，总检察长由司法部部长担任。美国司法部部长不仅是美国总检察长而且负责制定有关全国检察工作的主要政策。上述两种关系，检察机关直接受到司法行政机关的制约，不便于检察机关职能作用的发挥。（3）检察机关与司法行政机关完全分离，没有隶属关系。如苏联、匈牙利、朝鲜等一些社会主义国家。在苏联，检察机关自成统一、独立的组织体系，实行检察长负责制。总检察长领导各级检察机关的工作，只向国家最高权力机关及其常设机构负责并报告工作。这样保证了检察机关的作用不受司法行政机关的制约，能更好地发挥职能作用，但是对于社会主义国家来说，人民是国家的主人，人民有管理国家机关的权利。因此，不仅人民最高的权力机关要监督检察机关的工作，而且地方各级人民权力机关也应当具有同样的权利。在这方面中国的做法是比较好的。一方面，检察机关与司法行政机关完全分离，防止了相互间的干扰；另一方面，实行最高人民检察院领导各级人民检察院工作的同时，向全国人民最高权力机关——全国人民代表大会及其常务委员会负责并报告工作；地方各级检察机关在接受上级检察机关领导的同时，向本级人民权力机关——本级人民代表大会及其常务委员会负责并报告工作。这样可以保证广大人民群众及时有效地对检察机关充分行使权利，从而使检察机关正确发挥职能作用。这种做法完全符合我们国家是人民民主专政的国家性质，这也是中国检察制度所具有的特色。

（三）检察机关的性质和职能的变化趋势

寻根求源，可见检察机关在人类社会产生的最初是作为国家公诉机关，而且在此后的漫长岁月里，仍为国家公诉机关而存在着、发展着、完善着。至今除了一些社会主义国家以外，其他国家均将其作为公诉机关，尽管其职能已有很大变化。在这些国家中，检察机关的主要活动是参加刑事诉讼。在刑事诉讼活动中被作为诉讼当事人的一方，由检察官代表国家行使对被告人控诉之权，其诉讼地位与被告人对等。这在英国、美国、日本、法国等资产阶级国家是相同的。但是在苏联、罗马尼亚、中国等一些社会主义国家，检察机关是按照列宁的思想建立的。它不仅是国家公诉机关，而且也是国家法律监督机关，是国家法律的维护者。检察官在刑事讼诉中具有双重身份和职责。他既是国家公诉人，同时又是国家实行法律监督的代表。检察机关性质的根本不同，决定了资产阶级国家检察机关的职能没有社会主义国家检察机关的职能范围广泛。然而检察机关职能变化的趋势是一致的，或者可称为同向变化。这主要表现在以下几个方面：

1. 检察机关的侦查职能。根据检察机关职能的纵向变化趋势可见，最初对刑事犯罪侦查是检察机关的职责。随着国家政治和经济的发展以及法制进一步完善，要求检察机关进一步加强控诉职能，更好地保证公诉质量和准确率，因而近代各国在保留检察机关享有对一切刑事案件进行侦查的职权的前提下，规定侦查犯罪的职能由警察机关承担。只是在不同的国家，这种具体职能的转移时间、程度不尽相同。例如，日本的侦查职能由检察机关转至主要由警察机关承担始自第二次世界大战后。为了减少、避免警察机关侦查活动中可能发生的弊病，如滥用侦查权、非法侵害公民合法利益影响公诉正确率，检察官对警察机关的侦查活动具有直接指挥、监督、制约之权。日本检察官对认为有必要自行侦查的案件，可以直接进行侦查。这种侦查对案件的范围没有法定限制。在侦查活动中，需要司法警察协助的，检察官可以要求司法警察进行辅助侦查。此外，可对其辖区内司法警察的侦查活动作必要的指挥或作一般性指示。在侦查过程中，司法警察没有正当理由不服从检察官的指挥或指示，检察官认为有必要，可以向主管机关提出惩戒要求。

这种变化，不仅发生在日本等各个资本主义国家，而且在一些社会主义国家也有同类情况。例如，在苏联，检察机关不仅对所有公诉案件享有侦查权，而且对侦查机关、调查机关的侦查、调查活动实行严格的法律监督。检察官有权对侦查机关、调查机关的非法和无根据的决定予以撤销，停止有违法行为的调查员、侦查员进行侦查或调查活动。

长期司法实践证明，随着社会的发展、法制的完善化，检察机关的侦查职能向着减弱方向变化。但检察机关对于犯罪仍不可废除进行侦查的全部职权。实际上这种变化适应客观形势的发展和法制完善的要求，以侦查职能从检察机关中适当转移警察机关，并保证检察机关对警察机关的侦查活动有适当的制约，才能有效地发挥警察机关的侦查职能作用，切实加强检察机关的公诉职能以及其他必要职能作用。这方面，中国检察机关侦查职能的变化不仅符合各国检察机关职能变化遵循的国家机关职能分工越来越细的客观规律，而且较其他国家更为适当。其主要表现在中国检察机关既对一切认为有必要进行自行侦查的案件均有侦查权，又将对某些种类的犯罪进行侦查的职能转交公安机关和国家安全机关承担。检察机关对于公安机关和国家安全机关的侦查活动是否合法进行监督，但对其侦查活动不予指挥。这样一方面有助于公安机关和国家安全机关独立行使侦查权，加强其办案责任感，更好地发挥侦查职能作用；另一方面有助于及时发现、纠正和弥补公安机关和国家安全机关侦查活动中发生的缺点或错误，保证侦查质量，为顺利地提起公诉创造必要的前提条件。这种检察机关与公安机关、国家安全机关之间的分工和关系原则所具有的优点，正是其他国家在这方面存在的不足。但是，目前检察机关对公安机关和国家安全机关的侦查活动是否合法的法律监督尚不够完善，对公安机关和国家安全机关的违法活动缺乏有力的制约。发现公安机关和国家安全机关在侦查活动中有违法行为仅限于发出纠正违法行为通知。如果公安机关或者国家安全机关拒绝纠正，在立法上并未能作出完善解决的规定。这一点尚需借鉴其他国家的某些有益做法，以保证公安机关、国家安全机关和人民检察院之间有效地相互配合、相互制约，充分发挥应有的职能作用。

2. 检察机关的控诉职能。检察机关从诞生至今，控诉职能始终是它的基本职能之一。从检察机关承担控诉职能的变化可见，这一职能作用是不断地加强，这不仅表现在将侦查犯罪的职能向警察机关转移，而且反映在承担控诉犯罪案件种类的增加。就各国检察机关承担这一职能的具体情形，基本分为三种：

（1）如英国、澳大利亚等国家，检察机关虽然只承担对某些严重的刑事犯罪进行追诉的职责，大部分犯罪由警察机关或公民个人承担控诉，然而，随着国家政治、经济的发展，由检察官承担和追诉范围越来越大，进一步冲破了以自诉为主的老传统。

（2）如联邦德国、苏联、中国等大多数国家，检察机关承担对绝大多数种类犯罪的控诉职责，只有法定的少数轻微刑事犯罪是由自诉人以自诉方式自行直接向法院提出控诉。不仅如此，对这类自诉案件，如果其涉及国家或社会公众利益，或者为保护被害人的需要，检察机关仍然可以在自诉人不提出控告的情况下，承担控诉职能。例如，联邦德国法律明文规定只有下述 7 种犯罪不属于公诉范围，可以自诉方式起诉：①有关家庭纠纷的轻微犯罪；②轻微侮辱（法定政治团体被侮辱的除外）；③轻微伤害他人身体的犯罪；④轻微恐吓罪；⑤违背对他人保守机密的轻微犯罪；⑥依照禁止不正当的竞争法处罚的一切轻微犯罪；⑦一切按照轻微犯罪处罚的侵犯文学、艺术和营业性版权的行为。对于这几类犯罪，检察官有权在终审判决前，在诉讼的任何阶段表明自己承担诉讼。在其他国家也有类似规定。如苏联规定，对于法定应由被害人控诉的案件，如果受害人处于某种特殊情况不能提出控诉，如处于孤立无援，或者处于从属地位，或者案件涉及公益，检察机关可以公诉方式对犯罪进行追诉。

（3）如日本、法国等国家，检察机关垄断了对一切刑事犯罪的追诉权。凡是依法可以确认为犯罪并需要追究刑事责任的案件，均由检察机关承担控诉。在日本，虽然有些刑事犯罪法定为告诉人告诉才处理的，但是告诉人提出告诉后，仍由检察机关包揽控诉。对于告诉才处理的犯罪，在没有告诉人时，检察官可以根据利害关系人的申请，指定可告诉人，由被指定的告诉人提出告诉，由检察官提起公诉。

在上述三种类型的国家，检察机关不仅有提起公诉的职能，而且有在案件起诉后追加起诉或者撤回起诉的职能。从检察机关承担的控诉职能在各类国家的具体范围可见，这完全符合检察机关作为维护国家政治、经济利益的工具的性质。因为只有依靠国家的力量，采取专门手段才能有效地同越来越复杂化的犯罪作斗争。但是，事实上，任何国家在任何时期，都存在某些不需要采取专门侦查手段、罪行轻微的犯罪。如果对任何刑事犯罪都只由检察机关承担控诉，对于可以自诉方式起诉的案件而言，势必延误结案时间、不必要地增加当事人的讼累，给检察机关带来人力、物力和时间上的浪费，并会妨碍对那些真正需要由检察机关追诉的犯罪进行的追诉。

权衡三种类型的控诉范围，中国、联邦德国等国家所实行的第二种做法是应当肯定的。它既弥补了自诉的不足，也弥补了垄断控诉权的欠缺。可以预见，随着各国政治、经济和法制的不断发展，将会越来越充分地证明控诉职能主要由检察机关承担是正确的。同时，可以肯定，无论检察机关控诉职能怎样扩大，也不会出现控诉权由检察机关独占的时代。

3. 检察机关的法律监督职能。检察机关在人类社会诞生之时，虽然主要是作为控诉机关，然而从实质上说，它是国家法律监督机关。这种法律监督的特点是对触犯刑法规定的犯罪行为的监督。

随着社会的发展和法制的不断完善，法律监督的范围在逐渐扩大。在今日的资本主义国家，检察机关已不仅仅承担控诉职能。它还对警察机关的侦查活动是否合法，对审判机关作出的判决、裁定是否合法，以及判决的执行负有一定的监督职责。但是这种法律监督的性质、出发点与社会主义国家的检察机关所负有的法律监督职能不同。社会主义国家的检察机关的性质已由国家法律明确规定为国家法律监督机关。其法律监督职能范围已经大大超过资本主义国家检察机关在实际上所承担的这一职能。它不仅包括对触犯刑法的犯罪行为进行法律监督，也包括对侦查机关、审判机关、裁判执行机关的全部活动是否合法进行监督。在苏联、罗马尼亚、匈牙利等一些社会主义国家，检察机关在为减少和防止发生犯罪方面还承担对国家机关、企业、组织以及公民个人是否遵守法律进行"一般监督"的职责。

资本主义国家和社会主义国家的检察机关在性质和法律监督职能方面的这种差异，从本质上看是由国家性质和社会制度的根本不同决定的。资本主义国家的检察机关是占人口少数的资产阶级用以维护对广大人民实行政治统治、经济剥削服务的工具，检察机关的矛头必然指向劳动人民，不可能肩负保护广大人民合法利益不受侵犯的职责。这决定了检察机关在此类国家中主要是对触犯刑法的犯罪行为进行追诉。但是在社会主义国家里，占人口绝大多数的劳动人民当家做主。检察机关是劳动人民维护人民政权、维护社会主义经济建设发展，保障人民进行社会主义建设，实现人类崇高理想——共产主义的有力工具。这决定了社会主义国家检察机关不仅要对触犯刑法的犯罪行为进行监督，而且对侦查机关、审判机关、执行判决和裁定的机关的全部讼诉活动是否合法进行监督。为了减少和防止犯罪发生，在预防犯罪过程中，检察机关也应当担负一定的法律监督职责。

检察机关的法律监督职能的逐步扩大可以说是其发展的必然趋势。可以确信，检察机关的法律监督职能会伴随着社会的发展、法制的完善，冲破原有的监督范围，改变原有检察机关的性质，成为崭新的具有充分保护人民利益的职能。

中国检察机关是社会主义性质的国家法律监督机关，具有其他社会主义国家检察机关作为法律监督机关所具有的基本特征，但是也有自己的特点，主要表现在其不负有对各种违法行为进行"一般监督"的职能。但是根据苏联等国家检察机关法律监督职能范围发展变化的经验，以及中国政治、经济发展的客观实际情况，可以看到在国家进行大规模的和平建设时间，一方面迫切需要加强立法，以便用法律统一、有机地调整各个部门的关系和人们的行为；另一方面还迫切需要加强检察机关特有的法律监督职能作用，以保证各种法律的正确实施。实践证明，有了完善的法规，如果没有有力的机关监督其正确实施是不能奏效的。但是，需要进行法律监督的范围十分广泛，单纯依靠检察机关进行监督是不可能实现的。因此，将对国家机关、企业事业单位、各种团体、组织及个人是否遵守法律的职责全部交付检察机关承担是不适宜的。我们对有些国家检察机关包揽对一切违法行为进行监督的做法不能照搬。但是为了适应客观形势的需要，我国检察机关需要进一步加强法律监督职能。具体的做法，首先从立法上要明确规定检察机关应当参与和监督较大的民事行政诉讼案件，在追诉犯罪的过程中，以及处理人民检举、控告、申诉过程中，对于导致犯罪以及违法行为发展的原因和条件，应当负有监督主管机关采取相应的防范措施的职责。目前，检察机关虽已实行检察建议措施，但是从立法上没有予以规定。特别是对检察建议的实现还缺乏必要的措施保证。对此，中国立法机关应当尽速作出相应的补充规定。对于检察机关向有关单位提出检察建议后，接受机关应当在法定时间内采取有力措施保证实现，并要在规定的时间内向检察机关报告。如果接受机关有不同的意见，应当及时告知检察机关。对于无故拖延不采取防范措施的机关，检察机关应当有权向该机关的上级主管机关提出要其负责采取保证消除发生犯罪和违法行为的有效措施。只有如此，才能使检察建议在打击犯罪、预防犯罪中发挥应有的作用。

（四）检察官的素质和组织保证

1. 对检察官的素质要求。检察官是检察制度的具体实施者，其素质及其组织保证直接关系着检察制度的实施，因此检察官的素质和组织保证问题历来被各国统治阶级重视，并通常以法律严格规定。现代各国一般规定，检察官必须受过高等法律教育，有检察专业的实际工作经验，是具有良好品质的公民。例如，罗马尼亚检察院组织法明确规定，检察官必须是享有充分公民权利和政治权利的法律博士或法律硕士，并且没有受过刑事处分，不受公众非议的人。新任命的检察官必须经过2年见习，见习期满还必须参加一次能力考试。只有通过能考试获得法定资格的审判员被任命为检察官时，才可以不必进行能力考试。对于其他审判员、最高法院参事，甚至律师等具有专业知识和从事法律工作2年以上的人，虽然不受2年见习期的条件限制，但是要做检察官也必须经过能力考试。在其他国家，包括资本主义国家，都有类似规定。这些法定条件的限制可以保证检察官较好地胜任检察工作，保证检察权的正确行使。这一点对于任何国家都是适宜的，也是必要的。

在中国，由于多方面的原因，检察院组织法一直对检察人员应当具备的条件未能作出具体规定。在选举或任命检察人员时没有法律依据。因此，我国检察人员的素质还不能完全符合检察机关职能作用的客观要求。党的十一届三中全会以后，社会主义法制得到了空前发展，高等法律院、系像雨后春笋般地建立起来，已经培养造就了大批法律专业人才。但是，数量还是远不能满足检察工作实际的需要，况且所培养的人才并不是从事检察工作的专才。为了保证中国检察人员的业务素质，可采取"两条腿走路"的方法：（1）大力发展高等法律教育事业，并必须进行教育改革。在法律大学、学院或法律系里，应当开设检察专业、检察学课程，加强检察业务的实习，保证在校检察专业的学生，一经毕业即能胜任检察工作。（2）加强在职检察人员的培训和考核。开设定期培训班，开办中等检察学校。但后者是权宜之计。从根本上说，要保证中国检察事业兴旺发达，充分发挥检察机关在社会主义建设中的作用，重要因素之一是使每个检察员都能具备高等法律教育水平，有相当的专业经验，并且有社会主义国家公民应具有的良好政治品质和思想品德。从目前我国实际情况看，固然从法律上作出像其他国家那样对检察人员条件的通常规定是不切实际的，但是在立法上需要对检察人员应当具备的条件作出适当的规定。这是保证检察人员素质所必须的，也是检察机关职能作用正确发挥的基本保证。

2. 检察官的选任方式。检察官应具有一定条件是保证检察机关职能作用的重要因素。但是，如果检察人员在行使检察权的过程中没有必要的组织保证也是难以实现的。因此，对于检察官的任免在各国法律中都有明确规定。通常分为以下方式：（1）由选举产生。（2）由任命产生。如苏联总检察长由苏联最高苏维埃任免；各加盟共和国、自治共和国、边疆、区、州和自治州的检察长由苏联总检察长任免；自治专区、区和市检察长由各加盟共和国检察长任免，经苏联总检察长批准；检察院的其他成员由相应级检察长任免，并提交相应的上级检察长批准。（3）还有一些国家检察人员是经选举和任命相结合的方式产生。如罗马尼亚，各级检察长均由本级国家权力机关选举产生；副总检察长由总统根据总检察长提名任命；检察长以外的检察员由总检察长任免。在中国，虽然检察人员的任免同样是采取选举和任命相结合的方式，但是它更有助于各级检察员在组织上能同时得到检察机关和本级人民权力机关的保证。其主要表现在，最高人民检察院检察长依法由全国人民代表大会选举或罢免；地方各级人民检察院检察长由本级人民权力机关选举或罢免，并经上一级人民检察院提请本级人民代表大会常务委员会批准；各级副检察长、检察委员会委员、检察员由本级人民代表大会常务委员会任免。这样，各级人民检察院检察长行使检察权从组织上可以有效地得到人民权力机关的保障，免受其他行政机关或任何个人的干涉。这一点是国家性质决定的，也是中国检察机关是保护人民打击犯罪的根本性质和任务决定的。因此，中国关于检察人员的产生方式是适合中国国情的。

综上所述，可以肯定外国有些经验是有益的，只要我们认真结合我国实际情况，积极吸取外国的有益经验，发挥自己的优点，中国的检察制度一定会不断地得到发展和完善，并形成具有中国特色的社会主义性质的检察制度。

二、检察机关的性质和职能的演变趋势[*]

（一）检察机关的性质

确认检察机关的性质，在许多国家难以找到定性的法律条文。通常，资产阶级国家认为检察机关是国家公诉机关，或起诉机关。如美国、英国、法国、日本、联邦德国等国家的法律虽然都没有具体规定检察机关的性质，但在刑事诉讼中，法律确定检察机关行使公诉权，其基本职责和主要职责是对确认犯有罪行的被告人进行指控，提请法院实行实体审判，对被告人定罪处刑。在诉讼过程中，检察官具有国家公诉人身份，是诉讼当事人的一方，与刑事被告人的诉讼地位对等。这些事实可以肯定检察机关负有提起公诉的职责，在这个意义上可以说检察机关是公诉机关。但是，依照各国刑事诉讼法及其他有关法

---

[*] 本部分内容摘自王然冀主编：《当代中国检察学》，法律出版社1989年版，第54～59页，收入本书时略有删改。

律的规定，任何一个国家的检察机关都有若干法定职能，公诉职能只不过是其职能之一。因此，仅就其具有公诉职能就定性为公诉机关是不恰当的。

在苏联、罗马尼亚、匈牙利和我国等一些社会主义国家，宪法或其他有关法律，揭示或者明确规定检察机关是国家法律监督机关。如苏联检察院组织法第 1 条规定，总检察长和他领导下的各级检察长对于一切机关、团体、企业、事业单位和公民等的执行法律情况实行最高监督。我国宪法第 129 条和人民检察院组织法第 1 条规定中华人民共和国人民检察院是国家的法律监督机关。在此类国家，刑事诉讼中的检察官既是国家公诉人，也是法律监督者，具有双重身份和双重职责。确定检察机关的性质，必须寻根求源，并依其职能范围和性质确定。（1）应当肯定，最初检察机关是作为控诉机关产生，并且直至现在其主要职能仍然是对犯罪行为进行指控。但是，这只是检察机关若干职能之一。（2）鉴于任何犯罪行为都是触犯刑法的严重违法行为，因此，从实质上说，检察机关的控诉职能，是对刑事被告人实施的违法行为所进行的法律监督。从这一点出发，应当肯定各国检察机关的性质都是法律监督机关。各国检察机关的基本职能和其演变趋势，也可以进一步证明这一结论。不同的是，不同国家的检察机关所担负的法律监督职能范围大小不尽相同，法定诉讼地位不同。一般来说，苏联、蒙古、罗马尼亚以及我国等社会主义国家的检察机关，其法律监督职能较西方资产阶级国家更为广泛。

（二）检察机关的职能

纵横概览各国检察机关的职能，其共同点和演变趋势主要表现在以下几个方面：

1. 侦查及对侦查活动的监督职能。各国检察机关对刑事案件均有直接进行侦查、收集证据、查明犯罪事实和犯罪人的权力，同时对其他侦查机关的侦查活动予以监督。

但不同的国家，检察机关承担这种职能有程度上的差别。例如，联邦德国刑事诉讼法第 161 条规定，检察官可以亲自进行各种侦查，或者将案件交付警察机关及其他人员进行侦查。对于检察官的这种命令或者委托，警察机关和其他人员都必须执行。在日本，依照法律规定，检察官在认为有必要的时候，可以自行侦查犯罪；同时，在自行侦查过程中认为有必要，可以指挥司法警察辅助侦查；对辖区内司法警察的侦查活动，可以作必要的指挥或作一般指示。司法警察职员要服从检察官的指挥或指示。在司法警察职员没有正当理由而不服从检察官的指示或指挥时，检察官认为有必要，对于是警察官的司法警察职员，可以向国家公安委员会或都道府县公安委员会提出惩戒或者罢免的追诉；如果是警察官以外的司法警察职员，可以向有惩戒权或罢免权的人提出惩戒或罢免的追诉。在法国，检察长监督、指挥司法警察官和司法警察的活动，并指挥他们搜集有利于审判的任何情况。当共和国检察官亲临现场时，司法警察即丧失对案件的侦查权。又如在苏联，检察机关不仅有权对刑事案件进行侦查，同时有权对调查机关、侦查机关的侦查活动是否合法实行监督。检察长有权决定对被告人逮捕，并根据情况选择、变更或撤销强制措施。对于调查机关和侦查机关的非法和无根据的决定，有权予以撤销。对于有违法行为的调查员、侦查员，有权停止其进行调查或侦查。同时，有权处理对调查机关、侦查机关提出的控告。在我国，人民检察院除了对直接管辖的刑事案件有权进行侦查以外，还可以对自己认为有必要受理的案件进行侦查，并对公安机关的侦查活动是否合法予以监督。

必须看到，当今各国检察机关所担负的侦查职能，虽然仍对一切刑事案件享有侦查权，但是在具体履行这一职能上，较以往，特别是与检察机关确立之际相比，已经大大减小了。从各国检察机关担负这一职能的纵向变化，可以发现其侦查职能在不断缩小，大部分侦查职能已由警察机关取代。在许多国家，检察机关只对某些重大案件进行自行侦查。如日本在第二次世界大战后，对司法制度进行了改革，为了保证起诉质量和速度，侦查职能主要由警察机关担负。只有当警察机关收集的证据不确实，或者有违法取证情形，或者滥用侦查权、非法侵害公民合法权益等情况下才自行侦查。因此，检察机关自行侦查的刑事案件为数很少。这种检察机关侦查职能的缩小趋势，也是检察制度进一步完善的体现。这有助于检察机关集中人力、物力和时间追诉犯罪，提高提起公诉的准确率。但是，从根本上说，警察机关是检察机关对刑事案件行使检察权的辅助机关。如果侦查权由警察机关独揽，没有检察机关的必要监督和制约，不可避免地会发生滥用侦查权，损害公民人身权利和民主权利的违法问题。因此，在检察机关的侦查职能更多地转由警察机关履行的同时，还必须保留对一切刑事案件的侦查权和加强对侦查机关进行监督和制约。

在这方面，我国的规定是适宜的。大量的刑事案件的侦查，由公安机关承担。我国检察机关有自己特定的案件管辖范围，但又不局限于此。各级人民检察院除了可以按照公安机关、人民检察院和人民法院管辖刑事案件的分工对直接受理的20多种刑事案件履行侦查职能以外，还保留着对所有刑事案件如认为有必要有权自行进行侦查的职能。对于侦查机关的侦查活动是否合法，法律明确规定由检察机关进行监督。各级人民检察院有权对公安机关侦查终结提请起诉的案件进行审查，决定是否提起公诉、是否免予起诉和决定不起诉。有权对公安机关提请批准逮捕的案件进行审查，作出是否逮捕的决定。对于公安机关移送起诉或免予起诉的案件，如果事实不清、证据不足，有权将案件退回公安机关补充侦查。检察机关与公安机关各自独立。检察机关有权监督公安机关的侦查活动是否合法，并对违法行为提出纠正意见，但不能指挥公安机关的侦查活动。这样，一方面可以确保公安机关独立行使侦查权，加强公安机关办案人员的责任感，便于公安机关更好地发挥侦查机关的作用；另一方面可以及时发现、纠正公安机关在侦查工作中的违法行为，保证侦查质量，为顺利地提起公诉创造必要的条件。必须看到，目前检察机关对公安机关的侦查活动的监督还不够有力，对公安机关违法行为纠正的具体措施尚需完善。同时，从立法上应当明确规定对检察机关自侦案件的侦查活动自我制约的具体措施。在这方面，司法实践中已有好的经验。得到肯定的经验是，彻底改变对自侦案件采取立案、侦查、起诉一套人马包揽到底的做法，切实实行如同对公安机关侦查活动的配合与制约程序。实践将会更加充分地证明，这是保证检察机关侦查、起诉质量所必需的。

2. 控诉职能。指控犯罪是各国检察机关的基本职能和主要职能。检察机关有权对刑事案件进行追诉，请求审判机关对刑事被告人定罪和处以刑罚。确切地说，这一职能是检察制度的核心内容。检察机关自诞生起，就负有追诉犯罪职责。从各国检察机关承担这一职能的变化过程，可以看到，其控诉职能在不断地扩大和强化。这主要反映在两个方面：（1）检察机关的侦查职能主要转由警察机关承担，在刑事诉讼中的主要职责是决定是否对被告人提起公诉以及出庭支持公诉。（2）检察机关承担控诉案件的种类和数量在增加。

综合各国检察机关追诉犯罪的情况，基本分为三种：

（1）一向以自诉为传统的国家，检察机关原只对少数严重犯罪进行指控，现在已逐步扩大指控案件的种类和范围。如英国，检察官不仅有权对可判处死刑的案件以及其他法律规定的案件行使公诉权，而且在其认为涉及公众利益而有必要追诉，案件重大、疑难或有其他情况，为了保证罪犯受到应有的法律制裁而需要亲自起诉时，亲自充当公诉人。此外，有些案件须经检察官或检察长同意方能起诉。

（2）绝大多数的刑事案件由检察机关追诉，只有少数刑事案件采用自诉方式。如联邦德国、苏联和我国等多数国家，当自诉案件涉及国家或社会公众利益时，或者为保护被害人的利益所需要时，检察机关可以在自诉人不提出控告的情况下，承担控诉职能。例如，联邦德国刑事诉讼法第374条规定，只有下列轻罪是自诉案件：①侵入家庭住宅案件；②侮辱案件（法定政治团体被侮辱的除外）；③轻微伤害他人身体的犯罪案件；④轻微恐吓罪案件；⑤未经授权拆启密封的信件或文件的犯罪案件；⑥损害财产的犯罪案件；⑦禁止不正当的竞争法的犯罪案件；⑧侵犯专利和版权行为案件。而对于这些自诉案件，检察官如果认为起诉符合公益，即有权在任何时候提起刑事追诉。一旦检察官提起公诉，他就要对案件负主要责任，自诉人就成为参与人了。再如苏联，依照刑事诉讼法的规定，通常可以用自诉方式起诉的只限于刑法规定的殴打他人、诽谤、侮辱，以及其他一些在诉讼意义上被认为有行为能力的公民受到直接造成道德、人身和财产损害的刑事案件。除此以外，对其他刑事案件进行指控均由检察机关承担。同时，法律规定只有被害人控告才能起诉的案件，如果被害人处于孤立无援或处于从属地位，或者犯罪具有某种特殊社会意义或者其他原因，被害人不能维护自己正当权利和合法利益的时候，即使被害人没有控诉，检察机关仍然有权依照法律规定的程序追诉。通常除了刑法规定告诉才处理的刑事案件或某些不需要侦查的轻微刑事案件以外，其他刑事案件的追诉均由检察机关承担。如重婚案件，当没有被害人起诉而是由其他人指控时，检察机关承担追诉职能并依公诉程序向管辖人民法院提起公诉。

（3）控诉职能完全由检察机关垄断。如日本、法国、美国等国家。这类国家只实行国家追诉主义，公诉由检察官提起。在日本，所有的刑事案件都由检察官追诉。刑事案件引起的民事诉讼由民事诉讼程序解决，刑事部分仍由检察机关承担追诉职责。日本的公诉效力不及于检察官所指定的被告人以外的其他人。即使属于法律规定必须告诉人告诉才处理的刑事案件，如无故开拆他人信件，可判1年以下惩役或200日元以下罚金的案件，或者是医生、药剂师、药材商、助产士、律师、公证人或曾任此类职务的人，无故泄露由于处理业务而知悉他人秘密的，处6个月以下惩役或100日元以下罚金等案件，在没有可以告诉的人告诉时，检察官还可以根据利害关系人的申请，指定可以告诉的人提出告诉后，再提起公诉。

事实证明，各国检察机关的控诉职能是在不断强化。这是社会发展、犯罪日益复杂化、危害严重化引起的必然结果，也是国家维护自身利益的需要所决定的。但是，检察机关负有的控诉职能不宜扩大到包揽对一切刑事案件的追诉。事实上，任何国家在任何历史时期，都不能完全排除某些轻微犯罪，并不是所有刑事案件均需采用侦查手段才能查明真相。因此，对于罪行轻微并不必采用侦查手段的刑事案件，可以采取自诉方式起诉。否则，不仅会给检察机关造成不必要的人力、物力和时间的浪费，而且会增加当事人的讼累，延误及时结案。如果这类案件涉及公众利益或国家利益时，可转由检察机关追诉，这样也可以弥补自诉的不足。

比较上述强化检察机关控诉职能的做法，我国、联邦德国等国家采取的第二种做法是适宜的，应当肯定。可以预见，随着各国政治、经济和法制的不断发展，将会越来越充分地证明，控诉犯罪的职能主要由检察机关承担是正确的、有益的。同时还可以肯定，无论检察机关的控诉职能如何强化，世界不会出现控诉权统由检察机关垄断的时代。

3. 对法院刑事审判活动的监督职能。各国检察机关对法院刑事审判活动的监督，一般主要反映在参加法庭审判并对法院作出的未确定的刑事裁判和已确定的刑事裁判是否正确所进行的监督。

如法国，检察官依法要参加审判庭的审讯，任何裁判的宣布应当有检察官在场。上诉法院的整个辖区内适用刑事法律受检察长的监督。检察官有权代表国家对审判活动提出意见。通常，认为未确定的刑事裁判有错误时，检察官有权依法上诉或抗诉，认为已确定的刑事裁判有错误，检察官可以要求再审。在日本，法律允许检察官对法院作出的未确定裁判和已确定的裁判提出上诉和再审要求。总检察长对于确定判决，发现违背法令时，有权向最高法院提起非常上诉。在法国，检察官对未确定判决有权上诉。对于已确定判决，无论是对何种罪作出的，只要是违法的，检察官也有权上诉。在其他资本主义国家，如联邦德国、奥地利等国家的检察官也具有同样职能，以此纠正法院作出的错误裁判。

在苏联、罗马尼亚、我国等一些社会主义国家，检察机关的审判监督职能不仅表现在有权对未确定裁判和已确定的裁判提出抗诉，而且对法院的全部刑事审判活动是否合法实行监督。在苏联，检察长对每一个未生效的非法的或者没有根据的刑事判决、裁定和决定可以依照上诉程序提出抗诉，对每一个已生效的非法的或者没有根据的刑事判决、裁定和决定可以依照审判监督程序提出抗诉。此外，检察长还出席法院处理庭。参加法庭审理时，可以对法院审判案件过程中发生的问题提出意见，纠正违法行为。在罗马尼亚，依照法律规定，检察官除了应当参加法律规定的诉讼以外，对于其他诉讼是否参加，由其根据维护国家利益、公共利益和公民利益的需要决定。检察官不仅出庭支持公诉，还审核法院的判决。如果发现某项判决理由不足或者不合法律规定，有权提出抗诉。总检察长可以审核法庭和法院已经结束审判的任何案卷，在他认为某项终审判决有严重违法或明显的无理情形时，有权反映或自己主动提出特别抗诉。他可以参加最高法院作出的指导性决议的会议，以此实现对法院审判活动的监督。在我国，人民检察院不仅有权以国家公诉人身份出席法庭支持公诉，而且以法律监督者身份对人民法院全部审判活动是否合法实行监督。地方各级人民检察院对于本级人民法院未发生法律效力的判决或者裁定，认为有错误时，有权依上诉审程序提出抗诉。最高人民检察院对于各级人民法院已经发生法律效力的判决和裁定，上级人民检察院对下级人民法院已经发生法律效力的判决和裁定，如果发现确有错误，可按照审判监督程序提出抗诉。

鉴于刑事裁判是法院经过审判后作出的处理决定，其正确与否与法院庭审活动是否合法有直接联系，因此，检察机关监督法院全部审判活动是否合法具有积极意义。这一监督审判活动的方式，我们应该坚持。

4. 对裁判执行的监督职能。检察机关指控犯罪的目的之一在于使犯罪人受到应有的法律制裁，以此实现维护国家和社会公众利益。因此，许多国家检察机关都具有监督裁判执行的职责。

如法国刑事诉讼法典第 31 条规定："检察院应当保证司法裁判的执行。"但是在不同的国家，这种监督的程序有所不同。其中，有些国家的检察机关对执行判决有指挥权、监督权。例如，日本检察官对与其所在的检察厅相对应的法院作出的裁判，有权指挥执行。执行死刑判决，检察官应当在场。在联邦德国，检察官根据法院书记官发出的经核对无误的判决书的判决部分副本和附有执行的证明书，执行刑事判决。但在苏联、罗马尼亚等一些国家则不然。在这些国家，检察机关并不具体执行判决，也不指挥判决执行，而是对判决的执行实行监督。苏联和各加盟共和国刑事立法纲要明确规定，刑事判决的执行是否合法由检察长实行监督。在苏联检察院组织法关于各级检察院的基本任务中规定，检察机关对执行刑罚和法院规定的其他强制措施过程中，遵循法律的情况实行监督。在我国，检察机关对判决、裁定的执行是否合法进行监督是其法定职能之一。例如，对于判处死刑立即执行的案件，在执行死刑时，人民检察院必须派员到场，进行临场监督。但人民检察院并不指挥行刑。鉴于执行判决是使犯罪人受到应有的惩罚，因而执行判决的任务是既要保证正确判决内容兑现，又要注意及时发现错误判决，以便避免造成不良后果。这就决定了检察机关应该对判决的执行实行监督，而不宜指挥执行。

5. 对监狱等改造机关活动的监督职能。对监狱等改造罪犯机关的活动是否合法进行监督，这是许多国家检察机关的又一职能。

在美国、苏联、我国等一些国家，法律明确地将这一职能规定为检察机关的职能范围。在美国，总检察长监督监狱和其他惩办机关。苏联检察院组织法第 3 条规定，各级检察机关对拘留所和羁押所遵守法律的情况，实行监督。在蒙古，检察机关依法必须对剥夺自由场所是否切实遵守法律实行监督。在罗马尼亚，检察机关对执行刑事判决的机关，以及刑罚、教育与安全措施执行机关的活动是否遵守法律进行监督。它包括监督警察机关是否如期执行并依法执行判决，监督执行刑罚的机关、劳动改造机关、青少年教育措施执行机关，以及根据法庭判决接纳患病犯人住院的医疗单位是否遵守法律进行监督。在我国，人民检察院组织法和有关法律规定，各级检察机关对于监狱、劳动改造机关、看守所、劳动教养机关的活动是否合法进行监督。由于对改造机关的活动进行监督，是为了保证对罪犯的追诉得到有效的结果，因此，这种法律监督应当包括对罪犯进行改造的全过程。

6. 其他职能。有的国家的检察机关还具有其他一些职能，概括起来包括：

（1）法律咨询职能。美国总检察长担负向总统提供法律咨询，向政府各部提供法律建议的职责。英国总检察长和副总检察长是女王的法律顾问；地方检察官的主要职责之一，是向警察机关和其他机构提供法律咨询。

（2）干预民事诉讼职能。一些国家，检察机关对于涉及国家重大利益的民事案件代表国家参加诉讼。但各国情况有所不同，在美国，总检察长对于一切涉及合众国利益的案件追究民事责任。州检察长在法院里以及在所有涉及全州居民利益的法律事务中代表该州。在英国，总检察长和副总检察长在涉及政府重大利益的民事诉讼中代表国家进行追诉。在日本，检察官有权作为公益代表人参加民事诉讼。在法国，民事诉讼法对此作了专门规定。依照该法规定，"检察机关可以维护公共秩序而进行（民事）诉讼"，并规定对于确定亲子关系的案件，未成年人监护的案件，以及追究某个公司财产责任涉及 30 万法郎以上的案件，必须通过检察机关参加诉讼。在朝鲜民主主义共和国，检察机关对于民事案件有广泛的法律监督权。法院受理民事案件后，在开庭审理前要将案件材料移交检察机关审查，由检察官自行决定是否参加法院民事审判活动。法院作出民事判决是否正确须由检察机关审查。中华人民共和国成立后，1949 年 12 月颁布的中央人民政府最高人民检察署试行组织条例曾规定，人民检察署"对于全社会和劳动人民利益有关之民事案件及一切行政诉讼，均得代表国家公益参与之"。此后，1951 年颁布的中央人民政府最高人民检察署暂行组织条例和各级地方人民检察署组织通则都肯定了检察机关具有的这一职能。特别是 1954 年颁布的人民检察院组织法，对此作了明确规定。依照该法规定，检察机关对于有关国家和人民利益的重要民事案件有权提起诉讼或者参加诉讼。但是 1979 年修订的人民检察院组织法对此并未作出规定。1982 年颁布的试行民事诉讼法中，再次规定人民检察院有权对人民法院的民事审判活动实行法律监督。实践证明，检察机关如果不具有这一职能就不可能有效地维护国家和公民的合法利益。

（3）行政监督职能。如法国检察官，除在刑事诉讼中担负侦查、起诉、支持公诉和指挥刑事裁判执行以外，还对下列各项事宜进行监督：①监督司法辅助人员；②监督、检查书记员；③监视司法救助制度的营运；④监督户政官员；⑤对私立教育机构监督；⑥对公立精神病院监督；⑦对开设咖啡店、酒店等特种营业的资格审查；⑧对新闻、杂志等定期刊物进行审查，等等。

（4）一般监督职能。这是苏联等一些社会主义国家检察机关负有的法律监督职能之一。在苏联、罗马尼亚、匈牙利等国家，法律对此作了具体规定。苏联将检察机关的一般监督职能摆在重要地位。苏联检察监督条例中规定，苏联总检察长和他所领导的各级检察长，对于各部、各主管部门，它们所属的各级机关、企业、地方劳动者，苏维埃的执行机关和管理机关、合作组织及其他社会团体是否确实执行法律实行监督，对公务人员和公民是否确实遵守法律实行监督。这一点已被苏联宪法所确定。在罗马尼亚，1986年国家将宪法中关于检察机关的任务是对各部和其他中央国家行政机关、刑事调查机关、法院以及国家机关工作人员和其他公民遵守法律实行监督的规定，改为检察机关对刑事追究机关和劳动改造机关的活动实行监督，并在法律规定的情况下，注意对遵守法制、保卫社会主义组织和其他人以及公民的权利和合法利益等方面进行监督，从而使得一般监督居于较次要的地位。依照罗马尼亚检察院组织法的规定，检察机关仍然负有一般监督的职能。检察机关对于破坏法制的行为提出控告和意见，在不采取诉讼程序的情况下恢复法制，在属于检察机关受理的刑事案件中和预防犯罪问题方面组织并开展各项活动。在匈牙利，检察机关的一般监督占有重要地位。在我国，第一部人民检察院组织法曾有此项规定。它确定最高人民检察院对于国务院所属各部门、地方各级国家机关、国家机关工作人员和公民是否遵守法律，行使检察权。地方各级人民检察院对于地方国家机关工作人员和公民是否遵守法律，实行监督。后来由于多种原因而被取消。如果从我国检察机关的性质而言，从根本上说，检察机关对一切违法、犯罪行为实行监督是必要的。因为这样不仅有助于打击犯罪，而且有助于预防犯罪。在匈牙利，以1978年为例，检察机关对国家行政机关监督的结果，被起诉的人数已达590多人，其中属

于刑法规定的犯罪行为被起诉的达 290 人；因违反纪律罪的有
122 人；因违反行政规章的有 141 人；因民事赔偿被告或被告
到同级法院的有 41 人。但是，由于各种原因，在 1000 多名检
察员中，大约仅有 10% ~ 12% 的人能够执行对国家行政机关的
法律监督。这些成果是通过接受公民或法人提出的申诉、参加
地方会议等措施进行查明的。与此同时，还必须看到一般监督
使检察机关的工作范围变得很广，涉及面很宽，工作量很大。
这样，检察机关要实行一般监督的任务就会付出很大精力，其
结果必将在一定程度上削弱同犯罪作斗争的作用。对这一问
题，许多国家已开始注意发挥检察机关同其他机关在预防犯罪
方面的协调作用。如捷克斯洛伐克，国家十分重视把检察机关
的力量建立在同犯罪作斗争的联合阵线上，集中协调同一切国
家机关、人民委员会、社会团体和经济组织的关系。在我国，
检察机关不负有一般监督职能，这有助于集中力量同犯罪作斗
争。但是作为国家法律监督机关，必须肯定，从根本上它具有
对一切违法犯罪行为进行法律监督的职责和权力。随着我国四
化建设事业的发展，检察机关的职能应当适当地扩大。

（三）各国检察机关的性质及职能演变的共性及趋势

综合各国检察机关上述基本职能范围和性质，可以得出下
列结论：

1. 各国检察机关的性质，从根本上说都是国家法律监督机
关。但是，在资本主义国家，检察机关的法律监督性质主要体
现在其行使控诉职能方面。与社会主义国家相比，法律监督的
范围要小得多。

2. 各国检察机关的法律监督职能作用将会不断加强。其强
化的范围、程度的极限，在多数国家将会逐渐扩及提起、参加
涉及国家和公民利益的重大民事、行政诉讼，但不会广泛实行

"一般监督"。

3. 检察机关在同犯罪作斗争和预防犯罪方面，将会进一步开展同其他机关的协调工作。这项工作将会成为发挥检察机关作用的有效补充手段。

三、日本的检察制度 *

日本的检察制度和日本的其他刑事诉讼制度一样，自第二次世界大战以后发生了很大的变化。一方面仍然保留着战前受德国影响而制定的旧刑事诉讼法的某些规定，另一方面在很大程度上受到美国的影响。日本于 1947 年制定的新宪法，强调了对人权的保护，在修订的新刑事诉讼法中贯彻了对人权的保护与实体真实相结合的精神。总的来说，由于日本在制定刑事诉讼法的过程中，注意本国具体情况，坚持不照搬美国的司法制度，同时在此前提下有选择地接受美国的法律制度，因此，新刑事诉讼法在实际上正如许多日本法学家和实际司法工作者所说，是大陆法和英美法的"混血儿"。检察制度也同样具有这种特色。

日本检察制度发生的一系列变化，主要表现在以下几个方面：

（一）检察组织与审判组织完全分离

第二次世界大战前，日本的检察组织附设在审判组织中。1947 年 5 月 3 日，日本新宪法实施后，检察机关与审判机关完全分离。检察机关成为在法务省领导下的一个独立的组织机构。据日本最高检察厅 1982 年的统计，全国除设有 1 所最高检察厅（在东京）外，还设有 8 所高等检察厅（东京、大阪、名古屋、广岛、福冈、仙台、扎幌、高松），50 所地方检察厅

---

* 本部分内容刊载于《河北法学》1985 年第 1 期。

（各都道府县所在地及函馆、旭川、钏路），575 所区检察厅（全国各主要市、区）。它们分别与相同数量的同级裁判所（法院）相对应。最高检察厅设有检事总长，高等检察厅设有检事长，地方检察厅设检事正。各级检察厅均设有检察官及一定数量的职员。

（二）检察机关的侦查职能减弱，起诉职能加强

在第二次世界大战前，侦查主要由检察机关负责，并可指挥司法警察进行某些侦查。战后这一职能主要由警察机关承担。一般检察机关只对少数案件或在某种必要情况下才自行侦查。例如，警察机关收集的证据不确实，或者有违法取证的情况时，检察机关便对刑事案件进行辅助侦查。法律对检察机关侦查的范围未作具体规定。至于对被告人或犯罪嫌疑人的逮捕或搜查，则需由有管辖权的裁判所发布令状。这一点是新刑事诉讼法所明确规定的。检察机关的主要职责是对刑事案件提起公诉，或决定不起诉，以及对判决的执行进行监督。

检察机关受理的刑事案件有两大类：（1）刑法犯；（2）特别法犯。刑法犯是指杀人犯、放火犯、强盗犯、盗窃犯、伤害犯、诈骗犯、赌博犯、强奸犯等。特别法犯，主要是指违反道路交通法等犯罪的案件。

刑事案件的来源有三条渠道：（1）警察机关移送的案件；（2）直接向检察机关告诉、告发、自首的案件；（3）检察机关自行发现认为应当追究的犯罪案件。

对刑事案件的处理通常有三种结果：（1）依法应当提起公诉的，向管辖的裁判所提起公诉；（2）不应当起诉的作出不起诉决定；（3）将未成年人犯罪的案件移送家庭裁判所。

提起公诉的方式有两种：（1）提出公判请求；（2）提出略式命令请求。后者是指处以罚金为限的案件。这种案件一般

占起诉案件的90%左右。对于未成年人犯罪的案件检察官不能同处理成人犯罪的案件一样，即不能直接决定并提起公诉，而是必须先将受理的案件移送家庭裁判所，待家庭裁判所审理后，依照少年法的规定认为应当追究刑事责任并依法作出决定移送检察机关审查并要求起诉时，检察机关才能进行审查，决定是否对其起诉。据1982年统计，全国检察系统共受理案犯3089841人，其中刑法犯为902134人；特别法犯罪人为2187707人。违反道路交通犯罪在特别法犯中占的比例最大，其人数为2053803人。在刑事案件中做起诉处理的占73%，移送家庭裁判所的为17%，不起诉的占9%，证据不足的仅占1%。

（三）起诉实行国家垄断主义

在日本对刑事被告人起诉的权力只属于检察官。日本的这种起诉制度既不同于第二次世界大战前的德国，也不完全同于美国。在日本对告诉才处理的犯罪，同样要在告诉人告诉后，由检察官提起公诉，提请管辖的法院审判。之所以如此，出于两种考虑：（1）要把刑事和民事完全分开；（2）为使刑事案件起诉后的处罚不改变成私人间的处罚。

（四）诉讼当事人主义

第二次世界大战后的日本在制定刑事诉讼法中，吸收了美国的刑事诉讼当事人主义的原则，摒弃了大陆法系职权原则。这一点可以说在日本司法制度上是一个巨大的转折。检察官虽然代表国家参加刑事诉讼，但是在诉讼活动中同被告人只是诉讼关系对立，而诉讼地位是平等的当事人。当然对刑事案件是否起诉仍然取决于检察官。这一点依然保留战前旧刑事诉讼法的规定，而没有吸收美国在联邦及部分州所采取的对刑事案件的起诉，检察官必须提交大陪审团审查批准的做法。

（五）检察官的公诉权附有一定条件

关于检察官的公诉权的行使，日本法学界曾经展开过较激烈的争论。高田卓尔教授主张：检察官在没有发现嫌疑犯人足够的证据时，没有起诉权。如果在此情况下起诉，就是滥用公诉权。认为通常的情况是检察官掌握了足够的证据并确信被告人的罪责之后，才能向管辖的法院提起公诉。平野龙一教授则认为如果像高田教授说的那样做，实际上会对被告人怀有有罪的偏见。另一位教授官裕认为，嫌疑是诉讼的条件，但是并不能认为有确实嫌疑的就立即会使裁判所怀有偏见。这场争论已经结束，其基本结论是不允许检察官在完全不具备有罪的或证据极不充分的情况下提起公诉。日本新刑事诉讼法明确指出：如果起诉书所记载的事实是真实的，但不包含任何可以构成犯罪的事实、公诉后将被管辖法院退回，裁定该起诉不予受理。

（六）废除预审制度，实行起诉状一本主义

许多法学家认为原预审制度主要弊病有三点：（1）预审不公开；（2）预审时间长、案件被拖得很久；（3）法官易产生预断，影响公平裁判、迅速结案。这样往往使被告人处于更加不利的地位，受到不应有的损害。原预审制度要求侦查终结的案件，由检察官将查获的一切有关案件证据材料连同起诉状一同提交有管辖权的裁判所的预审法官，由预审法官进行审查。

但是新刑事诉讼法采取当事人主义原则，对查获的一切证据材料自行保存，提交法院的只是起诉状，认为这样可以避免发生法官预断。起诉状要写明被告人姓名、性别、年龄、职业、住址以及确认被告人的其他情况，公诉事实（诉因及足以构成犯罪的事实），罪名及罚条。由于法院在开庭审理前，只能得到"白纸"式的起诉状，所以法院对案件的审判只能在法庭开庭审理后，通过检察官的一一举证和检察官同被告人的辩论，以及法庭调查来查明案情并作出裁判。虽然日本许多法学家和司法官员们都认为这种起诉状一本主义的原则有助于法官作出公正裁判，并在立法上已肯定，但是，仍然有些人对此变化持否定态度。有人认为起诉状一本主义的做法是不能真正有助于保护被告人合法权益的。理由是因为检察官在起诉后法庭审判前，一切证据材料独占，被告方的辩护律师不能像旧刑事诉讼法规定的那样，即在法院看到起诉方掌握的证据资料，以充分准备和进行辩护，因而律师不能有效地行使辩护权，这样实际上是把被告人的命运放在赌博似的游戏一样的基础上。从目前情况看，许多律师强烈要求在案件由检察官决定起诉时，有权查阅检察官持有的案件证据材料。

（七）设置检察审查会，实行准起诉制度

在日本检察官对一切刑事案件的起诉或不起诉有充分的自由裁量权。日本新刑事诉讼法确定国家实行起诉便宜主义的原则。该法典第248条明确规定："根据犯人的性格、年龄及境遇、犯罪的轻重及情况与犯罪后的情况，没有必要追诉时，可以不提起公诉。"然而，法律对于没有必要追诉的情况未作具体规定，检察官完全可以凭借主观认识确定刑事案件是否起诉。为了防止检察官滥用不起诉的决定权，1948年设置了检察审查会，并制定了检察审查会法。检察审查会由有选举权的公民用抽签方法确定的11人组成。它独立行使对检察机关不起诉是否正确的审查权和建议权。

在日本检察机关不起诉的案件基本上有以下几类：（1）被告人的行为不构成犯罪；（2）根据起诉便宜主义的原则，以不起诉为宜的；（3）其他法定情况（如已过追诉时效、被告人已死亡等）。其中第二类情形，日本称之为起诉犹豫。这种起诉犹豫不同于我国的免予起诉。尽管两者的对象均为犯罪者，然而起诉犹豫的具体条件法律未作具体规定，由检察官自行决定。而我国检察机关可以作免予起诉处理的，只限于我国刑法所限定的情况。在日本不起诉的案件中，起诉犹豫占有一定比重，如1981年和1982年起诉犹豫占了9.3%，1983年为8.9%。在各种犯罪中起诉犹豫最多的为盗窃罪，最少的是违反交通法罪。

与此同时，新刑事诉讼法还规定对某些法定刑事案件，如果检察官决定不起诉，告发或告诉人不服时，可以请求检察官将案件提交管辖的法院。法院对该案件审查后，认为有起诉理由时，则该案即被认为应提起公诉。但是在被审判时，原检察官无权维持公诉，而由法院指定律师承担检察官在法庭应享有的公诉权，代替原检察官行使公诉职责。

（八）不允许辩诉交易存在

在日本，当刑事案件经侦查终结后并在法院审理之前是不允许被告方律师同检察官进行私下交易的。日本的一切刑事案件都必须经检察官直接向管辖的法院起诉，尽管这种起诉可以根据案情提出公判请求，也可以提出略式命令请求，或请求即决裁判，但法律不允许用美国辩诉交易的做法。

（九）现代科学技术在检察工作中运用

日本检察机关早已注意用现代科学技术设备来为检察工作服务。1965年就引进了计算机。目前在法务省设有计算机中心，全国有800多个终端。主要是用以提供犯人姓名、出生年月日、籍贯、罪名、刑种，是否有前科、被判刑的时间、刑期，刑期终了日期，以及执行犹豫刑决定被取消日期等基本情况。据日本有关官员介绍，不久在日本将实现用计算机提供刑事案件从立案检查直到判决执行全过程中犯罪人的情况。

四、美国检察制度梗概*

（一）美国检察制度的特色

美国的检察制度是在其摆脱英属殖民地的地位宣告国家独立以后，仿效法国建立起来的。它的特色有二：

1. 表现在检察机关组织体系的建制方面，美国不像联邦德国等国家那样，而是适应国家联邦体制的特殊方式，各州相对独立，采用"双轨式"建制，即联邦设置各级检察机关，各州设置州的各级检察机关。两套独立的检察机关组织体系，相互无直接隶属关系，由此形成全国性的联邦检察系统的职能与各州检察系统的职能并行的特点。联邦检察机关须依照联邦宪法和法律的规定行使检察权，各州检察机关除须依照联邦宪法和法律规定外，尚需遵照州的宪法和法律的规定行使检察权。

2. 表现在检察机关与司法行政机关的关系方面，检察机关和司法行政机关实际上密不可分。美国总检察长是司法部部长，也是总统的内阁成员，还是联邦政府的法律事务首脑。在法律上，他代表合众国，是总统和政府官员的法顾律问，为其提供法律咨询意见。在检察工作方面，他为全国制定主要的检察政策。与此同时，他还监督司法行政管理工作，指导有关国家安全的法律问题的解决，监督监狱和其他惩办机关以及地方检察官的工作。在联邦法院审理重大案件时，他代表政府出庭，参加法律诉讼。

（二）美国检察机关的职能

美国检察机关是国家公诉机关，主要职能是代表国家对犯罪进行追诉，并可随时终止。总检察长直接控制联邦调查局，涉及联邦政府利益的民事案件，检察官可以参加诉讼。

---

* 本部分内容刊载于《检察纵横》1988 年第 3 期，收入本书时略有删改。

在刑事诉讼中，检察机关与警察机关的关系十分密切。检察机关享有对刑事案件的侦查权。其侦查范围与警察机关没有严格的法定分工。检察机关对刑事案件起诉与否，在相当大的程度上是根据警察机关通过调查和侦查，向检察机关提供可指控的案件。检察机关对许多刑事案件指控所依据的证据，在数量和质量上也主要依靠警察机关提供。对于大多数轻微的犯罪，检察官往往委托警察机关作出指控的决定。警察官员在侦查活动中受检察官的监督，在通常情况下，警察官员没有得到检察官的批准或允许，不能获得逮捕证。现在地方检察官越来越多地指示警察去收集那些在法庭上能够取胜的证据。对于复杂的案件，检察官则派遣自己的侦查人员去协助警察侦查，而不是完全依赖警察机关。

检察官在行使公诉职能方面，主要有两种情况：

1. 在联邦和半数的州，检察官认为侦查终结的案件应当起诉时，将案件材料提交大陪审团审查决定。大陪审团是法院组织的一个调查性的团体，其基本职责是就检察官提交的案件材料进行审查，以确定应否提起公诉。检察官在大陪审团审查案件材料时，可以参加并提供证据，协助大陪审团询问证人，但在大陪审团投票表决时，检察官不参加。如果大陪审团的多数成员认为检察官提出起诉有充分的理由和根据，便由大陪审团准备起诉书。通常起诉书由检察官起草，大陪审团团长签字，然后提交管辖法院。如果大陪审团多数成员投票反对起诉，有权撤销该案。然而在司法实践中，大陪审团很少拒绝对检察官提交的案件进行起诉。采取大陪审团审查起诉的制度，原是为了防止检察官滥用检察权，而实际上大陪审团在很大程度上受检察官意见的影响。因此，近年来，在美国法学界及实际部门中对这种制度存在不同意见，甚至不乏批评。这一制度的变化趋势正向着起诉由检察官自行决定的方向发展。

2. 在另一些州里，检察官对于侦查终结确认应当提起公诉的所有犯罪案件，或者对除了严重罪行以外的所有犯罪案件，均自行作出起诉决定，并向管辖法院提交起诉书，提起公诉。但检察官并非在任何情况下都对案件提起公诉。除了法定不起诉的情形外，在许多情形下即使确信刑事被告人的行为已构成犯罪，也还要考虑政策方面的原因，往往作出不起诉决定。例如，对于众所周知的某种较轻的犯罪，如果对刑事被告人提起公诉会毁坏其社会声誉，或者刑事被告人已对自己的犯罪感到痛苦或耻辱，达到了审判的目的，检察官常常决定不起诉。

检察机关在一定程度上也受到法院的制约。当检察官认为应当对刑事被告人提起公诉时，如果刑事被告人要求在地方法官那里预审，须先经预审程序。法官对检察官的指控审查后，确认诉因成立，检察官方能向管辖法院正式提起公诉。

检察官在法院开庭审判提起公诉的案件时，须作为国家公诉人出庭支持公诉，指控刑事被告人，并通过举证、交叉询问、与被告人辩论等一系列活动，使法官对刑事被告人作出有罪判决。但是在法院对被提起公诉的案件开庭审判前，美国常实行辩诉交易制度。即在案件被起诉后、法院审判前，被告方律师与检察官进行接触、谈判。被告方律师指出政府方的薄弱点，并讲述他对从轻处罚的主张，从而对检察官施加影响，希望和要求检察官从轻指控或撤销案件；而检察官则以被告方承认某种指控罪行，并答应作出有罪答辩为前提，撤销对其他某种罪行的指控。在双方达成满意的结果后，法院即作出判决，就此终止刑事诉讼。在司法实践中，采用这种辩诉交易方式解决的案件占相当的数量。对这一诉讼制度的评价，法学界和司法部门褒贬不一。

（三）美国的检察官制度

1. 检察官的职责与诉讼地位。美国检察机关的职能是通过各级检察官的活动实现的。美国设有总检察长、副总检察长、地区检察官、州检察官和县检察官。检察官是美国最有权力和影响的执法官员。他主要通过对犯罪的追诉行使检察权。联邦法律规定，逃税、诈骗和盗用公款等白领阶层的犯罪，以及贩毒、绑架和敲诈勒索的犯罪，由总统任命的检察官以及以首都华盛顿为基地的一些助理检察官和几百名司法律师起诉；谋杀等暴力犯罪，由州检察官或者地方检察官起诉。鉴于美国采当事人主义，审判实行辩论制有度，在法庭上检察官是诉讼当事人一方，与刑事被告人处于平等对立地位。对于与公众利益有重大关系或者具不寻常动机的公诉案件，总检察长可以从他在华盛顿、哥伦比亚特区的顾问班子中派出律师帮助地方检察官。

2. 检察官的选任制度。美国检察官应具备的资格、产生的方式和任期，通常由联邦、州的宪法和法律规定。如县检察官的法定资格，普遍要求他是一名律师或精通法律的人。目前，所有的州都要求检察官是法学家。担任县里检察官职务的人，须在州里取得执行律师业务执照，并参加一个律师协会，以及在该县内居住一定期限。检察官产生的方式有两种：（1）任命。如美国总检察长由美国总统任命。在新泽西州、康涅狄州、罗得岛州和特拉华州的检察官均采任命制。（2）选举。除上述以外，其他州的检察官均采选举制。检察官的任期，取决于其产生方式。经选举产生的州检察官的任期一般为4年。如果是任命产生的检察官，其任期又无具体规定时，通常由任命的机关决定。由法律确定职务的检察官，除非法律和宪法有规定，否则不得撤换。免除检察官职务的理由，一般是检察官有严重的道德败坏行为，或者有不进行或者拒绝进行刑事侦查或控告、不服从法院命令、利用职务进行勒索等渎职行为。

3. 特别检察官制度。值得指出的是，美国于 1987 年颁布了特别检察官法。国家为了追诉政府高级官员违反联邦刑法的严重犯罪，可依据特别检察官法的规定进行控告和处理。当司法部部长接到这方面控告后，必须根据控告材料进行初步调查。在确认有必要对控告的问题作进一步调查或起诉，或者给司法部部长规定的进行调查的 90 天期限已过，而他尚未作出决定时，必须向特定法官组成的"专门法庭"申请任命一名特别检察官对该案件进行调查和处理。被"专门法庭"任命的特别检察官，享有行使美国司法部进行调查和起诉的全部权力和独立工作的权限。特别检察官如果不是由于存在极其严重的不正当行为、身体伤残、丧失智力或实际上损害了履行特别检察官职责的任何其他情况，或者不是司法部部长的亲自行动，不得被免除职务。当特别检察官通知司法部部长，告知已结束职权范围的调查任务，司法部部长认为合适时，可以"终止"其担任特别检察官的职务。但特别检察官对他担任的职务，须向国会提交他活动情况的报告，以及报告对案件的调查处理情况，对某些问题不起诉的理由，同时要将构成进行弹劾的根据的任何实质性证据报告众议院。1983 年，美国对特别检察官法作了修改，其中将"特别检察官"改称"独立的法律顾问"。依照新规定，准许司法部部长在确认由他本人或司法部其他官员对案件进行初步调查，可能会导致在个人、财政和政治等方面违反公众利益行为时，可以任命一名独立的法律顾问进行调查。独立的法律顾问调查的对象仅仅限于担任与司法部部长或总统关系密切的政府高级职位的官员。对于这些人的调查，可以直到他们离职后的两年时间内。

五、国外检察官的性质和地位简介 *

（一）概述

检察官是各国配置于检察机关或法院行使检察权的专职国家官员。检察官在法语中是 Procureur，源于"国王代理人"（Procureurdunoi），意为追诉官、公益代表人。检察官被称为公益代表人时，还使用 Ministerepublic 一词。而在英语中，检察官有三个词，即 Attorney、Prosecutor 和 Procurator。Attorney 又可译为律师或法律顾问；Prosecutor 是由"起诉"一词转化而来的，是起诉人的意思；Procurator 是代理人、检察官、检察员的意思。按我国的习惯统称为公诉人、检察官、检察员等。凯比拉蒂教授指出，很可能检察官（大陆法系国家的）、检察长（苏联等国的）、总检察长（英美法系国家的）有着相同的历史起源，即古代法国的总代理官。

在西方国家，检察官最早出现于法国。检察官由法国的"国王代理官"逐渐演变发展而来的。13 世纪以前的法国，追诉犯罪采私人追诉主义。通常追诉犯罪由被害人或其亲属或其家臣承担。但是，在国王的利益受到侵害时，则雇用"代理人"诉讼。此后，这种"代理人"所代理的范围逐渐扩及代表贵族利益。至 14 世纪，"国王代理人"从执行私人追诉的地位转为对犯罪执行公诉的地位，由非国家专职官员发展为国家专职官员，并逐步演变成近代的检察官。追溯法国检察官产生、发展变化史，可以清楚地看到检察官是法国政治、经济和法制发展到一定历史阶段的产物。检察官在司法制度中完全成为独

---

* 本部分内容摘自金明焕主编：《比较检察制度概论》，中国检察出版社 1991 年版，第 337 页以下，收入本书时标题和内容略有修改。

立的角色是在 1810 年实现的。检察官在刑事诉讼中首先确立了自己的地位、职责和作用。在民事诉讼中，检察官有权干预涉及公共利益的案件。在司法行政方面，检察官有权监督警察、律师等人的活动。

18 世纪法国大革命后，其司法制度对其他国家发生了重大影响。许多国家受其影响先后确立了检察制度，检察官应运而生。例如，德国，由于法国司法制度的重大变革的影响，最初设置的检察官的名称与法国检察官的名称相同，但其诉讼地位和职权不尽相同。该国检察官只作为诉讼中的原告人有权追诉犯罪，并执行裁判。在日本，明治维新以后，完全仿效法国设置检察官，其名称曾是"检事"、"检察官"。1890 年将治罪法改为刑事诉讼法时，又将"检察官"改称为"检事"。

检察官的种类，在不同社会制度的国家多寡不一，在同一社会制度的不同国家也有所不同。关于检察官的具体名称，不仅不同社会制度的国家或者同一社会制度的国家有所不同，甚至在同一国家的不同地区亦有差别。

在资本主义国家，如法国检察官分为总检察长、首席助理总检察长、助理总检察长、首席检察官和检察官。德国的检察官分为总检察长、首席检察官、检察官和副检察长。日本的检察官分为检事总长、检事次长、检事长、检事和副检事。美国的检察官分为总检察长、副总检察长、助理检察长和地方检察官。地方检察官的名称，在联邦统一地被称为地区检察官。但是，各州检察官的名称却有很大差别。例如，在纽约和加利福尼亚州，检察官被称为地区检察官；亚利桑那州称之为县检察官；佛罗里达州称之为州检察官；特拉华州称之为副总检察长；蒙大拿州称之为巡回检察长；佐治亚州称之为首席司法官。不仅如此，有的州，在同一个州内的不同地区，检察官的名称也不尽相同，然而，不论其名称有怎样的差别，却都只管辖一个地区。在英国，检察官分为总检察长、检察长、检察官。英国的情况与其他国家有很大不同，行使检察权的实为检察长。再如，加纳的检察官分为总检察长、副总检察长、检察长、首席地方检察官、副首席检察官、高级检察官、检察官和助理检察官。在多米尼加，检察官分为总检察长和检察官，而提起公诉的检察官又称为刑事检察官。

在苏联等国家，检察官分为总检察长、副总检察长、检察长和检察员。在我国检察官则分为检察长、副检察长、检察员和助理检察员。

概览不同国家的检察官在保障检察机关各项职能作用得以发挥的职责方面有许多相同点，其发展趋势多数国家是一致的。只是不同国家的检察官的同一职责的具体范围方面有一定的差别。通常在刑事诉讼中，检察官是不可缺少的诉讼主体。对于刑事犯罪案件，检察官负责侦查；监督和指挥警察机关侦查活动；确定对刑事被告人是否提起公诉；将决定提起公诉的刑事被告人交付管辖法院进行实体审判；出席法庭支持公诉；监督法院的审判活动是否合法；监督法院所作裁判是否正确，在确认未生效或已生效的裁判有错误时，提出上诉（或抗诉），请求再审；执行或指挥、监督执行裁判，对执行裁判的机关的执行活动是否合法，实行监督。在有的国家，检察官在行使公诉权中的作用极为重要。例如，在斐济、牙买加，检察官在刑事诉讼中不仅有权提起和进行刑事诉讼，还有权接管或进行任何个人或机关提起的任何刑事诉讼，并在法院对该案件宣判前的任何诉讼阶段，终止任何刑事诉讼。在几内亚，检察官还间接参与法院作出判决，即法院在判决时，未听取检察官的书面或口头的意见，其判决无效。此外，有许多国家的检察官还负责对重大民事案件的起诉，参与民事诉讼和行政诉讼活动。还有的国家的检察官负有法律咨询职责，以及对一切违法行为实行法律监督。总之，各国检察官的职责，从其发展趋势看正在不断加强，向着维护国家法律正确实施的方向扩展。

（二）检察官的性质和地位

比较不同国家检察官的性质和地位，并非完全相同。归纳起来，从形式上基本分为两大类：（1）检察官是国家行政官员，但负有司法官的职责，在刑事诉讼中，他又是诉讼当事人之一。如法国、日本等国。（2）检察官是国家司法官员。在刑事诉讼中，他既是国家公诉人，又是国家法律监督者。如苏联、蒙古、朝鲜等国。

1. 法国检察官的性质和地位。在法国，检察机关隶属于行政系统。检察官是行政机关的公务员，必须服从来自行政系统的命令。如果检察官违反行政系统下达的命令而行动，就有可能受到免职、转任或降级等惩处。司法部部长可以凭借自己的判断处罚检察官，而不是必须受惩戒委员会的制约。总的来说，司法部长对检察官有决定性的权限。与此同时，法国检察官与其他行政机关又是完全隔绝的，检察官对政府其他各部门保持独立。检察官具备的资格和法律赋予的权限，又是其他一般行政官所不具有的。在刑事诉讼中，检察官是政府派驻刑事司法部门的政府代表人。虽然检察官不是司法警察官，但享有司法警察官所拥有的一切权限。共和国检察官可以接受申诉和告发、检举，采取或使人进行一切必要的行动追查和起诉触犯刑法的罪行。在预审阶段，检察官可以领导预审、侦查，不断了解其结果和要求。预审法官随时向分工负责的检察官提供有关这一案件的情况。此外，检察官还有权了解法官接受的要求、赔偿损害情况。他们可以互通诉讼情况，参加现场调查、搜查、审讯、听证、对质等诉讼活动，还可以对预审法官的一切裁定提出抗诉，也可以要求该法官将案件移送有管辖权的法院审理。检察官有权指挥所在法院管辖区内司法警察官和司法警察的活动。在其执行职务时，有权直接征用警察。检察长负责对上诉法院整个辖区范围之内适用刑事法律进行监督。对刑事案件是否提起公诉自行决定。检察官被视为当事人的一方，但却拥有另一方当事人所不能拥有的种种诉讼权限。在其败诉时，或者在诉讼上有违反义务行为时，并不负担诉讼费用或赔偿损害。但是，检察官有故意或重大过失的时候，须对其行为负责。对此种情形，除构成惩戒处分的原因之外，可以对其提起诉讼。此外，检察官监督执行判决。最高法院的总检察长，不论是按上级命令或司法部部长的命令，都可以根据法律利益对一切违反法律、条例和实行方式的司法判决向最高法院控诉。在民事诉讼中，检察官可以作为诉讼当事人或诉讼参与人介入民事诉讼。由此可见，检察官的性质和地位既不同于一般行政官员，也不同于一般当事人。

检察官与法官相比，被称为"站着的法官"。他的任用资格与法官完全相同，并且允许检察官自行请求转为法官。二者的地位在很多方面相同，穿着同样的制服。但是，检察官对政府而言，不如法官具有独立性。检察官的独立性，主要表现在任何法院不得向检察官下禁令，检察官只根据个人意见和上级检察机关的命令独立地作出结论和提出诉状，同级检察院的检察官与同级法院的法官地位平等。

2. 日本检察官的性质和地位。在日本，检察机关被置于法务省。法务省是内阁所设的 12 个行政省之一。因此，从体制上说，检察机关是国家行政机关，检察官是国家行政官员。但是，检察官的任用资格与法官相同，也可以转任法官。检察官的职责是一般国家公务员所不具备的。检察官所具有的诉讼权限又是一般诉讼当事人所不具备的。例如，在刑事诉讼中，检察官所享有的对刑事案件的侦查权，对司法警察进行侦查活动的指挥、监督权，对刑事案件是否提起公诉的决定权，适用起诉便宜主义权，监督执行判决权等，都是其特有的职权。从行政和业务领导关系上看，法务大臣作为法务省的最高行政首长对检察机关行使职权，只有一般性的指挥、监督权。检察官办理具体案件，法务大臣只能通过检事总长行使指挥、监督权。检察官之间是上命下从。检事总长、检事长或检事正指挥、监督检察官的事务，也可以自行处理，也以指挥其他检察官处理，由此可见，日本检察官虽属国家行政官员系列，但又不同于其他一般行政官员，而具有司法官的种种特征。

3. 德国检察官的性质和地位。在德国，将检察官看作国家司法官的想法很强烈。但是，有些法学者认为，检察官是介于国家行政官员和行使审判权的法官之间的司法官。其理由是检察官与一般行政官员的任务和性质有所不同，因此检察官不是纯粹的行政官；又因为检察机关与法院的关系是分工合作，二者均具有司法官的功能，都是为了真实和正义，而不是为了行政上的政策，所以二者又是相同的。在刑事诉讼中，依照德国刑事诉讼法的规定，检察官不是诉讼当事人。检察官员负有收集对被告人不利的证据和有利于被告人免负刑事责任证据的职责，还需要为被告人的利益上诉，为使被告人获得无罪判决而申请再审。在追诉犯罪上实行法定主义。由此决定检察官在执行职务上违法使人免受刑事惩罚将会受到刑事惩罚。同时，也决定了司法行政部长对检察官的指挥权限。

4. 美国检察官的性质和地位。在美国，联邦政府和州政府都设有总检察长。但是该国检察官与日本、法国等国家的检察官有所不同。美国的检察官均来自律师团体，他们不像日本、法国等国家的检察官那样，既不是律师，也不参加律师协会，职务稳定，与法院联系密切。他们受政治影响较大，很少有人终身任检察官。许多检察官工作几年以后，转为私人律师或到其他公务部门任职。而充当检察官这一段经历，往往成为他登上更高政治地位的资本和阶石。一些法学家认为，该国的检察官更近于英国的大律师。根据美国律师协会 1971 年刑事检控准则规定，检察官被认为是从事司法活动，主持正义的国家官员，是一个代言人。该规则指出，检察官的职责不仅要使被告人被定罪，而且要注意努力改良实体法和程序法中不完善之处。

该国检察官分为联邦系统和州系统。在联邦，联邦总检察长在联邦政府中任司法部首长，是内阁成员，负责美国政府执行部门的全部法律事务，指挥和监督全国所有联邦检察官。同时，他还是总统的法律顾问。除联邦外，各州设总检察长。州总检察长是地方检察官的上司。除个别州外，各州总检察长不能指挥、监督下属的地方检察官，也不干预通常的刑事案件的检察事务。联邦或各州总检察长仅对特殊刑事案件，即与联邦或州政府有直接利害关系的案件，执行检察事务，或者对以联邦或州政府为当事人的民事案件，代理联邦或州政府进行诉讼。该国检察事务的重心在地方检察官。地方首席检察官为一个权力机关。他几乎不受拘束，可以自由拟定关于检察工作的方针及其他一切事务。在刑事诉讼中，检察官是诉讼当事人，与被告人地位对等。但是在实际上，检察官拥有的诉讼权限大大超过被告人，因此同日本等国的检察官一样，与被告人的诉讼地位并非真正对等。在追诉犯罪方面，检察官拥有几乎是无限制的裁量权。在采起诉便宜主义方面，他也不受任何制约。

为了准备起诉，检察官有权决定自行侦查，并且在侦查时，也不受任何限制。为了保证被告人作出有罪答辩，检察官还可以同被告人进行谈判。但是，检察官不具有执行法院作出的刑事判决权限，也无权指挥或监督执行刑罚。

从上述情况看，美国检察官不同于其他政府官员，也不同于法官。实际上，该国检察官亦为司法官员。

5. 苏联检察官的性质和地位。在苏联，检察官在国家中占有重要地位。在检察机关任职的工作人员，不得在企业、机关或组织兼职，但科学研究和教学活动除外。苏联总检察长及其所属的各级检察院的检察长，实行最高法律监督。苏联总检察长领导各级检察长，只向苏联最高苏维埃及苏联最高苏维埃主席团负责并报告工作。苏联总检察长依照法定程序可以参加苏联最高苏维埃主席团和苏联部长会议的会议。各加盟共和国和各自治共和国的检察长可以参加各该加盟共和国和自治共和国最高苏维埃主席团和部长会议的会议。苏联总检察长有权参加各部委员会、国家各委员会和政府各主管部门会议。各加盟共和国和自治共和国检察长有权参加各该加盟共和国的自治共和国各部务委员会、国家各委员会和政府各主管部门的会议。各检察长有权参加有关的执行委员会、下级地方人民代表苏维埃以及其他管理机关的会议，并依照法定程序受理公民、国家机关和社会团体的建议、申诉和控告，采取措施恢复被侵犯的权利，保护公民和组织的合法利益。苏联总检察长依法可以发布命令和指示，而所有检察机关必须执行，只有苏联最高苏维埃主席团才有权撤销。各级检察长对国家各部、各委员会和主管部门、企业、机关、组织、地方人民代表苏维埃执行机关和管理机关、集体农庄、合作社和其他社会团体、公职人员以及公民执行法律的情况，实行监督，调阅这些机构发布的命令、指示和其他文件，了解执法情况。在刑事诉讼中，检察长不仅是国家公诉人，还是全部诉讼活动是否遵守法律的监督者。检察长有权自行侦查犯罪案件、监督和指挥调查机关、侦查机关的侦查活动，对决定犯罪案件提起公诉，出庭支持公诉，并对法院的审判活动是否合法、判决是否正确、执行刑罚，进行法律监督。对于违法文件，检察官有权抗议，并要求有关机关予以撤销，要求停止公职人员的违法行为。有关机关或公职人员必须在收到抗议书后的法定时间内，认真审查并将结果通知检察长，在审查结论以前，要停止执行该文件。在发现公职人员和公民有违法行为时，检察长有权发出书面警告。如果不接受警告，检察长可按法定程序追究其责任。检察长对违法公民或公职人员，可以向有关机关提出追究刑事责任、进行纪律处分或行政处分的具有理由的决定。公职人员和公民违反检察长的要求，按法定程序承担一定法律责任。检察长超越职权或滥用职权，也要负相应的法律责任。

与审判员相比，检察长与其性质不同、地位也不同。检察机关的工作人员，包括检察科学研究机关工作员和检察教学工作人员，根据其担任的职务和工龄，将被授予相应的衔级。苏联检察长的最高衔级为国家特级法律顾问。这一衔级和国家一、二、三级司法顾问，均由苏联最高苏维埃发布命令授予。其他衔级由苏联总检察长发布命令授予。

综上所述，尽管不同国家检察官的性质和地位不完全相同，但在实际上都具有司法官的某些特征，都是通过监督法律的实施，保障国家利益和公民合法权益。

作者主要著作及论文索引
（1978—2011）

一、著作类

1. 《中华人民共和国刑事诉讼法释义》（合著），群众出版社 1980 年版。

2. 《苏维埃刑事诉讼》（合译），法律出版社 1984 年版。

3. 《刑事诉讼法》（合著），中国律师函授学院 1986 年。

4. 《刑事诉讼法教学大纲与辅导》（专著），法律出版社 1988 年版。

5. 《外国刑事诉讼程序比较研究》（合著），法律出版社 1988 年版。

6. 《当代中国检察学》（合著），法律出版社 1989 年版。

7. 《法学词典》（第 3 版）（撰稿人），上海辞书出版社 1989 年版。

8. 《比较检察制度概论》（副主编、撰稿人），中国检察出版社 1991 年版。

9. 《刑事法学词典》（副主编、撰稿人），上海辞书出版社 1992 年版。

10. 《中国民事诉讼》（合著），意大利罗马大学出版社 1992 年版。

11. 《中意经济法律词典》（撰稿人），马奇拉塔大学出版社 1992 年版。

12. 《中国刑事诉讼程序研究》（合著），国家"六五"社科规划项目，法律出版社 1993 年版。

13. 《刑事诉讼法新论》（合著），中国社会科学院重点科研项目，国家社会科学法学研究项目，中国人民大学出版社 1993 年版。

14. 《中国刑事诉讼法教程》（合著），中国检察出版社1993年版。

15. 《中国民事诉讼法教程》（副主编、撰稿人），中国检察出版社1993年版。

16. 《贿赂犯罪研究》（合著），中华哲学社会科学基金课题，法律出版社1994年版。

17. 《新中国建设大词典》（法律学科主编、撰稿人），中国轻工业出版社1994年版。

18. 《中日公务员贿赂犯罪研究》（合著），中国社会科学出版社1995年版。

19. 《检察官素质》（合著），山西教育出版社1995年版。

20. 《单位犯罪研究——法人犯罪新论》（合著），中国检察出版社1997年版。

21. 《法学大辞典》（副主编、诉讼法学学科主编、撰稿人），上海辞书出版社1998年版。

22. 《单位犯罪的认定与处罚全书》（合著），中国人民公安大学出版社1998年版。

23. 《检察院组织法比较研究》（副主编、撰稿人），中国检察出版社1999年版。

24. 《中国特色社会主义法制通论》（合著），社会科学文献出版社1999年版。

25. 《刑事侦查程序研究》（合著），国家社科基金项目，中国人民大学出版社2000年版。

26. 《司法公正干部读本》（合著，主要撰稿人），中共中央党校出版社2001年版。

27. 《发达国家诉讼制度》（合著），时事出版社2001年版。

28. 《中国行政与刑事法治世纪展望》（合著），昆仑出版社2001年版。

29. 《诚信与法治》（执行主编），中国工商出版社2002年版。

30. 《法律词典》（诉讼法学科主编、撰稿人），法律出版社 2003 年版。

31. 《律师辩护制度研究》（合著），中国检察出版社 2007 年版。

32. 《刑事诉讼主体公权与私权》（专著），社会科学文献出版社 2010 年版。

二、论文类

1. 《国家干部必须遵守革命法制》，载《北京日报》1978 年 5 月 31 日。

2. 《公、检、法必须坚持分工负责、互相配合、互相制约》，载《光明日报》1979 年 2 月 11 日。

3. 《谈刑法的阶级本质》，载《法学研究》1979 年第 2 期。

4. 《谈谈刑事诉讼中的证人证言》，载《法学研究》1983 年第 4 期。

5. 《论公检法三机关的互相配合》，载《河北法学》1984 年第 1 期。

6. 《论免予起诉》，载《法学研究》1984 年第 4 期。

7. 《检察机关比较研究》，载《法学研究》1985 年第 5 期。

8. 《检察制度的比较研究》，载沈阳市检察学会编：《检察学研究论集》，1986 年印。

9. 《中外检察制度的比较研究》，载《当代法学》1989 年第 2 期。

10. 《刑事诉讼法教程》，载《当代法学》1989 年第 3 期。

11. 《关于免予起诉的思考》，载《检察理论研究》1991 年第 1 期。

12. 《关于提前介入的思考》（主要撰稿人），载《法学研究》1991 年第 3 期。

13. 《公诉制度研究》，载《检察理论研究》1992 年第 2 期。

14. 《完善免予起诉制度立法的探索》，载中国法学会诉讼法研究会编：《刑事诉讼法的修改与完善》，中国政法大学出版社 1992 年版。

15. 《论监督》，载《明镜》1993 年第 1 期。

16. 《受贿罪犯罪主体的范围和种类比较研究》，载《外国法译评》

1993 年第 2 期。

17. 《公诉制度与法律监督》，载《电大文科园地》1993 年第 4 期。

18. 《办案必须坚持实事求是，严禁逼供信》，载中国检察学会编：《毛泽东法制思想论集》，中国检察出版社 1993 年版。

19. 《当代公务员贿赂罪变化趋势和防治措施比较研究》，载《外国法译评》1994 年第 4 期。

20. 《关于检察机关错捕赔偿程序的设想》，载《检察理论研究》1995 年第 1 期。

21. 《论排除违法取得的刑事证据的效力》，载《政法论坛》1995 年第 1 期。

22. 《无罪推定探究》，载《检察理论研究》1995 年第 4 期。

23. 《被害人刑事诉讼权利及其保障问题研究》，载《广西检察》1996 年第 1 期。

24. 《违法证据的排除与防范比较研究》，载《外国法译评》1997 年第 1 期。

25. 《落实庭审法律监督举措之管见》，载《检察日报》1997 年 6 月 14 日。

26. 《违法收集证据排除法则比较研究》，载《比较法学》（日文版）1997 年第 31 卷第 1 号。

27. 《完善取保候审法律规范的思考》，载《法学杂志》1998 年第 2 期。

28. 《确立诉讼权益告知与刑事诉讼公正》，载《司法公正和司法改革》（诉讼理论与实践 1998 年卷），中国民主法制出版社 1998 年版。

29. 《完善诉讼权义告知程序的思考》，载《法学杂志》1999 年第 4 期。

30. 《刑讯逼供存在的原因及对策研究》，载陈光中主编：《依法治国 司法公正——诉讼法理论与实践》（1999 年卷），上海社会科学出版社 2000 年版。

31. 《严禁刑讯逼供是我国刑事诉讼的重要原则》，载《法学杂志》2000 年第 3 期。

32. 《刑事司法公正标准探析》，载《诉讼法学新探》，中国法制出版社 2000 年版。

33. 《影响刑事司法公正的原因分析》，载《国家行政学院学报》2000 年第 6 期。

34. 《刑事执行法律亟待完善》，载《检察日报》2002 年 2 月 19 日。

35. 《强化检察机关法律监督的思考》，载《检察日报》2002 年 4 月16 日。

36. 《提高检察机关法律监督的力度和效率》，载《检察日报》2003 年 3 月 27 日。

37. 《强化我国检察机关法律监督体系的构想》，载张智辉、谢鹏程主编：《中国检察》（第 3 卷），中国检察出版社 2003 年版。

38. 《我国应从三方面加强被害人保护》，载《检察日报》2004 年 1 月 12 日。

39. 《全方位构建防范超期羁押长效机制》，载《检察日报》2004 年 4 月 20 日。

40. 《完善被害人诉讼权利与损害赔偿规范的思考》，载《法学杂志》2004 年第 3 期。

41. 《杜绝刑讯逼供必须具备三个要素》，载《检察日报》2004 年 8 月 11 日。

42. 《从四方面对人民监督员进行法律指导》，载《检察日报》2004 年 10 月 13 日。

43. 《适用不起诉　三个难题需要法律解决》，载《检察日报》2005 年 4 月 22 日。

44. 《正确适用不起诉权的现实分析与制度构想》，载《检察日报》2005 年 12 月 26 日。

45. 《证人证言运用中的若干问题》，载姜伟主编：《刑事司法指南》（2005 年第 1 集），法律出版社 2005 年版。

46. 《监狱行刑的理念》，载《监狱理论研究》2006 年第 1 期。

47. 《宜恢复监狱在刑事诉讼法中地位》，载《检察日报》2006 年 5 月 29 日。

48. 《公权与私权的平衡是完善刑事诉讼法的关键》，载《检察日报》2007 年 7 月 23 日。

49. 《劳动教养宜改造为违法行为矫治法》，载《检察日报》2007 年 9 月 4 日。

50. 《中国检察机关的检察和法律监督》，载《检察制度和检察理论的创新与发展》，中国方正出版社 2008 年版。

51. 《完善刑事执行立法的三种途径》，载《检察日报》2010 年 9 月 10 日。

52. 《法律监督与控辩平等探析》，载《法学杂志》2011 年第 2 期。

53. 《强化法律监督需要立法双向保障》，载《检察日报》2011 年 4 月 11 日。

54. 《坚持执法为民对中国特色社会主义检察制度意义重大》，载《检察日报》2011 年 11 月 3 日。

作者后记

在时间的长河中，人的一生不过弹指一挥间。转眼，我已经行进在生命旅途的夕阳季。在这个季节里，我意外地收到中国检察出版社为我和其他一些同行出版有关检察领域的一些研究成果的佳音，很高兴，很感激，同时也感到不安。因为深感自己不论是对中外检察理论的研究，还是对中外检察实践的了解，都还十分有限，发表的一些看法不过是一孔之见。但是，在我从事刑事诉讼法研究事业的数十年生涯中，对于人民检察事业是中国兴旺发达和人民幸福所不可或缺的重要保障的认识却越来越深，对人民检察事业的敬重、对检察干警的敬佩发自心底，越来越浓。这种情感，不是偶然产生的，而是在近半个世纪里，在从事法学研究工作的时日与不同的检察人相识、相交中，他们高度敬业、积极进取的精神和忘我的工作作风，以及为维护国家法律正确实施、推进社会主义法治国家实现所发挥的不可替代的巨大作用，如同一颗良种在我心中发芽、茁壮成长的结果。

党的十一届三中全会之后，法学研究航船真正扬帆起航。早在上个世纪80年代初期，我在参加外国刑事诉讼程序比较研究课题的研究工作时，由于承担起诉问题的研究与撰写，由此真正开始关注中外检察制度的立法、理论和实践，并且不断进行探索。特别是在我参加中国刑事诉讼程序研究课题的研究工作后，又承担起公诉程序问题的研究和撰写，就更加关注中国检察制度。该课题组开展调研的第一个实务部门，是最高人民检察院公诉厅。厅领导丁慕英同志以及其他有关同志，热情地接待并且不断地给予了大力的支持和帮助。此后，长期得到最高人民检察院、北京市人民检察院、北京市东城区人民检察院等不同地区、不同层级人民检察院的信任和支持，如有幸参加了最高人民检察院等检察机关举办的一些检察理论和有关立法的修改完善的研讨、培训教材的撰写和检察人员的培训活动，等等。这不仅使我对中国检察事业重要性的认识不断深化，从中获得丰富的真知，同时，也与检察机关的同志彼此建立了深厚的友谊。例如，20 世纪 80 年代初期，就应邀参加王桂五等同志主持的关于检察制度的一些研讨活动，受益匪浅。就我个人经历而言，几十年来开展科研工作的时空中，可以说，取得的每一点研究成果，都是与有关检察机关的领导与检察朋友们的大力支持和帮助分不开的。尽管斗转星移，客观情况有这样或那样的变化，但检察领域的同志，不论是领导还是一般同志，不论是年长还是年轻，不论是依然在岗还是已经退休，已经建立起来的友谊，没有因此中断，至今因共同关心着国家的法制建设，共同关心着人民检察事业的发展，而以不同的途径交流着。这正是我对中国检察事业、对中国检察人有了难以分割情感源泉的原因所在。借此，我由衷地感谢孜孜不倦探索、推进中国检察理论和事业发展并且一贯真诚、积极支持法学研究工作的孙谦等领导同志；由衷地感谢在不同岗位上支持我科研工作的所有检察朋友们；由衷地感谢检察理论研究所、检察日报社、人民检察杂志社等单位，多年来为法学研究工作者竭力铺路架桥，使我们能够不断扩大法学理论研究视野，不断取得新的收获，作出应有的贡献。同时，我还由衷地感谢中国检察出版社以及为了本书问世而辛勤工作的史朝霞、俞骊等同志。

现今，人民检察制度已经走过不寻常的80多年历程。党的十八大明确全党全国人民的奋斗目标就是在2020年全面建成小康社会，并且将法治确定为治国理政的基本方式。人民检察院作为国家的法律监督机关，在今后国家发展的征途上，无疑任重道远。尽管如此，我仍然对中国检察事业的未来充满信心，确信在中国检察人的同心努力奋斗下，一定会更加灿烂辉煌。虽然我已老矣，但依然愿意在夕阳未尽的日子里，用尚存的余力为中国检察理论园地开出更多、更美丽的花朵，散发更多宜人的芳香而培土、浇灌；依然衷心地祝福中国检察事业年年锦上添花；依然衷心地祝福知名和不知名的检察朋友，在国家法治建设的大道上不断立新功，人人成为护法的精兵强将和实现中国梦的先锋。

本书汇集的内容，是我已经发表的有关检察的部分成果。由于检察理论水平有限和研究能力微不足道，还请读者不吝赐教。

傅宽芝
二○一三年三月

图书在版编目（CIP）数据

论检察/傅宽芝著 . —北京：中国检察出版社，2013.9
（专家论检察丛书）
ISBN 978 – 7 – 5102 – 0880 – 5

Ⅰ.①论…　Ⅱ.①傅…　Ⅲ.①检察机关 – 工作 – 中国 – 文集
Ⅳ.①D926.3 – 53

中国版本图书馆 CIP 数据核字（2013）第 078987 号

论 检 察

傅宽芝/著

出版发行：中国检察出版社	
社　　址：北京市石景山区香山南路 111 号（100144）	
网　　址：中国检察出版社（www.zgjccbs.com）	
电　　话：(010)68682164（编辑）　68650015（发行）　68636518（门市）	
经　　销：新华书店	
印　　刷：北京嘉实印刷有限公司	
装　　订：北京博丰伟业装订有限公司	
开　　本：720 mm×960 mm　16 开	
印　　张：34.5 印张	
字　　数：397 千字	
版　　次：2013 年 9 月第一版　　2013 年 9 月第一次印刷	
书　　号：ISBN 978 – 7 – 5102 – 0880 – 5	
定　　价：76.00 元